* 本书入选“十三五”国家重点图书出版规划增补项目

* 本书获 2020 年国家出版基金项目资助

* 本书获 2019 年贵州省出版传媒事业发展专项资金资助

国际视野中的贵州人类学·水学辑

从水书习俗解读水族文化

潘朝霖◎著

图书在版编目（C I P）数据

从水书习俗解读水族文化：汉文、水文、国际音标 / 潘朝霖著. -- 贵阳：贵州大学出版社，2021.12
（国际视野中的贵州人类学. 水学辑）
ISBN 978-7-5691-0378-6

Ⅰ. ①从… Ⅱ. ①潘… Ⅲ. ①水族－民族文化－研究－汉语、水语 Ⅳ. ①K286.9

中国版本图书馆CIP数据核字(2021)第209359号

从水书习俗解读水族文化
CONG SHUISHU XISU JIEDU SHUIZU WENHUA

著　　者：潘朝霖

出 版 人：闵　军
策划编辑：王印娟
责任编辑：王勤美　陈　丽
责任校对：游　浪
装帧设计：陈　艺

出版发行：贵州大学出版社有限责任公司
地址：贵阳市花溪区贵州大学北校区出版大楼
邮编：550025　电话：0851-88291180
印　　刷：深圳市和谐印刷有限公司
开　　本：710毫米×1000毫米　1/16
印　　张：34.75
字　　数：550千字
版　　次：2021年12月第1版
印　　次：2021年12月第1次印刷

书　　号：ISBN 978-7-5691-0378-6
定　　价：208.00元

作者简介

潘朝霖，水族，三都人，贵州著名水学专家，贵州民族大学研究员，曾任贵州民族大学贵州水书文化研究院副院长，贵州文史馆馆员。长期从事水族语言、水书文化的研究与教学工作。主持、承担多项国家社科基金项目和国家民委项目及省级社科项目。合作出版《中国水族文化研究》等著作 20 余部，发表论文百余篇。

编者的话

中国的文化地理，可以进行多种解读。以秦岭－淮河线为界，北为北方旱地小麦文化，南为南方稻作文化；以瑷珲－腾冲线为界，东为农耕文化，西为游牧文化；以地方特色为名，又有齐鲁文化、巴蜀文化、岭南文化、吴越文化等。

上古时期，巫官文化与史官文化并立庙堂，而后独尊史官文化传统的儒家文化呈一统天下之势，“巫”的处境每况愈下，退出庙堂，而居于西南一隅，得以在西南世居民族中残存。如此看来，西南世居民族中保有的巫文化，恰是中华文明的渊源之一。

贵州现已建省 600 余年。昔以中原为中心的儒家文化依“五服制度”分野，贵州地处“要荒”，位列边缘。但若以“巫文化”视之，贵州却正是“巫文化圈”之中心，所谓“西南之奥区”。在中原未得到重视的巫文化体系，恰好在贵州得以保存。

从人类学的角度来看，贵州本土文化研究有 100 多年的历史。19 世纪末，人类学的研究方法传入中国，贵州成为重要的研究对象。从早期的传教士、西方学者到中期的国内学者，再到近期的本土学者，文化人类学在贵州大致经历了三个重要阶段，并取得大量成果，成为研究贵州省情和地域文化特征的重要视角。

我们期望，《国际视野中的贵州人类学》丛书能成为研究贵州文化史和少数民族史不可或缺的重要文库，能推动地方文化史和贵州“原生”精神文明的研究，进而促成“贵州学”和“贵州学派”的诞生。

前言

贵州大学出版社的“国际视野中的贵州人类学”出版选题，给水族文化提供了一个难得的展示机遇，这是水族文化的幸运。贵州大学出版社确定的水学专辑选题《从水书习俗解读水族文化》，正吻合笔者几十年来接触的水书文化。笔者根据自己的认知，围绕以下几个方面去解读水族文化。

一、如何理解“水书是夏商文化的孑遗”

1964年出版的《中国少数民族》载：水族可能是从“骆越”的一支发展起来的。历经45载，又根据水书、水语等研究成果撰写了修订版，2009年修订版《中国少数民族》载：水族自称“睢（sui³）”，因发祥于睢水流域而得名，故民间有“饮睢水，成睢人”之说。大约在殷商之后，水家先民从中原往南迁徙，逐步融入百越族群之中。水族先民南迁之后可能融入骆越支系中，然后逐步发展成为单一民族。因此，水族社会保留着殷商文化圈和百越族群的浓郁文化遗存。水书是夏商文化的孑遗，是水族的精神支柱。①

水书是用水文书写，用水语释读，记录水族天文历法、信仰文化、民间知识的典籍。水书发展滞后于水语的发展，还停留在“文字幼儿”阶段，保留着造字初始的巫卜择吉功能。水书被誉为水族的“易经”、百科全书，其功能特征与《易经》类似，贵州著名史学家史继忠教授在《触摸夜郎魂》中如是说。

① 《中国少数民族》修订编辑委员会：《中国少数民族》，民族出版社，2009，第714页。

水书创制于何时？众说纷纭。但是有一点可以肯定，在甲骨文问世之前，水书已经存在。

“记录着中原殷商文明的甲骨文与远隔千山万水的西南黔桂边境的水族社会里世代流传的‘水书’有着大量的类同的古文字，这样的文化事实，只能说明‘水书’以及水族先民的来源当与华夏的初始文明圈有着密切的联系。”[①]

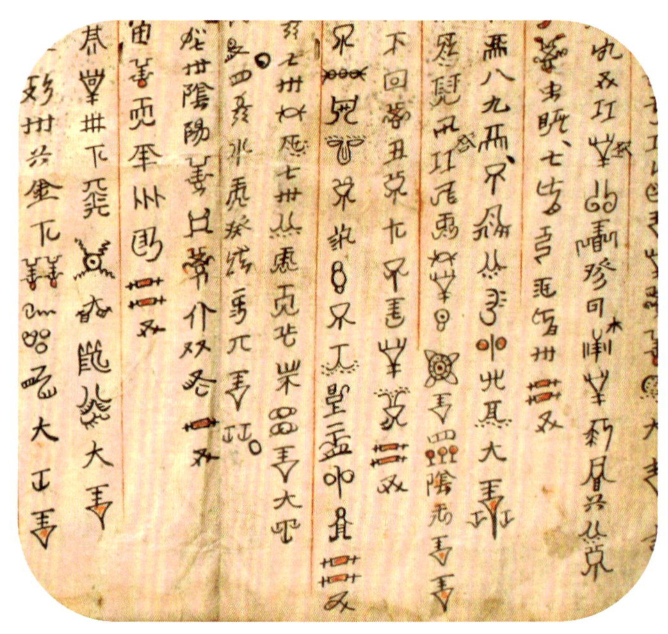

《八井学文书》选页（现藏于黔东南博物馆）

光绪二十五年（1899），王懿荣先生发现甲骨文，迄今122年。咸丰十年（1860），西南大儒莫友芝先生在北京发表水书研究成果，39年之后甲骨文才问世，水书研究成果的首次发表迄今已有161年。

水书引起不少汉族著名学者的关注。西南大儒莫友芝先生认为水书是秦朝李斯大篆之前最简的古文字，其初本皆从竹简过录，其声读迥与今异，而

① 李平凡、颜勇：《贵州世居民族迁徙史》，贵州人民出版社，2011，第438页。

多合古音，核其字画，疑斯籀前最简古文也。研究西周虞国钱币文字要“水书竹历参摩研”。①

1943 年，岑家梧教授到水族地区调查，对照甲骨文系统研究水书，在研究成果《水书与水家来源》中提道：“水书系一种被压迫民族所用之文字。”“水书乃水家固有之文化，非得自外传者甚明。”“水书制造之时代极为古远。”“水书制造之地点，初在西北一带。”“水书与古代殷人甲骨文之间，当有若干姻缘关系，亦可断言也。”② 又根据张彦夫的《红岩古迹研究综述》一文得出：“‘类甲骨文’的水书字体创造于公元前 16 至 11 世纪的殷商时期，行文体例也类似甲骨文。”③

张为纲教授从水族的姓氏、文字、信仰、歌书等方面进行研究，认为“其先盖颛顼大彭之后，封于‘豕韦’（今河南滑县），世伯夏商，其苗裔遂以国为氏。国灭后，或在王室，或在夷狄，其在商代武丁时者，为‘贞人’之官”。“今日水家，盖即殷之遗民无疑。”④

《贵州世居民族迁徙史》一书提道：“在洛河流域生活时期，水族先民群体产生了文字文明。”⑤《中国民族报》2005 年 5 月 14 日头版头条载：“水书源头可溯至夏代。”《中国民族报》2005 年 11 月 8 日头版头条又载：“失传的夏代《连山易》现身贵州荔波。”“水族古文字是古华夏文化圈的文明。”

人民出版社出版的《中华人文稽考》刊载的两篇长文《水历是中华远古历法的“活化石”》《水文是一种比甲骨文更早的远古文字》载：水文是一种比殷商甲骨文、金文更早的远古文字。它始创于帝喾高辛时代，发展、流播于唐虞夏商之初，它在中国文字的发展史上曾经起到过上承“三坟”，中通“五典”，

① 莫友芝：《红崖古刻歌》民国十四年都匀县志稿。潘朝霖、唐建荣主编《水书文化研究》转载，贵州民族出版社，2009，第 3 页。

② 岑家梧：《水书与水家来源》，原载于民国《西南民族文化论丛》。潘朝霖、唐建荣主编《水书文化研究》转载，贵州民族出版社，2009，第 413 页。

③ 张彦夫：《红岩古迹研究综述》，《贵州文史丛刊》1997 年第 4 期。

④ 张为纲：《水家来源试探》，原载于《社会研究》第 36 期。潘朝霖、唐建荣主编《水书文化研究》转载，贵州民族出版社，2009，第 31—33 页。

⑤ 李平凡、颜勇：《贵州世居民族迁徙史》，贵州人民出版社，2011，第 435 页。

下启“甲骨”的伟大作用。[①]

三都县拉下水书墓碑记载墓主死于明孝宗弘治十三年（1500），距今500余年。宋代水书地支大钱迄今有千余年。

对于水书源流的追溯，水族学者还不具备这方面的能力，需仰仗其他的研究大家。但从上述的信息来看，水书创制的时空，可以界定在中原一带，至少与甲骨文、金文是同时代的文化产物。

二、水书何时打上“水族”的文化标签

上述资料说明，水书与中原文化有深厚的历史渊源。那么，水书何时贴上了民族的标签？在水族未形成单一民族之前，所使用的文字应称为中原古文字。唐宋时期形成单一民族之后，这种流行的文字才被贴上民族的标签并被称为“水书”。

据《旧唐书·南蛮传》中记载：“贞观三年，东谢蛮首领谢元深入朝，唐以其地置应州，拜元深为刺史，隶黔州都督府。同年，以东谢首领谢元深地置五县：都尚、婆览、应江、陀隆、罗恭。开元中，置莪、劳、抚水等羁縻州。”据考证，应州下属的都尚县的治地为今三都县上江镇；婆览县治地为三都县原恒丰乡，后世称为水婆；应江县治地为榕江县平永乡；陀隆县治地为台江县；罗恭县治地为雷山县。宜州北面的抚水州在今广西北部的环江一带。从贞观三年至开元年间（629—741）的100余年间，唐王朝相继在水族地区设置经制应州，羁縻抚水州、莪州、劳州、环州，以及都尚县、婆览县、应江县、罗恭县、抚水县、京水县、多逢县、古劳县等州县。这对推动水族成为单一民族，促进水族地区政治、经济和文化的发展都产生了深远影响。唐宋时期，自称“睢”的群体形成单一民族之后，这种流行的文字才贴上民族的标签而称为“水书”。也就是说，唐贞观初年至开元年间，先后在水族地区设置的诸多县州，推动了水族形成单一民族的历史进程。流传在水族地区的中原古文化，在

① 蒋南华、黎斌：《中华人文稽考》，人民出版社，2017，第193—201页。

唐代才被贴上“水书”的标签，并逐步地充实其个性化内容，有机地吸收一些汉文化，形成同源异流的“水书”文化。

《贵州世居民族迁徙史》载：“唐宋之际，水族先民开始以单一民族——水族的身份，活跃于中国西南的民族历史舞台，宋代史籍中，他们被载‘抚水州蛮’或‘抚水蛮’。”①

贵州著名史学家史继忠先生认为水书产生于汉代：“在夜郎的故土上确实产生了两种古老的文字——水书和彝文。”② 此说有一定的道理，水族成为单一民族的条件更为充分。“水书文字大约产生于唐宋之交，其后又经过不断地充实创新。水字是自源型与他源型相结合的混合型词符文字。”③

由此观之，水书与中原古文化有着悠久的历史渊源。至于一些关于水书创制于清代或模仿甲骨文创制的论述，因其论据有限，这里不作评述。

三、水书习俗与水族文化的紧密联系

岑家梧 1943 年到水族地区调查时指出：“水家一举一动，均受水书限制，其于水家生活，影响颇巨。”水书是水族文字史、文化史、文明史的重要表征，是水族先民认识自然、改造自然，认识社会、改造社会的经验积累。国家民委 2009 年修订《中国少数民族》水族篇载：“水书内容博大精深，除了直接反映水族的天文历法、原始信仰之外，还兼容了水族的哲学思想、文学艺术、语言文字、布阵攻守、伦理道德、生产生活等诸多方面的内容，成为研究水族历史文化的珍贵典籍，也是宗教学、历史学、民族学、民俗学、语言文字学等学科研究的珍贵资料。由于水书是水族民间传统文化的精华，是民族精神、民族凝聚力、民族亲和力和民族情感的重要载体，它成为全民族信仰的精神支

---

① 李平凡、颜勇：《贵州世居民族迁徙史》，贵州人民出版社，2011，第 434 页。

② 史继忠：《触摸夜郎魂》，贵州人民出版社，2002，第 86 页。

③ 曾晓渝：《汉语水语关系论——水语里汉语借词及同源词分层研究》，商务印书馆，2004，第 40 页。

柱，成为维系水族各支系的重要精神纽带。”[①]

将水书命名为“水书习俗”，是因为水书与水族生产生活及风俗习惯息息相关。源于夏商，流于诸野，自成体系的水书，不仅丰富了华夏文字起源、方块字造字的信息资料，其中遗存的一些古文化信息，已远远超过水族社会范畴，有助于解读一些已湮没的中原古文化内涵。

水书之所以活态传承至今，主要有几个原因：一是水族人民怀着敬畏历史、敬畏文化、敬畏生态、敬畏神灵、敬畏先祖的虔诚的心态，珍惜自己的传统文化。二是水书文化与水族的生产生活息息相关，事关家庭、家族、民族繁衍发展，为大家自觉接受与维护。三是水书成了水族重要的文化标志。四是水书与中原古文化是线性传播、点上发展、互相依存的关系。因此，在婚丧嫁娶、起造出行、经济活动、口舌诉讼等方面都有涉及。为此，本书从神奇水字、神话水书、神秘水书、神韵水书、神祇水书、神采水书、神往水书等七个方面分别对水书做了介绍，并试图从中寻求民族学活动的相关轨迹，从水书卷本的内容揭示水族社会实践的特点。

在第一章“神奇水字”中，从水族发祥于睢水流域的历史、国家对水书的命名、水书的字例、水书典籍抄本赏析、水书石刻、水书大钱等方面做了介绍。

在第二章“神话水书”中，讲述了关于水书来历的故事：《陆铎求学》《泐睢被焚》《借书奔月》，揭示弱小民族在文字传承中的艰难曲折的发展过程，同时揭示水族信仰女巫（女娲）、殷公（恩公）的文化底蕴与水书的关联。

在第三章“神秘水书”中，分别对水书的文化特点做了介绍：水书的祖师爷，水书的硬件和软件，水书为何被称为“反书”，水书与水族历法，以及水书的重要范本《六十龙备要》《万年经镜》《吉星》《金银卷》《二十八宿》等的评介。

在第四章“神韵水书”中，分别对水书《诵读卷》《分割卷》《婚嫁卷》《命理卷》《起造卷》《壬辰卷》《占卜卷》《祭祖卷》《丧葬卷》《泐炯散》《泐挡卷》等11 种重要卷本的结构与内容做了评述。

---

① 《中国少数民族》修订编辑委员会:《中国少数民族》，人民出版社，2009，第 725—726 页。

在第五章“神祇水书”中，对水族的信仰文化、拜师祝词、祭祖祝词、招魂仪式、婚嫁巫术等内容进行介绍。

在第六章“神采水书”中，对支撑水书习俗的卯节、端节、霞节、苏宁喜等四个重要的年节进行深度剖析，以解读水族文化。

在第七章“神往水书”中，对水书图案装饰、书法长卷，马尾绣中蕴藏着的水书，水书在水族石雕墓葬中的影响，水书出版取得的丰硕成果，对入选国家珍贵古籍名录的水书进行解读，最后就水书如何走向世界做了构想。

《从水书习俗解读水族文化》囊括了水族文化的方方面面，除了直接介绍水族的天文历法、原始信仰之外，还涵盖了水族的哲学思想、文学艺术、语言文字、布阵攻守、伦理道德、生产生活等诸多方面的内容，涉及民族学、语言学、文字学、民俗学、社会学、哲学等多学科的知识。为读者开启初窥水书文化的一个视角，后续再根据自己的需求进行拓展与发挥。

《中国民族报》2005 年 5 月 14 日刊登了《水书源头可溯至夏代》一文

目录

凡　例

一、水书的称谓

水书是水族文字、书籍的汉译称谓，一般指“水书文献”“水书习俗”“水族文字”“水族古文字”“水家古文字”等，水语称谓音译有“泐睢”“勒睢”“勒虽”“泐虽”等。水书具体语义要根据上下文内容来确定。（注：本书引文将沿用原文的称谓）

2002年，“水书文献”入选首批“中国档案文献遗产名录”；2006年，“水书习俗”入选首批“国家级非物质文化遗产名录”；2008年，“水文”入选“国家珍贵古籍名录”。

“水书习俗”是从“国家级非物质文化遗产名录”中引出的名词，包括水族文字、水书典籍、抄本等“硬件”，口口相传的祝词等“软件”，以及水书传承所依赖的各种风俗习惯等。本书中的“水书习俗”囊括了水族文化的方方面面。

二、水语的注音

本书中水语的国际音标注音，主要参照中国社科院《水语简志》方案，基本上是以三都水族自治县三洞土语区为基准音注音。个别具有地方浓郁特色的词汇，将另行注音。

三、水书书影及民俗图片

本书所引用的水书文献主要是四川出版集团旗下的巴蜀书社、四川民族出版社出版的《中国水书·潘藏卷》《中国水书·三都卷》《中国水书·荔波卷》。部分民俗图片和书影源于笔者多年的田野积累。几十年来，笔者在田野中采集的水书书影以及民俗图片有 2 万余张。

四、水族的族称问题

国家民族事务委员会（简称国家民委）修订版《中国少数民族》载：水族自称“睢”，因发祥于中原睢水流域而得名。唐贞观三年（629）设置应州、抚水州之后，族称以“水”代“睢”。新中国成立之初称为“水家族”，1957 年成立三都县水族自治县后，称为“水族”。现在，“水家族”“水族”并用。

水书百米长卷展出现场的工作人员合影

五、六铎公的称法

六铎公（qoŋ^{5} ljok^{8} to^{2}），也译为六夺公、陆铎公、公六铎、公陆铎、公六一、拱六夺等。拱为男性长辈尊称，为“公”之意。六铎、六夺、陆铎、六一为人名音译，为“六一”“六十一”之意。荔波地区习惯称为六道公。六铎公和陆铎公之“六”“陆”与骆越之“骆”，与有洛氏的“洛”以及“洛河”音近。

水族对水书文化始祖六夺公及其家族成员的称谓大同小异。如公六夺、公陆铎、公略夺、公洛夺、公陆夺、拱六夺、拱陆夺、拱六夺、公六舵、哦六甲、公六莽、牙所洛、公三辛、牙三乙、公甲子、牙甲午、公金保、牙金堂等，也有的翻译为六夺公、陆铎公、六铎公、陆夺公、略夺公……

水书的篇目名称，也称条目，一条即为一章。用汉字记录水书篇目名称，是近代之事，因习读者汉语文化水平的差异，篇名用字差异较大。

另外，翻译水书条目的记音用字，更是形形色色，这与记录者的汉文化水平、用字习惯，当地人的语音特点都有关系。翻译祝词是非常困难的工作，本书引用《水书先生访谈录》中的祝词，只能沿用原版的字句，难以做出修正。

因为水书文化翻译内容多，涉及面广，不便在此一一介绍，读者可根据行文慢慢体验、领悟。

第一章　神奇水书

第一节　水书主人水族：中原睢水流域的遗民

水族总人口为495928人（2020），主要生息于贵州与广西交界的龙江、都柳江上游地带，贵州省黔南布依族苗族自治州（简称黔南州）的三都水族自治县（简称三都县）是水族的主要聚居区，相邻的荔波、独山、都匀等县市也有水族聚居，黔东南苗族侗族自治州（简称黔东南州）的榕江、丹寨、雷山、从江、黎平等县为水族主要散居区，还有部分水族散居于六盘水市和毕节市。此外，广西北部的河池、南丹、环江、融水等县市及云南东部的富源县也有水族村落分布。

1964年出版的《中国少数民族》载：水族可能是从“骆越”的一支发展起来的。2009年，《中国少数民族》修订版载：水族自称“睢（sui^3）”，因发祥于睢水流域而得名，故民间有“饮睢水，成睢人”之说。对于水族的来源，民间和学术界有殷人后裔说、百越（两广）源流说、江西迁来说、江南迁来说等说法，实际都是针对水族发展史上某一时段或某一分支而论，都有一定的历史性与合理性。大约在殷商之后，水族先民从中原往南迁徙，逐步融入百越族群之中，逐步形成了以中原文化、百越文化为主流的，南北民族融合的二元结构形式。水族先民南迁之后可能融入骆越支系中，然后逐步发展成为单一民族。因此，水族社会保留着殷商文化圈和百越族群的浓郁文化遗存。水书是夏商文化的孑遗，是水族的精神支柱。

《三都水族自治县概况》载：“水族发祥于中原濉水流域及豖韦一带。殷商灭亡后流徙南迁，经湖北、湖南到广西一带，融入南方古代‘百越’族群中。”[1]

水族历史上曾出现过两次举族大迁徙。殷商亡国之后，部分殷人南迁融入百越族群，这是水族先民的第一次迁徙。公元前2世纪，秦王朝统一中国之后发兵征剿岭南，水族先民举族第二次大迁徙，从百越母体中分离出来，由南方溯流进入龙江、都柳江上游地带，大致形成后世分布的格局，并逐步向单一民族迈进。

据《旧唐书·南蛮传》记载：贞观三年，东谢蛮首领谢元深入朝，唐以其地置应州，拜谢元深为刺史，隶黔州都督府。同年，以东谢首领谢元深地置五县：都尚、婆览、应江、陀隆、罗恭。开元中，置莪、劳、抚水等羁縻州。据考证，应州即下属都尚县的治地为今三都县上江镇；婆览县治地为今三都县恒丰乡，后世称为水婆；应江县治地为今榕江县平永镇；陀隆县治地为今台江县；罗恭县治地为今雷山县。宜州北面的抚水州在今广西北部的环江一带。唐代，水族先民聚居在今广西北部及贵州南部一带，有一定的社会影响力。李唐王朝在贞观三年至开元年间（629—741）在这一带设置应州、抚水州、莪州、劳州、环州等州县，以求稳定西南边疆政局。抚水州是安抚自称“睢”的水族先民族群的行政建制。这是中央王朝确认“睢”族群为单一民族之始，对推动水族形成单一民族，跻身于世界民族之林产生了历史性的影响。这些建制的设置，是水族社会史无前例的辉煌，也是族称“睢”被“水”取代之根源。

明清至民国时期的史籍中出现了“[illegible]”的称谓，以及水、水家苗、水仲家、水家等称谓。1956年国务院批准建立“三都水家族自治县”。新中国成立之初，一些水族人士对“水家族”的认识有偏颇而请求更名，获国务院同意。1957年1月2日，三都水族自治县成立，族称定为“水族”。1989年，申报成立“贵州省水家学会”，获批准注册。现在的族称，水族和水家族并行使用。

① 《三都水族自治县概况》编写组：《三都水族自治县概况》，民族出版社，2007，第9页。

水族有本民族的语言、传统文字以及特有的年节习俗。中国有 55 个少数民族，其中 18 个民族有文字（含布依族、壮族的类汉字），五六个民族有古钱币。水族是既有传统文字又有古钱币的民族之一。壮族、布依族、彝族（居住在云南省禄劝县等地）在历史上曾经使用过类水书的文字，现在只留下部分孤本、残本，难以释读。而水书却能在水族社会发展过程中活态传承，其存书有 3 万余册。这种文化现象很值得研究。

水书的研究源于汉族的学者，他们从水族的语言、文字及习俗的表象，深入探索其文化的本源。他们的研究成果引起了社会的极大反响，得到了水族人民的肯定。

水族虽有水书，但水书的发育并不充分，还停留在“文字幼儿时期”，不能作为社会通行文字用于交流。因此，水族文化大量地保存在其语言和习俗之中。例如，商务印书馆出版的《汉语水语关系论——水语里汉语借词及同源词分层研究》中的《迁徙歌》和《敬请陆铎公》，为研究水族古文化提供了重要信息来源。水族古代社会有关迁徙定居的传说和歌谣，都具有水族自己的历史特征。这些作品充分反映了古代社会水族的迁徙定居生活及当时的社会面貌。

古歌《迁徙歌》唱道：

qa:u^{5} qoŋ^{5} pu^{4} som^{3} ȵa:u^{6} ɕi^{3} ra^{3},
古代 公 父亲 当初 在 西 雅
古时候祖先住在西雅（古地名），
ȵa:u^{6} ɕi^{3} ka^{3} sa^{1} kuaŋ^{3} toŋ^{2},
在 西 雅 上 广 东
从西雅上广东，
na:u^{6} kɑ:ŋ^{3} toŋ^{2} tha:u^{3} me^{2} ʔdai^{3} tsje^{1},
在 广 东 找 不 得 吃
在广东找不到吃的东西，

na:u^{6} kɑ:ŋ^{3} se^{2} fe^{4} me^{2} sin^{1} ɕin^{2},
在　广　西 做 不　成　钱
在广西积不起钱，
fa:i^{4} ʔnam^{3} nam^{3} ha:n^{3} pa:i^{1} ʔu^{1},
哥哥 沿　水　红　去 上面
哥哥顺红水而上，
nu^{4} tjep^{7} nam^{3} ɕju^{1} pa:i^{1} te^{2},
弟弟随着水　清　去　底下
弟弟顺清水而下，
qoŋ^{5} tom^{3} ta^{5} qo^{1} ta^{6} ʔwei^{1} ʔnja^{1},
公　当　中划船渡过对面 河
排行中间的祖公（老二）渡过河对岸，
ta^{6} nam^{3} ha:n^{3} thau^{5} han^{2} ta:n^{5} tsu^{2}.
渡过水　红　到　地方 丹　州
过了红水河来到丹州（古地名）。

《迁徙歌》仅八句就囊括了水族数千年的历史，可谓是对水族历史的高度浓缩与概括，这首古歌的历史脉络非常清晰：从中原“西雅（雎雅）”南下去广东、广西，又因为历史变故，溯源渡江来到上游的广西南丹州地区。后来，继续溯流进入现今居住的龙江、都柳江一带。水族的族称，常用汉字“西”“雎”“水”记录。

祝词《敬请陆铎公》① 唱道：

① 水族传说陆铎公（qoŋ^{5} n̥ok^{8} tok^{8}）是水书的创制者，也是水族的保护神。这首古歌中关于请水书先生陆铎公的路线，也反映了水族历史上迁徙的痕迹。原文为“六铎公”，在引用这首古歌时，笔者根据自己的研究进行了一定的修改，后文不再注释说明。

qoŋ^{5} ljok^{8} tok^{8},

公　六　铎

六铎公啊，

o^{1} ljok^{8} ʈa:p^{7},

叔　六　甲

六甲叔，

qoŋ^{5} ha:m^{1} ɕən^{1},

公　三　辛

三辛公，

ja^{4} ha:m^{1} ʔjet^{7},

婆婆　三　乙

三乙婆婆，

ʔbja:k^{7} hi^{5} nu^{4},

女儿　四　妹

四妹妹，

pu^{4} ɕa:i^{1} ljok^{8} tok^{8},

父　贤明　六　铎

贤明的六铎公，

ʔwan^{1} le^{2} ȵa^{2} ʔnɑn^{3},

种子　书　你　好

你的书根子好，

pən^{3} le^{3} ȵa^{2} ʔda:i^{1},

本来　书　你　好

你的书原本好，

ɕu^{3} ʔnam^{3} tai^{2},

生的　常常　拿着

活着的人常常拿着，

ɕa:i^{1} ʔnam^{3} tsiŋ^{3}.

贤明 常常 收藏

贤明的人收藏着。

khui^{5} ȵa^{2} taŋ^{1} to^{5} le^{1} pa:i^{1} ha:i^{4},

请求 你 来 教 书 去 肠子

请求你教书进入心里，

tsiŋ^{3} ȵa^{2} taŋ^{1} to^{5} ȵa:i^{4} pa:i^{1} loŋ^{2},

请 你 来 教 墨黑 去 肚

请你来传教墨迹（水书）进肚肠，

ni^{4} toŋ^{1} ʔjoŋ^{1} la:k^{8} toŋ^{1} to^{5},

母亲指头踮脚儿子指头教

跷起拇指来指点，用食指来指教。

to^{5} ȶa:p^{7} ʔdai^{3} ȶa:p^{7},

教 甲 得 甲

你教我甲我就得到甲，

ʔna:p^{7} pjeŋ^{3} ʔdai^{3} pjeŋ^{3},

挟抓 丙 得 丙

抓丙得丙，

ɕeŋ^{6} ȵum^{2} ʔdai^{3} ȵum^{2},

请求 壬 得 壬

念壬得壬，

ɕum^{2} ȶui^{5} ʔdai^{3} ȶui^{5},

讲解 癸 得 癸

讲解癸我们就得到癸，

ɕeŋ^{6} ȶi^{1} ʔdai^{3} ȶi^{1}.

请求己 得 己

你要求己我们就得到己。

ȵe^{2} to^{5} le^{1} pu^{3} ɕau^{3} ao^{4},

你 教字书 也 晓 识

你教书我们能通晓，

ȵe^{2} to^{5} fe^{4} hau^{3} pu^{3} tju^{2},

你 教 做 占卜 也应验

你教占卜也应验，

ȵe^{2} to^{5} fe^{4} pju^{2} pu^{3} liŋ^{2}.

你 教 做 念咒 也 灵验

你教我们念咒也灵验。

phja^{3} pa:k^{7} hoi^{5},

翻动 嘴 快

你能言善辩，

pa:k^{7} thjen^{1} qa:ŋ^{1} ʁa:ŋ^{1} ȶhi^{3} ȶhau^{5},

嘴 天罡（水书名）下巴灵 巧

嘴巴灵巧，

pa:k^{7} ʔma^{3} taŋ^{1} wa^{5} ja^{2},

嘴 软 等于叶 草

嘴像叶草那样柔软，

ma^{2} ʔma^{3} va^{5} ɕit^{7},

舌头 软 等于 叶芭茅

舌头像芭茅草那样灵活，

hui^{6} ʔȵam^{5} pu^{3} me^{2} ȵa:n^{2},

作 晚上 也 不 疲倦

晚上坐着也不感到疲倦劳累，

hui^{6} sa:n^{2} pu^{3} me^{2} ȶa:k^{7} ^{n}da^{1}.

作 夜 也 不 僵硬 眼睛

熬夜眼睛也不发直。

ti^{6} ʔjət^{7} ʈa:p^{7} çi^{3},

第 一 甲 子

第一元甲子,

ȵe^{2} ȵa:u^{6} tsum^{2} he^{4} ʈi^{5}ʔmi^{5},

你 在 那处 做 机密

你在那神秘的处所,

ȵa^{2} ȵa:u^{6} tsum^{2} ʈi^{5} fe^{4} zən^{1};

你 在 那里 造 做 人

你在那里创造人;

ti^{6} ʔjəp^{7} ʈa:p^{7} çi^{3},

第 一 甲 子

第一元甲子,

ȵe^{2} ȵa:u^{6} ^{n}djoŋ^{3} tin^{1} ʔbən^{1} tu^{3} t^{h}amu^{3},

你 在 地方 脚下 天 相互 契合

你在天角相合的处所,

ȵa:u^{6} ^{n}djoŋ^{3} pa:k^{7} nam^{3} tu^{3} ha:i^{1};

在 地方 口 水 相互岔开

在岔河口的地方;

ti^{1} ʔjəp^{7} ʈa:p^{7} çi^{3},

第 一 甲 子

第一元甲子,

ȵe^{2} ȵa:u^{6} ʔba:n^{3} çet^{7} çin^{5},

你 在 寨、村 七 门楼

你在有七个门楼的寨子,

ȵe^{2} ȵa:u^{6} çiŋ^{2} çət^{7} ʔbən^{5}.

你 在 城堡 七 井

你在有七口井的城堡里。

ti^{6} ȵi^{6} ʨa:p^{7} ɕi^{3},

第二 甲 子

第二元甲子，

ȵe^{2} sum^{3} taŋ^{1} kwa:ŋ^{3} toŋ^{1} fe^{4} le^{1}.

你 才 来 广 东 做 书

你才来广东教书。

ti^{6} ha:m^{1} ʨa:p^{7} ɕi^{3},

第 三 甲 子

第三元甲子，

ȵe^{2} sum^{3} taŋ^{1} kwa:ŋ^{3} se^{1} fe^{4} hau^{3}.

你 才 来 广 西 做 占卜

你才来广西做占卜。

ti^{6} ɕi^{5} ʨa:p^{7} ɕi^{3},

第四 甲 子

第四元甲子，

ȵe^{2} tsum^{4} taŋ^{1} tsoŋ^{3}ju^{4} lə^{0}pu^{3},

你 才 来 荔波 拉岜

你才来荔波的拉岜，

sup^{7} pɑk^{3} la^{4} pu^{3}.

水 爬 水 浦

水爬和水浦（荔波县的两个地名）。

ti^{6} ŋo^{4} ʨa:p^{7} ɕi^{3},

第 五 甲 子

第五元甲子，

ȵe^{2} sum^{3} taŋ^{1} ʨi^{3}ljoŋ^{3} hən^{2} ʔda:i^{1},

你 才 来 吉拢 地方 好

你才来到吉拢这个好地方，

ȶi^{3} la:i^{1} hən^{2} ʔnjən^{3}.

吉 莱 地方 好

你才来到吉莱这个好地方。

ti^{6} ljok^{8} ȶa:p^{7} ɕi^{3},

第 六 甲 子

第六元甲子，

ȵe^{2} qo^{3} hui^{6} tin^{1} qa:m^{1} ʔjin^{5},

你 就 坐 脚 洞 燕子

你就坐在燕洞脚下，

hui^{6} liŋ^{5} qa:m^{1} qo^{1},

坐 坎 洞 蝙蝠

坐在蝙蝠洞坎，

pa:k^{7} qa:m^{1} ȶum^{1},

口 洞 金子

金光闪亮的洞口，

tsum^{2} qa:m^{1} ȵen^{1},

洞眼 洞 银

银光透亮的洞口，

pa:k^{7} qa:m^{1} ɣa:n^{2} wɑ:ŋ^{2}.

口 洞 家 王

那是先王的山洞口。

ȵa:u^{6} te^{3} loŋ^{2} ʔbən^{1},

在 下面 肚 天空

在蓝天下面，

ɣa:n^{2} ɕi^{5}ȵu^{4} pu^{3} tsiŋ^{3} ljok^{8}to^{2}.

家 西奴 也 请 六铎

西奴女神家也请六铎先生。

ti^{6} ɕəp^{7} ʈa:p^{7} ɕi^{3},
第 七 甲 子
第七元甲子，
ȵa^{2} qo^{3} sup^{8} ŋo^{4} khɯən^{1} tsok^{8} sup^{8} ljok^{8} hən^{2} sa:m^{3},
你 就 十 五 路 走 十 六 地方 走
你走了十五条路，游遍了水族的十六个地方，①
pu^{4} sa:m^{3} hən^{2} zən^{1} loŋ^{2} ʔda:i^{1},
父 走 地方 人 心肠 好
您好心人各处走，
ɣa:n^{2} ti^{3} pu^{3} taŋ^{1} tha:u^{3},
家 小 也 来 找
小户人家也来请您，
ɣa:n^{2} la:u^{4} pu^{3} taŋ^{1} ju^{5},
家 大 也 来 喊
大户人家也来请您，
ɣa:n^{2} fu^{5} pu^{3} taŋ^{1} tsiŋ^{3}.
家 富 也 来 请
富人家也来请您。

《迁徙歌》和《敬请陆铎公》是水族珍贵的历史资料。这两首古歌是1962年笔者进水书私塾学习时，三都县阳安公社吉香寨的水书先生谢吉章传授的。1966年，笔者从贵定师范中师部毕业，分配到三都县坝街小学任教。“文化大革命”期间严禁使用水书，为此笔者只能在夜深人静时，在煤油灯下偷偷整理水书。1972年暑假期间，老家对面的梅偶寨发生火灾，在参加救火之后，当晚笔者便留宿在梅偶寨的集体粮仓里，当地有名的水书先生潘忠权也留宿于此。他是低仰寨人，为笔者的堂兄，我们两家相距两三里路。当晚，笔者就将

① 水族人认为水族居住地有十六个，即“十六水”。

自己学到的《敬请陆铎公》祝词念给他听，请他指教。他修正了错讹的两三个句子，并讲解了其中涉及的荔波境内的地名。因为当时笔者未去过荔波县，所以对古歌提及的地名没有概念。1984 年，笔者参加成人考试进入贵州民族学院（现为贵州民族大学）就读，毕业后留校工作，又对《敬请陆铎公》祝词做了初步翻译与使用国际音标注音。1991 年，南开大学做水语教学的曾晓渝博士来贵州进行水语调查，曾教授很想找到一两首具有代表性的水族古歌。于是笔者把涉及水族文字史、文化史、文明史、迁徙史等内容的《迁徙歌》和《敬请陆铎公》与她分享。曾晓渝博士听后十分赞赏，请求将这两首古歌给她在国家课题成果中使用，笔者爽快地答应了她的请求。回到南开大学之后，曾晓渝博士又重新修正了这两首古歌的国际音标注音，将其收录于国家社科基金课题成果《汉语水语关系论——水语里汉语借词及同源词分层研究》中。2004 年，这本书由商务印书馆出版，她对两首古歌加了如下脚注：

> 这二则水族古歌是笔者 1991 年赴贵州调查记录的，发音合作人是贵州民族学院科研处的潘朝霖先生，谨此向潘先生深表感谢！
>
> 水族传说六铎公（qoŋ^{5} ljok^{8} tok^{8}）是水书的创制者，也是水族的保护神。这首古歌中所唱的请水书先生六铎公的路线，也反映了水族历史上迁徙的痕迹。

《迁徙歌》与《敬请陆铎公》正好与本书的主题吻合，特作为开篇资料奉献。

另外，民间歌谣在叙述民族来源与迁徙方面，还留下了水族先民从中原亡命南迁融入百越族群，又溯源来到黔桂交界地区生息的珍贵历史信息。

2016 年，三都县中和镇东山村台寨组 90 岁高龄的潘六花演唱《老祖先住睢河边》，由陆春采集。潘六花老人于 91 岁时谢世。

古歌《老祖先住睢河边》中唱道：

qa:u^{5} qoŋ^{5} nda:u^{1} ȵa:u^{6} ȶa:i^{5} ʔnja^{1} sui^{3},

古时候我们的祖公生活在睢水河边，

mbe^{1} ʦa^{5} khui^{3} man^{6} sui^{3} ha:i^{1}he^{1}.

那年受苦逃难，丢下睢水家园给别人。

mbe^{1} pa:i^{1} mbe^{1} ʔba:n^{3} qa:u^{5} tu^{3} ka^{3},

一年复一年等待回老家团聚，

phja^{3} pa:i^{1} pja^{3} me^{2} ɕau^{3} ȵa:u^{6} n̥u^{1}.

一次又一次不知道行踪去哪里。

lwa:ŋ^{3} tha:u^{5} pa:u^{1} ha:i^{3},

流至海角，

nda:n^{5} tha:u^{5} tin^{1} ʔdən^{1},

逃到天涯，

tha:u^{5} ȶa:ŋ^{3} se^{1} ʔdai^{3} ȶi^{3} tjeu^{2} mbe^{1}.

逃到江西得数年。

va:ŋ^{2} tu^{3} ha^{3} nda:u^{1} lwa:ŋ^{3} ka:ŋ^{3} toŋ^{1}.

官王争霸，我们逃到广东。

tha:u^{5} ka:ŋ^{3} toŋ^{1} he^{4} me^{2} ɕən^{1} ʦje^{1},

到广东搞不成吃，

ʦeŋ^{4} qɑi^{3}ʔda:i^{3} ndan^{3}pa:i^{1}kwɑ:ŋ^{3}se^{1},

不得已又逃到广西，

tha:u^{5} kwɑ:ŋ^{3} se^{1} he^{4} me^{2} ɕən^{1} ɕen^{2},

到广西又积不得钱，

ȶi^{3} fa:i^{4} nu^{4} ʔɑi^{3} nda:n^{5} ti^{3} soŋ^{1}.

几兄弟各奔东西。

fa:i^{4} tum^{3} lau^{4} lui^{5} ʔnja^{1} pa:i^{1} te^{3},

大兄弟随河下去，

nu^{4} twon^{4} ti^{3} thjep^{7} ʔnja^{1} pa:i^{1} ʔu^{1},

小兄弟沿河上去，

fa:i^{4} tum^{3} ta^{5} qui^{5} ʦu^{1} la^{1} ɣa:n^{2},

中间兄弟在贵州安家，

jən^{2} ʔai^{3} ʈi^{1} ʔdɑːi^{1}!

大家要记住！

qo^{3} hən^{2} sui^{3} ^{n}dɑːu^{1} ha^{1} vui^{3}!

我们的水家人啊！

qo^{3} hən^{2} sui^{3} ^{n}daːu^{1} ha^{1} vui^{2}!

我们的水家人啊！

《老祖先住睢河边》用艺术的笔触，将水族的发祥史、迁徙史、苦难史、奋斗史凝结在 15 句歌词中，反映了水族先民从中原睢水流域南迁融入百越族群之后漫长的历史变迁过程。

类似的古歌，还有水族著名歌手石绍霞为《水书习俗》纪录片演唱的片头曲。2017 年，《水书习俗》参加中国（广州）国际纪录片节“金红棉奖”评比，从 2800 多部作品中脱颖而出，获得二等奖。片头曲的开篇就是：

我们老祖公住睢水边，古父老在睢水柳岸堤，因洪水才叫去逃荒，到处找好坝子安身，水书块随身带走，马尾绣背带别送他人。哥叫弟分队找吃，到广东也到广西，到广东做不成吃，到广西积不起钱，弟扛被子顺河下去，哥很累溯江上去，进贵州尽大山坡，透心凉说不下去，知如此当乞丐算了，挨不住去割芭茅草，割芭茅防雨遮眼，割芭茅草来避露水，挖蕨根救了人命，古公艰辛你们知否。

1985 年冬，杨胜超向时年 83 岁的石牙蔫采集水族古歌。石牙蔫是三都县原中和乡中和村河寨组人，出嫁到中和庞寨村。她用如泣如诉的歌声，拉开了“古公老在睢河边”的苦难历程。

杨胜超用汉字谐音记录水语歌吟：“嗨也……嗨喝料……搞公导……鸟解纳睢，演公布……解规那六。愧脑憨……西柚弹拜，修宗涛……云怒赖恒。歪莱睢……带怎愣拜，呆痕麻……哪害矮郭……”

其歌词大意是：远古时候，我们的老祖先住在睢水边，栖息在洛河沿岸，因为洪水泛滥，被迫离开那令人眷恋的地方。到处寻找啊，何方才有我们安身立命的家园。无论如何也要把那捆水书带上，马尾绣背带绝不能丢给别人……

杨胜超在文稿中这样记录：“石牙蔫演唱时歌声凄切，和声委婉，围在四周的人们，特别是年纪较大的，早已老泪纵横，泣不成声。一首古歌的演唱能使他们如此感伤，实在令人难以想象。是啊，真正了解这首歌词内容的人都有同感，包括在现场的我也潸然泪下。”

这首古歌叙述了水族的一支迁徙的艰辛历程。从歌词大意来看，虽然不够具体，但不难看出水族的祖先是从睢水流域、洛河之畔，因为避洪荒（或者战争）而南逃，从而融入“百越民族”之中。“到广东做不成吃，进广西积不得钱”，于是又迁徙到黔桂交界的都柳江、龙江上游地区生息。

水书习俗与中原古文化的联系很多，如河图洛书与水书创始人六铎公（六一公）的关系，八卦、二十八宿和水历的内在联系。水语与汉语的关系是“盖本皆同源，历时久而差异遂增”“同源—分化—接触吸收”。另外，水族是全国唯一活态传承牙巫、殷公文化的民族。水族恪守“神不歆非类，民不祀非族。非是族也，不在祀典”的古训，传承着本民族悠久的历史文化。

第二节　水书国家名称：水书文献、水书习俗、水文

1943 年，岑家梧教授到水族地区进行水书调查，于 1948 年在《社会科学论丛》新 1 卷发表了水书与甲骨文对比研究的万余字成果——《水书与水家来源》，潘朝霖、唐建荣主编的《水书文化研究》收录了该文。“水书系一种被压迫民族所用之文字”，这句论断即引自该文。

新旧社会两重天，水书翻身变成国宝。2002 年，“水书文献”入选第一批中国档案文献遗产名录；2006 年，“水书习俗”入选第一批国家级非物质文化

遗产名录；2008—2020 年，国务院共评选公布了 6 批国家珍贵古籍名录，水书有 79 件入选。

国家档案局
中央档案馆

档函[2002]42 号

国家档案局中央档案馆关于
入选《中国档案文献遗产名录》的通知

贵州省档案局：

国家档案局于2002年3月8日组织召开了“中国档案文献遗产工程”国家咨询委员会评审会，按照“中国档案文献遗产”入选标准对首批申报的档案文献进行了认真的审定，你们申报的《贵州省“水书”文献》文献已经通过评定，第一批入选《中国档案文献遗产名录》。

国家档案局　中央档案馆

二〇〇二年三月二十六日

《贵州省“水书”文献》入选《中国档案文献遗产名录》的批文

水书作为一个民族的文字、典籍，在国家层面上出现 3 种称谓：“水书文献”“水书习俗”“水文”，这在中国是绝无仅有的，由此可见水书的特殊性、神奇性、神秘性。笔者有幸亲历 3 种文献资料的申报工作，感触颇深。

2001 年夏季，当时的贵州省档案馆（书中简称省档案馆）工作人员将笔者接到省档案馆，对馆藏水书进行录入及简要注释，并对这些水书的价值做基本的评估。笔者从藏书的零星信息中推断，这批水书征集于三都县。后来得知，这些是省档案馆拨款给三都县档案馆，委托其征集的。最后要对这批水书进行拍照，要求拍摄每本书的封面、封底以及4—6张精美的内页。那时数码相机尚未普及，根据相关要求我们使用了120相机进行拍摄。当时，笔者以为只是对馆藏图书进行一般性的注录工作而已。直到2002年6月，偶然见到“水书文献”入选首批中国档案文献遗产名录的消息，申报单位是贵州省档案馆，笔者才意识到当时所做工作的意义。

2005年8月中旬，三都县文化局的韦家永来到贵州民族学院对笔者说：“现在我们准备申报国家级非物质文化遗产名录，本来有近3个月的准备时间，前两天才收到黔南州文化局的通知，9月1日就要上报给贵州省文化厅，时间太紧急了。我知道我们做不了，但你能做好，请你支持家乡一下。”8月20日，笔者和黔南州电视台影像记者到羊瓮村、水根村、姑引村、水各村等地拍摄资料，随后加紧撰写“水书习俗”“水族端节”“水族马尾绣”“水族卯节”等四个申报项目的影视解说词以及其他文本资料。8月底，因时间太紧，来不及带资料到三都县请领导审阅，只好直接请三都县人民政府办公室的韦正中带公章到笔者家审阅资料并盖章，以确保9月1日按时将申报资料上报到贵州省文化厅。2006年6月，国务院公布第一批国家级非物质文化遗产名录，水族的“水书习俗”“水族端节”“水族马尾绣”有幸入选，“水族卯节”则只入选了省级非遗名录。当年，黔南州申报国家级非遗项目16项，获批4项，其中水族的非遗项目就占了3项。

“水书习俗”入选首批国家级非物质文化遗产名录颁发的牌匾

2007年，国家珍贵古籍名录申报工作开始了。贵州省古籍保护中心副主任陈琳与国家档案馆吴元丰研究馆员、中国民族图书馆馆长吴贵飙到寒舍实地考察笔者准备申报的水书抄本资料。笔者个人收藏的水书基本获得认可，于是从中选择了五项填写申报书。国家珍贵古籍名录审批很严，2008年公布结果时，只有《九星诵读》入选，排在水书项目的第一位，编号为02375。更为荣幸的是，全国私人藏书仅有2件入选：一本是收藏家韦力先生的藏书，另一本是笔者的藏书。

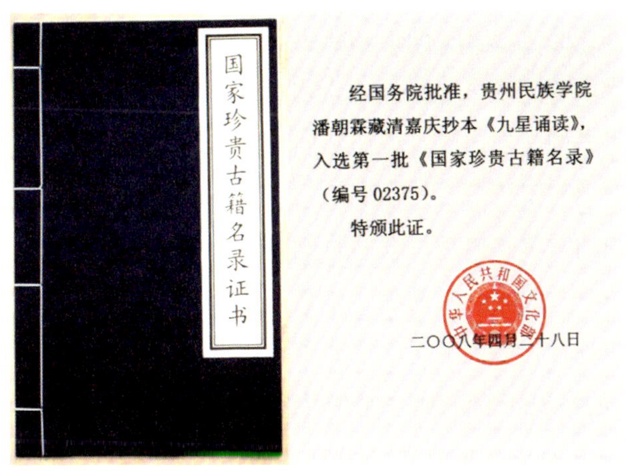

潘朝霖藏书《九星诵读》2008年入选首批《国家珍贵古籍名录》的证书
（现由黔东南博物馆收藏）

有幸亲历了“水书文献”“水书习俗”“水文”3个国家级项目的首批申报工作，这是时代赋予水族文化的机遇，亦是笔者人生的一大幸事。

在国家首批非遗项目颁证之前，从1800余项中选出6项做重点介绍，在中国艺术研究院主办的《中华文化画报》2006年第2期刊载，笔者应邀撰写《难以独立运用的神秘水书》并配上10余张图片刊发。2018年，中央电视台从全国非遗项目中选择20项拍摄专题片，水书有幸入选，由中国新闻纪录片制片厂承担摄制工作，笔者有幸参加。2006年，四川巴蜀书社出版宣纸套筒印刷的《中国水书》160 卷本（定价 18 万元），特邀笔者担任学术顾问，并受邀撰写近 4 万字导读：《神奇水字　神秘水书——〈中国水书〉管窥》。这是贵州民族大学重视水书（2005 年成立水书文化研究中心，2006 年校庆时升格为水书文化研究院）的结果。

水书滥觞于夏商文化圈的睢水流域，辗转于百越族群之地，遗存在黔桂交界都柳江、龙江上游地带的水族山乡。其穿越了数千年漫长的历史时空，依旧鲜活地存活在水族社会中，显得特别珍贵。

笔者于 1958 年快要小学毕业时开始学习水书；1962 年进入水书私塾学习水书；1979 年之后开始水书调查与研究，拜访百余位水书先生，浏览万余册水书抄本，拍摄水书照片 2 万余张；1986 年之后又在大学讲台上讲授水族文化，写下了百来万字的水书研究文字。由于水书博大精深，笔者虽已行将就木，但依旧难以探索水书的实质内涵，还在其外围徘徊。

《贵州文库》将入选国家珍贵古籍名录的 68 册水书汇编出版，这是水族文化史上值得庆祝的大事。但是，水书的抢救保护依旧存在很多难点。

“现在水书的传承情况如何呢？水族是否还有精通水书的传承人？”2019 年，面对中央电视台记者的采访，笔者做了如下的回答：

“水书传承的情况不容乐观，现在已经没有精通水书的水族人了。现在 80 岁的水书先生，在新中国成立时还是儿童，不可能掌握水书。新中国成立之后，社会文化生态环境巨变，水书传承出现断崖式的跌落。由于水族文字发育不完全，水书抄本只具有简略的时间与吉凶兆象的提要性纪录，绝大部分内容靠口耳相传及诸多习俗来配合传承。2006 年，国务院批准的首批非遗项目中，将水书命名为‘水书习俗’，这个命名很客观，具有科学性。”

作为接触水书快 80 年的人，怀着敬畏历史、敬畏文化、敬畏生态、敬畏先祖的心态，来谈谈自己对水书的丁点认知。是焉非焉，恭候读者与历史的评判。

第三节　水书创制年代：水书与甲骨文孰早？

水书创制的时空问题，实际上就是水书的起源、创制与传播的问题。对此可谓众说纷纭，有的人认为水书是先秦文字，有的人认为水书是模仿甲骨文创制的文字。“水书是模仿甲骨文编成的”，有人如是说。言下之意即是水书创制于甲骨文之后，是模仿甲骨文而创制的文化成果。从发现甲骨文的年代，从水书在水族社会中的“口传古籍”与传世的水书的情况去探索，有助于我们了解事实真相。

光绪二十五年（1899），王懿荣先生发现甲骨文，迄今 122 年；咸丰十年（1860），莫友芝先生在北京发表水书研究成果，迄今 161 年，而在水书研究成果发表 39 年之后甲骨文才被发现；三都县拉下水书墓碑记载墓主死于明孝宗弘治十三年（1500），距今 500 余年；辽金时代的水书地支文字大钱，迄今也有 1000 多年的历史。这些可以证明，在甲骨文问世之前，水书已经存在。

商代的甲骨文是中国的一种古老文字。文字是文明的重要载体，殷墟甲骨文的重大发现，在中华文明乃至人类文明发展史上具有划时代的意义。2006 年 7 月，殷墟作为中国 20 世纪百项考古大发现之首，被联合国教科文组织列入世界文化遗产名录。

2019 年是发现和研究甲骨文的第 120 周年。11 月 1 日，习近平总书记致甲骨文发现和研究 120 周年的贺信指出：“殷墟甲骨文的重大发现在中华文明乃至人类文明发展史上具有划时代的意义。甲骨文是迄今为止中国发现的年代最早的成熟文字系统，是汉字的源头和中华优秀传统文化的根脉，值得倍加珍视、更好传承发展。”

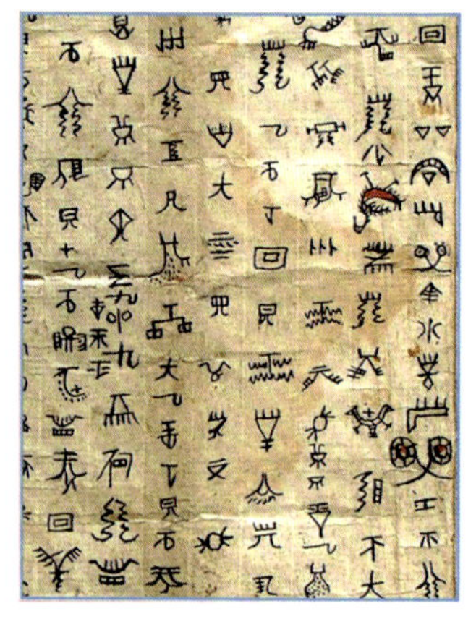
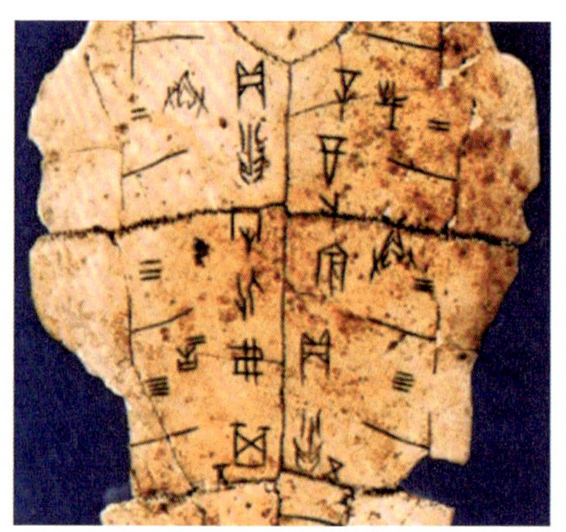

水书（左）与甲骨文（右）

2022 年 10 月 28 日，习近平总书记来到安阳殷墟遗址考察。习近平总书记说："殷墟我向往已久，这次来是想更深地学习理解中华文明，古为今用，为更好建设中华民族现代文明提供借鉴。"习近平总书记所强调的正是：我们一定要重视历史文化保护传承，保护好中华民族精神生生不息的根脉，继续深化中华文明探源工程。

在党的十八大之后，习近平总书记指出，要坚定道路自信、理论自信、制度自信、文化自信。其中，文化自信是更基础、更广泛、更深厚的自信，是更基本、更深沉、更持久的力量。这就要求我们从中华五千年文明积淀中汲取知识与力量。

由此，我们深切地领会到殷商甲骨文对中华民族生存发展、对铸牢中华民族共同体意识的重要性。本书涉及的内容与这一主题正好契合。

甲骨文是一种成熟的古老文字系统，贵州水族的水书怎能和甲骨文相提并论呢？将二者相提并论似乎是天方夜谭。但是，这个问题是由著名的学者提出的。

2017 年 5 月，人民出版社出版蒋南华、黎斌的《中华人文稽考》，其中刊载两篇长文：一是《水文是一种比甲骨文更早的远古文字》，二是《水历是中华远古历法的"活化石"》。文中观点奇异，如《水文是一种比甲骨文更早的远古文字》中的观点：

水文是一种比殷商甲骨文、金文更早的远古文字。它始创于公元前四千余年的帝喾高辛时代，发展、流播于唐虞夏商之初，它在中国文字的发展史上曾经起到过上承“三坟”，中通“五典”，下启“甲骨”的伟大作用。中国历史传说和古代典籍（如《尚书》《易经》《韩诗外传》等）所载的“少昊、颛顼、高辛、唐虞之书”，即“五典”，我们推测其中许多“言常道”的文字，一定是用“水文”。①

又如《水历是中华远古历法的“活化石”》中的观点：

水族是一个历史极其悠久的民族。水族的历法同水族的历史一样悠久。早在距今六千三百年以前，水族的始祖共工就曾“步十日四时”(《楚帛书·乙篇》)，创制了甲乙丙丁等十天干纪日，分一月为三旬，并将一日划分为“宵、朝、昼、夕”四个时段的“十日历”。这个分一月为上、中、下三旬的纪历法，一直沿袭到了今天。共工的父辈重黎和吴回先后在公元前4400—前4300年的颛顼和帝喾高辛时代，相继担任过主管天文历法的朝廷要员——“火正”。这个在中国历史上被称为祝融氏家族的重要成员，“是襄天，是格天化”，并“思，奠四亟……以四神降，奠三天……”“步十日四时”(《楚帛书·乙篇》)，发明了以天象为依据的历法。其子孙沿源相袭“乃步以为岁”，历朝历代，成了朝中掌管天象观测的要员和天文历法大师。正如司马迁《史记·天官书》所云：“昔之传天数者，高辛之前重黎（氏）；于唐虞，羲和（氏）；有夏，昆吾（氏）；殷商，巫咸（氏）；周室，史佚、苌弘；于宋，子韦；郑则裨灶；在齐，甘公；楚，唐昧；赵，尹

① 蒋南华、林静、蒙育民：《水文是一种比甲骨文更早的远古文字》，《贵州师范学院学报》2011年第4期。

皋；魏，石申……”

今天水族民间用以计时、择吉的“水历”就是中华古历传承至今的瑰宝和“活化石”。[①]

水历与水书密切相关，水书的核心价值也在水历中体现。可见研究水族文化30余年的贵州社科院原院长蒋南华教授抓住了研究水书的要害。

水书引起了汉族不少著名学者的关注。西南大儒莫友芝先生认为水书是秦朝李斯大篆之前最简的古文字。其初本皆从竹简过录，其声读迥与今异，而多合古音，核其字画，疑斯籀前最简古文也。研究西周虞国钱币文字要“水书竹历参摩研”。[②]

莫友芝，字子偲，号郘亭，晚号眲叟，1811年生于贵州独山县兔场，道光十一年（1831）中举人。此后3次进京应试，均未如愿，于是便潜心研究汉宋学术，以及诗词与目录版本学，又研习书法，四体皆工，尤精小篆、行书，终成大器，成为晚清西南巨儒。咸丰九年（1859），再度进京，被曾国藩、李鸿章等举荐于朝，终不就职。曾在胡林翼幕府、清代重臣曾国藩幕府中协助整理古籍遗书，后到南京金陵书局、江苏江南书局、扬州书局等处担任编修。

神奇的水书、神秘的水书和家乡情结，唤起莫友芝对水书的兴趣。独山有水族，水族有水书，水书的奇特令其惊异。莫友芝在《红崖古刻诗》注中对水族古文字的评述是：

吾独山土著有水家一种。其师师相传，有医、历二书，源自三代（夏商周）。舍弟祥芝曾录得其六十纳音一篇。甲子、乙丑金作，丙寅、丁卯火作，戊辰、己巳木作。且云其初本皆从竹简过录，其声读迥与今异，而多合古音，核其字画，疑斯篆前最简古文也。[③]

---

① 蒙育民、蒋南华：《水历是中华远古历法的“活化石”》，《贵州文史丛刊》2007年第4期。

② 莫友芝《红崖古刻歌》，民国十四年都匀县志稿载。转载自潘朝霖、唐建荣主编《水书文化研究》，贵州民族出版社，2009，第3页。

③ 潘朝霖、唐建荣：《水书文化研究（第2辑）》，中国言实出版社，2012，第141页。

莫友芝关注水家文化与其生长的环境有关。兔场位于独山县的北部，与原来的翁台、甲定、塘立三个水族乡相邻。独山县东面是全国唯一的水族自治县三都，北边是都匀市基场、阳和、奉合三个水族乡，南面是水族重要分布地——荔波县。其胞弟莫祥芝抄录到一篇名为《六十纳音》的水书，送给他研究。莫祥芝能找到水书，在情理之中。莫祥芝不是等闲之辈，曾任上海县县长，他知道水书中蕴含着珍贵的信息与价值。

莫友芝对水书进行研究之后，兴致挥毫写道：

叔重古文换秦篆，
十不存一苦斠铨。
稍从乘马究虞寽，
水书竹历参摩研。

叔重是东汉著名的文学家、文字学家许慎的字，著有《说文解字》一书。莫友芝认为许慎在编著《说文解字》时，将收录的古体字大量改换为秦宰相李斯主持创制的篆字，造成古体字“十不存一”，使后人很难对古文字进行对比研究、校正与诠释。面对这种状况，莫友芝认为想要考究西周诸侯小国虞国钱币上的文字，可以参照水家的水书及竹历《竹书纪年》进行揣摩切磋研究，或许会有所收获。

更难能可贵的是，莫友芝请水书先生用水语诵读水书给他听，而得出“声读迥与今异而多合古音”的结论。用现代的话解读就是：水书的读音与当今当地的汉语读音完全不一样，而与中原古音多有吻合。莫友芝是音韵学家、训诂学家、版本学家和书法家，所以才能从常人容易忽略的读音中窥出其奥秘，才有“初本皆从竹简过录”“核其字画，疑斯篆前最简古文也”的见地。

据刘世彬教授考证，在莫友芝“以考证为诗”的研究成果中，代表作是《红崖古刻诗》。关于虞国的钱币，莫友芝在诗的注中写道：“《管子·桀马数》篇云：‘有虞策桀马已行矣。’盖虞币有桀马之名，今流传桀正，当金尚寽及虞一斤等币，颇有文字相证处。”

这就是说，在周文王时代建立的诸侯小国虞国，虽然在公元前665年被晋所灭，但虞国流通的名叫“桀马”“桀正”的钱币，铸有“虞一斤”的货币重量标志，上面铸有的文字，颇有与水书相互佐证之处。[①]

莫友芝关于水族古文字来源的观点，也被后来学者的研究成果所证实。例如，岑家梧先生认为：“水书与古代殷人甲骨文之间，当有若干姻缘关系。”张为纲先生认为，水书“与武丁时期之甲骨文字极为相似”。

水书的很多内在特征，现在逐渐被世人所发现。刘日荣教授在《水书研究——兼论水书中的汉语借词》一文中说：“水书原用竹木枝丫烧成木炭书写，故年代较古的抄本，笔画颇似刀刻。水书的产生大概分为两个阶段。首先是在刻木为契的基础上，创造了象形字。”[②]这一分析十分到位。

水书的这些现象，就是甲骨文有书契、殷契之称的遗韵，就是水语称水书为“勒睢”或“泐睢”，保留了古汉语“勒”“泐”铭刻、镌刻之本义。水族称水书的量词读音谐“块（$kuai^5$）”，语意为块。“一本书”，水语直译为“一块书”，量词“本”和“簿”是后世植入的。从语言发生学的方面考虑，水书最早应当是用泥块、竹木板作为载体刻写的。

《贵州文史丛刊》编辑部张彦夫先生在1997年第4期发表了《红岩古迹研究综述》一文，其中引出一些关于水书的论述：水族发明的水书也是表达五行生克、天干地支、二十八宿之类用于占卜的文字。这些文字都是图画及象形文字，最初起源于数字卦。

对于殷契，中国社会科学院张政烺教授论述独到。

张政烺先生率先提出这些契数是原始数字卦。他统计了这一时期的数字卦资料32条，共168个数字，其中出现次数最多的是“六”和“一”，共一百次。数字卦越来越集中在“六”“一”二字之

① 刘世彬：《莫友芝对水族古文字的研究》，《黔南民族师范学院学报》2006年第1期。

② 刘日荣：《水书研究——兼论水书中的汉语借词》，《中央民族大学学报》1990年11月增刊。

下。而这正是河图“一六共宗”的记述反映。古越人的后裔水族崇拜的正神“六一公”(亦称六甲公)，传说为水书的创造者。我们认为“六一公”的实质正是河图洛书的化身，源于“一六共宗”的河图洛书。故“六一公”在古越人的眼里是天地主宰神。可以肯定，水书等少数民族文字也是由河图洛书为代表的原始数字卦演变而来的，类水书的红岩碑文同样是数字卦过渡而来的，与河图洛书关系密切。①

抗日战争期间，张为纲先生、岑家梧先生先后到水族地区调查水书，其成果让人耳目一新。

张为纲教授是1942年到荔波水族地区进行调查研究的学者。调查成果《水家来源试探》，发表于当时的《社会研究》第36期，1942年被编入贵阳文通书局印行的《贵州苗夷社会研究》。张为纲教授“以水家姓氏为证”“以水家文字为证”“以水家迷信为证”“以水家歌书为证”，认为：

考水家著姓，首推韦氏，其先盖颛顼大彭之后，封于“豕韦”(今河南滑县)，世伯商夏，其苗裔遂以国为氏。

“水族”所以名“水”，或即由“豕韦”合音而成。

故今日之水书，已失却文字的功用，转而为咒术之工具。然细考其字形，竟有与武丁时期之甲骨文字极为近似者。

今日水家之所以“鬼名”繁多，所以尊崇巫师，所以有为咒术用之“反书”，皆可为殷代文化遗留之铁证。

由此四证，可知“今之水家，盖即殷之遗民无疑”。

岑家梧教授，著名学者，早期在日本早稻田大学留学，新中国成立后任中南民族学院副院长。1943年，他到水族地区搜集水书45种，请水书先生译述，最后发表《水书与水家来源》，开对照甲骨文系统研究水书之先河。

① 张彦夫：《红岩古迹研究综述》，《贵州文史丛刊》1997年第4期。

岑先生经研究认为：

> 水书乃水家固有之文化，非得自外传者甚明。
>
> 水书系一种被压迫民族所用之文字。
>
> 水书初创于西北，制造之时代极为古远，后伴随水家辗转迁徙贵州。
>
> 水书字迹与刀刻的甲骨文及金文，颇多类似。
>
> 水书与古代殷人甲骨文之间，当有若干姻缘关系，亦可断言也。①

又根据《中国民族古文字图录》一书中专家推断，“类甲骨文”的水书字体创造于殷商时期，行文体例类似于甲骨文。

甲骨文是汉字的源头和中华优秀传统文化的根脉。中华文字以其独特的形音义，以其承载的浓厚的文化信息及灿烂的文明，以其生生不息的强大生命力，受到世界的密切关注。正如习近平总书记参观殷墟时所说的那样：“中华文明源远流长，从未中断，塑造了我们伟大的民族，这个民族还会伟大下去的。”

第四节　水书字例管窥：远古历史的文化记忆

古文字是民族文明的象征，是民族精神的体现。人类公认的古文字有3种：一是距今约5500年的楔形文字，由居住在两河流域的苏美尔人创造；二是距今5000多年的圣书字，由古埃及人创造；三是中华民族的甲骨文字。前两种文字已不再使用，只有中华民族的甲骨文，与现代文字仍存在着密切的关系。

---

① 岑家梧：《岑家梧民族研究文集》，民族出版社，1992，第119—123页。

水族是中华民族之一员。从水族社会历来使用的水书看，我们认为，水族古文字与甲骨文字之间有着密切的联系，水族古文字是古代神本文化的“活化石”。

神奇水字，就是水族先民写征事象，梳理了水族先民对自然的理解符号。人类从蛮荒时代开始，朝着文明一步步艰难走来。文字符号能划破时空，玄藏天机；文字符号能惊天地，泣鬼神！因此，古文字无疑是古文明的象征。

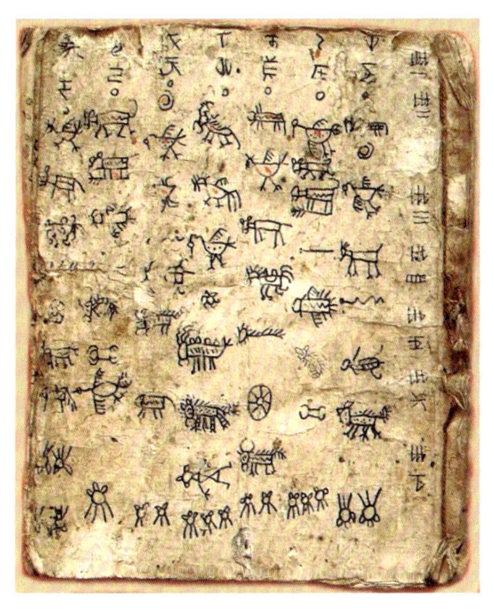

明代水书《二十八宿》抄本

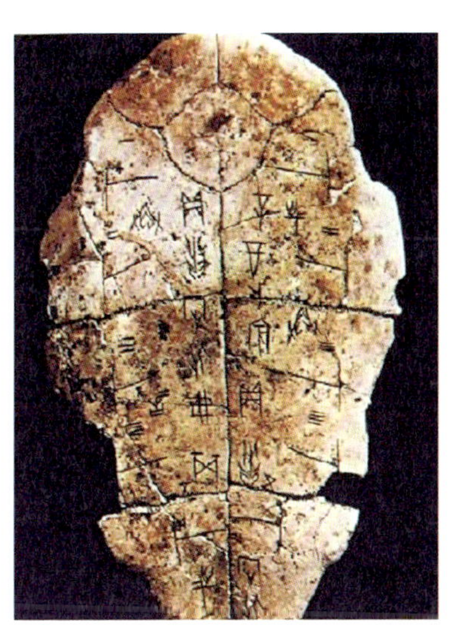

甲骨文图案

2004 年，贵州人民出版社出版了 85 万字的《中国水族文化研究》，该书封面有几句话：

一个仅有五百多个单字的文字体系

成为一个民族的精神支柱

支撑着这个民族几千年的文字史和文明史

水书——华夏古文化宝库中一块珍贵的活化石

水书——水家人的“易经”内容博大精深

水书——通过这逆反的时空隧道
解读水族悠远沧桑苦涩的历史

这几句话对水族文化，尤其是对水书的重大意义做了充分的肯定。刚开始抢救水书时，水书的字数还是陈旧的数据，现在已识别的水书有2000余字。要了解水族古代文明，可以从其古文字溯源，通过时空隧道对其源流进行艰涩的寻觅。

在洛河流域生活时期，水族先民群体产生了文字文明。水书文化和水族古文字与中原的殷商文明和甲骨文之间有着诸多的联系。记录着中原殷商文明的甲骨文与远隔千山万水的西南黔桂边境的水族社会里世代流传的水书有着大量的类同的古文字，这样的文化事实，只能说明水书以及水族先民的来源当与华夏的初始文明圈有着密切的联系。[①] 通过上述信息，关于水书创制的时空，我们可以界定在中原一带，水书至少与甲骨文、金文是同时代的文化产物。当时中原地区诸侯国林立，水书与甲骨文当属于同源异流的文化。正是这种同源异流的文化差异，才有秦王朝统一中国的“车同轨、书同文”等改革措施。

水书与甲骨文是同源文字，就是在这样的文化大背景之下出现的。我们从水族古文字中找出与古汉字具有相同或相近的形体和字义，以此来界定同源文字。这些文字分散在与天干地支、五行八卦、方位、数字等相关的文献资料中。这些方面所反映的文化，正是中华民族的传统文化。没有同源文化，就没有同源文字。没有同源文字，“同一母体文化遗存”这一论点将不能成立。没有同源文字，就难以厘清为什么在甲骨文出土之前，水族文字就有类似甲骨文的字形存在，并存在音形义相同、相似、相近的历史疑难问题。

一、同源天干地支文字现象

水书中出现频率最高的就是天干地支文字，这是占卜的最基本要素，出于

---

① 李平凡、颜勇：《贵州世居民族迁徙史》，贵州人民出版社，2011，第435—438页。

历法纪年、纪月、纪日、纪时、纪方位的需要。

中国社科院名誉院士王宇信教授等主编的《甲骨文精粹释译》载：商朝的各代国王名称，除了第一代商汤王以外，历经500多年从“太丁”到“帝辛”的30代王，皆以天干命名。可见，干支文化是当时的权威文化和先进文化。

十天干：甲、乙、丙、丁、戊、己、庚、辛、壬、癸。古称“十日”。古时还有羿射十日的传说。《淮南子・本经训》：“尧之时，十日并出，焦禾稼，杀草木，而民无所食。”古人所说的“十日”，实际是指太阳系中除了地球和月球之外的十大星球。十天干就是这十大星球的别名或俗称，其后被用以记日。

十二地支：子、丑、寅、卯、辰、巳、午、未、申、酉、戌、亥。古时通称为辰。《左传・昭公》云：“日月之会是谓辰。”每年农历十二月的朔时，太阳与月亮处于同一方位，太阳与月亮相会的这个方位就叫“辰”，一年相会12次，于是就有了“十二辰”，古人将其依次命名，便出现了十二地支。

水语的天干、地支读音近似于汉语，恰似莫友芝先生所云“声读迥与今异而多合古音”，其大意是：水语读念水书的语音和当今汉语完全不一样，但与中原古音有很多吻合之处。

因篇幅所限，水书天干地支的异体字有很多，此处省去了水书字例。

二、五行文化

金木水火土五行，是水书生克制化的哲学精髓。

“五行”一词最早载于《尚书・洪范》：“一曰水，二曰火，三曰木，四曰金，五曰土。水曰润下，火曰炎上，木曰曲直，金曰从革，土曰稼穑。润下作咸，炎上作苦，曲直作酸，从革作辛，稼穑作甘。”

水书中的五行“金木水火土”读音与汉语相似，或许还保留着古汉语的读音。其中，“水”的读音有sui^3（睢）和mam^3（南）两种。这是发祥地黄河的读音与融入百越之后与出现的新读音交混使用的结果。

三、易象文化与水族八卦文字

八卦名称：乾、坤、震、巽、坎、离、艮、兑。

自然卦象：天、地、雷、风、水、火、山、泽。

水书另一重要的基础掌宫之一称“山”或“散”，水语念 $sa{:}n^1$，也称为“降氐（$ʈoŋ^1$ ti^3）”，即“小降”之意，是专用于推算死者之命属于八卦中何种卦名的基础课目。

八卦宫位与水语宫位名称的对应关系是：

艮（qan^5）——敢棍木（qan^5 $kwən^1$ mok^8）。

震（$tsən^5$）——震控人（$tsən^5$ $khum^1$ $zən^1$）。

巽（$hən^5$）——很土棒（$hən^5$ thu^3 $paŋ^1$）。

离（li^2）——立雅蒙（li^2 ja^6 $muŋ^4$）。

坤（$fən^1$）——份上夫（$fən^1$ $sa{:}ŋ^1$ fu^3）。

兑（toi^6）——兑哈南（toi^6 ha^3 $na{:}n^4$）。

乾（$ʈen^2$）——干朵麻（$ʈen^2$ tok^7 ma^4）。

坎（$qha{:}m^3$）——坎朵牢（$qha{:}m^3$ to^6 $la{:}u^2$）。

为什么水语、水书读音与汉语那么相似、相近呢？

世界著名语言学家李方桂，是中国第一个留美语言学博士，毕生研究了20多个民族的语言，出版专著13部。他对水语情有独钟，出版了两部水语专著：《水话研究》《水话词汇》。民国三十二年（1943）十月十四日，李方桂在回复《民国荔波县志稿》主纂潘一志的函件中说：“弟在荔波，为时甚促，深觉水家之风俗语言甚为重要。……而与汉语之关系亦甚明显，盖皆出同源，历时久而差异遂增。”①

水语的复杂性、特殊性引起了学术界的高度关注。南开大学曾晓渝教授主攻水语研究，在商务印书馆等出版社出版了《汉语水语关系论——水语里汉语借词及同源词分层研究》《汉水词典》《汉语水语关系词研究》等著作。在《汉

① 潘一志主纂《民国荔波县志稿》，上海古籍出版社，2017，第214页。

语水语关系论——水语里汉语借词及同源词分层研究》中明确指出：汉语与水语的关系是历时的、动态的，是同源—分化—接触的发展过程。少数民族语言里不同历史层次的汉语借词，是研究汉语史及少数民族自身音系历史演变的重要材料。基于关系词的历史层次分析，汉语与水语之间既有同源分化的发生学关系，也有影响借贷的接触关系。

曾晓渝教授的“关系词分层法”的基本思路，就是从少数民族语言里的汉语借词入手，充分利用民族史、民族语言史、地方史的文献典籍资料，以汉语语音史历代的构拟音系以及相关民族历代聚居区的汉语方言史为重要参照，分析少数民族语言里不同历史层次的汉语借词，明确各层次借词与原词的语音对应规律。

所谓关系词，是指不同语言之间在语音和语义上有对应关系的词（或语素）。关系词既包括同源词，也包括老借词和新借词。运用关系词分层法，可将水语里的汉语借词分为上古、中古（又分早期、晚期）、近代（又分前期、后期）、现代等若干层次。

水语属汉藏语系壮侗语族侗水语支的一种。在壮侗语族中，大多数语言声母在 20—30 个之间，如壮族、布依族、傣族、侗族等民族。但是，水语声母有 71 个，韵母有 77 个。水语声韵母系统十分复杂是因为水语是中原文化与百越文化交融的产物，不仅音位变化增加，而且还保留着大量的中原古音。

关于水语和汉语的关系，可以从水语和水书中去探寻。李方桂院士认为水语和汉语的关系是：盖皆出同源，历时久而差异遂增。曾晓渝教授研究的结论是：汉语与水语的关系是历时的、动态的，是同源—分化—接触的发展过程。存在水书与水语依附关系，水书中出现同源文字现象是历史的必然。

语言是一个民族文化的灵魂，既是最基础的又是最深层次的文化。水书是用水文书写，用水语释读，记录水族天文历法、信仰文化、民间知识的典籍。因此，水书和水语如影随形，离开了水语，水书也会逐渐湮没。现在水书流传的区域，基本上对应水语活态传承的片区。水语和汉语的关系是：同源—分化—接触，正好吻合水书与汉字的关系。

上述可说明：水书与中原文化有深厚的渊源关系。那么，水书何时被贴上民族的标签？历史事实告诉我们，在水族未形成单一民族之前，其所使用的文字应称为中原古文字。唐宋时期水族形成单一民族，跻身于世界民族之林之后，这种流行的文字才被贴上民族的标签而被称为水书。

水族文字有自源文字和他源文字两大部分。自源文字是水族先民独创的文字，他源文字是水族借用汉字而发展演变的文字。

“水族古文字起源于殷商时期，我们称水族文字是殷商文化圈的文明。”[①] 也就是说，水族古文字有部分文字与古汉字有密切联系。我们称这部分文字为母体文化遗存。但是，不是水族的每一个文字都与汉字有关系，很多水族文字具有原创性。也正因为有这种原创性，才决定了水族文字作为一种独立的文字存在。原创性文字就是水族文字中的自源文字。

文字的原创，必须具备三个条件，第一，在时间上具有初始性；第二，在内容上具有独特性；第三，在认识上具有规律性。我们以水字与古汉字在构形上的比较来论述水族的自源文字。

韦宗林教授在《释读旁落的文明》中以一些字例介绍水书中的自源文字。

例字：时

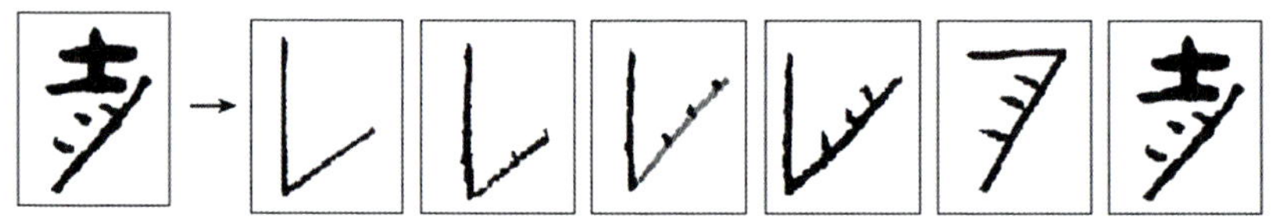

这是水族先民观察太阳运行的记录，可以称为水族最早的日晷。在地上立一根标准木杆，斜线为太阳光投下的影子，以影子长短做记号，表示不同的时段。这是水族先民对时间概念的写征。为书写方便，倒写或侧写是文字早期的特征，后来再加上“十”的音符，水语读 si^2，与汉字“时”音近。

① 潘朝霖、韦宗林：《中国水族文化研究》，贵州人民出版社，2004，第 232 页。

例字：帚

“帚”是以物象形造字，直观明了。甲骨文字复杂而规范，水书变化不大，正反书写随意。

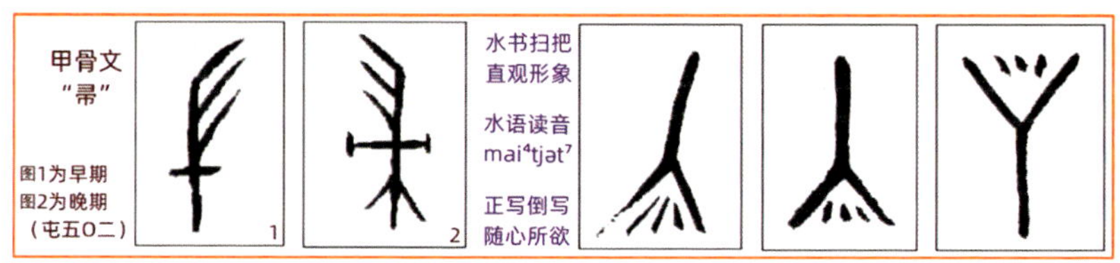

例字：仓、房

“仓”是甲骨文的“仓”，尚未发现“房”和“屋”的字符。在《说文解字》中：“仓，谷藏也，仓黄取而藏之，故谓之仓。从食省，口象仓形。”

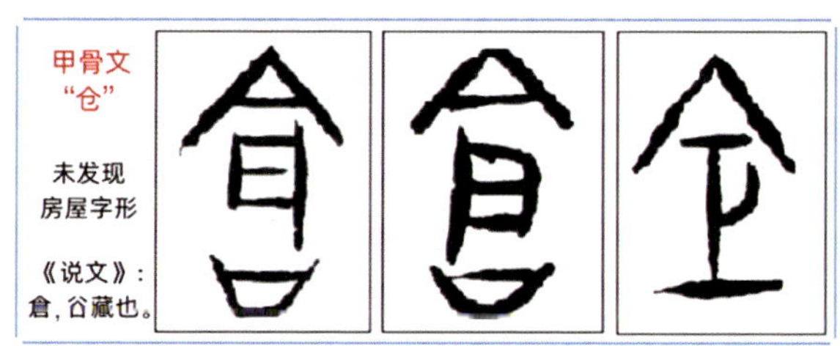

下图是水书“房”和“仓”字形，水语称“仓”为 lok^7，“房”为 ɣa:n^2，“房间”为 hum^4。因水书的家族传承与使用习惯有差异，这些字可通称为房屋，有的分为“仓”和“房”。如图 2，房下可写三点或四点，表示较高的柱脚石，或指建于水池上防火防鼠的禾仓；图 5—8，指干栏式的房屋建筑。图 5 还为干栏房屋画出阶梯，上面可看作一道门或者房间，可凭自己的认知或者根据口传行文需要去解读。图 8 实际上就是图 7 的书法形体，如果再深究，就是干栏式房子的专用字。图 6—8 的字符多见于《九星诵读》卷本。

例字：阴

甲骨文的“阴”（合集二〇九六六，图 1）、第二字（屯二八六六，图 2），在《说文解字》中：“阴，暗也，水之南，山之北”。“阴”水语读 jum^{1}，中间用〇或△表示太阳将落下（图 3—6），两边斜画小点是山侧的余晖，太阳下面的横线为地平线，竖线表示太阳落下的方向。

例字：阳

第一字（一期遗七五八）为甲骨文的“阳”字（图 1），第二字见于甲骨文后期（图 2），第三字为金文的“阳”字（图 3）。“昜”为阳的最初字形，后隶变为“陽”。水书“阳”以下图为例进行解说（图 4—6），图 1—3 多表示平地日出，图 4—6 为山地日出。正写、侧写是水书书写的重要特点。

例字：都

水书“都”

右图是水书的都城的“都”字。水书鬼名有“都居”或“土居”，水语念 tu^3 $ţui^3$，意为鬼城，是鬼神、鬼怪聚居之地。因“居”水语念 $ţui^3$，意为“鬼”，没有字符，因此以“都”代替。这种现象，如水书条目“墓殁”水语念 mu^6 mot^8，因为没有“殁”字，就用“墓”的同音字“戊”代替一样，“墓”和“戊”水语都念作 mu^6。

“都居”和“土居”称呼的差异，主要原因是古代早期的都城是以夯土筑墙，圈围护卫，也可解读为土城墙护卫的鬼都、鬼城。

“都居”这一鬼名的写法，是从“都城”之意引申过来的，是从人的“都城”衍化为鬼的聚居领地“都居”或“土居”。上面字符中间双圆是水书“地方或地域”的字符，水语念 $hən^2$，代表城区；左右小半圆是护卫的耳城；下面三竖是护城上桥板。商务印书馆出版的《汉语水语关系论——水语里汉语借词及同源词分层研究》刊载的水族《敬请六铎公》祝词，就有六铎公第一元甲子“在七个门闾的都城，在七口井的寨子”之说。

水书“都居”或“土居”中的鬼有雌雄之分，雌雄都居鬼的书写符号一致。水书先生认为，若将此日用于安葬、修造、嫁娶、驱鬼，将招来疾病。若是有人死逢此日，也会使后人遭灾；安葬逢此日，不能杀牲吊丧，若杀牲沥血，则会酿成重丧。

例字：则斗

水书“则斗”

水书中的鬼名“则斗”水语念 $tsek^8$ tu^4，或译为“则头”“贼头”“泽头”，字符如右图。水书先生认为这是导致家财破败，招致命案、祸患与贫穷的恶鬼，此恶鬼分雌雄两类。同时也利于抵御外患的巫术活动，吉凶由人支配。水书《丧葬卷》中将其列为凶鬼。这是由两个音节、两个符号组合而成的鬼名字符，其中第二个符号的形体与“都居”鬼名字符相同。这是“都”“斗”“头”音变转音的借用。[1]

水书与甲骨文都是殷商文化圈的产物。由甲骨文、金文衍生的汉字，经过历朝历代中央王朝和文人学士的努力，汉字的笔画已经十分规范、工整。但是，水书的文字却保留着象形文字初始时期诸多的原始特征，并且显得非常丰富多彩，如多点、圆圈、三角形、弧线形、多道弯折等。甲骨文、金文的早期阶段同样存在上述诸多的原始笔画特征。汉字在不断发展与完善，而水书依旧停留在“文字幼儿时期”，同样源于中原大地的两种文字在后来的发展中形成了巨大的落差。

甲骨文衍生的汉字，经过历朝历代中央王朝和文人学士的努力，汉字的点画已经十分规范、工整，点画从一点、二点、三点到四点。点画集合最多不超过四点。但是，早期的甲骨文、金文中的多点现象十分普遍。

如甲骨文“屎”字，“从人下数点，像人遗屎形。”人排便，无法控制点数，以五点代表很多。

再如早期汉字“粱、稻、流”这些字的点画和后期规范化的汉字相比就明显得多。

水书还保留着“文字幼儿时期”的诸多特征，以点画为例，可见一斑。

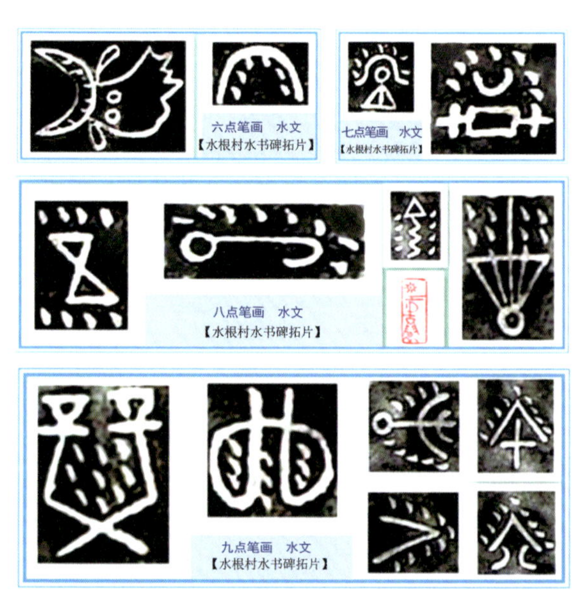

水书的多点字符：6—9点的图例

① 参阅韦宗林：《释读旁落的文明》，民族出版社，2012。

点画最多的水书选页：谷穗点画10-31点　水牛身上的点画有300多点

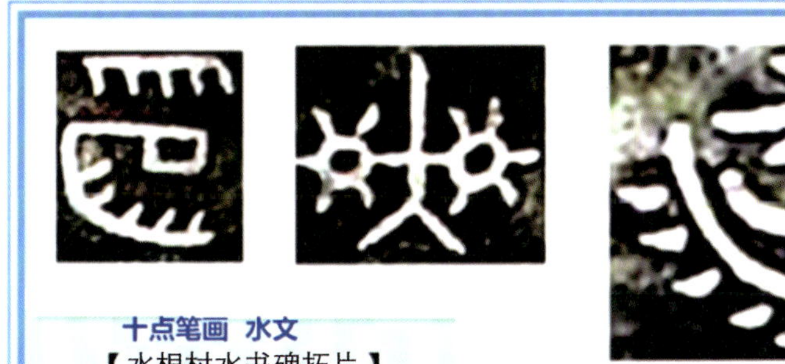

十点笔画　水文

【水根村水书碑拓片】

12点笔画　水文　【水根村水书碑拓片】

水书多点拓片字符

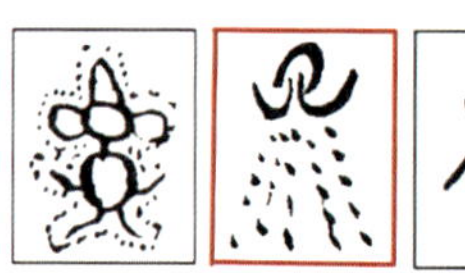    

水书的点画字符

水书多点的拓片字符，来源于三都县水根村水书碑林，碑文撰稿人为潘朝霖。①

以点示凶的文字符号还有在水书《丧葬卷》中的“母别库（ni⁴ pja² khu¹）”，“公别库（qoŋ⁵ pja² khu¹）”有所体现，实际就是“母麻风病鬼”和“公麻风病鬼”。麻风病，水语称为“别库（pja² khu¹）”，或称为“别富（pja² fu¹）”。因为在历史上曾给水族带来极大的危害与恐慌，所以水族将麻风病视为有危害的恶鬼，并有公母之分。

水书的点画从 1 点到 300 余点，这体现了水书兼有图画和文字的特征，其中文字又包括了象形文字和抽象的符号。

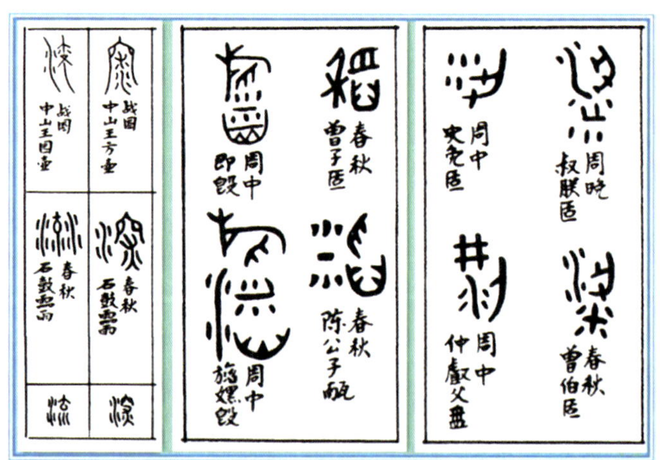

钟鼎文、石鼓文多点字例选录②

① 采集自王品魁、潘朝霖译注的《水书·丧葬卷》，贵州民族出版社，2005。
② 参阅高明：《古文字类编》，中华书局，1980。

水书的圆圈字符、三角形字符、弧线形字符、多道弯折字符，因篇幅所限，就列出一些典型的水书字符图片供大家赏析。

水书中的圆圈字符、三角形字符、弧线形字符、多道弯折字符等

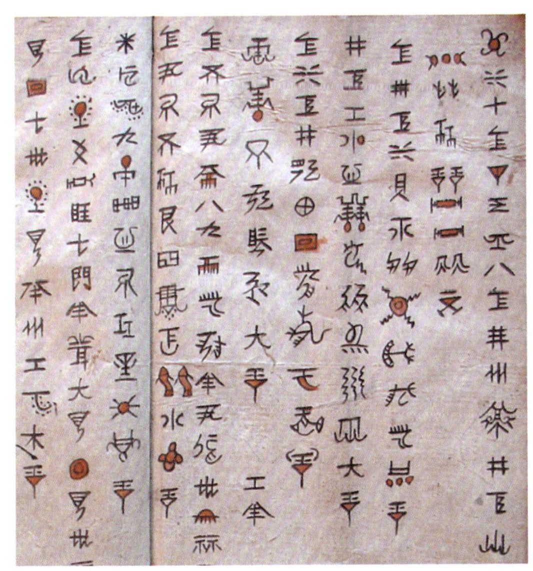

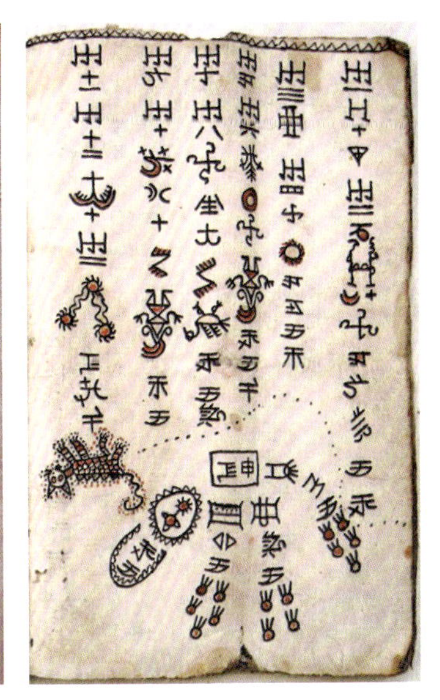

水书硬笔书写字例（1）

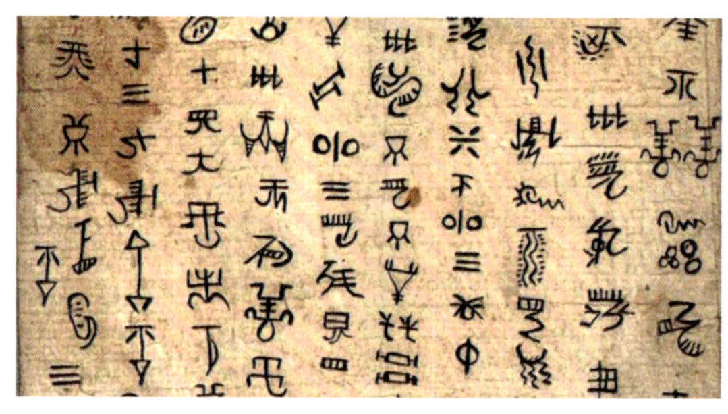
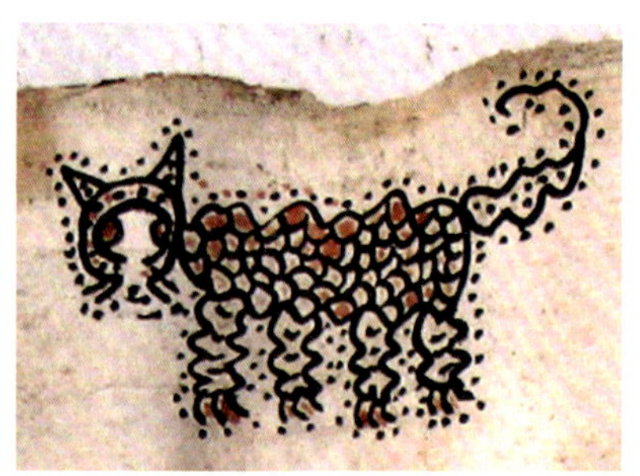

水书硬笔书写字例（2）

水书中保留着诸多类型的原始笔画，其中包含着丰富的民族文化哲理与民族自我认知，尤其是神本文化的神秘性对其影响深远。这种现象与甲骨文、金文造字之初是为了探明神意愿的观念十分相似，也与古代“国之大事，唯祀与戎”的文化氛围紧密关联。

第五节　水书古籍赏析：图画、象形、抽象文字兼容

水书典籍记载着水族天文历法、信仰文化、民间知识、语言文字、哲学思想等诸多信息，既是我们解读水族历史文化的重要资料，也是中原散落的古文化“礼失求于诸野”的重要资料，又是研究文化交流、交融和促进民族团结的珍贵史料。

水书传世抄本，目前国家档案馆、图书馆、研究机构、高等院校等收藏有2万余册，民间传承近1万册。

水书抄本良莠不齐，但其中不乏精品之作。本节主要展示水书抄本的精美选页，相关文字分析放在《水书抄本精美选页录》一书中评价。《六十龙备要》无疑是推介的第一本。国家古籍图书再造工程团队到贵州查阅收录于国家图书

馆的贵州汉文献古籍和少数民族古籍，唯独选中水书《六十龙备要》。该抄本体例统一，行款规范，字迹工整美观，绘画涂彩传神，是文献价值、文化价值极高的选本，下面为三都县档案馆藏品的其中两页：

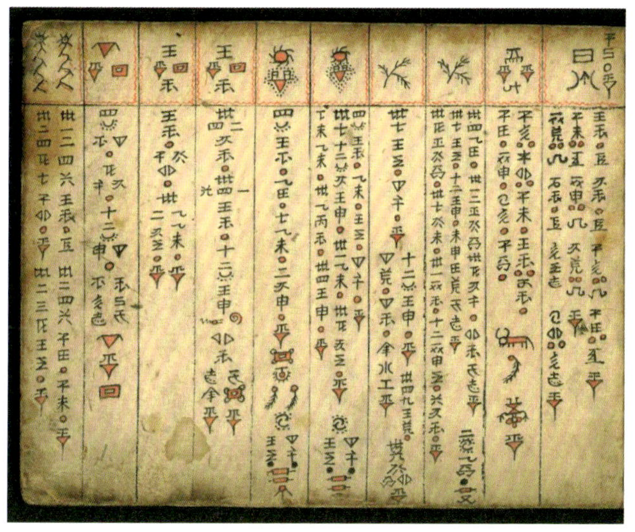

《六十龙备要》甲子年（1）

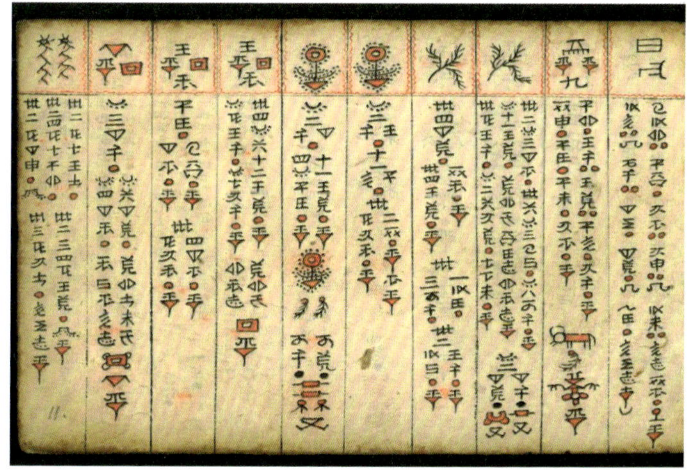

《六十龙备要》甲戌年

潘朝霖征集的《六十龙备要》另外两种版本：

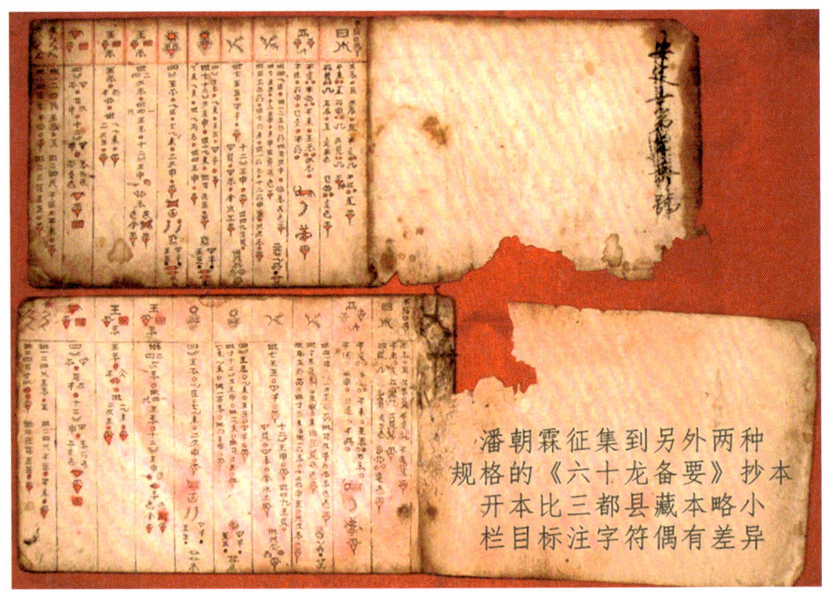

《六十龙备要》甲子年（2）

其他水书的精美选页，供读者赏析。

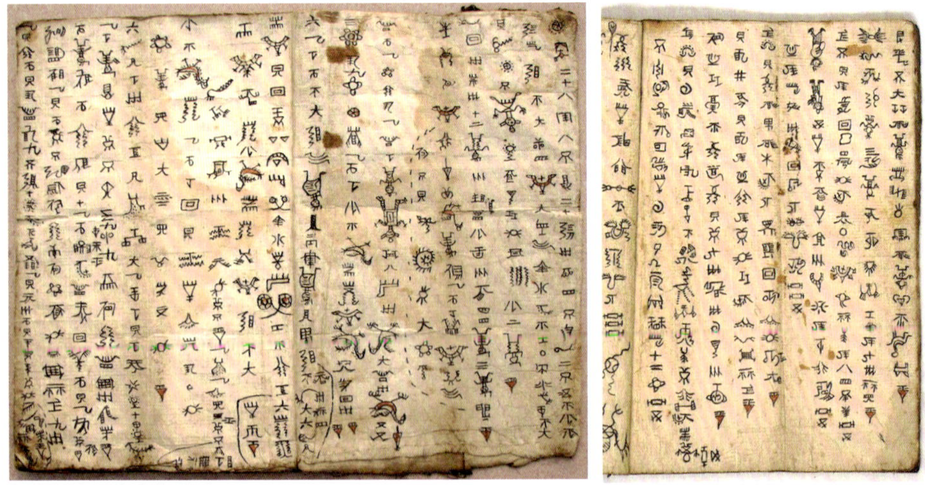

水书《九星诵读》（潘玉印藏）

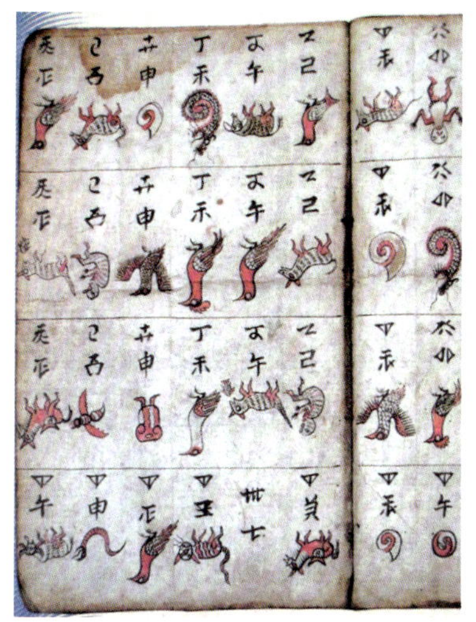

水书《二十八宿》彩绘抄本

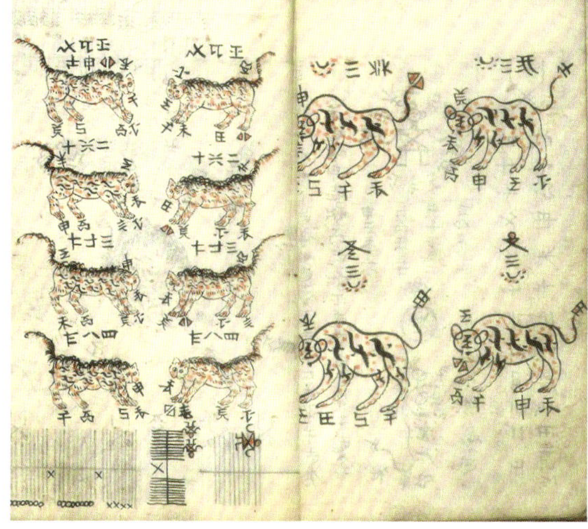

水书择吉页（彭永忠藏）

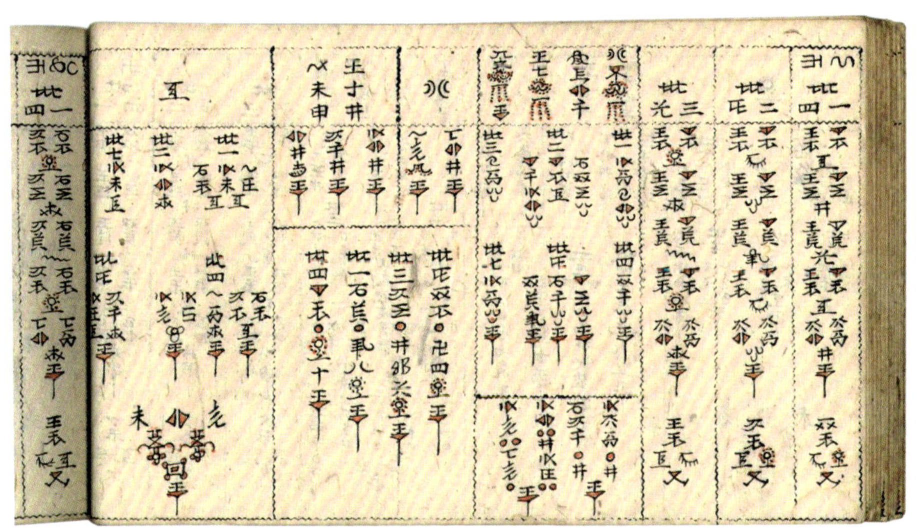

水书楷书抄本乙未年择吉页（彭永忠藏）

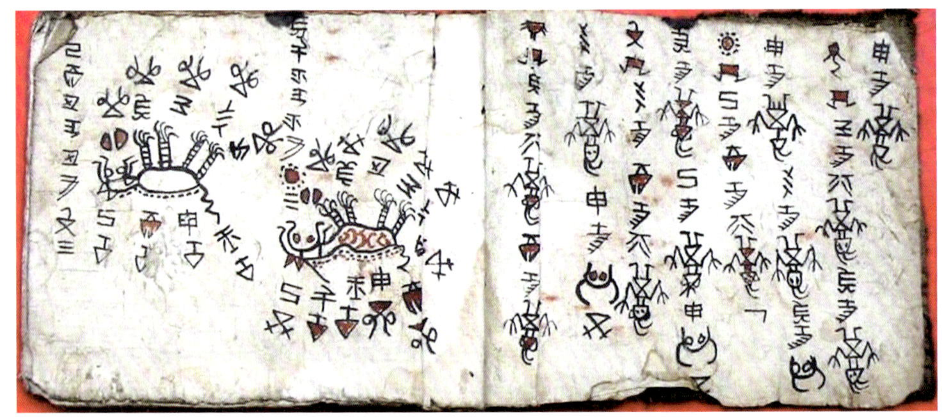

水书五虎时象

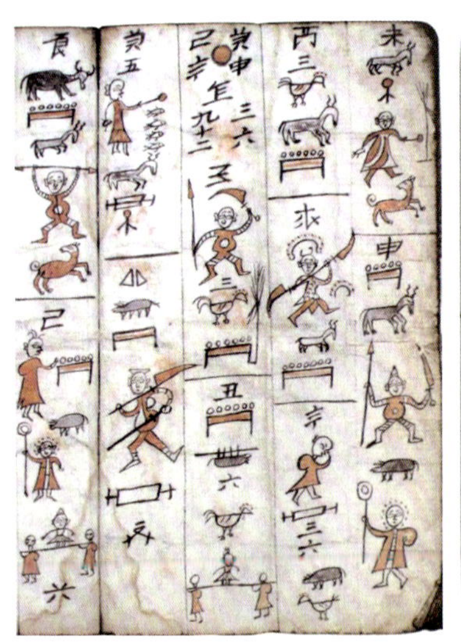

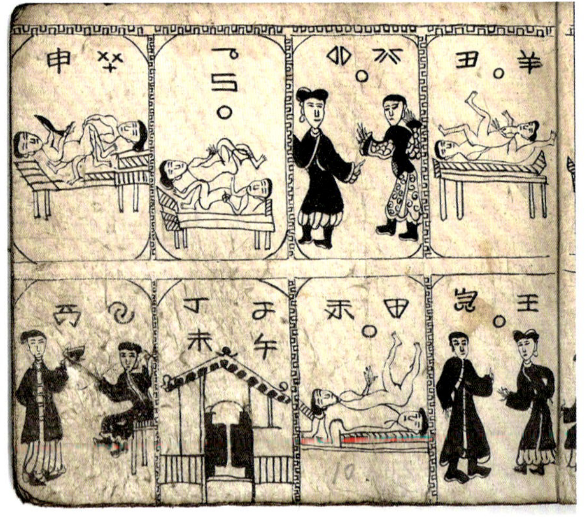

水书《命理卷》

水书《婚嫁卷》命理图解页（宋水仙藏）

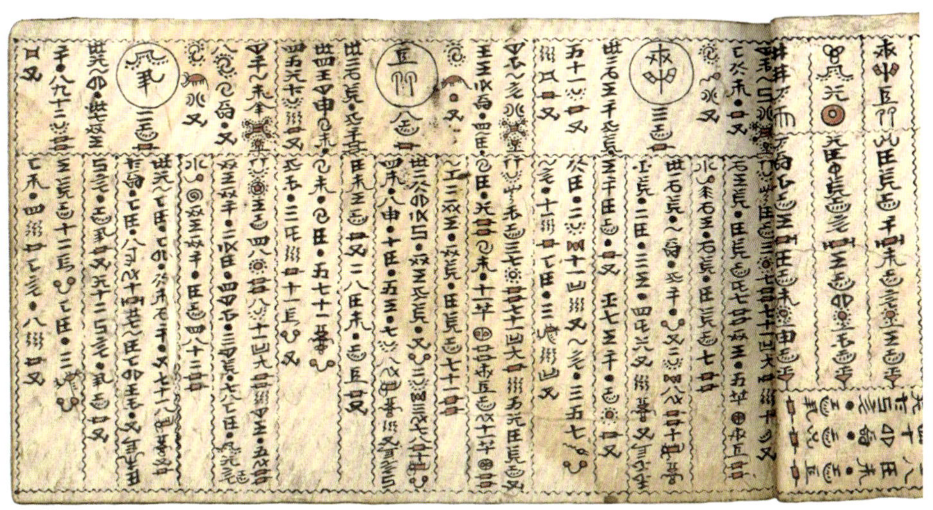

六宫掌择吉楷变经典水书（彭永忠藏）

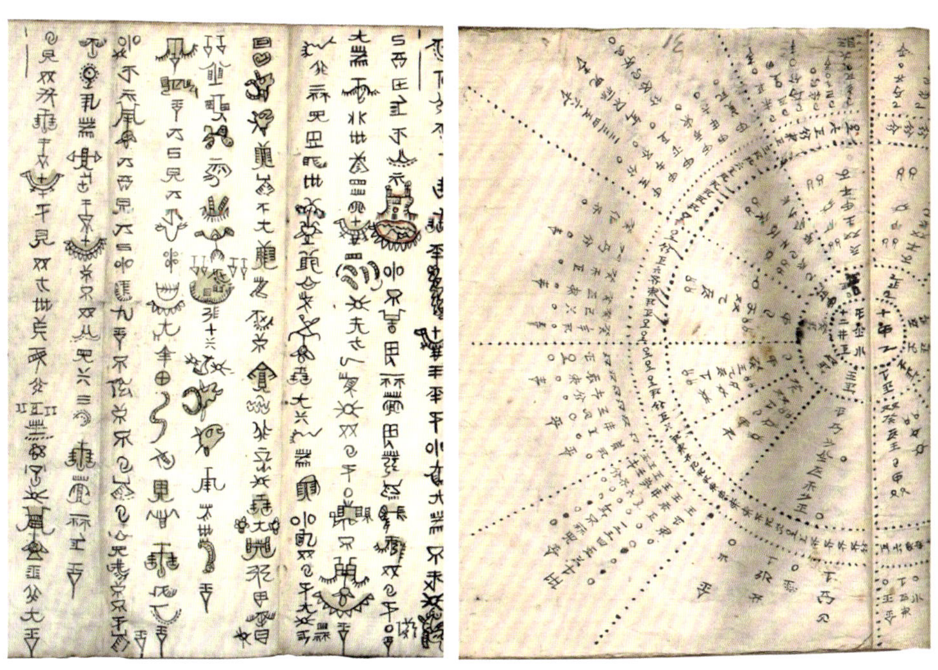

《九星诵读》（潘朝霖藏）

水书贪巨九星择吉与天文认知圆图（彭永忠藏）

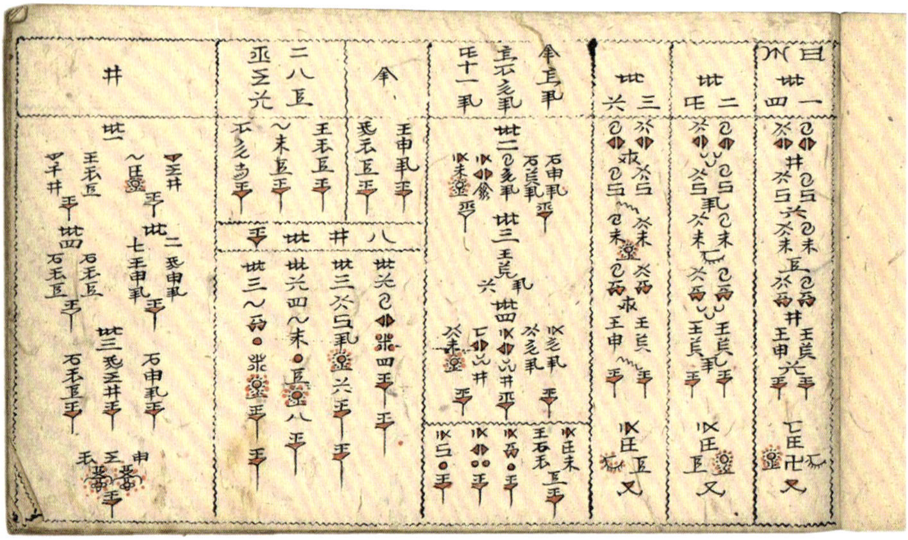

水书贪巨九星吉凶分割选页（彭永忠藏）

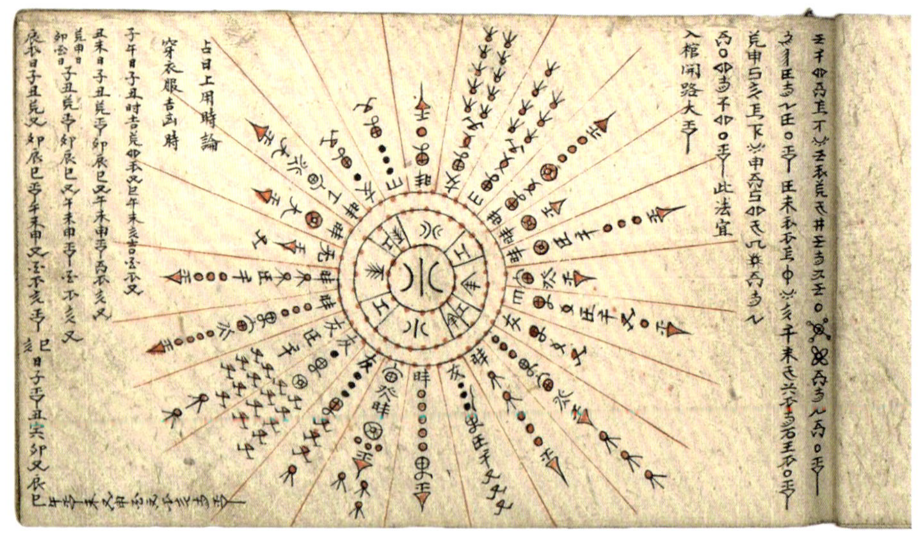

水书五行生克制化圆图（彭永忠藏）

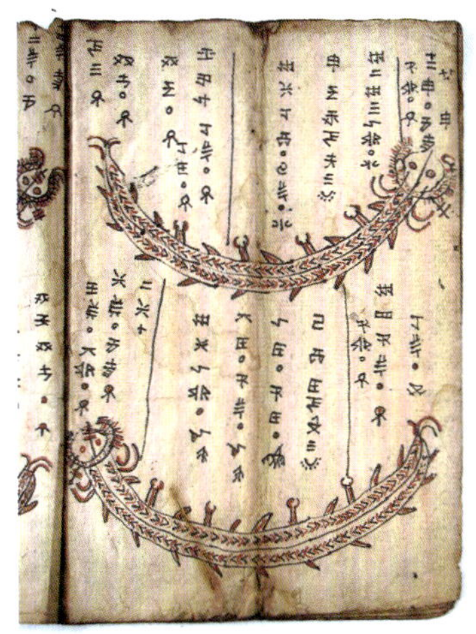

竹签硬笔书写的水书及绘画的弧形长龙（独山天星版）

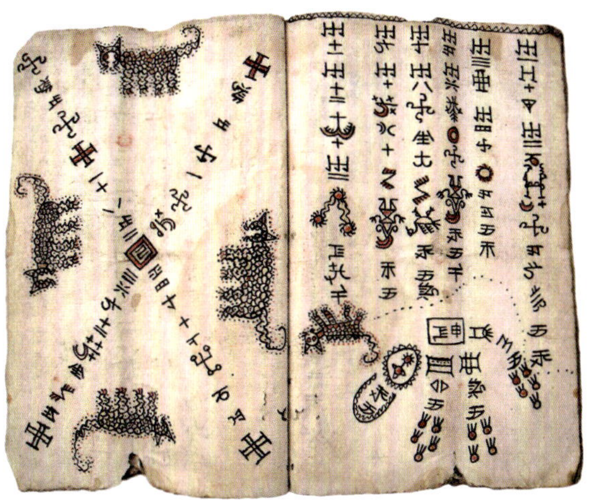

竹签硬笔书写的虎人吉凶利用与防范的水书（韦家贵藏）

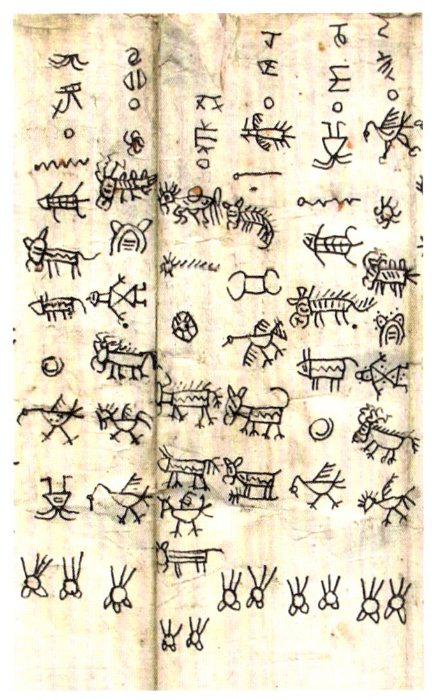

明代二十八宿推演硬笔书写抄本（潘朝霖藏）

水书二十八宿圆图

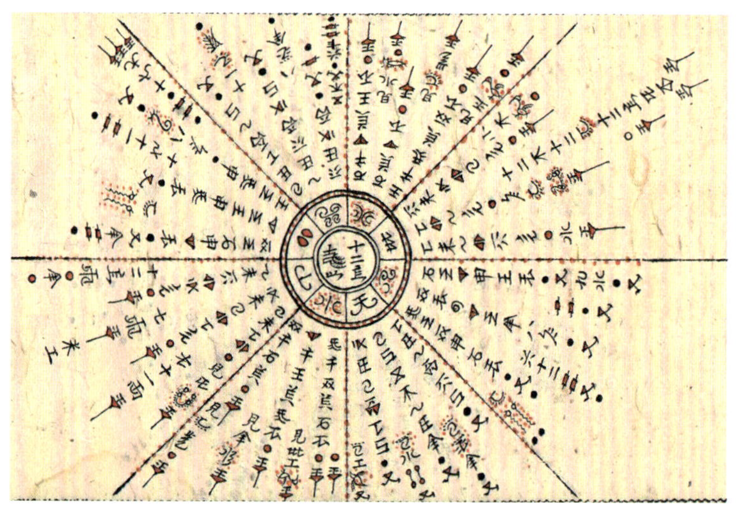

水书天文历法圆图（彭永忠藏）

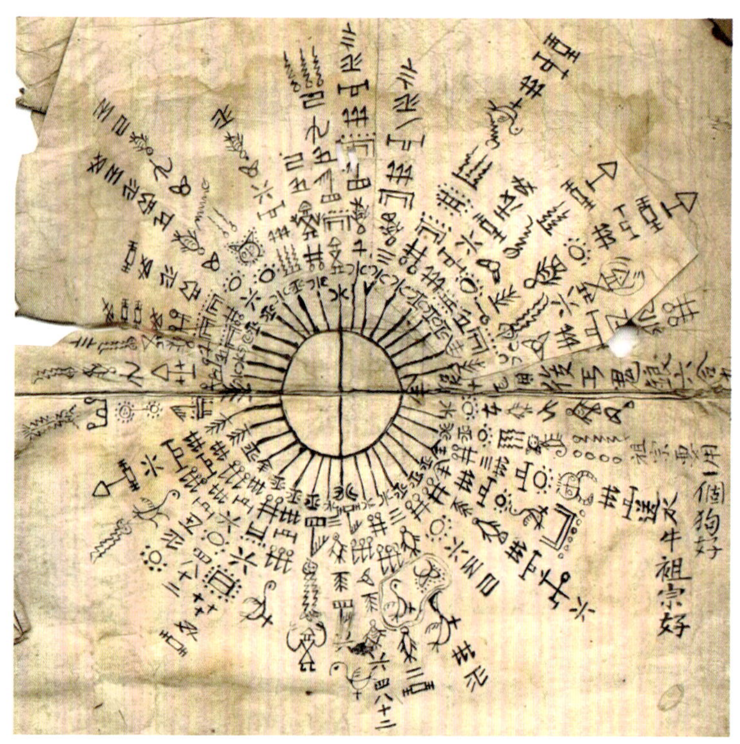

水书中的卵卜图（石开明藏）

各类水书抄本集合

《九星诵读》《二十八宿》《命理卷》《卯卜》等的集中展示（潘朝霖藏）

第六节 水书石刻浏览：神本观念与民族精神

水书石刻，包括石碑水书与摩崖水书，主要有水书墓碑、水书碑林、水书摩崖等。

拉下的水书墓碑和水东的水书墓碑，已有五六百年的历史。这些水书墓碑在水族历史文化中具有重要意义。

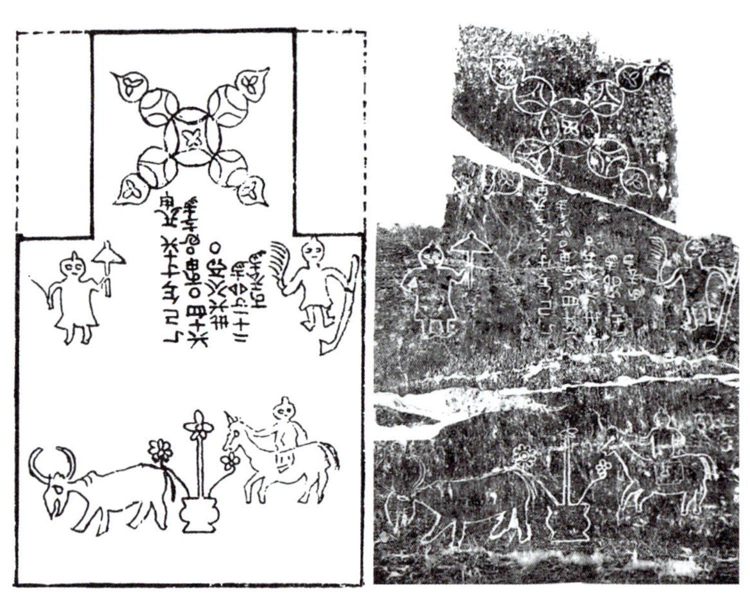

水书描摹图和拓片（三都县文管所收藏）

在三都县塘州乡拉下村的“墓果（mu^6 qok^7）”墓地，发现明代水书墓碑。碑文记录墓主死于明孝宗弘治十三年（1500），距今有 521 年的历史。

在先秦时代，古华夏文字就有了刻金镂石之风，而刻金镂石是篆刻艺术的先声。在水族社会中，文字作为与神交流的中介，一笔一画地书写，不足以表达人们的虔诚之心，要铸金刻石才足以表达人们对神的恭敬。在今天的水族地区，偶有发现刻有水族古文字的墓碑。在三都县石东村低查寨和廷牌镇阳安碑（原乡政府所在地）、荔波县省级文物保护单位水浦石板墓群、独山县天星村、黔东南州的丹寨县小羊昌、榕江县原计划乡等地发现了刻有水族文字的墓碑，甚至还有汉文、水书同碑的现象，有的因年代久远，风蚀现象严重，字迹已模糊。由此可见，水书石刻墓碑在水族人民心中的地位。

三都县水东村低查寨水书墓碑，墓门上方镌刻阴阳鱼太极图，其下用水书倒写墓主安葬于“戊子年［永乐六年（1408）］……”安葬时间距今 613 年，这是目前发现的最古老的水书墓碑。墓碑打磨很粗糙，没有运用汉字镌刻墓主姓名，说明当时汉文化及其姓氏文化还未深入影响当地水族知识分子——水书先生阶层。因此，水书先生仅按照掌握的水书知识，将墓主安葬的日期以倒写

水书碑文部分拓片放大图三都县水东村低查寨明代水书墓碑

的形式镌刻于墓碑之上。据当地老人说，他们迁徙到水东居住至少有 30 代了，这座坟还不是最久远的。

墓碑的水书倒写现象并非个例。笔者曾 4 次到荔波县水浦石板墓群进行调查。2007 年 1 月 29 日，笔者发现在矮小的墓门左上角有倒刻水书“癸酉地三”的字样，字迹较新，这应当是后来的人补录的安葬年份。如果不躺在地上观察，很难看到这几个水书。

荔波水浦石棺墓（潘朝霖第五次考察）

水族活动离不开水书，墓主的生卒年月、安葬活动都要刻于墓碑之上，但是用水书撰写墓联的情况比较少见。三都县板告村的“韦母牙谦寿藏”，就是用水书镌刻墓联的典型。

三都县板告村用水书镌刻的墓联

水书摩崖石刻，指在天然崖面、石坎上镌刻水族文字的文化遗址，目前在水族地区仅发现1例。首例水书摩崖石刻的发现，是水书载体的重大突破。1967—1972年，笔者在都江的坝街小学和甲雄小学任教。在这6年多的时间里，笔者未闻水书摩崖之事，所以此次发现让笔者非常震惊。

水书摩崖位于大坝村上排劳村民组境内，距三都县城40余千米。从都柳江与排场河交汇处的312国道上坡约1千米，就是水书摩崖处。摩崖巨石向左呈45度角斜卧在乡村公路上方7—8米处。

巨石崖面长约8米、宽约3米。其上镌刻的水族文字总计29个，分为左中右三幅竖排，行距约20厘米，所占面积约3平方米。最大字的字幅为12平方厘米，最小字的字幅为3平方厘米。镌刻的水族文字顺着斜卧岩石呈左高右低排列。

水文摩崖字幅的高宽比例及主要字符汉译如下：

左幅 28×16 厘米，镌刻有子、巳、卯、酉等 5 个字符；

中幅 80×40 厘米，镌刻有辰、寅等 16 个字符；

右幅 32×26 厘米，镌刻有子、丑、申（甲）、辰、寅、癸、申等 8 个字符。

清代中叶的三都县都江镇大坝水书摩崖

据大坝村支书潘志礼介绍，水书摩崖原来不在这个位置，而是在上面约 20 米的地方。当时摩崖之下有个石洞，有的人称其为“银子洞”，有的人称其为“水书洞”。当时，草木茂盛，杂草丛生，没有人注意上面的水文字。

上江镇至控抗村、大坝村及上排劳寨的乡村公路从摩崖脚下近 20 米处破土动工。2006—2007 年的降雨多，引发山洪，这里新开的乡村盘山公路泥沙松软，导致山体滑坡下移约 20 米。原来位于石洞上方数百吨摩崖及乱石坍塌，斜卧堵塞了过去的石洞，摩崖处于乡村公路坎上约 8 米处。现在距离近了，人们才看清上面镌刻的水文字。但摩崖上的水文字，一般村民都不认识。

水族称呼水书摩崖的那片山野为“坝崖（pa^4 $ȵa^5$）”，称呼摩崖下的石洞为“水书洞”，也有人称为“银子洞”。“银子洞”的称呼与水书创制的来历有关。水族关于水书来历的传说，有创始人公六夺在“燕子洞口，蝙蝠洞坎，岐山洞脚”创制水书的说法，在迎请公六夺的祝词中将此洞美化为“金子洞口，银子洞穴”。石洞是燕子及蝙蝠栖息出没之地，人们习惯称为“燕子洞”，容易音转讹变为“银子洞”。过去战乱频发，人们常到洞内避难，洞内藏起来的银子被后人偶然发现，石洞名称便由“燕子洞”讹变为“银子洞”。但这又能与水书摩崖、水书创始人公六夺文化相联系，不啻为一种巧合。

上排劳寨现年 75 岁的村民杨昌义老人回忆说，他在孩童时候听到祖父提起银子洞的事，说古代有人到洞里读书，还有人到洞里找银子。出于好奇，分别在他在十几岁和二十几岁时两次进过这山洞，但是没找到什么东西。他还说银子坡过去不是这个模样，那时在北面崖壁上有个石洞，洞口用毛石围砌，有一人高，一庹（两臂平伸）宽的山门。山门下方还有条小路。洞内比四五间房屋还宽大，有石板堆成的石桌、石凳，还有几处烧火的灶膛。2001 年修马路，小路没了，洞口也被杂树乱刺遮挡。

水书摩崖的出现，与清朝政府派遣鄂尔泰、孙绍武在都柳江流域推行改土归流政策，大肆屠杀“生苗”（指尚未接受中原王朝统治的苗族、水族、瑶族）有关，并与都柳江的三都县河段石壁镌刻“向来王化外，今入版图中”摩崖有关。

水族先民约于殷商之际南迁融入百越族群，在百越地区生息近千年之后，于秦汉之际，因战乱而溯流进入都柳江、龙江上游地带。

在交通闭塞的古代，都柳江曾是运输要道，都江地区成为中央王朝最早关注水族之地。都江地区最早出名的是都柳江畔的来牛寨，来牛寨得名于来牛河（栏牛河），源于水语 ʔnja^{1} li^{5} ŋ̥u^{3}。都柳江与小溪交汇的这一河段，水族称其为 ʔnja^{1} li^{5} ŋ̥u^{3}。其后，都尚、上江、都江、都柳江的名声渐扬而取代了来牛寨、来牛河。20 世纪初，贵州省的第一辆汽车从柳州拆卸装船，经都柳江运抵三都县，然后用人力抬到贵阳组装。由此可见都柳江在当时的特殊地位。

唐贞观三年（629），东谢蛮首领谢元深到长安朝贡。李唐王朝以其部落之地设置经制应州，州治设在都尚县（三都县都江镇），下领都尚、婆览（三都县恒丰，辖及荔波）、应江（榕江县）、罗恭（雷山县）、陁隆（台江县）等五县。开元年间（713—741），又先后在水族地区设置莪蒲州、劳州、抚水州等羁縻州。唐代贞观至开元年间是水族历史上最辉煌的时段。

从唐代的羁摩制度开始，历代中央王朝对水族地区均实行“以夷制夷”的土司统治。随后，在三都县境出现的甲找白姓土司、烂土张姓土司，周边荔波县出现蒙、皮、雷三姓土司，还有水族散居在都匀、独山、丹寨、雷山、榕江、从江等地。直到民国年间，水族地区的土司才消亡。

自元代之后，废除土司制度就成为历代王朝的大任。滇、黔、桂、川、湘、鄂等地，土司统治历史长。大小土司林立，像割据的大小王国，土司拥有军队，对中央政权形成威胁。官兵略加过问，马上刀兵相见。土司制度对国家统一和地方经济文化的发展产生严重阻碍。元明时期，都江流域的土司势力强大，加上天时地利人和，中央王朝数次调兵未能征剿，最后被迫采取安抚政策来缓解冲突。

1672 年，烂土长官司张姓家族两兄弟分裂，殃及境内各寨。1682 年，云贵总督奏请清廷批准，划烂土司地盘为二，增设普安土司才平息纷争。1728 年，贵州巡抚张广泗领兵进攻八寨（今丹寨），都江水、苗各寨联手阻击。都江地区的甲找白姓土千总、榕江县八开的土司拥兵自重。

清代重臣鄂尔泰是改土归流的中坚人物。雍正元年（1723），鄂尔泰出任江苏布政使，两年后升任广西巡抚，赴任途中，再擢为云贵总督，加兵部尚书衔，兼管云南、贵州、广西三省。由此揭开了水族地区改土归流的序幕。

雍正七年（1729），鄂尔泰调集两省四路清军会剿都江等地的水、苗民众。独山州牧孙绍武是急先锋之一。雍正八年（1730）二月，寨民用铳炮抵抗进攻的清军，因力量悬殊而败落，清兵进寨大肆掳抢，自都江至平宇（今榕江县平永镇）放火烧毁 41 个水、苗村寨。四月二十一日，清兵围攻八飞（今坝辉），水族村民埋伏在森林中顽强抵抗。清兵搜山进击，村民溃散。布养（布仰）、丰柳（枫柳）、摆劳（排劳）等寨的水族村民寡不敌众，被迫向官兵投降。四月二十五日，各寨民众联合封锁河道，准备进攻驻在来牛（拦牛河）的孙绍武大营，遭到清军埋伏，水、苗村民损失惨重。

为平定都江地区水族、苗族的反抗，鄂尔泰决定疏浚都柳江河道。自雍正七年至十年（1729—1732），他三次向朝廷呈报专题奏章。第二道《鄂尔泰奏开都江两道疏》云：

> 略闻都江（今都柳江）南接粤境，向因顽苗盘踞，各寨巢穴弃诸上游之界，外据乎三边之腹心。故顺则一水可通，逆则多方中阻，历代相沿，为患已久。雍正七年题报在案。清水一江，虽已黔楚通行，而都江一带皆阻于生苗。如来牛（今三都县都江）、摆调（今属丹寨县）之类，皆以一大寨领数十百小寨，甚为凶顽，最称难治。欲使都江开导，直达粤西，非勒兵深入遍及各寨亦剿亦抚，则其势必至阻挠，清理终难就绪。苗众效尤，将贻后日之患。河道受阻，更属切近之忧。是以臣调两省之兵，竭三年之力，都江河道开通，相应备叙题报。

此后不久，鄂尔泰又呈报奏疏云：

> 都江一水……上自三脚屯（今三都县城）至三洞（今拉览），下自诸葛营（今榕江境）至溶洞。睿浅滩，碎险石责，伐巨林，凿怪石，舟楫上下，邮递往来，无有阻碍，建城设镇于打略、拉揽（今三都县城至都江两站点），各地或营或汛，声势联络云。

雍正八年（1730），鄂尔泰指挥征剿都江地区在内的“化外之地”“三千里苗疆”的任务基本结束，清军班师回朝。开凿疏浚都柳江河道的奏疏获朝廷批准。独州知州孙绍武得意扬扬，在都江境内的布仰沟与都柳江交汇处离河面20余米高的石壁上，凿下斗大见方的10个大字“向来王化外，今入版图中”。这是三都县境内最著名的布仰摩崖。

从雍正九年（1731）开始，清军为加强军事管制，先后在都柳江沿岸设置上江协、三脚汛、打略汛、拉揽汛、陇寨汛、定旦汛（榕江县）等要塞。为防止当地民众反抗，1731—1734年，清军奴役民众在来牛山岗修筑都江城墙，先修土墙，后改石墙。

雍正十二年（1734），都柳江河道的开凿基本结束，孙绍武为宣泄块垒，写下《题三难滩岩石》：“都江南去水滔滔，千里妖氛渐次消。赢得今朝无个事，闲从崖畔一挥毫。”并在都柳江的拉揽“三难滩”江岸的石壁上，雕凿“山高水长”和“无罣碍”等两组摩崖石刻。标榜从此之后，清廷皇恩永远普照未开化的都柳江流域“生苗”地区，既没有什么政治挂碍，也没有什么行舟挂碍。

改土归流是顺应历史潮流的良策。但是，在改土归流运动中，清军不分土司势力与普通民众，致使水族、苗族百姓的生命和财产遭受严重损失。这是水族地区有史以来最为惨烈的征剿。在贵州咸同抗清起义中，为什么三都县、荔波县、都江县、三脚屯、都匀府等地，那么多水、苗民众支持潘新简、罗天明、罗光明抗清达 18 年之久？究其原因，一是百姓受到的剥削压迫严重；二是雍正年间，清政府在“三千里苗疆”的都柳江流域“生苗”地区的改土归流中，不分青红皂白，全面征剿，滥杀无辜，掠抢民众财物、烧毁村寨时埋下的隐患。

布仰摩崖、三难滩摩崖的石刻施工，孙绍武指挥清兵奴役水族民工搭高台木架并刻字，在水族人民的心中又添了新的积怨。为了证实这片土地是自己祖先开发的，也为了彰显自己民族的水书文化，水族人民学会了以其人之道还治其人之身的办法，创制了属于自己的水书摩崖文化，以表达对清朝政府在改土归流中滥杀无辜罪行的不满。

水书摩崖是水族逆反精神的体现，羊瓮村水族墓碑的特殊文字也是有力的佐证。在三都坝街乡羊瓮寨脚的树林中，发现一块奇特的水书古墓碑，其碑文内容令人费解。主碑上方刻有一腾龙图案，图案下方刻着许多的水族古文字，经仔细观察，其中“走”“斧”“砍”等水书字样仍较为清晰。墓碑正中有汉字“清故父狄阿刘公之墓”，“狄”字是反犬旁加水字。

关于羊瓮古墓，作者曾两度到羊瓮村进行实地调查。由于年代久远，石碑一些地方剥蚀严重，字迹难以辨明。在墓碑“清故父狄阿刘公之墓”铭文的右边有“癸卯年吉月吉日立旦”字样，此为墓主出生年份；左边“乙卯年二月吉

三都县羊瓮村清代初叶古墓碑

日立旦”，为墓主逝世时间。在左侧的上方还镌刻有追悼祭献的牺牲“牛六集”“马二集”，下方刻有“孝男阿二、阿三”等字样。“狄”字是明清一些官方史学家蔑视水族，视之为未开化猛兽而编造的族称用字。史籍中不乏此字，连明代邝露《月潭寺公馆》亦载“狄亦僚类”，这是水族被压迫凌辱的历史明证。

但是，水家人反其道而用之，将“清故父狄阿刘公之墓”置之于祖坟墓碑正中位置，目的是让子孙永远铭记这段屈辱历史，不啻卧薪尝胆。同时，可以骗过清政府官员的眼目，避开祸患。

墓主生于癸卯，即清康熙二年（1663），殁于乙卯，即雍正十三年（1735），享年 72 岁。羊瓮村距离水书摩崖约 4 千米，距离都江镇 8 千米。墓主生活的时代，正逢清政府推行改土归流运动。当清军主力离开之后，后人在先人的墓碑镌刻水文“走”“斧”“砍”，隐晦地表达他们对清军的刻骨之恨。

在水族先民心中有这样的潜台词：你孙绍武在都柳江畔石壁上镌刻摩崖耀武扬威，我们水家也在家门口的排场河边镌刻水文字牢记祖先开发业绩。

由此观之，水书摩崖镌刻的准确年代，应当在清雍正王朝的最后两年——雍正十二年至十三年，即 1734—1735 年。水书摩崖是水书师中的有识之士，对雍正年间鄂尔泰、孙绍武在都江推行改土归流政策，不分青红皂白，滥杀无辜，并镌刻“向来王化外，今入版图中”摩崖石刻的回应，是水族用祖先固有的文字标识和开发领地的体现，体现了水族对清廷残酷压迫的反抗精神。这是水族人民创制水书摩崖的真实意图。

因水文字发展滞后于水语的发展，尚未具备社会交流的功能。水书摩崖石刻主要反映水族传统固有的文化特征，是水族文化的历史标识与见证。

水书摩崖不仅是大坝摩崖，也与水族社会重大的历史事件紧密关联，弥足珍贵。水文字载体除纸、布、木等之外，还有铜质、石质载体。

第七节　水书大钱：浇铸的文字、文化、文明史

水书钱币、水族花钱、卦币，统称水书大钱或水文大钱。笔者曾写过《铜鼓王国》《水族铜鼓》等文章介绍水族青铜文化，文中可能涉及水族钱币、水书民俗钱币、水书钱币、水书花钱等概念，或许在论述时偏重于某个点，总之均与水族古文化有关，也与青铜器有关。20 多年前，笔者有幸接触水书大钱，才真正见识到水族青铜文化的辉煌。

水书地支大钱（彭永忠藏）

在 56 个民族中，有 18 个民族有传统文字，其中用自己的文字铸造钱币的民族不过五六个，水族就是其中之一。水族青铜文化，尤其是水族水书钱币文化，是水族悠久历史的见证。可以说水书钱币浇铸了水族辉煌的历史，是水族文字史、文化史、经济史、科技史、文明史的见证，意义尤其重大。

青铜器是指以青铜为基本原料加工而成的器皿、用器等。青铜，古称金或吉金，是红铜与锡、镍、铅、磷等化学元素的合金，其铜锈呈青绿色，因而得名。青铜是现代人赋予的名字，古时青铜的颜色为黄色偏红，埋在土里后因氧化而变为青灰色。红铜的熔点为 1083℃，如果加入 25% 的锡可冶炼成青铜，熔点就会降低到 800℃。青铜铸造性好、耐磨且化学性质稳定，因此成为文化饰品的绝佳材料。史学上所称的“青铜时代”就是指大量使用青铜工具及青铜礼器的时期。保守估计，这一时期主要从夏商周直至秦汉，时间跨度约为两千年，这也是青铜器发展、成熟乃至鼎盛的时期。青铜器以其独特的器形、精美的纹饰、典雅的铭文向人们展示了先秦时期的铸造工艺、文化水平和历史源流，因此被史学家们称为“一部活生生的史书”。

水族钱币收藏研究的队伍始于民间，主要有彭永忠、龙光鹏、张保黔、刘桂明、王金忠、黎泽书、梁修学、李中华、姚泉、李毅、林伟等黔南泉友，还有四川的胡柯以及中国民俗钱币学会等。20 多年前，黔南泉友独具慧眼，收集到水族钱币，尤其是搜集到水书钱币之后，积极向中国民俗钱币学会汇报，引起高度关注。经过 20 余年的搜集、整理及研究，黔南钱币同仁将水书钱币分为 3 大系列 21 个品种，共计百余枚，征集的核心地域就在黔南，少量在黔东南。

令人惊奇的是，水书钱币依旧在民间流通，这在中国钱币史上可谓奇迹。中国民俗钱币研究学会会长陆昕惊叹：“水书钱币，可谓是中国民俗钱币的活化石！”

由于黔南钱币同仁的重大发现，专家学者以小小钱币为突破口，解读隐藏其中的水族的文字史、文化史、经济史、科技史等深层次历史文化信息。因此，将研究纸质的水书抄本的创作时间，往前推到辽宋时期。

2009 年 10 月 8 日，国家级杂志《艺术市场》发表中国民俗钱币学会会长陆昕教授的论文《中国古代民俗钱币的收藏与研究》，其中特别提到了水书钱币。

黔南电视台龙光鹏先生除在泉网发表图文之外，2013 年在贵州日报发表《贵州水族“水书”民俗钱币探秘》。2013 年 9 月 25 日，张保黔、李庆红在黔南日报发表《水书钱币：解开水族神秘历史的钥匙》，并认为作为未建立过自己政权的水族，能够铸造、留存下来如此之多的民俗钱币品种，在中国少数民族的文化遗存中堪称一绝。

2016 年 1 月 4 日，中国民俗钱币学会决定在都匀举办贵州省少数民族钱币研讨会，这是对黔南钱币同仁工作的肯定与鼓励。正因为他们的努力，黔南水书钱币才得到了世人的重视。2006 年，《中国钱币大辞典》主编、中国钱币学会理事、中国人民大学财政金融学院的客座教授刘春声，专程到黔南做水书民俗钱币调研，并且给予了很高的评价。

2016 年贵州省少数民族民俗钱币研讨会

2016 年 5 月，黔南钱币同仁又在都匀南沙洲成功举办民俗钱币展览，黔南钱币同仁向参观者如数家珍地道出水书钱币独有的特点：钱币上铸有的水文，独特的回字纹饰，长有腿的鱼图腾崇拜物，铸有“中大”的铭文。这次展览，使古老水族钱币青铜文化回归民间，有助于解读其隐藏的文化密码，展现其珍贵的文化价值与昔日的辉煌。

2013 年 8 月，贵州民族大学的潘淘洁在四川美术出版社出版彩印的《水书绘画书写艺术》一书，收集黔南钱币的同仁积极为其提供水书钱币图片，又在林明璋先生的大力支持下，专门用一节介绍水书钱币，并将水书钱币作为封面设计的主要元素。为推进水族钱币的研究，中国民俗钱币学会会长陆昕先生建议开展水族钱币文化课题研究。为此，2015 年 10 月，由笔者担任主持人，贵州省水家学会、贵州民族大学水书文化研究院作为承办单位联合向中国民俗钱币学会申请“水书钱币研究”项目。

下图为水族地区建造的青铜古币照壁景点，青铜古币墙上古币直径为 3 米。这是中国唯一一个以民族钱币为素材建造的人文景观。

照壁景区建造的青铜古币墙

照壁青铜古币墙上的左图，是殷商时期典型的鱼鸟纹饰在水族古钱币（花钱、卦币），20 世纪 70 年代由三都县文管所梁卫民征集获得。21 世纪初，林明璋先生到三都，为博大精深的水书文化所吸引，进行了 3 年的水书及水族文化调查。熟悉殷商图案的林明璋先生独具慧眼，折服于这枚殷商远古图案钱币，发现它的图案竟然与水族图腾信仰吻合。林明璋先生结合水文字形、水书内容、水语语言、水族特有习俗等，将这枚鱼鸟纹饰古钱币定性为“水族的身份证”。此后，林明璋先生与贵州大学文学院林早博士合作，创作出了《远古走来的贵族》的大型历史文化剧本。

因为这枚钱币是珍贵的孤品，特拍摄清晰图片如下：

水族古钱币（三都县文管所藏）

照壁青铜古币墙上的中图，是宋代大中祥符年间水族人拉水牛扛耙的青铜大钱，是四川义和泉胡柯先生在水族地区征集的。水书中有不少这样的图案。笔者根据胡柯先生提供的资料进行研究，于 2004 年在义和泉网站发表《宋代“贵州水族‘水书’大钱”考略》一文。

2004 年 12 月 9 日，新华社以《“水书”专家发现首枚水文字钱币》为题进行报道。这是新华社创建至今，唯一报道民族钱币的稿件，可见一枚珍贵的铜钱所蕴含的文化价值与意义是无法估量的。随后，黔南职业教育学院学报 2006 年第 2 期刊发笔者《宋代“贵州水族‘水书’大钱”考略》一文。2009 年，被贵州民族出版社出版的《水书文化研究》一书收录。

照壁青铜古币墙上的中图，这枚铜钱直径 44.8 毫米，厚 2.5 毫米，重 23 克。收藏者胡柯先生发布信息称：“贵州水族‘水书’大钱，得自贵州少数民族地区，时代约在宋元间。”这是水族地区目前见到的古老的、最典型的私铸钱币珍品。

水族私铸的大钱（四川成都义和泉胡柯先生收藏）

从铸造工艺而言，胡柯先生收藏的大钱显得比较粗糙，制作不精细，字体不太规范。两个简单的汉字，“中”字方框内镂空不到位，有一“大”字撇为重画。水书象形文字中，“人拉水牛”的结构造型显得松散，“人拉耙”的耙齿根部并连。以此可以断定，制作水书大钱的匠人，其汉文化及水书文化基础比较差。据研究，这枚铜钱，所铸汉字为“大”“中”，以及人拉水牛、人拉耙的水族象形文字。汉字“大”“中”，指北宋年号“大中祥符”，是北宋真宗赵恒的年号之一，共为9年；元年戊申，九年丙辰（1008—1016）。水书大钱出现的汉字“大”“中”，应是这一历史时段的记录。有的人将其顺序读为“中大”，属于误读。

水牛，在水书中是财富的代表，有些手抄本以牛头简笔画代之。耙，是稻作农耕的重要工具，在水书中常作为财富的象征字符。水书《讲解歌诀》有“八耙耙田，九耙搭坎”之说，即以庞大的耙田阵容指代富裕殷实的人家。铜钱上铸“人拉水牛、人拉耙”的象形文字，表明主人占有财富之意。笔者近年查阅近3000册水书，其中不少象形文字图案、字符与水书大钱存在惊人的相似之处。为此，略举数例，供大家赏析。左图体现的是具象人形抬着耙，手拉住水牛，左行汉字“名九扒”，此为水语条目名称，意为这条书目名称叫“九耙”。书里明确记载水牛与耙代表财富、家产、富贵，其含义与水书大钱完全相同。

水书《九耙》(1)

左面的图中有人拉水牛的象形文字，虽没有耙的图案，但其含义也相同。这几幅水书象形文字，在水牛上边有“耙”字，另外，水牛头为简笔画，以局部代整体，同样用牛表示财富、金钱。

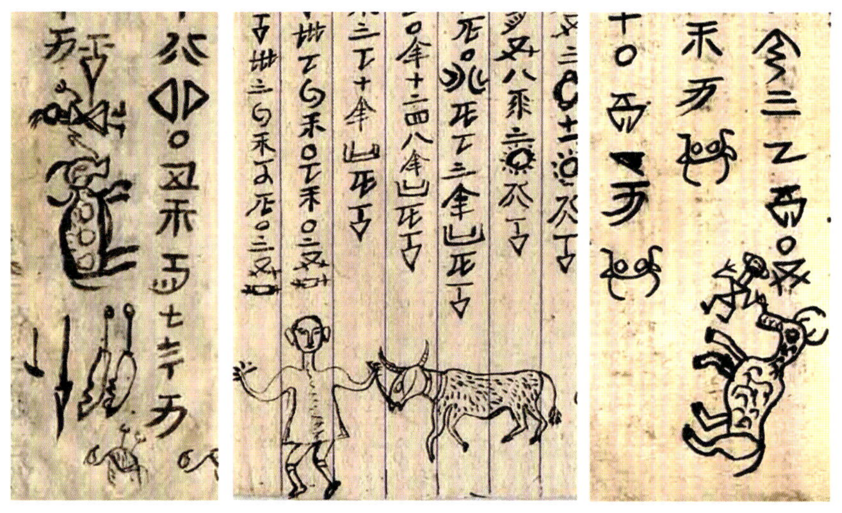

水书《九耙》（2）

为了使读者了解水书相关的图案文字资料，特地辑录水书相关资料作为参照。

照壁青铜古币墙上的右图，其背面图案是水族神话“人龙雷虎争天下”题材的内容，正面清晰浇铸水文字十二地支，是水书青铜器的标志性文物，由黔南州的彭永忠先生收藏。中国民俗钱币学会领导、专家分批到贵州进行鉴定，确定其为明代或明代之前的钱币，是具有活化石意义的民族古钱币。中国权威钱币鉴定机构北京公博钱币鉴定所鉴定其为辽金时代的钱币，并用气体氩密封保存，打上鉴定号码，公之于天下。

从政治上看，这枚铜钱为水族先民私铸的大钱，私铸大钱属于抗逆中央王朝禁令之举，与当今制造假币同罪。但从另外一个角度分析，这说明水族先民在当时具有较高的社会地位，经济发展具有一定规模，文化教育方面除了传统的水书，还在不断吸收汉文化。王品魁先生关于水书在宋代已在民间流传的论断，看来是符合史实的。

宋代水书大钱，记录了宋代抚水州水族先民强烈的民族精神、民族文化意识，他们敢于冒天下之大不韪铸造这批大钱，才能侥幸传下这枚珍品，成为今天研究宋代水族社会的重要物证。

水书大钱收集地在三都，其历史与唐代为安抚以水族先民为主体对象而设置的抚水州有密切关联。

水族的青铜文化历史悠久。铜鼓是我国古代南方少数民族至少在公元前1000年左右用青铜铸造的打击乐器，后来演化为神器、礼器、重器。

在古代，铜鼓多用于祭祀或节日喜庆活动。在祭祀时，铜鼓是神圣的法器，有专门的鼓手和专门的鼓点。在节庆活动中，铜鼓是打击乐器，铿锵的鼓点能够烘托节日气氛，激发人们参加节日热情。在征战时，铜鼓是指挥的号令工具，可振奋激发士气。在交易时，铜鼓则为货币汇集的重器。

铜鼓以其特有的文化内涵与作用，丰富了水族人民的生活。在水族端节、卯节、霞节等节庆活动中，村村擂响铜鼓，欢度节日。尤其是诠释《说文解字》中“年”的端节，分7批过，历时52天，成为世界批次最多、历时最长的年节。端节期间铜鼓声此起彼伏，水族山乡沉浸在欢乐之中。水族对铜鼓的崇拜，在民俗中保留着诸多文化特质。

水族的青铜文化也曾遭受极大摧残。1958年大炼钢铁，水族地区大量的铜鼓被当作废铁炼制钢铁。据三都县土产公司不完全记录，三都县用来炼钢铁的铜鼓多达2890面。这是三都县文化馆焦斌参加全国铜鼓学会时提供的数据。不说过去，就是现在，水族铜鼓人均占有比例依旧位居我国其他民族之首。

水族深厚的青铜文化与水族由中原南迁融入百越族群的历史有关。水族先民群体是骆越社会中的一支重要力量，他们不但完成了自身从“骆田”农业到“丘陵稻作农耕”的生计方式的转变，而且独立或参与了花山崖画群的创作。

唐宋之际，水族先民开始以单一民族——水族的身份，活跃于中国西南地区的民族历史舞台，宋代史籍中，他们被称作“抚水州蛮”或“抚水蛮”。①

抚水州治地在广西北部环江县一带，紧挨贵州，是水族生息的重要地区。宋代，水族先民赖以生存发展的重要基地抚水州发生重大变故。宋承唐制，依

① 参阅李平凡、颜勇：《贵州世居民族迁徙史》，贵州人民出版社，2011。

旧保留了唐代设置的抚水州建制，因此有相当多的水族先民生息在抚水州，即今广西的环江一带。唐宋之交，当地水族的实力较强，不时有犯上作乱之举。北宋朝廷在平定北方边患之后，在大中祥符后期，终于抽出手来治理南部地区的局部动乱，水族先民因此遭到大肆剿灭。《宋史·蛮夷》载："大中祥符六年，首领指挥使蒙但挈族来归，徙于桂州。"

殷商亡国之后，水族先民从中原往南迁徙，融入百越族群之中，逐步形成了以中原文化、百越文化为主流，南北民族融合的二元结构形式。广西是百越之地，是古代青铜器的重要基地，创制的铜鼓闻名于世。水族先民融入百越族群之中，是参与创制铜鼓文化的重要成员之一。水族先民既掌握铜鼓制造技术，又敢于和朝廷抗争，有上万兵众，被抄缴的兵器就有5000余件，那么根据自己传统文化艺术特征、文字类型来铸造水族钱币就不是难事了，而是情理之中之事。据水族古钱币收藏者叙述，水族钱币来源于贵州省黔南州，少量的水族钱币分散在黔东南州。这些钱币多为质地较大，供观赏把玩的花钱和卦币，而少有流通的钱币。铸造水族钱币，应当在水族实力比较强盛、社会比较安定、经济比较繁荣的历史时期。根据这一史实推断，水族地区私铸铜钱的历史下限，应当在抚水州大动荡之前的大中祥符五年（1012）之前。因为，在大中祥符之后，水族社会大势崩颓，从抚水州流徙，除小部分被迫迁徙到汉籍之地或融入相邻民族群体中而外，大部分来到黔南地区与早期在此地生息的同胞共同生活，再也没有往昔雄踞南疆、闹独立的势头。清代咸丰同治年间的潘新简抗清起义斗争，就其社会基础而论，也难与抚水州水族先民的时代相比。[①]这一现象与水族历史和民间传说吻合。

三都县采纳林明璋先生的设计，用最能代表水族历史文化的三枚古钱币建造景点景观，正面又镌刻有"水书天地人和碑"，可谓是抓住了水族文化的精髓，树立了水族文化的精神支柱，这是全国独一无二的景观。

更值得称奇的是发现的交尾龙水书钱币，水书上也有类似图案，正好与中原伏羲女娲兄妹的交尾文献图契合。为此，中国民俗钱币协会贵州分会会长彭

---

① 参阅潘朝霖、唐建荣：《水书文化研究》，贵州人民出版社，2009。

永忠在发现交尾龙的水书钱币之后，激动万分，惊呼："中国的水书，世界的水书！水书交尾龙钱币，在中国少数民族古钱币图案中，是绝无仅有的。大蛇与传说伏羲女娲神似。太神奇，太震撼！"

伏羲女娲交尾龙图案，在中国少数民族传统文字抄本中，只有水书抄本出现该图案，该钱币仅流通于黔南的水族地区，真的太神奇了。水族将信仰的最高女神称为"牙巫（ja^4 wu^2）"或"牙娲（ja^4 wa^1）"。她功劳盖天地：开天辟地、造日月星辰、造人、造万物，无所不能。水族的古歌、神话故事、生育传说与祭祀，现在还活态传承在民间。2007 年出版的《水族文学史》中有专门的篇章论述这一内容。水族发祥于中原睢水流域，河南睢县是女娲的故里，安阳殷墟是甲骨文的核心区域。这些文化脉络给我们提供了丰富的信息。

河南睢县专门成立了中国殷商文化学会·睢县·水族文化研究工作委员会，并且由中国社科院著名甲骨文研究专家、名誉院士王守信教授题写匾牌，参加纪念建筑破土开工仪式。

水书文化博大精深，水书习俗蕴藏着丰富的古今时空的文化信息。睢县有关单位 5 次邀请笔者到睢县进行文化交流，受益匪浅。

水书抄本大约有 3 万余册，国家档案、图书馆、高校、研究所等机构收藏 2 万余册，水书先生及民间收藏者收藏有 1 万余册。大多水书抄本，尤其是古旧的抄本，极难看到誊抄编著的准确时间记录，给判断年代造成极大困难。因此，一些人总是认为水书是模仿甲骨文创制的文字。西南大儒莫友芝先生在 1860 年发表的研究水书的成果；明代弘治年间的三都县拉下水书墓碑；清代雍正年间的水书摩崖；现在又有了水族青铜钱币，尤其是辽金时期水书钱币的问世，彰显着水族青铜文化的辉煌。这些为水书的悠久历史增添了有力的佐证材料。

第二章　神话水书

第一节 《陆铎求学》：燕子洞蝙蝠洞，天仙助创水文字

陆铎求学

（又名《泐雎的来历》）

潘朝霖　姚福祥　搜集整理

泐虽（泐雎），是水族对自己民族一种古老的文字或书籍的称呼。公六铎（拱陆铎）是人们对创造水书（水文）的长者的尊称。提起公六铎向仙人学泐雎的事，还有一段古老的传说哩！

开天辟地之后，水族没有文字，记事很不方便。听说在高高的仙人山上，有一位专门给人间造字写书的仙人。于是，人们就推举了六个记性好、为人和善的老者到仙人山去学泐雎。这六个老者起早贪黑，跋山涉水，整整赶了九九八十一天的路程，才赶到仙人山上。仙人山可好玩啦，有各种奇怪的花果和稀奇的走兽、飞鸟。一栋栋走马转角的楼房依山靠岩，修得很好看。他们六个人在仙山里串来找去，终于找到那位造字写书的仙人，便请求仙人给水族百姓造水族文字。在那里求学的人很多，穿的衣服各不相同，说的话各是一种口音。仙人分别给他们造字、讲书，一天从早忙到晚。仙人认真听了这六个老者说的话，叫这六个老者把水族地区的牲畜、飞禽和各种用具，在沙地上画个图样来看看。仙人边看边点头，过后就根据这些图样造成了

泐睢。泐睢的形状比较古怪，有的像家里喂的牲口，有的像飞鸟，有的像老虎的脑壳，还有不少泐睢什么也不像，就要死记硬背它的音和模样。之后，仙人领着这六个老者到“把干引，岭干各”，教他们读，教他们练。这六个老者读泐睢肯用功，勤动脑筋。没有纸和笔，就用炭头、红土在岩壁上练字，用木棒在沙地上写字，不久就把仙人教的泐睢背得滚瓜烂熟，写得又好又快。仙人见他们诚心求学，刻苦读书，十分器重他们，又秘密地传授了很多神奇的学问。转眼，把干引岩洞口的燕子，来回筑了六次巢，岭干各岩洞外边的桃李树，结了六回果子，这六个老者把泐睢全都学完了。快回来的时候，有的人把泐睢刻在竹片上，有的人把泐睢写在布片上，一共打包成六个小包袱。于是，大家向仙人作揖告别，高高兴兴地下山。

这六个老者离开家乡时间长了，很想念家乡，想早一点把泐睢传给乡亲，于是每天五更就起来赶路，半夜才投店歇息，白天再累再饿也不肯歇气。想不到大家在仙山上住惯了，一下山便遇上暑伏天气，太阳把石沙晒得滚烫，井泉里的水快要被烧开，走了不到一半的路程，有五个老者便中了暑气，发痧死了。最后一位老者叫拱陆铎，他请人安葬了伙伴，又从他们的包袱里选了一些书片，装进自己的包袱，慢慢地赶回家。

一路上，拱陆铎想到伙伴都死了，回家的路程还很远，又怕再遭到什么三灾八难，加上背上的包袱又比先前的沉重，赶路一天比一天吃力。一天，有个书童挑着书箱，跟着一个名叫哎任党（即陌生人）的人赶上来了。一打听，原来哎任党也是从仙山求学回来的。于是，三个人结伴赶路，走不多远，天下起了大雨，见路边有个大岩洞，三人便钻进去避雨。过了一会，哎任党说：“不好啦，过了申时这个洞就要垮塌了，我们快点走吧！”拱陆铎觉得哎任党心地善良又有本事，心里很感激。于是自己也慢慢地默着推算一下说：“不要紧，等一会石洞虽然会垮塌，可是塌的那一头，伤不了我们。”过了申时，石洞果然只垮那一头。哎任党心里暗暗吃惊，就问拱陆铎怎么晓得这件祸事。拱陆铎就解开包袱，翻开书片给哎任党看，可是他一个字也认不出来，更不晓得里面记录的是什么意思。

雨停了，三个人继续赶路。不久来到一个大湖泊边，要渡船才能过去。可是当头风大，很难开船。哎任党想试一试拱陆铎有多大本事，就说："请你掉转个风头，让我们好行船吧！"拱陆铎听哎任党说得有理，就掐了掐掌心，默念一下，然后朝天三拜，风头就立马掉转过来。哎任党嘴里虽然说了几句恭维的话，可是肚子里却结了个大疙瘩。

过了大湖泊，三人往前走了几支烟的工夫，来到一条小河边，水车在河边吱吱呀呀地转。哎任党叫拱陆铎让水车倒着转一转，拱陆铎老实巴交地翻书推算，摸一摸掌心，朝河边磕了磕头，河水立刻倒流，水车也跟着倒转了起来。哎任党虽然对拱陆铎夸赞一番，可是心里却嫉恨着他。

第二天上路，哎任党就找了借口和拱陆铎分开，见拱陆铎背的包袱沉重，力气又不旺，哎任党就开始大步赶路，把拱陆铎远远地丢在后面。不久，哎任党来到一个大村寨，见人们围着一大堆木头，议论着要起房子。可是人们不晓得架成哪种形状的架子好，也不晓得哪天立柱上梁合适，都皱着眉头发愁。这时，见哎任党带着书童来了，就求哎任党出个主意。哎任党想了想说："这个不难，只要一头小猪，两罐米酒，五升糯米做利师钱，那就好办了。"听到这么一说，人们把脸扭过去，个个都垂着头。过了一会，一个老者对哎任党说："请你行个好，少收点利师钱吧！"哎任党挺着胸，昂着头说："一根猪毛也不能少，你不要来穷啰唆！"正当这个时候，拱陆铎赶到了这个村寨，人们见他背个大包袱，穿着朴实，就顺便提起立房子的事。拱陆铎二话不说，解开包袱，翻开书片，和人们商量着画图，选定立柱上梁的日子和时辰。本来，哎任党想把人们逼得没法，多给他送点利师钱，偏偏拱陆铎赶了上来，挡了自己的财路，心里十分气愤。特别是听到人们叽叽咕咕地说他的坏话，心里像刀绞一样，他便把这些都怪罪在拱陆铎身上。于是，就打起了坑害拱陆铎的主意。

晚上，哎任党和拱陆铎同住一家客栈，又恰同搭伙住在一间房。哎任党见机会已到，便准备了砍刀，打算在夜间杀害拱陆铎。可是，当拱陆铎一躺上床，心就怦怦直跳，他定神一算，晓得哎任党要使手段害自己，就暗中小心提防。半夜，趁哎任党出去小便，拱陆铎悄悄地把熟睡的书童抱到自己的床上睡，自己就到书童的床上躺下。哎任党回到房间，听拱陆铎的铺上传来鼾声，以为拱陆铎熟睡了，就挥刀下手，连砍了几刀。他认定拱陆铎死了，就来到书童床前喊："快起来点火让我抽支烟，顺便看看那个人读的是什么书？"

"你要火点烟吗？我给你弄来！"传来的是拱陆铎的回答声，吓得哎任党手中的砍刀掉了。拱陆铎擦擦拳头，念两句咒语，伸出手在床前一拍，一团红彤彤的火苗出现了。这下，店家也惊醒了。店家一醒，两人便不再斗。拱陆铎和哎任党，一个看着一个，一直挨到天亮。天亮后，趁哎任党出去找草席收尸，拱陆铎才急忙逃走。

跑呀，逃呀！拱陆铎终于回到家乡。人们只见他一个人回来，都团拢来问长问短，拱陆铎就把求学的经过和回来路上的遭遇一一向大伙说了。大伙都庆幸他能平安回来，就准备凑窖酒，杀肥猪，捉大鱼来招待一番。拱陆铎怕声势闹大了，哎任党会晓得自己的下落，于是就急忙阻拦说："大伙的一片心意我接受了，我想早点把泐睢传给大家。万一我有什么三长两短，不是太可惜了吗？"于是，人们只好放下请酒这件事，急忙找栋空房子做学堂，请拱陆铎来教泐睢。拱陆铎耐心地教大家读、写、认，接着又逐条讲解。人们越学越觉得有趣，越学越尊敬拱陆铎。学泐睢的事，从此就传遍了水族的村寨。

哎任党一直想要坑害拱陆铎，寻去访来，终于查明拱陆铎的下落，就邀约他人一起来抓他。一天，哎任党趁着寨上的青壮年上山去了，就叫人把寨子围得严严实实。幸好，这风声传到拱陆铎的耳朵里，他急忙抓起桌上那本泐睢往怀里一揣，背上包袱就溜到寨外。可是，跑了不到二里路，就被哎任党的人拦住。拱陆铎见势头不对，一转身弯着腰，就往路坎下的刺蓬里钻。打算顺着陡坡，下到河边去。抓捕他的人追上来了，揪住拱陆铎背上的包袱，使劲往后拖。拱陆铎为了逃命，急忙拉开包袱的活套，丢下包袱，逃过河去。哎任党赶来打开包袱，翻完了那些书片，却一个字也认不得，气愤地把那些泐雎全都烧了。

逃啊，跑啊！拱陆铎逃到另外一个遥远的水族村寨。人们都庆幸他逃脱了灾难，他却仰着头叹息："我虽脱了难，可是泐雎只剩下一本了。我对不起造字的仙人，对不起一同求学的伙伴，也对不起乡亲们。"说完，就昏死了过去，等拱陆铎醒来，急忙对身边的乡亲说："你们快点去把人邀约来，让我趁早把记得的泐雎传出来。"

拱陆铎身边，只剩下当时逃难揣在怀里的那本书了，他把这本书教完，又把记住的全都传出来。可是，泐雎却大大地减少了。拱陆铎怕哎任党认出自己的笔迹，又来谋害，就用左手写字，改变笔迹。他还把一些泐雎做了改动，将有的字倒着写，有的字横着写，有的字减了笔画，有的字又加了笔画。泐雎虽然在水族的村寨中流传了下来，字数却比原来少得多，字形结构也稀奇古怪，读音也特殊，但含义变得丰富而深刻。从此，人们学泐雎，写的很少，背诵的很多，几乎靠口传。

拱陆铎为了让水族地方有文字，历尽千辛万苦，大家都尊敬他，怀念他。每到祭奠时，人们常常去到"把干引、岭干各"，这里是古老的造字传书岩洞，能召唤他的神灵哩！后来，人们常常把熟悉泐雎的人，尊称为拱陆铎。

搜集整理：潘朝霖、姚福祥

讲述人：谢吉章、蒙金娥

流传地区：三都县、独山县

【附录说明】

(1) 拱陆铎：拱即公公，陆铎为其名，意为陆铎公公。水族的古老文字，相传拱陆铎是创始者之一。后来，用拱陆铎泛指熟悉水族古老文字的人。泐虽（泐雎）是水语音译，意为水族文字或书籍。

(2) 把干引、岭干各：为水语音译，意为燕子洞口，蝙蝠洞坎，传说是拱陆铎练字学书的地方。

(3) 哎任党：水语意为陌生人。原来讲述者称之为“圣人”，整理时将哎任党的意思改为“陌生人”。

谢吉章

(4) 谢吉章：三都县阳安公社吉香寨人，曾任民国荔波县参议员，精通水书。1962 年，笔者的父亲和堂伯潘奠初共同商议在笔者家办水书私塾班，请谢先生担任水书先生。学员有 4 人，即笔者，笔者堂兄潘朝鼎、堂叔潘奠琴和表叔石尚显。

(5) 蒙金娥：女，1921 年生，是邻近村寨的家族长者，她家距离笔者老家有两里路，她从阳安甲乃嫁过来之后，终生女扮男装。她博闻强记，擅长念鬼与过阴，在当地颇有影响。

(6)《陆铎求学》是根据谢吉章先生、蒙金娥先生的口述资料整理。笔者同事姚福祥先生也听说过，整理人便加上了他。

第二节 《泐睢被焚》：水书神通广，天皇用计焚烧水书

一个有文字的民族，按现代人的思维和眼光，应该有其文字书写的历史。水族文字为什么不用来书写水族自己的历史？我们可以从水书产生的几则灾难性的传说故事中，探究水书传承的曲折历史。

1980 年，笔者从三都县借调到黔南州文艺研究室工作，为编写《水族文学史》做基础资料搜集整理工作。《陆铎求学》《泐睢被焚》是由笔者收集整理的。《陆铎求学》或称《水书的来历》，《泐睢被焚》或称《天皇烧泐睢》，都是水族的传说故事，分别由上海文艺出版社和贵州人民出版社出版过，故事名称是由各出版社定的。此外，笔者还有一则关于水书起源的故事素材遗失了。

《泐睢被焚》的梗概是：陆铎公到一个名叫胆住（丹州）的村寨教书。有个孩子十分聪明，只需学 1 遍水书就能记住，学 3 遍就能把水书背得滚瓜烂熟。陆铎公很器重他，便教他掐指遁掌的本事。但是，孩子好像心中有事，有空便跑到山丫口看着天空。陆铎公感到奇怪，经过一番了解后，才弄清孩子心中的秘密。原来孩子的妈妈是天上的仙女，因为私自下凡和人结为夫妻，违反天规，被天皇抓回了天宫。孩子因想念妈妈，才经常去山丫口张望。陆铎公很同情孩子，便要了他的生辰八字，又看了他的手掌指纹，要他在第二天午时三刻到对门高坡顶上等候，就能看到他妈妈。同时告诉他，他妈妈每隔 60 天就会飞来一次。孩子按时去到坡顶，没有看见妈妈，只看见 7 只白鹤从头上飞过。陆铎公又告诉孩子，第七只仙鹤就是你妈妈，用箭射掉它尾巴上的 1 根羽毛，它就会下来见你。又过了 60 天，孩子果然用箭射掉第七只仙鹤尾部的 1 根羽毛。谁知仙鹤长鸣一声，惊动了天皇。天皇发现陆铎公在教孩子读水书，天皇知道水书的厉害，害怕水书在人间流传会殃及天上。于是就派天将带着小宝剑、葫芦和金铃铛下凡，用葫芦从孩子手中换走了仙鹤羽

毛。孩子失去了羽毛，不能再和妈妈见面，只好静下心来读水书。一天晚上，陆铎公有事外出，孩子好奇就撬开葫芦，想用它装水磨墨。谁知葫芦里装的全是黑色粉末，碰着灯花，就燃起了大火，把屋里的水书全部烧毁，只有砚台压着的几页水书没有被烧掉。从此，水书只剩下几百个字。陆铎公只好把心里记住的东西教给他。所以，后人学水书，字数虽少，但口传的内容却是几年也学不完。

泐睢被焚

（又名《天皇烧泐睢》）

潘朝霖　搜集整理

水族有一种古老的文字叫泐睢（泐虽），当初公六铎（拱陆铎）把泐睢传到水族居住的地方时，泐睢多得成箱成垛，堆了整整一屋子。为什么泐睢越传越少，传到现在只有几百个字了呢？这里有段古老的传说！

古时候，水族地方有个叫陆铎的人，他经过苦心修行，最后变成了仙人。可是，当他变成仙人之后，离开了家乡和亲人，因为没有事情做，就感到十分苦闷。一天，他想到水族没有文字，做事不方便，于是就专心研造了泐睢。经过六年的写写画画，终于把泐睢造好了。拱陆铎驾着云头，漂洋过海回到家乡，要把泐睢传给人们。大伙见陆铎这样诚心实意教书，又不肯收利师钱，都尊敬地叫他拱陆铎。

拱陆铎在恒虽这个地方教泐睢时，有个娃儿记性格外好，读书又肯用功，只要教一遍，他就能记住，读了三遍就能背得滚瓜烂熟。教他那些掐指循掌的课目，只要练习两三次，怎么也忘不了。拱陆铎十分疼爱这个娃儿，看见他读书长进，就把更深的课目单独教给他。可是，拱陆铎发现这个娃儿常常跑去山丫口张望，常常拉住他爸爸的衣角要找妈妈。拱陆铎感到奇怪，就跑去向他爸爸问个究竟。这个娃儿的爸爸才向拱陆铎说起了一段令人伤心落泪的经历："他妈妈是天上一位仙女，那年她见我的爹妈和弟妹都死了，我到处去卖活养命，她就可怜我，便与我成亲了。可是，生下这娃儿还不到一岁，天皇就发现她私下人间，违反了天条，就把她抓回天上。从此，她再也不能回到人间……"

拱陆铎听他这么一说，心里也很难过，他问了问娃儿的生辰年月，又瞧了瞧娃儿的手线指纹，默默地推算一下说："孩子要是想见到他妈妈，后天午时三刻，到对面高坡顶上就能看到了。"

第三天，娃儿高高兴兴赶到对面的坡顶上，从早上一直守到太阳偏西，人影都没看见，便低着头擦着眼泪回家。娃儿一见到拱陆铎，就淌着泪水对他说："你哄我到坡顶上白白守了一天，什么人都没见着，只见到七只白鹤从头顶上飞过。"拱陆铎赶忙对娃儿说："孩子，我忘了告诉你，你妈是白鹤仙子，排行第七，飞在最后那一只就是她啦！"

"那怎么办啊！拱陆铎。"娃儿擦干了泪水，急忙问。

拱陆铎默默地算了一下说："再过六十天，白鹤仙子还要从那山顶上空飞过。那时，你用箭射落最后一只白鹤尾巴上的一根羽毛，以后你妈妈准下来看望你。"好不容易才挨过那轮甲子，这娃儿带上弓箭，包着糯饭团，又爬上对面坡顶。午时三刻，七只白鹤悠悠地从山顶上空飞过。娃儿搭上弓箭，对准最后那只白鹤的尾巴，嗖地放了一箭，一根雪白的羽毛就飘落下来。这娃儿高兴地把羽毛插在头上，一心盼着和妈妈见面的日子。想不到这箭一射出，白鹤受惊，长鸣一声，竟把天皇惊动了。天皇急忙拨开云头一看，晓得陆铎出点子要把白鹤仙子拖回人间，气得吹胡子瞪眼睛，急忙把天将喊来说："那个陆铎懂的泐雎太厉害，现在又传给那个神童，以后更难对付了，你们要趁早设法收拾那些泐雎！"

一个天将背着一把小巧的宝剑，一串金晃晃的铃铛，两只黄澄澄的小葫芦，驾着云头来到人间。那娃儿下到坡脚的岔路口，看见天将摆弄金铃铛，挥动小宝剑，晃着黄葫芦，嘴里在不停地念道：“宝剑拿在手里，一身威武谁也不敢挨边。金铃铛套在马上，一天跑千里。宝葫芦装水磨墨，会写会算赛神仙。”

天将又耍又跳又唱，这个娃儿待在一边看着、听着。娃儿听说用那小葫芦装水磨墨，读书便能长进，心里就想要那小葫芦。等天将停下手脚，就好奇地上去试试宝剑，摇摇金铃铛，又拿起两个小葫芦，贴在胸口摸去摸来。趁娃儿玩得入迷，天将冷不防地抽掉插在他头上的那根白色羽毛，丢下葫芦，翻身腾云走了。

失去了白鹤羽毛，就不能和妈妈会面，急得小娃儿直淌泪水。一想到拱陆铎神通广大，以后还有和妈妈会面的机会，才放下心来。娃儿决心把泐睢学好，要像拱陆铎那样熟练，自己创造和妈妈会面的机会。娃儿看着还在怀里的那个小葫芦，心想用它装水磨墨，带给拱陆铎看，拱陆铎此时偏偏出去串门了。他走进拱陆铎的房里，想撬开葫芦看个究竟。撬开第一只葫芦抖了抖，掉出来的是一摊黑色粉末。撬开第二只葫芦抖了抖，倒出的也是一堆黑色粉末。娃儿以为是墨面，但是他用手一抹又不像，于是就点油柴灯来照看，想不到，掉下一颗火星，那些黑末末噼里啪啦地燃了起来，浓烟和大火瞬间吞噬了屋子，转眼间一屋子的泐睢全被烧毁了。有几个来救火的大人，踢破窗脚下的装板，把拱陆铎的书桌拖了出来。砚台下压着的那张纸没被烧，上面还有几百个泐睢。

娃儿悔恨万分，抱着头跑去村口的树下呜呜地痛哭，等待拱陆铎的责骂。月光下，拱陆铎拄着拐杖来了，听到娃儿的哭声，赶忙上前把他扶起来。娃儿哭哭啼啼向拱陆铎说起前后遇到的事，请求拱陆铎原谅他。拱陆铎叹着气说：“孩子，别哭啦！天皇不让泐睢传下去，所以用计把它烧掉了。往后再写，还要遭到天皇的算计。真传一张纸，假传万卷书，以后学泐睢，你要用心记、背熟，把它装在肚子里，谁也偷不走！”

从此，泐睢只剩下几百个字了。课目几乎全靠口传心记，死记硬背。直到现在，泐睢还只是那几百个字，谁要学泐睢，总是写得少，背得多。有的人背了几年，还背不完、学不会哩！

搜集整理：王品魁
讲述人：石尚女、张三六
流传地区：三都县、荔波县

【附录说明】
（1）泐睢（泐虽）：水语音译，意为水族文字或书籍。
（2）公六铎（拱陆铎）：水语音译，意为六铎公（陆铎公），传说的水书创始人，水族的保护神。

第三节　《借书奔月》：向外公借书，返程遭舅爷暗算

借书奔月

周隆渊　刘世杰　搜集整理

从前，有位教书的老先生害了痨病，临死前把儿子大桥叫到床前。老先生大半辈子都在写书，书还没有写完，眼看就快不行了。他把一本稿子交给大桥，要他把书写完，说完就断气了。

这时，大桥只有十八岁。他哭了一场，把父亲掩埋后，就开始提笔写书。他白天下田干活，夜晚坐在窗前埋头写书。可这书真难写呀！他上不懂天文，下不懂地理，写了三年，越写越糊涂，越写越头痛。他便丢了笔杆，摔掉砚台。

有一天晚上，月光分外明亮，大桥坐在窗前发闷。他想到父亲留下的书自己无法写完，恨自己不争气，心中烦恼透了。这时，窗外响起了一阵嘻嘻哈哈的笑声，像是有人在打闹。他凑在窗户眼里往外看，只见一群姑娘在田里捞鱼秧，十几双绣花鞋搁在田埂上。鱼秧是大桥喂的，费了许多工夫。有人来偷，他感到很气愤。这些姑娘不是本寨亲邻，又不像外来远客，他觉得很稀奇，悄悄溜出房门看。田埂上有样东西闪闪发亮，捡起来一看，是一把描金绣凤的团扇。他看出神了，一不小心，脚滑进田里。正在捞鱼秧的姑娘们听见水声，知道是来了生人，慌忙穿上绣花鞋，摇着扇子，脚下生风，轻飘飘飞上天了。只有一位姑娘找不到团扇，在田埂上急得团团转。她看见大桥手中拿着团扇，便走到他面前羞答答地说："阿哥，不瞒你说，我是月宫仙女，名叫珍示，因为想来人间捉鱼，才和姐妹们私自下凡，请把扇子还给我吧！"大桥从没与姑娘们说过话，红着脸把团扇还给了仙女。这时，鸡叫了，月亮落进了山峦，东方天边抹上了一层红色，珍示不能飞上天了，只得随大桥回家。

这天，大桥叫珍示留在家里，他把门反锁，扛着渔网下河，打算请客人吃顿鱼。傍晚，大桥装满一腰箩鱼回家，心中乐滋滋的，原来他那间邋遢的木板房，已被珍示收拾得干干净净。床上，洗过的被窝发出清香；锅里，米饭从甑里冒着热气。晚饭吃得又香又甜，大桥把膘肥肉厚的鱼块全夹到珍示的碗里，珍示也一连给大桥面前的酒杯里斟酒。

夜晚，月亮升起来了，珍示该走了，大桥舍不得她，但又不好意思开口，只好把团扇还给她。珍示接过团扇后，并没有走的意思，脸红了几次，才把团扇放在大桥的床枕头上，大桥笑了，把珍示拉到怀里。

大桥有了妻子后，日子过得十分甜蜜。他也不再为写书的事发愁。一年后，珍示生了一个胖嘟嘟的孩子。大桥高兴极了，整天抱着孩子笑。他俩商量后，给孩子取名叫纳良力（水语 la:k^8 lja:ŋ^6 ljai^4，意为蝉之子）。

珍示想回家了，经常念叨着要带纳良力去见见外公和舅舅。大桥舍不得她走，把团扇藏在床脚下。

有一天，大桥从书箱里翻出没有写完的稿子，想起了死去的父亲，顿时鼻子发酸，眼泪长流。珍示把稿子看了一遍，劝他一同回外家。她说孩子外公房里有一本书，既写有天和地，又写有田和土。听说有书，大桥连忙抹干眼泪，答应和她一同回外家。小两口顿时忙起来，分头张罗送给孩子外公和舅舅的礼物。

太阳落山了，月亮升起来了。珍示背起纳良力，大桥扯住她的衣角。珍示摇动团扇，脚下生风，一家三口立即向月亮飞去。月亮里有山有水，有森林和田坝，也有村寨和人家，和人世间相差不多。

外公听见狗叫，又听见风响，便叫舅舅开门。一家人见面后十分亲热，外公脸上的皱纹都笑平了。大桥送给外公一条大青鱼，送给舅舅十条小花鱼。外公十分欢喜，把鱼烘干挂在梁上，留着招待客人。舅舅以为他们会带来许多珍贵的礼物，现在却只有十条小花鱼，空欢喜一场，把十条小花鱼一顿就煮吃了。

大桥来外家的第二天便早早起来干活，先挖通房屋周围的阳沟，又爬上屋顶用杉树皮补了漏洞，又在外公住的屋里砌了个火塘。外公很喜欢，夸大桥勤快。舅舅也喜欢，因为今后可以少干些活了。

外公的书锁在一个平柜里，有三条天狗把守。除了外公，其他人都不能开柜，否则，天狗就要咬人。外公听说大桥要借书，心中喜欢，要他做完一年庄稼活后再说。舅舅听说后心中又是忌妒又是愤恨，原来他早就想要拿书去做“道士”，一直不能到手。晚上，他到父亲屋里说：“我们家的书传男不传女，你为啥要给外人哩？”他父亲早就嫌他又懒又馋，不搭理他。舅舅害怕自己得不到书，便对大桥起了奸心。

有一天，舅舅要大桥和他上山砍树。早饭后，珍示把大桥叫到屋里说：“大桥呀大桥，你上山砍树千万要小心谨慎，他砍东你也砍东，他砍西你也砍西，不要分在两处。”大桥不懂她的意思，只是点头答应。到了山上，舅舅在东山砍树，要他去西山。大桥到西山放倒一排树后，想起了珍示的嘱咐，连忙抄小路跑回东山。他刚离开西山，就听到舅舅在东山吹了一声哨子，顿时发出轰隆隆的一片响声，西山石岩崩裂，树木倒下一大片。舅舅以为大桥不死也会被压伤，便唱着歌下了山，殊不知回到家时，大桥正在牛圈里出粪。舅舅愣了一下，悄悄地走进家门。

快开春了，舅舅叫大桥上山砍火闹地。临走前，珍示脱下围腰布，拴在大桥身上。他俩在坡上锯杂木，砍刺蓬，割茅草。吃过晌午饭后，舅舅叫他睡在茅草堆上，他要去坡脚找水喝。大桥睡得正香时，坡上忽然起火。待他惊醒，火正从四面八方袭来，噼里啪啦地炸着火星。大桥以为这次难免一死，干脆睡着不动，殊不知大火只要烧到围腰布处就自动熄灭了。舅舅以为大桥必定被烧死了，心中十分得意，但回到家刚放下镰刀，大桥就带着满脸烟灰回来了。

舅舅整不死大桥，心中又暗自打主意。他在火烧坡上撒了一斗小米种。第二天，舅舅又说要改种苞谷，要大桥去把一斗小米捡回来。大桥作难了，一斗小米有千万粒，已经撒进灰泥里，再有天大本事也难捡回。他想到上月亮后，外公虽好，但舅舅处处折磨自己，十分伤心，便蹲在屋角大哭。珍示替他抹干眼泪，好言好语地劝解了一番后，拿给他一床被单，又从舅舅床头偷来哨子，才叫他去拣小米。大桥上坡后，把被单铺在地上，吹响哨子，顿时从天边飞来一群麻雀，从灰泥里啄起小米，衔到被单上。大桥收拢被单，小米足足有一斗。

春水发了，该抢水打田了，舅舅叫大桥去砌田埂。大桥知道舅舅又要借故整自己，临走前要珍示想办法。珍示拿出一件长袖的衣服叫他穿上，让他无论发生什么都不要脱下。到了坡脚下的田坝，舅舅见他穿的衣袖长过手指，说是不好做活路，要他脱掉。大桥不脱，把衣袖挽到胳膊上。砌完了两根田埂，舅舅要解手，便爬到高坡上去了。等他走后，大桥连忙放下衣袖，独自砌田埂。忽然间，从坡上滚下一堆乱石，石头碰到衣袖就绕个弯滚下坡，把砌的田埂全部压塌了。

舅舅回家后，看见大桥没有伤到一根毫毛，心中莫名其妙，不知道他究竟有啥本事，心中更加忌恨，暗自发誓一定要把大桥整死。

春去秋来，坡上的枫树叶红了。外公见大桥勤快、老实，答应秋收打米后就把书传给他。舅舅听说后，又想出了一条毒计。稻米黄了，浮桶响了，大桥和珍示忙了一个对场，才把田里的谷米晒干、筛簸干净。快过端节了，外公带珍示去赶天街，要买半头猪回来过节，只剩下大桥和舅舅在家。吃午饭时，舅舅说干活累了，要吃酒，说着就把一杯放了毒药的甜酒放在大桥面前。大桥从不吃酒，舅舅说甜酒好喝，不辣颈子。大桥正要端杯时，舅舅忽然肚子痛，急忙跑去后院。大桥不忍心吃独食，把甜酒和舅舅面前的辣酒混在一起，再分成两杯。舅舅回来后端起酒杯就喝，大桥也喝了。不一会，两人便头昏眼花，倒在地上。

外公和珍示赶场回来后，舅舅和大桥直挺挺地躺在地上，手脚都僵硬了。珍示大哭一场，后悔不该去赶场，她用白布给大桥裹尸，又去山上砍树做了一盒棺材，把大桥埋在山上。她一个人挖不成坟坑，只挖了一个洞，把棺材立在洞里。后来，在人间看月亮，可以看到一个长条的黑影。大家都恨舅舅，没有人愿意埋他。时间长了，他的尸体变成一只毒蚊飞走了。

珍示每天都带纳良力上坡，坐在棺材旁边陪伴大桥。山高风大，风在她的脸上刻下皱纹，霜把她的黑发变成白发。纳良力慢慢长大了，变成一个聪明后生。他听说父亲是因为来月宫借书才遭到毒害，便要去找外公要书。珍示不让他去，说他年龄太小。直至纳良力长到二十岁，珍示才让他去找外公。

自从舅舅和大桥死后，外公伤心透了，不再出门，整天守着木柜。纳良力进屋后，外公很高兴，他拍了拍纳良力的肩膀说："你只要做到三件事，我就把书传授给你。"纳良力问外公是哪三件？外公说："第一，要找到两个头的马；第二，要找到四只角的牛；第三，要找到两面打的铜鼓。"

纳良力作难了，他无法找到双头马、四角牛和两面都能敲打的铜鼓。晚上，他睡不着，到了半夜还在火塘边转悠。珍示知道后，把他叫到床边，在他耳朵上嘀咕了几句。纳良力听后大喜，马上放心回去睡了。第二天，纳良力找来两匹马，把尾巴拴在一起，牵到外公房门口。外公眼睛昏花了，看不真切，只看到两个马头。他心中高兴，称赞纳良力聪明，便杀了一条天狗。

第三天，纳良力拉来两头牛，把牛头绑在一起，拉到外公房门口。牛不听话，四只角乱抖乱晃。外公看不清是两头牛，只看到四只牛角。他很高兴，又杀了一条天狗。

第四天，纳良力把两面铜鼓口对口绑在一起，扛到外公房门口。他找来一根棒槌，敲敲这面又敲敲那面，响声震天。外公耳朵聋了，听不到铜鼓响，但看到这铜鼓确实是两面都可敲打，便把最后一条天狗也杀了。

没有天狗把守了，纳良力向外公要来钥匙打开木柜，取出金灿灿的线装书。纳良力每天都在屋里读书，很少出门。月宫里没有松柴，晚上一片漆黑。珍示用丝绸缝个口袋，叫纳良力捉火亮虫装进袋子，袋子就会发出蓝幽幽的亮光，晚上也能读书了。纳良力记性很好，不久便读通了这本书，还能倒背如流。

他想回人间去实现父亲的愿望，把书传给人们。珍示已经老了，不愿再去人间过活。没有珍示同走，纳良力飞不到人间。他想了很久，决定从天上吊下去，他上山剥棕，请珍示搓绳。月宫隔人间太远了，珍示搓的棕绳装满了九座仓。珍示的手搓出血了，黑棕绳变成了红棕绳。

到走的这天，珍示在月亮上放绳。她对纳良力说："吊下地后才能摇绳，可不能乱摇绳呀！"纳良力点点头，向珍示磕了三个头，才挽着棕绳慢慢往下挪。

头天，珍示放完三座仓的绳，第二天又放了三座仓，第三天才开始放最后三座仓的绳。纳良力吊在半空中，把书放在荷包里，慢慢向下移动，突然刮来一阵狂风，黄豆颗粒般大的雨淋到他的头上，他不敢动，害怕摇动棕绳，紧闭着眼睛慢慢往下挪。快到地面了，田坝像一床绿毯，江河像一条腰带。突然，有个毒蚊飞来叮在他的脸上，毒蚊是舅舅变的，螯针叮进肉里，锥心痛。他伸手打死毒蚊，棕绳却在空中摆动起来。珍示在月亮上放绳，身不能动，手不敢松，三天没有吃饭、睡觉，疲倦极了。第九个仓的棕绳快放完了，她估计纳良力快到人间了。这时，棕绳摇了几摇，她高兴极了，便用斧头砍断棕绳。棕绳断后，纳良力失去了依靠，翻了个跟头，向地面摔去，后来便昏昏沉沉不晓得人事了。醒来后，他睡在茅草丛里，幸好茅草很厚，只摔断了右手，但是装在荷包里的书找不到了。纳良力忍着伤痛回到家中，请人医治。伤好后，他的右手残废了，不能写字。他决心要把书里的知识传给人们，便依靠记忆用左手把外公的书写了出来。一年后，书写成了，但每个字都是反着写的。

搜集整理：周隆渊、刘世杰

讲述人：吴育才

流传地区：三都县

搜集时间：1981 年

【附录说明】

（1）火亮虫：萤火虫。

（2）现存的水书字体有不少是反写的。

水书的传说反映了水族人民对创造水族文字的先民的怀念，是水族人民对水族文字的形成和特点所做的朴素解释。同时，对水族文字的性能，也用生动的故事情节做了说明，它反映了水族先民创造文字的艰辛。文字作为人类思想交流的工具，从语言到文字，是人类社会的一大进步。这一重大发展，是无数先民用艰辛劳动创制而成的。像汉族传说讴歌仓颉造字一样，水族的水书传说，也用了许多故事赞颂先民造字的艰辛。《陆铎求学》中的陆铎，在燕子洞和蝙蝠洞中整整学了 6 年，没有纸和笔，便用炭头和红土在岩壁上练字。学业完成后，陆铎遭到代表邪恶势力的哎任党的暗算，两次险些丧命，最后死里逃生，被迫逃亡外乡，隐姓埋名，才把残剩的水书传给了后代。首先，这些故事反映了先民创造文字时所遇到的艰辛和危险，情节生动，真实感人，颇有现实教育意义。其次，水族文字虽不能体现水族丰富的语言，但水书中记载的关于水族历法、五行生克、生死吉凶、阴阳配合、二十八宿和天干地支等内容。但凡涉及起房造屋、婚丧嫁娶，都要用水书占卜选择年、月、日、时。在水书的传说中，编织了一系列的故事情节加以证明。例如，在《陆铎求学》中，能使大风掉头，水车倒转的陆铎，正是因为他精通水书，才具有这种法力。他根据水书能掐指推算出岩洞垮塌的方位，推算出哎任党谋害自己的手段和时刻。又如在《泐睢被焚》里，仙女被天皇抓上天后，每隔 60 天就变成仙鹤飞回人间一次。陆铎为什么能够知道这个秘密呢？因为他精通水书，可以根据孩子的生辰八字和手掌指纹推算出来。水书在水族风俗习惯中的影响和作用，传说虽然有些夸张，但它在水族的发展历程中却有着不可替代的地位。

对于停留在原始造字阶段的水族文字，字数很少，字体结构上有横写、倒写和反写等特点。关于水字这些特点形成的原因，水书传说也用了许多带有神话色彩的故事加以解释。水族文字为什么只有几百字呢？陆铎在仓促逃命中，被哎任党抢走了装书的包袱，只剩下 1 本书，这在《陆铎求学》中就有描述。在《泐睢被焚》中，天将带来的葫芦里装有易燃的黑色粉末，把陆铎房里的水书全部烧光了，只剩下砚台压住的几张纸，上面只有几百个字，这个情节也有休现。

为什么有些字是倒写或反写的呢？这是因为陆铎在逃亡外乡后，继续传授水书，他害怕哎任党认出笔迹又赶来谋害自己，便把字体做了改动，有的横着写，有的倒着写。水族文字是水族社会发展到一定阶段的产物，是无数水族先民在长期实践中摸索和试验而形成的，绝非天神赐给。正如汉族文字绝非仓颉一人独造，他只是无数造字先辈中的杰出代表。水族文字同样也不只是由陆铎及同去求学的其他五人所造，他们也只是造字先辈中的杰出代表人物。水书的传说虽然解释了水族文字的来源及特点，但水书传说并不是基于科学态度去分析水族文字起源。它是人民通过幻想，运用浪漫主义的艺术手法，表达了对创造文字的先辈们的崇敬与感激之情。

第四节 水书来历故事：弱小的民族，文字传承艰难曲折

一个仅有 2000 多个单字的文字体系，能成为一个民族的精神支柱，记录着这个民族几千年的文字史、文明史与文化史。可见，水书是水族文字史、文明史与文化史的重要表征。

由于水族文字和水族人民的风俗习惯紧密相连，人们十分珍惜先民留下的古老文字。他们缅怀造字的先民，用神话去解释水族文字的形成和特点，把创造水书的人尊称为“陆铎公”。关于水书的传说，在民间流传较广的有《陆铎求学》《泐雎被焚》和《借书奔月》。

水族为什么会有自己传统的文字？同语族的民族如壮族、布依族、侗族等为什么没有自己的传统文字？

水语声韵母系统为什么那么复杂？水语是壮侗语族侗水语支的一种，壮侗语族如壮、布依、傣、侗等民族语言声母在 20—30 个之间。但是人口不多的水族，水语声韵母系统却十分复杂，声母有 71 个，韵母有 77 个。水语流传数千年，是研究语言的活化石。

水语复杂性的根源何在？水族为什么会有自己的历法？并且其历法与中原诸多古历联系紧密。过去历法是由国家钦天监统摄，民间制历要诛灭九族，

水历为什么能传这么久远？深入研究水书的几则故事，或许能从中找到其隐含的文化密码。为此，我们按常规文学分析法和历史文化解剖法，去审视水书的三个故事。

一、常规文学分析法

水书的传说主要有《陆铎求学》《泐睢被焚》《借书奔月》。这些故事从不同的角度反映了水族人民对创造文字先民的怀念，也是水族人民对水族文字的形成和特点所做的朴素解释。同时，这几则故事用生动的情节对水族文字的性能做了说明。

首先，水书反映了先民创造文字的艰辛。文字作为人类思想交流的工具，从语言到文字，是人类社会的一大进步。这一重大发展，是无数水族先民用艰辛劳动开创而成的。像汉族传说讴歌仓颉造字一样，水族的水书传说，也用了许多故事情节赞颂先民造字的艰辛和忘我牺牲精神。《陆铎求学》中的陆铎，在燕子洞和蝙蝠洞中整整学了 6 年，没有纸笔，便用炭头和红土在岩壁上练字，学业完成后，陆铎遭到代表邪恶势力的哎任党的暗算，两次险些丧命，最后死里逃生，被迫逃亡外乡，隐姓埋名，才把剩余水书传给后代。这些故事反映了水族先民创造文字的艰辛和危险，情节生动，真实感人，颇有现实教育意义。

其次，水族文字虽不能体现水族丰富的语言，但水书中记载有水族的历法、五行生克、生死吉凶、阴阳配合、二十八宿和天干地支等内容，大凡起房造屋、婚丧嫁娶，都要根据水书占卜选择年月日时。对这些社会功能，水书的传说编织了一系列故事情节加以证明。在《陆铎求学》中，陆铎能使大风掉头，水车倒转，正是因为他精通水书后，才具有这种法力。他根据水书能掐指推算出岩洞垮塌的方位，推算出哎任党谋害自己的手段和时刻。在《泐睢被焚》里，仙女被天皇抓上天后，每隔 60 天便变成仙鹤飞到人间一次。陆铎为什么能够知道这个秘密呢？因为他精通水书，能根据孩子的生辰八字和手掌指纹推算出来。水书在水族风俗习惯中的影响和作用，传说故事虽然做了夸张描述，但它在水族的历史上增添了浓墨重彩的一笔。

对于停留在原始造字阶段的水族文字，字数很少，字体结构上有横写、倒写和反写等特点，关于它形成的原因，水书传说也用了许多带有神话色彩的故事加以解释。

二、历史文化解剖法

传说之一：《陆铎求学》

水族文字是陆铎公等6位老人在仙人那里学来的。根据水族地区物品图样形成了“泐雎（le¹ sui³）”。返程途中有5位老人病故，陆铎公一人肩负重任历经艰辛才把泐雎带回，却又被一个叫哎任党（ʔai³ zən¹ taːŋ⁵，即陌生人）的人将泐雎抢走，最后只剩下1本。陆铎公只能凭记忆把一些字写出，但字数已大大减少。为避免哎任党的迫害，陆铎公故意用左手写字，改变字迹，还将一些字反写、倒写或增减笔画，形成了流传至今的特殊的水族文字。

故事中的“哎任党”，水语国际音标注音是 ʔai³ zən¹ taːŋ⁵，意为“陌生人”或“不认识的人”。讲述者称呼此人为“圣人”。《陆铎求学》故事的原稿就用“圣人”作为对立角色的名称。当讨论其故事情节时，时任黔南州文研室主任的祖岱年认为“圣人”之名不妥，笔者便将其改为“陌生人”。

传说之二：《泐雎被焚》

水族文字是陆铎公花了6年时间创制的，多得成箱成垛，堆满一屋子。后来，因陆铎公利用水书为一个小孩推算出与其母亲见面的日子和方法，惊动了天皇。天皇认为，水族文字太厉害，他怕人们掌握了水族文字后，难以对付。于是，派天将用装着火药的小葫芦骗取小孩的欢心，结果引发火灾烧了水书，只剩下压在砚台下的几百个字。此后，陆铎公将水书的很多内容装在肚子里，进行口传心授。

传说之三：《借书奔月》

水族文字来历艰辛。教书的老先生把未写完的书，委托给儿子大桥，大桥也没完成。后来大桥娶了月宫仙女珍示，一家三口到月宫向外公借书。最后靠他们的儿子纳良力（水语 la:k^{8} lja:ŋ^{6} ljai^{4}，意为蝉之子），从外公那里带回学来的书。纳良力顺着绳子从月宫缒下地面时，被狠心的舅舅变成的毒蚊叮咬，导致右手摔断，只能用左手抄写外公给的书籍，因此这些字是反写的。

第三类传说虽不多见，但也有一定的代表性。在水族的绝大多数地区，提到水书，人们都常将此与陆铎公联系在一起。大多数人认为，陆铎公是创造水族文字的先祖，给水家人民带来文明，是水族人民的祖神。

从以上几个传说可以看出：

其一，水族先民曾与古华夏族群有过亲缘关系。天皇、仙人、外公，都是古华夏族群的代表，水族先民虽与之有过矛盾冲突，天皇、仙人、外公、舅舅是“狠心”的，但使用的都是尊称，并无敌意或贬义。这些传说无疑反映了水族先民与古华夏族群的亲缘关系。

就环境而言，代表权势的一方生活在“仙山”“天上”“月亮（月宫）”，有较高的政治地位与优越的生活环境，而水族先民则是生活在人间。有两则故事叙述仙女嫁给水家后生，尽管二者地位悬殊，但二者之间存在内部的联系与依存关系。这隐含水族先民曾为统治阶层服务，其在武丁时者，为“贞人”之官，“贞人”即占卜师、师爷类身份。

其二，水族文字与古汉字也有渊源关系。水族文字是从“仙人”“外公”那里学来的，它与古汉字同出于古华夏母体的文明。

其三，水族文字与古汉字产生联系的时间，既是古华夏文字的成熟时期，又是在文字神圣时期。在神本意识占主导地位的时期，认为文字具有魔力而显得神圣。这个时期当在商周时期，不会在百家争鸣、神本意识不再占主导地位的春秋战国时期。水族先民离开中原之后，疲于奔命，根本没有创造文字的社会环境，新创的文字只占少数。

其四，水族先民曾与古代华夏族群有过冲突，并在冲突中因失败而失去包括文字在内的相关文明成果。水族文字的遗失，便是在历史的冲突事件中水书被抢、焚烧的折射。字体出现反写、倒写、减笔画、加笔画等现象，则是弱势群体在政治上被挤压的遗存，也是一种为生存发展进行自我保护、戒备、防范的行为，这可以说是一种排他的逆反意识。

其五，水族文字在形成的过程中，水族先民千方百计地向其他民族学习先进文化，力图逐步完善自己的文字。但是在多变的历史进程中，由于水族先民处于弱势地位而导致被追赶、迫害，文字成果惨遭损毁。

在中国少数民族的传说中，关于历史冲突的灾难故事，往往都用隐晦、含蓄、借喻等方式去表达。关于水书来历的三则传说亦是如此。

第五节　牙巫与女娲：水族最高女神的英灵犹存

水族是活态祭祀创世女神牙巫（牙娲）水语称 ja^{4} vu^{2} 或 ja^{4} va^{1} 和文化大神殷公（恩公）水语称 qoŋ^{5} ɣəŋ^{3} 的民族，这在中国少数民族中是绝无仅有的。汉族是否还有人活态祭祀牙巫（牙娲）、殷公（恩公），我们不得而知。水族至今还在祭祀牙巫和殷公，并为殷公竖立雕像，或许这在全国属于特例。

《左传》载："神不歆非类，民不祀非族。"意思是弄不清祖宗源头，祖先神灵不会享用祭礼，广大民众也拒绝供奉不是本族的祖先。先秦佚名的《国语》载："非是族也，不在祀典。"由此可知，不是我族群的神类，老百姓是不会去祭祀的。那么到底水族最高女神牙巫今何在？

水族自称"睢（sui^3）"，因发祥于睢水流域而得名，故民间有"饮睢水，成睢人"之说。河南商丘地区属睢水流域，有秦代建县的睢县，有享誉世界的古文字之都殷墟。

2017 年"全国首届睢文化研讨会"在睢县召开。笔者与韦宗林教授、蒙耀远教授、潘小慧博士等应邀参会，并到孔子受厄的承匡古镇参观娲皇公园和娲皇庙。

中国社会科学院和中国殷商文化学会专门在睢县成立"中国殷商文化学会·睢水·水族文化研究工作委员会"。2018 年 12 月 22 日，举行揭牌仪式。匾牌由 80 多岁的中国社科院名誉院士、甲骨文研究大家王宇信教授题写，并参加揭牌及研究馆奠基仪式。王宇信教授亲自叮嘱笔者与韦宗林要深入研究水族文化和水书文化，并将其研究甲骨文的巨著赠予我们。

据《睢州志》载：在城南二十里有巢亭。这说明上古时期的"有巢氏"就是在这里开始教人搭棚建屋的。1992 年，睢县被河南省人民政府列为省级历史文化名城。

水族最高女神是牙巫（牙娲），或译为牙福、牙吴婆等。牙是年长女性的称谓，巫（娲）是其名，牙巫（牙娲）神力最大，神通最广，能开天辟地、造日月星辰、造万事万物，在水族古歌及神话传说中是至高无上的创世大神，母系社会最高神的缩影，值得对其进行对比探索研究。

水族的最高女神是牙巫（牙娲）。《水族文学史》载：女神牙娲功劳盖天地，开天辟地、造日月星辰、造人造万事万物，无所不能。笔者参加编著《水族文学史》，主要负责远古文学部分，正好关注牙巫（牙娲）文化。汉语女娲，仅仅表明名为"娲"者是女性神灵。水语牙娲称谓的内涵要比女娲要丰富得多。"牙"是女性，而且是女性长者。因此，水族的牙娲能开天辟地、造日月星辰、创造人类，是万事万物的最高神，被尊崇为水族人民的始祖母。

在中国农耕民族的神话中，可以分为南北两大系列：女娲属于北方系神话；盘古属于南方系神话。居于南方的水族却崇奉北方系的女娲神话传说，这足以证明水族与中原文化的渊源，也是“神不歆非类，民不祀非族”传统的体现。

睢水流域是水族先民发祥地，河南睢县还保留着女娲的文化遗迹，有娲皇公园、娲皇庙和女娲纪念碑等。

2016 年 10 月，在“水书习俗与殷商文化国际学术研讨会”上，睢县徐永峰、徐泽源和徐天赐提交论文《嫘祖故里在睢县》，其中记载：位于今河南省睢县西南部约 13 千米的承匡城，是人类始母、华夏民族的精神偶像女娲的诞生地。当太昊伏羲氏驾崩之后，他的妻子女娲被拥立即位，并尊为娲皇。她将都城从宛丘（今周口市淮阳县）迁至伏羲的诞生地“中皇之山”。笔者根据相关史料记载，并通过实地调查、考证认为：今睢县潮庄境内的中岗村即是上古时期的中皇之山。所以，睢县自古就是中天而立，为华夏文明之根源。

汉代，女娲被推为“三皇”之一，且在传说中，女娲时代要先于“五帝”。

2017 年水族代表在河南省睢县承匡镇“娲皇公园”拜谒“女娲诞生地碑”

在北方，女娲的神话传说的流传范围西起于陕西，东至山东，北达山西、河北，南至湖北。这正好与黄河中下游的仰韶文化的分布区域重叠，也与水族先民骆人族群的活动范围吻合。伏羲、女娲本为兄妹，后来成婚繁衍了人类，被奉为中原人的始祖神。至今中原地区还流传有“龟鉴”“抛石”“烧烟”等许多关于伏羲、女娲的神话故事。

《三都水族自治县概况》载：“水族发祥于中原睢水流域及豕韦一带。殷商灭亡后流徙南迁……融入南方古代‘百越’族群中。”至今，在水族古歌、神话传说中，牙巫（牙娲）是最突出的女神，《水族文学史》有专门章节予以评述。牙巫（牙娲）又作为生育神活跃在水族民间祭祀中，现在都匀市水族地区还有在女主人房门后面祭祀牙巫（牙娲）的习俗。

水族造天地的神话和古歌，主要内容有四：一是牙巫（牙娲）造天造地，二是牙巫（牙娲）打柱撑天，三是牙巫（牙娲）造日月星辰和射日月，四是恩公（殷公）踩拓凡间。作品中的牙巫（牙娲）和恩公（殷公）是被神化了的人物形象。

牙巫（牙娲）最大的功劳是造天造地、打柱撑天、造日月星辰和射日月。牙巫（牙娲）是水族远古神话中的权威女仙，本领最大，威信最高，不论在神话故事中还是在古歌中，其占的分量都是极重的。在人类起源之前，天地是什么形状？水族先民是不知道的，他们只能对现实世界的一些表象做简单的观测。夜幕降临之后，天地黑茫茫连成一片，雷雨突然出现，瞬间又雨过天晴，大地迎来一片光明。这些变化，对水族先民来说是一个个难解之谜。因此，他们认为天地是由神来主宰的，而这个神却又像母系社会中统领一切并享有绝对权威的女性，既是大自然的缔造者，又是主宰者。

水族的创世古歌，对造天造地的情景的描绘基本上是一致的，流传于三都、荔波、独山、榕江、雷山等县以及桂北一带的水族古歌，都以下面的句子作为开端。

初造人，上下黑乎，
初造人，盖上连下，

初造人，黑咕隆咚，
天连地，不分昼夜，
地靠天，连成一片。

——《开天地造人烟》

关于造天造地的水族古歌，虽然有的在前两句提到了造泥土生岩石，但是紧接着就是天地相连，黑茫茫一片的描写。

初造人，最初成泥土。
初开天，当初生岩石。
造泥土，来垫脚下。
造岩石，垫砌天脚。
初造人，天地相连，盖上连下。
初造人，黑乎极了。

——《造天造地》

古歌《旭济》是水族创世纪的叙事史诗，在叙述造天造地时，常用“初造人”这样的句式起头。同样，在比较短小的“调”歌中，咏唱造天造地时，往往用“初开天”这样的句式来起歌。在叙述了天地开辟前的“黑咕隆咚”“不分昼夜”之后，就提出了是谁掰开了相连的天地的问题。

哪个来，把天掰开？
哪个来，撑天才得？
牙巫来，把天掰开，
牙巫来，把天撑住。
她一拉，分成两半，
左成天，右边成地。

——《开天地造人烟》

在开天造地的神话中，像牙巫这样凭两只手掰开相连的天地，是独具一格的。神话《牙巫造天地》在描述牙巫用尽全身的力气掰开天地时，还朝中间猛吹了一口气。于是，奇迹出现了，天地在巨响声中裂开，左边的一半成了天，右边的一半成了地。开天辟地之后，天还在倾斜着，容易倒塌，牙巫就急忙去铸造铁柱和铜柱来撑天。

造铁柱，撑住两边，
炼铜柱，衬天肚囊。
撑头次，高七万丈。
撑二次，天际高耸。

——《开天地造人烟》

水族开天造地的神话较为特殊，它与汉族“盘古开天地”的神话大不一样。盘古站在天地之间用斧凿开天地，而牙巫却是站在浩渺的宇宙间，两手抓住黑乎乎的一团混沌掰成天地。两者的相似之处是清气上升浮为天，浊气下降沉为地的情节。

牙巫铸造铜柱、铁柱撑天的情节和汉族女娲炼五色石补天，断鳌足立四级的传说，也有相似之处。牙巫和女娲都是女性的英雄形象，都为撑开天做出了贡献。所不同的是牙巫是用双手掰开天地，铸铁柱、铜柱去撑天，而汉族女娲却是炼五色石补天，断鳌足去撑天。

在水族创世古歌中，关于牙巫的内容最多。水族歌谣分为单歌与双歌，现节选一则古代单歌的前一部分如下。

（一）
初造人，天连着地，地连着天，
天连地，黑咕隆咚，
地连天，昼也像夜。
子年里，伢巫开天。

她开天，抓住两块。
猛一掰，天地分开。
手一擎，举天向上，
脚一踢，去七万丈。
她会算，她又会想：
拿铜棍，撑住天肚；
拿铁棍，支住地心，
用螯骨，撑天四边，支地四角。
螯骨撑，天稳笃笃，地稳笃笃。
如岩山，千年不崩，万年不落。
初开天，混混沌沌。
牙巫婆，真有本领。
混沌气，她放风吹，
风一吹，分开清浊。
那浊气，下沉变土；
那清气，上浮巴天。
整个天，成为一色。
青幽幽，一派蓝靛。

（二）

天无光，地也不亮。
牙巫婆，会算会想；
取清气，来造太阳，来造月亮。
造头个，天边微亮；
造三个，亮十个省；
造五个，亮十一国；
造七个，通天下亮；
造九个，热烫肚皮；

造十个，烫得难当。
日月大，各有十个。
星星小，真是太多。
牙巫婆，懒得造了，
手一撒，满天瑞罗。

（三）
日和月，各有五双。
热烈烈，泥化成糊；
烫乎乎，岩溶成浆。
鱼口渴，鱼哭告仙；
虾肚枯，虾哭告王。
哭告仙，仙送铜箭，
哭告王，王射日月。
射头个，天下还热；
射五个，天下还烫。
王再射，射去九个，
留第十，送给地方。
从此后，太阳月亮，只有一双。
明朗朗，温暖不烫。
那太阳，是个母的。
母太阳，不准看望。
那月亮，是个公的；
公月亮，随我们望。
日和月，轮流歇气：
六时昼，月亮抱崽；
六时夜，太阳抱孙。
月多亮，月才一个。

星少亮，星星很多。
姊妹星，佩珠戴宝；
扫把星，打着灯笼。
满天星，陪伴月亮。

（四）
天齐备，地上荒凉。
牙巫婆，来造地上。

牙巫（牙娲）很能干、很繁忙，办理完天上的大事，接着又来办地上的诸多大事。

彭永忠发现交尾龙的水书钱币时惊呼："中国的水书，世界的水书！将水书交尾龙图案用在古钱币上的做法绝无仅有。大蛇与伏羲、女娲传说相似。太神奇，太震撼！"水书抄本中也有交尾龙的图案。以伏羲、女娲交尾龙图案制作古钱币是绝无仅有的，在 18 个中国少数民族的传统文字抄本中也只有水书抄本出现，真的很神奇。

水族牙娲与河南商丘睢县的女娲和嫘祖神气贯通。《国语》载："非是族也，不在祀典。"水族先民及后裔，恪守这条规矩。虽然孔夫子名声大噪，但是，水族不祀。

睢县流传的文化在许多方面与水族的文化是契合的，譬如睢县早年的刺绣、古老的天文台、糟鱼、凤凰崇拜等。尤其是睢县的凤凰崇拜与三都县的凤凰景点有许多相似之处。

第六节 殷公与殷商：水族活态祭祀的文化大神

殷公，水语称为公殷（qoŋ^{5} ɣəŋ^{3}），在水族的古歌及神话传说中，殷公以第一位男神的身份出现。过去，民间文学中还有意识地避开“殷”字，隐去了殷公的提法，改用恩公。现在，该是回归历史本源的时候了。

殷公应该是水族先民对包括“契”在内的商王等男性祖先神的崇拜。《史记》记述殷商始祖契：“殷契，母曰简狄，有娀氏之女，为帝喾次妃。三人行浴，见玄鸟堕其卵，简狄取吞之，因孕生契。”契长大以后，正赶上大禹在治理洪水，就去帮助大禹。在治水的过程中，立了很大的功。洪水平息以后，当时的天子帝舜委任契做司徒官，管理土地和教化民众，又把商这个地方分封给他，赐他姓“子”。于是“商”也就成了部族的名字，这个部族是契的后代，契则是商族的第一个首领。后来商汤建立商朝，最早的国都在亳（今河南商丘）。自盘庚迁都殷后，商族才定居下来，政局稳定，诸侯来朝，商朝遂强盛起来。

2017 年三洞端节举行祭祀殷公大典

殷公是水族社会继牙巫之后出现的第一位男性神话人物，他是一位踩拓凡间的英雄，在水族古歌中他的故事被称为《拱恩点恒》，意为殷公踩拓凡间。牙巫造天地之后，大地仍是荒漠，殷公为了使凡间有山川河流和湖海田畴，便拄着拐杖用巨大的双脚逐一踩拓凡间，为人类造福。该故事情节契合自“牙娲”时期的迁徙之后，水族先民随契治水，留居“睢水”流域，开始进行农耕生产，最后又辗转南迁的漫长经历。

水族数典不忘祖，牢记殷公恩德，在神话古歌和祝词中一直传颂着殷公的事迹。同时恪守这样的原则：“神不歆非类，民不祀非族。”“非是族也，不在祀典。”正是这样的观念支撑着水家人传承殷公文化。

殷公踩拓凡间的神话，在水族地区广为流传。水族人民称殷公踩拓凡间为《拱恩点恒》。在水语中，“拱恩”即殷公，“点”为踩踏拓开，“恒”为凡间或地方。在《旭济》的创造歌里，殷公踩拓凡间占有重要位置。

反映恩公（殷公）踩拓凡间的古歌《恩公开辟地方》要比神话《拱恩点恒》更详细、具体，但从中也可以看出，后世加工丰富的成分比较大。在古歌《开天地造人烟》中，对恩公（殷公）踩拓凡间的描绘则比较古朴。

古恩公，开辟天下，
不用锄，只用脚掌。
头一脚，踩得很猛，
脚力重，地面下降。
山坡少，平地无边，
四周开成田，
中间让水淌。

——《恩公开辟地方》

恩公（殷公）凭着自己魁伟的身躯和超人的力量，把大地踩拓成海洋、田地、山川和河流。后来，恩公（殷公）虽然脚踩累了，脚步放慢了，但依然不辞辛劳地踩着。

恩公累，拄着拐杖，
脚杆软，气力不旺。

脚步稀，平坝就少，
踩少了，多出山岗。
古恩公，追地辛苦，
古恩公，恩德无疆。

——《开天地造人烟》

恩公（殷公）和凡人一样，也会感到辛苦。他虽然在后一阶段造的平地少，山坡多，但人们依旧怀念和感激这位英雄的拓荒者。

神话《拱恩点恒》不仅对拱恩（殷公）踩拓的地方进行了详细描述，还对他踩拓凡间的过程做了生动的描述。

刚开辟的大地，光秃秃的，是一片荒漠，动植物不能生长。拱恩来到大地上，随身只带来一根拐杖。他先到南边，用他巨大的脚掌来回踩踏。大地承受不了他的脚力，就慢慢地陷下去，这就是后来的海洋。由于拱恩把自己弄得大汗淋漓，淌下来的汗水就变成了咸涩的海水。接着，拱恩又到边上去踩，因为脚力没有当初那么大，加上脚踏之后，又用脚板轻轻来回抹了几下，于是，这一带就成了宽阔的平坝。后来，拱恩看到凡间未开拓的地方还很宽，时间也不早了，就东一脚西一脚地踩了起来，这些地方平坝连不成片，便产生了山岭相隔的坝子。至于拱恩踩不到的地方，就成了横亘千里的山脉，从他脚趾间冒出来的泥巴成了山峦和小坡。最后拱恩把粘在脚上的泥巴抬腿一甩，泥团四下飞溅，有的搭在原来的山峰上，于是就出现了刺破青天的高峰。当拱恩临返天上之时，回头一看，大地还缺少河流。他用拐杖一画，大地出现了一条条河流。这时，被埋在地下吐水的地龙不服气，就翻身拱背，瞬间山坡崩塌。拱恩一气之下，用拐杖狠狠地在龙身上戳了许多洞眼，从此人间就有了汩汩流淌的清泉。

殷公踩拓凡间的神话，是水族神话中颇具特色的作品，是水族先民对征服自然的颂歌。这种浪漫的神话，对激励水族人民认识自然和改造自然起到积极的推动作用。

仙婆牙巫是神话中本领最大、威望最高的女仙，仙公殷公是在牙巫造天地之后才出来用脚踩拓凡间的英雄。牙巫的出现不仅要比殷公早，而且又享有极高的威望。由此不难看出，牙巫产生的时代，当在母性享有绝对权威的母系社会。而殷公的出现，应是母系社会逐步崩溃，逐步被父系社会所取代的历史时期。在母系社会里，女性除了生育繁衍后代之外，还握有组织领导生产与生活的权利，威望是极高的。因此，在塑造创造天地、日月星辰的神灵的形象时，现实生活中的女性就是其原形。殷公踩拓凡间，仅仅凭一根拐杖和宽大的脚掌去创造，虽然这只是描写殷公的一种艺术手法，却也较为真实地反映了当时水族社会生产力水平极低。

牙巫造天地、日月星辰及万事万物和殷公踩拓凡间的神话，在水族文学史上占有十分重要的位置。这种神话格调高昂、情感健康、形象生动的神话，为水族文学创作奠定了良好的基础。

殷公踩拓凡间的古歌，尽管没有牙巫在水族古歌中出现的次数多，但也有篇幅较长的。下面摘录几段供大家赏析。

《恩公开辟地方》（节选）

初造人，先有恩公
恩公想，半坡开井，半岩开路。
恩公砌，水同沟流。
那王造，百廿条河。
古恩公，垒成山坡。
我们踩地方的恩公呵！

古恩公，从天上来。

下人间，开田开土。
平开田，陡作山坡。
田种粮，山栽竹林。
竹林深，野兽居住。
盖房屋，男女躲雨，天下遮露。
春天热，盖在坡上，点火照亮。
火开花，屋里亮堂，天下一样。
我们聪明的恩公呵！

古恩公，在天上。
从坡下来，来开田地。
堆岩石，围田四边。
王砌埂，稳稳笃笃，像撑天柱。
恩公造成。
不慧从恩去外国。
古时候，唯有他贤。
我们贤明的恩公呵！

古恩公，住在天上。
从坡下来，踩平地方。
踩羊瓮，羊瓮成坝。
踩羊邦，成好地方。
踩坝街，踏到杭博。
十六水，算你最贤。
我们贤明的恩公呵！

恩在天，从坡下来。
恩公来，踩平地方。

踩俄普，踩到九阡。

水族地区有很多巨大奇石，有不少是以殷公命名的。榕江县三江水族乡故衣村河沟中有一巨石，名为殷公石。三都县都江镇岔河口山梁上也有殷公巨石，可见殷公在水族地区影响之深远。

三都县城北苗龙的殷公雕像

第三章　神秘水书

第一节　水书的祖师爷：六铎公与河图洛书之谜

传说水书的创造者是六夺公，也译为陆铎公，按照水语 qoŋ^5 ljok^8 to^2 的语序对称，也译为公六铎、公陆铎、公六一等。公或拱（qoŋ^5）是男性老辈的尊称。六铎、六夺、陆铎、六一（ljok^8 to^2）是人名音译，语义为六一、六十一。根据《六铎求学》的故事，也有多种理解：六个人只侥幸剩下他一人；六个人当中他的成绩名列第一；有的说六铎公是六十一岁得道传播水书。反正都跟数字“一”和“六”有关。

中国社会科学院张政烺先生研究认为，水族“公六夺”即“六一公”，与河图洛书的“六一共宗”有关。在水语中，“陆或六”即“六”，“夺或铎”即“一”；六铎、六夺、陆铎即“六一”，语义完全对应吻合。水族人为什么对水书情有独钟呢？张政烺先生率先提出这些契数是原始数字卦。他统计了这一时期的数字卦资料三十二条，共一百六十八个数字，其中出现次数最多的是“六”和“一”，共一百次。数字卦越来越集中在“六”“一”二字之下。而这正是河图“一六共宗”的记述反映。古越人的后裔水族崇拜的正神“六一公”（亦称六甲公），传说为水书的创造者。我们认为“六一公”的实质正是河图洛书的化身，源于“一六共宗”的河图洛书。故“六一公”在古越人的眼里是天地主宰神。可以肯定，水书等少数民族文字也是由河图洛书为代表的原始数字卦演变而来的，与河图洛书关系密切。[1]又根据《中国民族古文字图录》一书中专家推断，“类甲骨文”的水书字体创造于公元前16至11世纪的殷商时期，行文体例也与甲骨文类似。

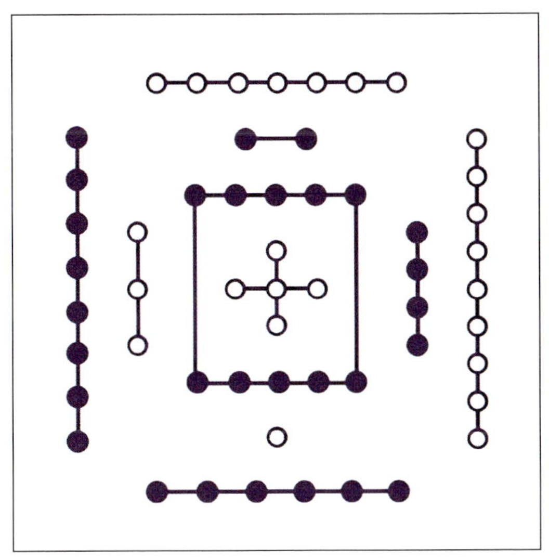

河图示意图

有意思的是：六铎公（陆铎公）之“陆”“六”，与骆越之“骆”和有洛氏的“洛”音近，只是书写不一。水族“公六夺（qoŋ⁵ ljok⁸ to²）”的文化现象，与壮侗语族的文化有联系。我们对应列出几个民族的文化始祖名称，就能看出端倪。

水族：公六夺（$qoŋ^5$ $ljok^8$ to^2）

布依族：保六夺（pau^5 lok^8 to^2）

壮族：布洛陀（pu^1 lok^8 to^2）

仫佬族：布洛夺（pu^1 lok^8 to^2）

瑶族：米洛陀（mi^4 lok^8 to^2）

可见六、陆、洛和骆是异字记录同音。在水、壮、布依、仫佬、瑶等民

① 张彦夫：《红岩古迹研究综述》，《贵州文史丛刊》1997年第4期。

族的信仰文化中，唯独六铎、六夺、洛夺、洛陀文化的根基最深、影响最大、统摄面最广。六铎、六夺、洛夺、洛陀是古代先进文化的代表，是壮、布依、水、瑶等民族古代文明的缔造者、传承者和实践者。因此，“洛陀”被尊崇为这几个民族的文明文化始祖、智慧先祖的化身，被崇奉为这些民族的正神、保护神，全民族的最高精神领袖。“洛陀”创制的经书成为这几个民族的精神支柱、百科全书和“易经”。

一、“洛陀”在水、壮、布依、瑶诸民族信仰中的共性

“洛陀”文化现象是值得保护、研究、开发、利用的资源与财富。“洛陀”文化现象是夏商文化的遗存与发展。

壮族——布洛陀。过去亦译为甫洛陀、报陆陀、布碌陀、布洛陀、包老铎、陆达公公。此外，还有对应女性名称如摩陆呷、姆六甲。布洛陀，系壮语音译，“布”是对德高望重的长者的尊称，“洛”为知晓、通晓、懂得之意，“陀”指全面、普遍之意。布洛陀意译为无所不知的智慧长者、全能的智慧老人。布洛陀是壮族公认的文化始祖，是全民族的智慧文化神。作为壮族民间信仰宗教的《布洛陀经诗》，就是赞美、歌颂布洛陀创造天地万物、规范人间伦理道德功绩，启迪人们祈祷还愿消灾、驱邪纳吉的巨著。[①]

布依族——报陆陀。此外，还有对应的称呼如摩陆呷或姆洛呷。有的认为二者就是一个人，有的认为后者是前者的徒弟，反正二者是同时代的人。[②] 报陆陀，系布依语音译，“报”即通晓、知道，“陀”即全部、权威、第一之意。报陆陀意译为样样都通晓的公公、超常智慧的长者。布依族《摩经》的性质与壮族的《布洛陀经诗》相似。

在壮语、布依语中，布的含义主要有两种：一是对男性长者的称谓，有父亲的含义；二是指“人”，专指人类某个群体属性，如“布哈——汉人”，“布

① 张声震：《布洛陀经诗译注》序一，广西人民出版社，1991，第 3 页。
② 周国茂：《摩教与摩文化》，贵州人民出版社，1995，第 11 页。

育——苗族”。壮族和布依族民族之间的亲缘关系世人皆知，不乏父子隔着河流分居而各是一个民族的现象。布依族的《摩经》与壮族的《布洛陀经诗》有着内在的、天然的、本质的联系。

水族——公六铎，系水语的音译。因没有与音义完全对应的汉字，因此出现多种音译名称：公六夺、公陆铎、公略夺、公洛夺、公陆夺、拱六夺、拱陆夺、拱六夺、公六舵等；也出现多种意译名如六夺公、陆铎公、六铎公、陆夺公、略夺公等。“公”即是对年长男性的尊称，“六”即六，“夺”即一、首位、第一之意。公六铎是创制水族古文字、编著水族原始宗教典籍的最权威者，是水族先民先进文化、先进生产力的典型代表，被水族拥戴为全民族的正神、全民族的保护神。

瑶族——果洛陀或咪洛陀，系瑶语的音译。瑶族对“洛陀”的称谓有地域差异。贵州荔波、广西金城江一带的瑶族同胞有果洛陀的信仰，“果”即公公，“洛陀”是其名，是男性创世祖先神的化身。广西都安一带瑶族同胞有咪洛陀的信仰，“咪”即年长女性，“洛陀”是其名，是女性创世祖先神的化身。

从构词方式、读音、语意和神性上来看，除了部分瑶族同胞有女性创始神咪洛陀的信仰差异之外，水、壮、布依、瑶等四个民族的文化现象极为相似：布、报、公、果，都是对男性长者的尊称，通常作为冠首语表示尊敬；洛陀、陆陀、六夺等为其名，且读音相似；从语义来看，都有最高智慧长者、全能的智慧老人 、无所不知的文化创始人之意。四个民族都把其尊崇为本民族的大神、正神、保护神，本民族原始宗教信仰的偶像。

二、“洛陀”在壮、布依、水、瑶诸民族信仰中的个性

壮、布依、水、瑶诸民族在“洛陀”文化信仰中固然存在共性，但又因为民族的差异而显示出其个性，呈现出文化的多样性、丰富性。就从“洛陀”的起源来看，水族与布依族、壮族便有一些差异。

水族的公六夺不是创世的神仙，还入不了水家的创世神谱。因为水族第一位神仙是牙娲，她开天辟地，创造人类和万事万物，本领最大，地位最高，是

母系社会文化的孑遗。水族的第二位神仙是男神殷公。他只是在牙娲开天辟地之后，拄着拐杖，用脚掌踩拓天下而已，没有其他功劳。公六夺有父母生养，是个普通的凡人，几乎是以纯文化人的身份进入水家社会的。他和五位同伴去仙山的燕子洞、蝙蝠洞学习创制水族古文字，编著水族原始宗教典籍，有的还传说他教人们创造工具和使用工具，是开创水族文明史的功勋卓著的领头人，有家族文化传承的特征。水族公六夺身世的演变历程是：由凡人变为圣人，再由圣人变为全民族的保护神。①

布依族和壮族的报洛陀、布洛陀是列入本民族创世神谱的大神、正神。在布依族和苗族的神话中，女性的姆六陀（姆六甲）是第一代始祖神，布洛陀则是第二代祖神。他从河流冲击山脉形成的石洞中走出来，神话色彩十分浓重。只是到了创世史诗中，布洛陀的神性得到增强，地位大大提高，甚至有超过姆六陀（姆六甲）的势头，这是父系文化占了上风的反映。布洛陀与天地同生、精通百事、化解万物、专为人类造福，而被人们拥戴为正神、大神，是智慧的化身。

在神祇方面，布依族和壮族除了有布洛陀和报洛陀之外，往往还对应出现了么洛甲（姆六甲）。有时将两者连用，似乎是指代同一个人（神）。而水族的公六夺是系列鬼神的总称，其所包含的鬼神有公六夺、哦六甲、公六莽、牙所洛、公三辛、牙三乙、公甲子、牙甲午等，显得十分庞杂。

从“洛陀”经书来看，水族与布依族、壮族也有一些差异。布依族和壮族的摩经，是属于民族创世史诗兼宗教经典的巨著。水族的水书则属于应用型的民间择吉典籍，用于水族人在社会生产生活中择吉、纳福、驱鬼、除邪等方面，其内容包括天文历法、丧葬、婚姻、营造、祭祖、出行、征战、生产、生育、占卜、招魂、解鬼、驱鬼、防鬼、放鬼等。

从“洛陀”典籍抄录使用的文字来看，水族与布依族、壮族也有一些差异。

① 参见潘朝霖、韦宗林：《中国水族文化研究》，贵州人民出版社，2004，第460页。

第一种是方块壮字、方块布依字，习惯称之为土俗方块字。其中一部分是直接运用汉字，另一部分是根据本民族的语音、语义对汉字进行增删改造而产生的新字。《古壮字字典》[①]收录壮字 10700 个字，通用字约有 5000 个。对于熟悉掌握这些壮字的民间摩师来说，能基本满足他们社会交往、思想交流记录的需要。因此，壮族、布依族的摩师能把世代传承的摩经比较完整地记录下来。这是一笔全面译著与研究摩经文化的无比珍贵的历史文化遗产。

第二种是水书。水族的水书有 2000 多个单字，其中异体字占一部分，有部分文字类似于甲骨文，有部分文字类似于汉字的反写、倒写，有部分是象形文字，还有一部分是段落式的图画文字。由于文字少，难以满足社会交往、思想交流记录的需要。所以，水书中有很大部分的内容靠口传心授，变异也比较大。岑家梧等学者认为“水书与甲骨文有姻缘关系”且“水书创制的时代十分古远”。王品魁先生认为水书的起源与河图洛书有关。也有专家认为水书是活着的象形文字，水书源头可溯至夏代。总之，水书与中原古文化有关。

瑶族——果洛陀或咪洛陀，目前还没有发现有文字记载的古籍传世，但是瑶族有丰富的口头与非物质遗产信仰文化传世。

在使用经书的群体，水、壮、布依三个民族都是农民，或民间半职业化的农民，或兼职的务农成员。这些经书都是由民间艺人手抄，再口口相传，极少有刻印的版本。壮、布依、水、瑶等民族的民间艺人，都把这些手抄经书或口传唱词奉为本民族的宗教集成经典，当作其精神支柱，非常神圣。

三、“洛陀”文化是中原古文化的遗存

“洛陀”文化是中原古文化的遗存，加大对“洛陀”文化的研究力度，与铸牢中华民族共同体意识的教育正好吻合。

商务印书馆出版的《汉语水语关系论》中《敬请六铎公》祝词记载：“第

① 广西壮族自治区少数民族古籍整理出版规划领导小组：《古壮字字典》，广西民族出版社，1989。

一元甲子六铎公在中原地区生活时间很长，第二元甲子，才去广东教书……去广西做占卜。”

壮族学者黄懿陆在其巨著《中华布洛陀神史》的第107页中提道：“甲骨文和金文当中的姆六甲、布洛陀，是一对阴阳神祇。”

“骆越乃百越的一支，历来认为乃广西土著民族；其实不然，它起初是由两个不同的民族结合而成，即骆人自黄河南迁到江南后，与早已先由黄河南迁到江南的越人群团中的一支结合，逐渐形成为骆越。骆人系出黄帝之后的任姓，越人则为夏禹之后。夏禹亦为黄帝之裔，故骆、越两族追本溯源乃系亲族，其亲密的结合是有其内在因素的。”[①] 何光岳先生在《百越源流史》中的论述，有助于我们了解“洛陀”文化的起源。

黄帝兴于陕西岐山县之姬水，岐山南面周至西南有骆谷、骆谷水，正是骆人的发源地。陕北的北骆河及河南的洛水，都是骆人东迁的地方。当骆人东迁至北洛时，便以本族之名叫这条水为洛，最早已见于商周卜辞。这时的骆人已形成部落叫有洛氏。[②]“至今广东西部及广西分布着众多的冠以六、渌、禄菉、绿、陆等地名，即雒之转音，当系骆人分布的遗迹。”[③]

“洛陀”文化与古代中原洛水有关，是中原古文化在南国的遗存、变异与发展。此外，“洛陀”文化与八卦占卜也有密切关联。水族发祥于睢水流域，自称族名为“睢”，地处殷商文化圈之中。殷商亡国，遂南迁逐步融入百越族群之中。秦王朝发兵征剿岭南，水族先民又举族溯流迁徙到今黔桂交界的龙江、都柳江上游地带生息。贞观三年（629）到开元年间（713—741），唐王朝在水族地区先后设置应州、抚水州、莪州、劳州、环州。抚水州是以安抚水族先民而设立的行政建制，标志着水族以独立的民族形式出现，只不过族称以“水”代“睢”并沿袭至今。[④]

---

① 何光岳：《百越源流史》，江西教育出版社，1989，第95页。
② 何光岳：《百越源流史》，江西教育出版社，1989，第95页。
③ 何光岳：《百越源流史》，江西教育出版社，1989，第103页。
④ 参见潘朝霖、韦宗林：《中国水族文化研究》，贵州人民出版社，2004，第19页。

“河出图，洛出书。”学界普遍认为河图洛书是中华神秘信仰文化的重要源头。岑家梧等认为“水书与甲骨文有姻缘关系”且“水书创制的时代十分古远”。还有的专家认为水书是活着的象形文字，水书源头可溯至夏代，是殷商文化的遗存，与中原古文化有关。由此可见，“洛陀”文化现象当与河图洛书有关联。

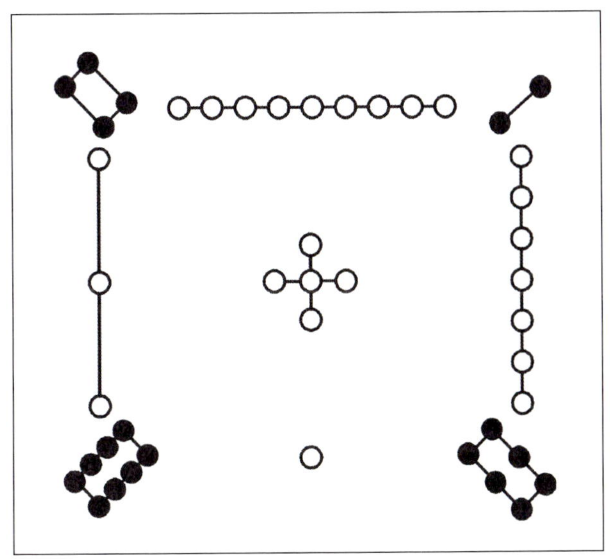

洛书图

水、壮、布依等民族的“洛陀”文化现象，与河图洛书有关联。先民们生活在毗邻的地域，有着相似的经济基础，形成相近的语言，因而产生了相类似的文化特征。“洛陀”文化现象与骆越有关联。由于各民族所处的地域以及文化的起源有些差异，因而又出现“洛陀”文化的差异现象，从而彰显了各自民族文化的个性。

水、壮、布依等民族的共性文化现象还远不止这些，“洛陀”文化现象也只不过刚触及其表象。但是，“洛陀”文化现象，为探索世界性宗教的初步形成阶段提供了珍贵的资料和现实的例证。“洛陀”文化现象，是值得保护、研究、开发、利用的资源与财富。

四、六铎公是水族的正神、大神、保护神

水族对待家庭祖宗神灵，鉴别其保护能力的强弱，是以其距离活人的年代的远近来决定的。年代越近的前辈亡灵，保护能力越强；年代越远的前辈亡灵，保护能力越弱。对于那些数不清、道不明的“公告杠，牙典多”的远古先人，即成为信仰的累赘，它们逐步失去了保护能力，有的还变成恶鬼、厉鬼助纣为虐。为此，已经没有保护能力的远古祖灵，不能进入厅堂在神龛位置接受祭祀供奉，人们把它们拒之门外，在屋檐下或楼梯脚设一个简单便席草草祭祀。汉族为防止“七月半鬼乱窜”，在室外撒水饭、零散食，烧香和纸，好事者用小瓜或橙子将燃香插成爆炸型香球祭祀孤魂野鬼。有的地方也仿效此方法祭祀，故有“哄鬼”之说。

但是，对于年代最为久远的六铎公，家家户户将其神灵作为永远的大神、正神、保护神，凡是与生产生活息息相关的大事，都要迎请六铎公神灵来消灾除邪、赐福施恩，其吉利性质不为年限的久远所制约。这在水族神灵崇拜、祖灵崇拜中属于特例。

水族地区对六铎公的崇敬，实际就是对民族文化珍宝水书的重视与珍惜。

清代著名思想家、诗人、文学家龚自珍，在《古史钩沉二》中深度剖析支撑一个国家、一个民族生存发展的历史文化是何等重要：“灭人之国，必先去其史；隳人之枋，败人之纲纪，必先去其史；绝人之才，湮塞人之教，必先去其史；夷人之祖宗，必先去其史。”用现代汉语理解上述内容就是：要灭亡其他国家，必定要先篡改除去他们记载过去事实的历史；毁坏颠覆别国的政权，破坏其他国家的法度，必定要先篡改除去他们记载过去事实的历史；断绝别人国家的贤能人才，堵塞改变其他国家的思想文化教育途径，必定要先篡改除去他们记载过去事实的历史；污蔑诛伐其他国家民族的祖宗，必定要先篡改除去他们记载过去事实的历史。由此观之，水族崇奉的六铎公和推崇的水书，是水族在艰难的历史长河中生存发展的精神支柱。

第二节　水书硬件与软件：有机组合方能有效运用

水书为何分“硬件”和“软件”？这还得从水书申报首批国家级非物质文化遗产说起。

2005 年 8 月中旬，时任三都县文化局局长的韦家永到贵州民族学院找到我说：“请你为家乡三都县做一件大事，三都县准备将水书、端节、马尾绣、卯节 4 个项目申报国家级非遗项目。本来省里通知下达州里有 2 个多月时间，但是前两天县里才收到通知，9 月 1 日就要提交申报书及影视附件到省文化厅。现在只有十几天的时间了，我知道你能做好。请你一定要帮忙。三都县人民政府会专门给你发聘书，全权委托你办理申遗的事宜。”

2005 年 8 月 19 日，笔者从贵阳市赶到三都县，并邀请黔南州电视台工作人员同期到达，拍摄影像素材资料，制作影像，解决申报附件难题。20 日，笔者带队到中和镇姑引村拍摄马尾绣资料，21 日到都江镇羊瓮村杨胜昭家拍摄水书资料，22 日去三洞乡水根村拍摄端节素材，23 日去九阡镇水各村拍摄卯节素材。其间，并向黔南州参与此处拍摄的电视台工作人员说明 8 分钟影视附件的剪辑要求：这是叙事程序实录资料说明片，千万不能剪辑成新闻片。之后，笔者便赶紧回贵阳写申报材料及影视解说词，幸好有学生吴兴泉的帮忙，较顺利地完成文本撰写工作。三四天之后，笔者带着影视解说词到黔南州电视台，连夜审片调整与配音，次日凌晨 4 点打车赶回贵阳继续文案撰写事宜。正忙得团团转，县里来电话说要组织专家审稿。笔者大为恼火地回复：“省里给了将近 3 个月的时间，我 4 个项目才有 10 天时间，你们看着办吧。我知道专家需要什么，你们让我安心制作文本吧。我不会出卖三都，出卖水族。”

2005 年 8 月 31 日，三都县人民政府办公室韦正中主任带公章到笔者的住处给 4 套申报文本盖章。9 月 1 日，4 项申报书交至贵州省文化厅。

水书竹签古抄本及盛书的竹篾（潘朝霖藏）

当年黔南州申报国家级非遗项目共16项，获批4项，其中有水族端节、“水书习俗”、水族马尾绣3项。水族的卯节没有获批国家级非遗名录，只获得省级非遗名录，这是最大遗憾。其中，三都县人民政府在“水书习俗”项目申报工作中做了巨大的努力。

2005年9月中旬，贵州省文化厅组织专家组对全省非遗申报项目进行评审。专家组对水书项目论证的意见如下。

水书有独特的文字符号体系；水书是水族民间知识综合记录的反映，涉及天文历法、原始信仰、伦理道德等诸多方面的内容；水书具有实用的操作性，广泛运用于民间婚丧嫁娶、生产生活趋吉避凶等诸多方面，对水族社会影响深远。水书奇特的文字符号和记忆内容的丰富性，以及民间传承的神秘性，反映了水族文化创造力的杰出价值及特殊价值。这有助于我们加深对水书文化的理解。水书是由水族先祖所创制，独具一格并存活至今，有着巨大社会功能的雏形文字和用之编撰而成的大量巫术书籍之总称。因其字少，仅数百，难于表现水族社会种种事象，故不能单独运用。如在占卜事象吉凶时，须由有师承关系的巫师（俗称水书先生）据水书所载相关条目做出具体的判断、诠释。

后来，国家级非遗项目在北京进行评审。民俗类评审组的一位专家给我打来电话："潘老师，我们看资料，知道水族水书申报文本是你制作的。水书征集了万余卷本，是物质的，为什么还要申报为国家级非物质文化遗产保护？"言下之意，水书抄本是"硬件"，应直接在古籍图书类申报，为什么偏偏要从民俗类申报非遗。为此，笔者将水书的特殊性，以电脑的"硬件"和"软件"为例，借这两大板块结构形式打比方，回复北京专家组的询问。听了笔者的回复之后，专家说："你用现代电脑的'硬件'和'软件'两大板块结构形式，形象地比喻水书结构特点，说明二者有机结合方能有效实践运用，而且'软件'的比重大大地超出'硬件'，让我们明白了水书的特性。那么，我们打算将项目名称命名为'水书习俗'。你看如何？"笔者马上回复道："太好了，十分符合水书传承的客观实际。谢谢你们啦！"

水书项目最初以三都县名义申报，并通过贵州省文化厅组织的专家评审。后来考虑到流传范围广，将申报单位变更为黔南州人民政府。2006 年 6 月，"水书习俗"列入首批国家非遗保护名录。

水书"硬件"是水书有形的外在形式，即用这种古文字著编记录的天文历法、原始信仰、民间知识杂糅的手抄本。因为水字的发展严重滞后于水语的发展，和语言发展不同步，水字还停留在"文字幼儿时期"，水书手抄本只能以提要性、条纲性的文本形式出现，难以涵盖水书的全部内容。

水书"软件"是水书无形的，即水文字无法记载的、水书文本之外的、保留在水书先生头脑中靠口传心授的大量内容，以及与水书紧密相连的诸多活态的民俗事象。

水书先生口传心授的内容大多反映在各类祝词、咒语、口诀、前辞、卜辞、占辞、验辞、祭典要义、仪礼程序、巫术用品、掌宫推遁、历法演算、各类卜筮技巧、各类禁忌项目、黑白巫术技能、征战攻守防御方略、生产生活择吉、经验教训实例与总结、秘密内容等诸多方面，就连水书《正七卷》《亥子卷》《春寅午戌卷》《正马二子卷》《所春龙劳朗卷》《寅亥戊卷》等抄本的半数内容，也要靠水书先生口传心授。《诵读卷》的《讲书歌诀卷》《贪巨讲解卷》，以及《掌宫卷》，还有数百种祝词等，全靠水书先生口传心授。水族人认为，是否得到水书先生的真传，不是以有形的水书抄本来衡量的，而是以无形的口传心授的内容来衡量。口传心授的这部分水书内容，用以弥补因文字发展不完善而难以全面、完整、准确地记述相关事象的弊端。加上水书历来是水书先生家传的藏抄本，不仅具有秘传性，而且存在一些难以通行释读的极具个体差异的特殊字符，造成水书不能离开水书先生而单独运用。这种情况，岑家梧教授在《水书与水家来源》中指出：“‘黑书’象形描写颇多，且多系秘密记号，非经原作者解释，不易明了，且各家所书，多有不同者。”

与水书紧密相连的诸多活态的民俗事象，主要有年年岁岁运用水书历法选定端节、卯节、霞节等重大的水族节庆日期；村村寨寨烦冗的丧葬、婚嫁、起造、祭祖等的择吉及与之相关活动的开展；水书传承方式、拜师学习仪礼，诸多神秘的驱鬼避邪、保寨保家的黑白巫术行为。凡水族社会生产生活中比较重大的民俗事象与活动，无不与水书有紧密联系。正如岑家梧教授所云：此种文字，除鬼师外，普通水家人多未认识，然其应用极广，水家一举一动，均受水书限制，其于水家生活，影响颇巨。

正因为水书与水族社会发展及生产生活习俗的方方面面息息相关，培育了水书赖以生存的肥沃土壤，促成水书成为根深叶茂的民间信仰、民间知识的综合典籍。由此可见，从创制水书的那天开始，水书就依附于水族先民诸多的民俗事象。如果没有丰富多彩的水族民俗沃壤，就没有神圣信仰中浩荡的神祇队伍，也就没有神奇水字、神秘水书传世。“水书习俗”被列入首批国家级非物质文化遗产保护名录，这是中国加入世界非物质文化遗产公约之后，新的“文化”概念注入的结果。

千百年来，水书以字数不多的手抄本及水族家庭、家族为主要渠道进行传承，与水书先生的记忆释读与经验操作相结合，与水族繁多的民俗事象紧密联系，这些特殊现象是造成水书难以独立运用的原因。水书奇特的文字符号和丰富的记忆内容，以及其自身在民间传承中的神秘性，要依赖水书先生结合水书文本进行判断、诠释，这是水书被列为国家级非物质文化遗产的根本原因所在。

口传心授部分的内容能否如实地、全部地传承，往往跟水书先生的职业道德、文化底蕴、社会阅历、综合素质、个人性格、记忆理解能力等有关。水族民间俗语“真传一张嘴，假传万卷书”，就是针对水书的内在形式而言。可见，水书的真经在水书抄本之外。“水书具有实用的操作性”就是针对水书无形的内在形式而言。

“水族有水书，这在侗台语族乃至其他兄弟民族中都是十分独特的。”曾晓渝教授一语中的，对于水书这一独特的传统文化遗产，我们现在不仅仅需要保存物质文本的水书，更需要保护活态传承的水书文化生态。目前，在世界上像水书这样完整地、活态地保存下来，并应用至今的古老民族文字，已经不多了。何况，一些珍贵古版本如水书《九星生克卷》(或称《贪巨相杀卷》《贪巨讲解卷》)等，因无人能释读而失传，这就在我们的眼皮底下发生的事情。还有很多重要民俗事项的信仰祝词、仪式，随着时间的流逝和水书先生的相继辞世，也在逐渐消亡。

因此，我们要保护水书脆弱的文字体系，保护水书赖以生存发展的社会文化生态环境，保护水书传承的社会机制，保护抢救水书传承人以及他们头脑中的知识和社会实践经验，保护文化的多样性。或许，这就是水书被列入国家非物质文化遗产保护名录的根本意义所在。

第三节　水书或称反书：水书究竟何“反”之有？

凡涉及水书者，都会遇到“反书”的称谓问题。毫不隐讳地说，“反书”称谓是他称，源于汉人。在这里有必要做专题陈述。

“反书”在水书研究中，指代两方面的内容：一是通称水书典籍为反书；二是专指水文字中类汉字的字符形体出现倒写、反写的现象。有一点可以明确，被称为“反书”的水书，绝不是因为其是造反的书。

在水文字中，确实存在类汉字倒写、反写、侧写的字符，水家人认定其为水文字，汉人认定为反书。这类特殊的“反书”字体的数量在水书中并不多，充其量也就40余字。另外，有的水书先生在水书抄本的封面直书“反书”或“返书”字样，从笔者查阅的2000多册水书来看，有90余本，约占4.5%。那么“反书”的起因何在？“反书”何“反”之有？

“反书”起因主要与水文字的字形结构、文字使用功能差异有关，与水族历法差异、民族传统母性文化、民族“逆反”精神有关。

首先值得说明的是，“反书”的称谓源于汉人。岑家梧教授对“反书”起因作了准确的解释：“水书为水家鬼师所用之占卜文字，称为 la^{1} sui^{3}，译为水书，意为水家文字。汉人以其字形间或反写，又名之为反书。至于数目字，多倒写……汉人名水书为反书，即此故也。”① 刘日荣教授也持此观点。

龙虎门“反书”

在水文字中，对那些类汉字倒写、反写、侧写的字符，只有汉人认定为反书，而水家人向来就认定它是水文字。因此，一些学者把“反书”起因归结于水家人；但从《水书》反映的情况看，有相当一部分源于汉字形体或借用汉字。因此，水族人民群众又称《水书》为《反书》。陈昌槐先生等的观点，与事实相背。

① 岑家梧：《岑家梧民族研究文集》，民族出版社，1992，第108页。

其实在先秦早期，汉字反写的不少，诸侯国文字各异，只不过后世的人不清楚。“反书”是以现代的汉字字形为参照来审视、评价水文字的结果。

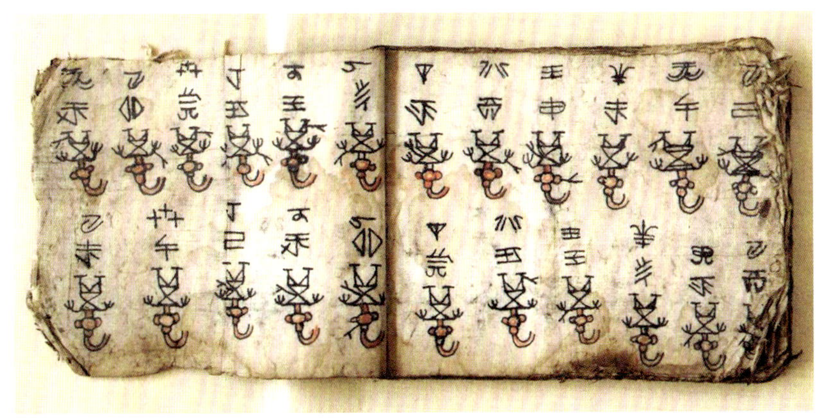

水书命理卷之一

在水文字中，“反书”字符其中一部分或许就是水文字固有的特征，另外一部分或许是水文字不便应用而借用汉字改造的字符。水族古文字，绝大多数属于表意的方块字，与甲骨文、金文形体相类似。水族古文字创制于中原，属于夏商文化圈的文字孑遗，是中原某个诸侯小国文字的遗存。当时，中原各诸侯国的文字有差异，水书中有部分“反书”字符与当今汉字的差异，或许就是水族古文字固有的特征。正因为存在这种差异，秦王朝统一中国之后，才出现“车同轨，书同文”的改革。其时，水族先民已融入百越族群之中，使水书侥幸躲过了焚书坑儒的劫难，遗存到今天，这或许是水族社会形成水书文化孤岛现象的历史原因之一。

“反书”不是出现在水书中的特有现象，在西周诸侯小国虞国和先秦时代的钱币上也曾出现过。莫友芝先生在《红崖古刻歌》中对虞国钱币问题注云：“有虞策桀马已行矣，盖虞币有桀马之名，今流传桀正，当金尚寽及虞一斤等币，颇有文字相证处。”这就是说，周文王时代的诸侯小国“虞国”，尽管在公元前 665 年被晋所灭，但是其通行名叫桀马、桀正的钱币，有标志货币重量单位“寽”。“寽”与“锊”相通，北方以二十两为锊。虞寽及“虞一斤等币”，上面铸有的文字可以印证。据刘世彬教授查阅上海书店出版丁福保编纂的《历代古钱图说》、中华书局出版丁福保编纂的《古钱大辞典》得知，在周及列国部分有许多当时流通的各种布币、刀币的拓片图像，其中有不少铸有地名、币值和干支的古文字。丁福保注：“字在面或在背，有正书、倒书、反书之分。”从拓片上的铸文的字体、笔意、写法，以“豕韦”之名来看，的确和水族的文字十分相似。可见莫友芝提出水文字“疑为先秦最简古文”，此说不谬。

在文字的使用功能上，水文字是与鬼神交往的神秘工具。因多种原因，水文字依旧停留在“惊天地，泣鬼神”的原始意识阶段。水文字服务的对象是鬼神，与《易经》和甲骨文的一些性质相似。鬼神社会与人类社会是对立的、相反的。水文字用于与鬼神交流，后期的汉字是人与人的交流工具。后人看到二者在使用功能上存在明显差别，便把水书称为“反书”。在水书典籍中，一些不是汉字，而是地道的象形水文，也有倒写、反写的现象出现。例如人形图案，在《起造卷》中正、倒、侧等形状全有，这应与汉字毫无关系了。可是这类水文字字符在水书典籍中出现还不少。

在水书典籍中，凡涉及历法的月份，都是按水族历法记录的。历法的正月，水历建戌，秦历建亥，周历建子，殷历建丑，夏历建寅。水历的月份就与另外四种历法不一样，在水语中，水语称已过去的月份为“下月”，即将到来的月份为“上月”，其语义正好与汉语习惯相反。

在水书文化中，母性文化的基因尚遗存不少。汉字的“祖”字，水文字的构字义类汉字的“天”在上，其下加上“△或○”构成。地支的“卯”字，两侧以“△”为造字的主要元素。古代中原多以“△”代之，借以指代女户。水族的一些字体结构，既与水族信仰中最伟大的创世女神“牙娲”有关，也反映了《老子》中的“万物负阴而抱阳”之说。

“反书”还隐含着水族“逆反”精神。岑家梧教授毫不隐讳地指出：“水书系一种被压迫民族所用之文字。”水族的诸多文化现象，都印证着这一判断的正确性。关于水书来源的三则传说故事，都反映了水书先生被迫害，水书被焚烧抄没的惨状。此其一。张为纲教授研究认为：水族先民可能与中原某个诸侯有过合作，才出现“封于‘豕韦’”“世伯夏商”“其在武丁时者，为贞人之官”等情况，后来失利。此其二。殷商亡国，而被迫举族南迁的惨痛记忆。此其三。水书与水族历法密切相关，水书是一种历志类的原始宗教典籍。古代，历法由国家统管，不允许民间制历，违者要诛灭九族。水族先民肯定因为水书遭受过销毁。此其四。秦朝统一中国之后，发兵征服岭南，迫使水族先民举族进行第二次大迁徙。征剿百越的秦将名为尉屠睢，这或许与屠杀睢族群有关，当时的睢族群是个庞大的群体。此其五。宋代，大中祥符年间，中央王朝对聚居抚水州的水族进行大肆剿灭，其中还押送700余人到汉族地区，以分解水家的势力。此其六。太平天国运动对异类文化的水书进行过破坏、损毁。此其七。新中国成立之初，受“文革”的影响，传统民族文化遭受严重破坏。此其八。

水书既然被称为“反书”。“你说我反，我就反吧。”水家人就顺其自然，也使用“反书”这一称谓。在明清时期的一些史籍中，把水族视为未进化的兽类，在族称“水”字前加反犬旁“犭”。明代邝露《赤雅》一书所载“[illegible]亦僚类”，《贵州通志》记录水家，也是用反犬旁“[illegible]”字，这些都是显例。水家人并不计较：“你说我蛮，我就蛮；你说我横，我就横。”笔者两次到三都县羊瓮村调查清代潘氏水汉文字古墓，墓碑正中刻有汉字“清故父狆阿刘公之墓”。

水字前加反犬旁，这是水家“逆反”精神的一个缩影。水书作为水族的典型文化，是民族精神、民族心理的表征，无疑会打上历史的烙印。因此，如果有人简单地类推“反写或倒写的汉字就是水文字”，就是片面的推断与认识。

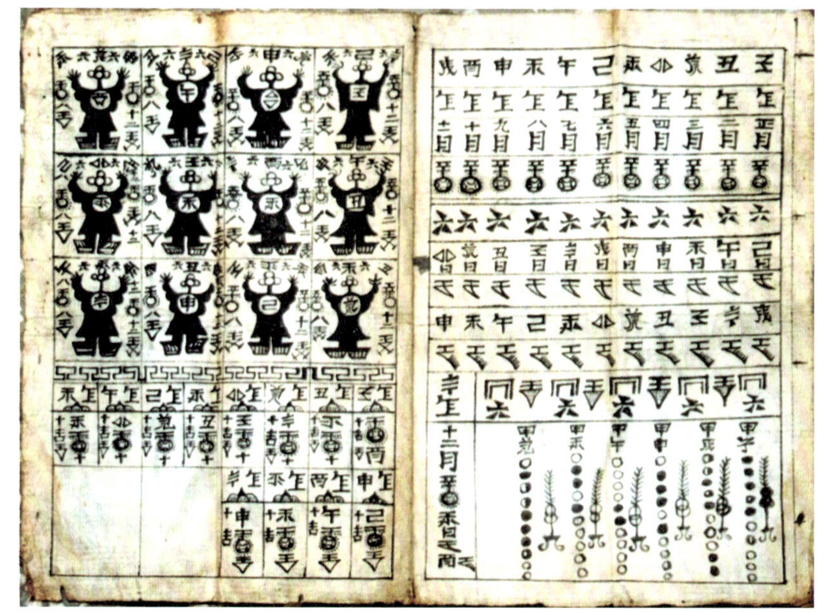

水书仿木刻抄本

水文字出现的“反书”字体，或许当初造字就是此模样；或许与水族受压迫而产生的“逆反”精神有关；或许与水书适用于鬼神居多的功用有关；或许还与水族的历法与汉字历法的差异有关；也不能排除后期水书在吸收一些汉字时，有意反写的可能性。

汉字发展到今天已经十分完备、完善了，但是依旧有个别字可以左右交换位置书写，如“够”“蘇”；有的字可以分合书写，如“拿”。但是甲骨文、金文时期的字形，反写、倒写经常出现。这为后来秦王朝“车同轨、书同文”的改革提供了依据。

水族古文字之所以有相当多的文字是古汉字的反写和倒写，其原因除了古文字本身的异体性和巫事文化的神秘性以外，还有一个不可忽视的原因，那就是水族古文字的逆反性。前述中提到，水族人民关于水族古文字的几个传说，均不同程度地对反写文字做了文学性的解释。比如，其中一个传说的大意是：陆铎公等从仙人那里学得文字回来以后，曾被“哎任党”抢走，只剩下最后一本。为避免被“哎任党”谋害，陆铎公故意用左手写字，改变字迹，还将一些字反写、倒写或增减笔画，形成了流传至今的特殊的水族文字。另一个传说的大意是：水族古文字是纳良力从外公那里学来的，在他回来快到地面时，被狠心的舅舅变成毒蚊叮咬，从高空坠落摔断了右手，后来只能用左手默写从外公那里得到的文字，因此，字是反写的。从这些传说中，我们可以得出以下启示：

第一，水族古文字确实与古代具有先进文明的大族群有关联，其文化包括文字是从这个大族群中分流出来的。水族人民对这个大族群的主体或居主导地位的统治者是称颂的，这种称颂变成了文学形象的“仙人”和“外公”。

第二，这个具有先进文明的大族群中的部分，确实与水族先民有过冲突，并且在这些冲突中水族先民最终失利。在文字形象上先进文明被塑造成了抢走水书的“哎任党”和“狠心的舅舅”。

第三，水族古文字被分流出来以后，一直处于一种被压迫和被限制的状态。水书属于历书类的经典，古代严禁民间制历，违者诛灭九族。因此，水书被视为另类文化被损毁。这种强烈的逆反心理反映在水族古文字上，就是一部分字的反写和倒写。

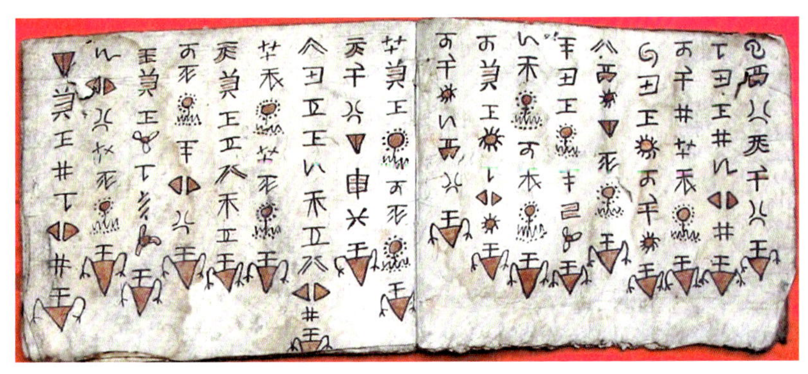

《吉星》中反写、倒写的水书

从水族的民间传说和水族古文字书写的现象中，我们不难看出这种逆反文化的现实存在。水族古文字的逆反文化是这种文字独有的特点，这是水族社会历史文化积淀的结果。如果我们现在说，反写不好，还是要纠正过来。那这还是水族古文字吗？还会被水族社会认同吗？

我们可以这样说，水族古文字文化底蕴有神本意识、《易》学精神和“逆反”文化。前两者是从华夏文化中传承下来的，后者则是水族古文字在发展过程中逐渐形成的特色文化。

2010 年 11 月 20 日，中国社科院研究员阿诺阿布对笔者进行专访。摘录如下：

阿诺阿布：有些专家学者认为，所谓水书就是“反书”，也就是说，汉字反过来写就是水书，我想请您从这个角度谈谈水书的历史渊源。

潘朝霖：“反写”不是水书的专利，在西周、先秦时期的早期汉字反写、倒写的不少，诸侯国文字各异，只不过后世人不清楚，往往以现代的汉字字形为参照本，来评价水族的古文字。正因为先秦诸侯各国文字如此，秦朝才有“车同轨、书同文”的改革。晚清西南巨儒、古文字学家、音韵学家、方志学家莫友芝提出水文字“疑为先秦最简古文”，其“声读迥与今异而多合古音”，这些不会是凭空立论的。

我国著名的文字学家唐兰先生在《古文字学导论》中曾指出，先秦文字有“反写”“倒写”“左右易置”“上下易置”等变例。古文字学家裘锡圭先生在《文字学概要》中提出，商代文字字形的方向相当不固定。一般字的写作向左或向右都可以，这种现象在周代文字里仍可以看到，不过已经比较少见，到秦汉时代就基本绝迹了。由此可见，水字反写、倒写正说明其来历有悠久的历史。

水书地支双年鱼刺状抄本

第四节　水书记载的水历：天文历算贯穿水书始终

水书是用水文书写，用水语释读，记录水族天文历法、信仰文化、民间知识的典籍。水书的卷本都离不开历法的内容，在水族的生产生活中，处处离不开历法，水历是水族古代物候历的历法。

农事的安排，春播夏种，秋收冬藏。节庆日子的推算，水族的年节尚未统一，竟有 7 个之多。如“祈雨求谷实”的霞节，就分 6 年一祭和 12 年一祭，祭祀时段一般选择夏季吉日；卯节是预祝谷物丰收的节日，分 4 批，在 40 天内过节；端节是庆贺谷物成熟丰收的节日，分 7 批，在 52 天中欢度。其中以亥日为主干及午、未日过节的推算，更为烦冗复杂。

水族婚嫁、起造、迁居、丧葬等大事，事无巨细均依水历行事。农村集镇依据地支日赶场，牲口配种生育，家禽生蛋孵化等，无不与水历有关。总之，水族的生产生活处处与水书有关，与水历有关，与水书先生有关。

搜狐网站《中国古代文化常识：天文历法》栏目，开篇使用的两幅圆形天文图片，是笔者拍摄彭永忠藏书发在网上而被该栏目引用的。

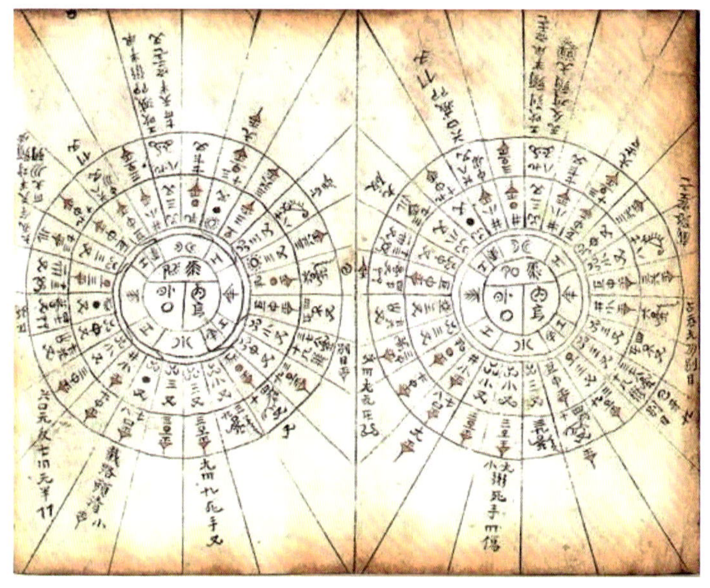

水书天文历法图

水族的天文历法产生于自然物候，以水稻种植收割时间为物候标准来实施历法，并逐步加以改进。其经历了一年春冬两季水历、无润水历、置润水历、四季新水历等几个重大阶段。水历的产生固然与水族先民生产生活有密切的、直接的关联，但与水家崇尚巫文化，信仰万物有灵论而产生的水书也有紧密的联系，历法的发展与水书的关系就更加密切。此外，水家的大多数年节是以稻作文化为基点推行铺开，形成了以夏种夏收栽插结束庆贺的卯节，以水稻收割庆丰收的端节及额节等，而这些节日的批次与时间，都要靠水历去推算，每年如此，世代相袭，为水历的继承应用提供了广泛的社会基础。水历中的二十八宿，与汉族二十八宿中竟有 12 个物种有差异。这表明水历尽管在发展中吸收了汉文化中的一些天文知识，但主要是根据自己的实际情况加以改造与利用。水历至今在民间仍广为流传使用，足以证明水历的产生与发展与水家的生产生活、宗教信仰紧密相连。由于历史等诸多因素，水历有关天象观察的知识因水书先生的相继谢世而逐步失传。

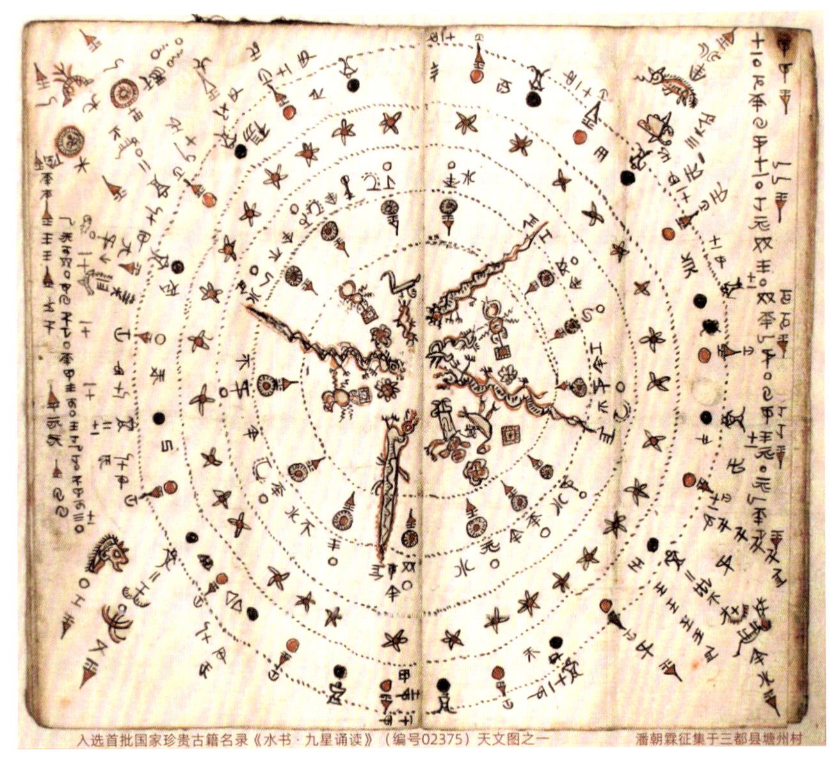

水书《九星诵读》中的天文历法图（潘玉藏）

无润水历　古代水族曾使用过无润水历，其特点是每年 12 个月，共 360 天，每月均分为 30 天。从纪年、纪月、纪日、纪时、纪方位，都用十二地支表示，没有润制的年月日。其岁首不定，候水族二十八宿的觜火候宿昏见后为一年之始。无润水历比 1 个回归年少 5.2422 日（平太阳日）。此历大约在宋代或宋代之前的民间流行，因其误差较大，为此至明清时期停用。

置润水历 水家在废弃无润水历之后，通行至今的历法，有的称其为置润水家新历。此历法吸收了阴历之大建、小建，使全年 12 个月依天象天体变化而分为大月 30 天，小月 29 天，全年一般为 355 天，比 1 个回归年少 11 天左右，于是采用 19 年置七润法来调整误差，使节气与月份不至于过分脱节。此历又将水家古代每年仅划分“胜冻”两大季节，改为“胜权秀冻”，即春夏秋冬四个季节。水历一、二、三月为“胜”，四、五、六月为“权”，七、八、九月为“秀”，十、十一、十二月为“冻”，节气的划分参照阴阳历。此历岁首正月建戌，年末十二月建酉，分别与阴阳合历的九月及八月对应，依旧是以水家社会稻作文化为中心的物候历特点。以水稻收割为年终，并开始过盛大的年节端节，以小麦种植月为岁首而进入端节的高潮。当夏收夏种结束，稻禾返青发蔸期间又轮到部分地区祈祷丰收过卯节。这些都与水家的稻作物候有关。因此置润的新水历一直流行至今。该历法大约于宋代开始在水家流行。

水历与中国古代夏历 殷历 周历 秦历 渐进排列表

地支（斗柄）	寅	卯	辰	巳	午	未	申	酉	戌	亥	子	丑
夏历（阴历）	1	2	3	4	5	6	7	8	9	10	11	12
殷历（商历）	2	3	4	5	6	7	8	9	10	11	12	1
周历（黄帝历）	3	4	5	6	7	8	9	10	11	12	1	2
秦历（颛顼历）	4	5	6	7	8	9	10	11	12	1	2	3
水历	5	6	7	8	9	10	11	12	1	2	3	4

四季新水历 新水历改变了古水历一年只分为“胜冻”二季的方法，将一年分为“胜权秀冻”即春夏秋冬四季。水历的一、二、三月为“月胜”，四、五、六月为“月权”，七、八、九月为“月秀”，十、十一、十二月为“月冻”。四季新水历划分偏重于水书择吉的应用，因而与实际的气候状况不尽一致。

“春（夏）冬”二季古水历　水族先民最早使用的自然历是依物候来制定的，一年只分为“胜冻”两大季节。“胜”相当于仲春至孟秋时节，气候特点是热而多雨。“冻”相当于仲秋至孟春时节，气候特点是冷而少雨。至今，民间依旧习惯使用“六月胜”“六月冻”的说法。《分隔季节》古歌云：“仙会想王也会算……放布谷来唤春天。”这里的春天即指“六月胜”。《赞房歌》云：“六公夺放白鹤来，飞至海上。那种鸟，划分季节。这一次划分成了，一年两季。”此自然历在水族社会中流行的时间相当长，其所依据的物候除了候鸟、天象之外，还有水稻播种收割、桐子花开、笋子破土拔节等。

水历纪年月日时　水历纪时限方法。纪年多采用十二地支纪年法及天干地支结合的六十甲子纪年法。纪月多采用一至十二的数字纪月法，水历正月又习惯称为“月荐”“月端”或“新年月”，十二月习惯称为“姑旦”，意为收摘糯月，近年称为打谷月。纪日有三种方法：一是地支纪日法，是天干地支结合的六十甲子纪日法；二是数字纪日法，从一数至二十九或三十纪日；三是叠加二十八宿纪日法，多为水书先生使用。纪时多采用十二地支或六十甲子纪时法，每天为十二个时辰，子时为午夜，午时为正午。

水族历法与端节准确诠释汉字“年”的本义。汉字“年”的本义为“谷熟也”，在《说文解字》中如此注释。甲骨文、金文为谷穗成熟下垂之象形。为谷熟而举行的庆典，古代称为过年。在现代汉语中，“年”的“谷熟也”的本义已经湮没。但从水族历法、端节中却得到准确的诠释。从甲骨文和水家古文字的“年”的字形，我们还能找到其踪影。

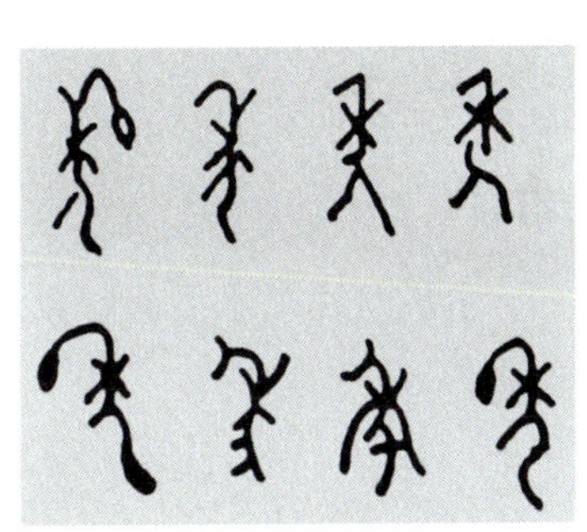

甲骨文（上排）与金文（下排）的“年”字

水族历法悠久，从上文叙述中可以看出水历与中原古代秦历（颛顼历）、周历（黄帝历）、殷历（商历）、夏历（阴历或农历）联系紧密。

水历起源于稻作物候，谷物成熟一次就是一个周期，以“谷熟也”为特征的“年”，实际上就是地球绕太阳公转形成的时间单位。古代的水族历法，一年划分为春冬二季，春冬两季的划分独具特色，与稻作物候完全吻合。古水历一至六月属古冬季，七至十二月属古春（夏）季。春（夏）是水稻播种至收获的阶段。春分和秋分是划分水历冬春二季的重要分割点。

水历季节的卦象变化与年终岁首端节月份资料表

潘朝霖 制表

水历物候	古水历上半年 冬季：粮食作物收藏期						古水历下半年 夏季：粮食作物播种 生长 收割期					
季节变化 卦象演变	冬季卦象：从余热走向严冬 阴气渐衰 暖气渐升						夏季卦象：从微寒转入盛夏 阳气渐弱 阴气渐长					
水历	1月	2月	3月	4月	5月	6月	7月	8月	9月	10月	11月	12月
阴历	九月	十月	冬月	腊月	正月	二月	三月	四月	五月	六月	七月	八月
月建	戌	亥	子	丑	寅	卯	辰	巳	午	未	申	酉
五行	土	水	水	土	木	木	土	火	火	土	金	金
卦象	䷖	䷁	䷗	䷒	䷊	䷡	䷪	䷀	䷫	䷠	䷋	䷓
卦名	剥	坤为地	复	临	泰	大壮	夬	乾为天	姤	遁	否	观
节令	寒露	立冬	大雪	小寒	立春	惊蛰	清明	立夏	芒种	小暑	立秋	白露
中气	霜降	小雪	冬至	大寒	雨水	春分	谷雨	小满	夏至	大暑	处暑	秋分

春分与秋分，在天文学上具有寒暑气候分割点的特殊意义。此时太阳直射赤道，地球上各地昼夜等长，是地球上划分南北半球的春秋季节的分界点。故《春秋繁露》称春分、秋分是："春分者，阴阳相半也，故昼夜均而寒暑平。"

水历月建是水历新年正月建制。水历正月建戌（对应阴阳合历八月），实际就是古代观测天象，当斗柄指向地支戌位时，就是水历新年开始。水历二月建亥，岁末十二月建酉，水历月建与秦历接近。据《汉书•律历志》载，颛顼历为我国古六历之一，以夏历十月为正月，岁首月份建亥。秦统一中国后下令全国施行，故名秦历，直至汉永元十六年（104）才废止。因讳秦政之名，水族地区将正月也称"端月"。北周宗懔《荆楚岁时记》云："正月一日是三元之日也，秦谓之端月。"水历正月（相当夏历九月），正是大多数地区水家过端节的时候，民间也习惯称为"月端"，即端节月之意。水历、秦历、夏历月份及月建对应表如下：

水历与中国古代秦历 周历 殷历 夏历（阴历）对应关系表 潘朝霖制表

历别 \ 月份 \ 节气		寒露 霜降	立冬 小雪	大雪 冬至	小寒 大寒	立春 雨水	惊蛰 春分	清明 谷雨	立夏 小满	芒种 夏至	小暑 大暑	立秋 处暑	白露 秋分
水历	古代水历	冬						春（夏）					
	后期水历	春			夏			秋			冬		
	月份	1	2	3	4	5	6	7	8	9	10	11	12
夏历（阴历/农历）		九	十	十一	十二	正	二	三	四	五	六	七	八
殷历		十	十一	十二	正	二	三	四	五	六	七	八	九
周历（黄帝历）		十一	十二	正	二	三	四	五	六	七	八	九	十
秦历（颛顼历）		十二	正	二	三	四	五	六	七	八	九	十	十一
月建	水历建戌 农历建寅	戌	亥	子	丑	寅	卯	辰	巳	午	未	申	酉

农民丰收节 秋分 是节点 2018年 国务院颁布

水族历法 秋分 是下半年的分界点 春分 是上半年的分界点

水族端节 在水历年终岁首两端 新年开端 谷熟的 秋分时节欢度

二十八宿是水家星宿名称。水家二十八宿与汉族二十八宿相比，有12个物种名称不同，有16个物种名称相同。现行水历采用二十八宿与干支相结合的七元甲子纪日法。一甲子为60天，称为一元，故七元甲子共420天。一个周期420天可分为15个二十八宿，如此循环推算运用。

（红色为差异宿名） 水族 汉族 二十八宿名称对照表 潘朝霖制表

汉族宿名	水族宿名	汉族宿名	水族宿名	汉族宿名	水族宿名	汉族宿名	水族宿名
角木蛟	雷宿	斗木獬	蟹宿	奎木狼	螺宿	井木犴	鹅宿
亢金龙	龙宿	牛金牛	牛	娄金狗	狗宿	鬼金羊	鬼宿
氐土貉	竹鼺	女土蝠	女人宿	胃土雉	雉宿	柳土獐	蜂宿
房日兔	兔宿	虚日鼠	鼠宿	昴日鸡	鸡宿	星日马	马宿
心月狐	太阳宿	危月燕	燕宿	毕月乌	鹰宿	张月鹿	蜘蛛宿
尾火虎	虎宿	室火猪	猪宿	觜火猴	猴宿	翼火蛇	蛇宿
箕水豹	豹宿	壁水貐	鱼宿	参水猿	水獭宿	轸水蚓	蚯蚓宿

在水族原始宗教集成的典籍《水书》中，水书先生用水族的象形文字写出了水家二十八宿的字符，因篇幅所限而此处从略。水家二十八宿命名差异的主要原因如下。

第一，水家认为雷神最大，其为女性依水语语义直译为“母头雷”，“母”指性别，“头”指至高无上，“雷”是其名。俗有“天上雷神大，人间舅爷大”之说。无疑二十八宿中的首宿当归雷神莫属。

第二，太阳作用大，应在二十八宿中有一席之地，故以日神取代狐。

第三，水家是典型的信奉万物有灵的民族，现在民间流传的鬼尚有七八百个之多，鬼的世界庞大，可畏可敬，故以鬼代羊。

第四，用水族地区熟知的物种取名，故又出现鼬代貉，女孩（或女巫）代蝠，螺代狼，鹰代乌，獭代猿，鹅代犴，蜂代獐，蜘蛛代鹿的现象。

百度百科的“水书二十八宿”条目，也采用了笔者编辑的对照表。

鸡鸣计时与香火计时是水历计时法之一。水家计时传统多以鸡鸣定时分，常以夜半鸡初鸣为子时初，此后顺推至五更，是物候计时法之一。老年的水书先生以星斗升降定时分，已失传。过去，一些水书先生焚香炷或搓香绳点火计时，因香炷、香绳搓揉的松紧及湿润程度不同而造成计时的误差较大。为此，在钟表未推广之前，鸡鸣计时及日影计时是水家地区的主要计时法。

水族绝大多数地区过年节择定日期都依水历择日，水家未形成统一的年节，因地域不同而把年节分为端节、额节、卯节、七月半、苏宁喜、春节等，除春节在固定的日期过节之外，其余年节均按月依六十甲子推算，与水历有着极为密切的关系。

古代端节曾分9批过节，现分7批过节。都匀市套头地区、丹寨县小羊昌等地的水族过首批端节，若水历年终的十二月出现3个亥日，则推移到第二个亥日开始过端节，也就是首亥日为新年初一，或首亥日逢癸亥日，则避开移至下个亥过节。若十二月逢闰，则在第二个十二月首亥日过节。以此起头，各批依次类推，原则上要保证第三批“端十六”的新年初一在水历正月首亥日来过。其中还有以午、未、戌日为新年初一的水潘、牛场、羊福等批次。荔波县水扛、拉交以额节为年节，选择于水历正月首亥日过。

三都与荔波交界地区的水家过卯节共分 4 批，首尾相间 37 天，加上“除夕、初一及初二”3 天，节期为 40 天。限定在水历九月十日之内的卯日过节，以辛卯日为上吉，以丁卯日为至凶，万一无法避开丁卯日也只好硬着头皮过节。苏宁喜节多选择在水历四月最后的丑日过节。水家主要年节按水历依六十甲子推算定过节日期，各批次绝不能混乱，日期绝不能颠倒，为此水书先生往往充当择日的重要角色，推动了水历在民间的广泛应用。另外，水家的婚丧等都习惯用水历择吉，也促进了水历的发展。

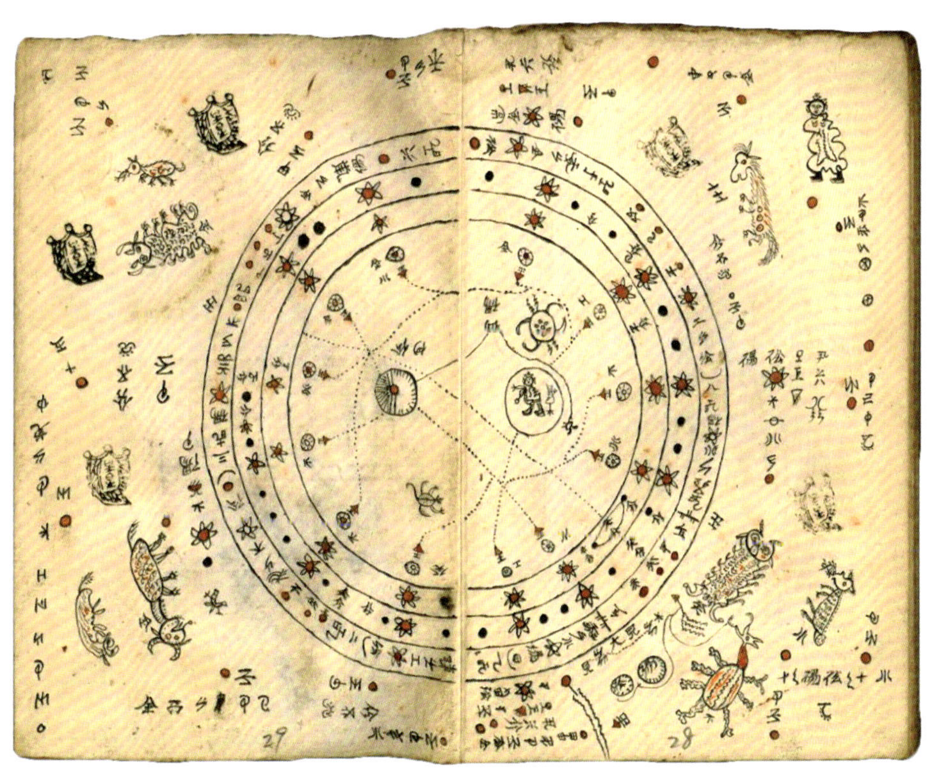

《吉星》中记载太阳、月亮及星座运行轨迹图

水历节气吸收和沿用阴阳合历的廿四节气名称。由于水历是以稻作物候为基准制定的历法，因此节气排列及月份排列又有自己特殊之处。水稻收割的水历十二月，正是秋分节，水历新年正月（端月节）正值寒露节。水历节气与阴阳合历节气排列对应表如下：

节气名	水历	阴阳合历
寒露	正（端）月节	九月节
霜降	端月中	九月中
立冬	二月节	十月节
小雪	二月中	十月中
大雪	三月节	十一月节
冬至	三月中	十一月中

节气名	水历	阴阳合历
小寒	四月节	十二月节
大寒	四月中	十二月中
立春	五月节	正月节
雨水	五月中	正月中
惊蛰	六月节	二月节
春分	六月中	二月中

节气名	水历	阴阳合历
清明	七月节	三月节
谷雨	七月中	三月中
立夏	八月节	四月节
小满	八月中	四月中
芒种	九月节	五月节
夏至	九月中	五月中

节气名	水历	阴阳合历
小暑	十月节	六月节
大暑	十月中	六月中
立秋	十一月节	七月节
处暑	十一月中	七月中
白露	十二月节	八月节
秋分	十二月中	八月中

第五节 水书范本解读:《六十龙备要》经典闪光

水书抄本《六十龙备要》在贵州文化史以及水族文化史上，都值得大书一笔。国家古籍出版社要出版《中华古籍再造善本》，派专家到贵州收录汉文献古籍和少数民族文字古籍，最终唯一入选的就是《六十龙备要》，《六十龙备要》成为入选《中华古籍再造善本》的贵州孤本。

《六十龙备要》抄本体例统一，行款规范，字迹工整，硬笔字体纯熟自如，版面布局疏密有度，绘画涂朱生动传神。水书艺术字体，展现其中。这反映出水书先生功底深厚，治学严谨，师承正道。这是都匀市归兰水族乡韦布嵩家族的抄本。此外，笔者经四处寻觅，还征集到同文异版的《六十龙备要》3 本，誊录字迹也十分清秀精美。

笔者曾专门去采访了《六十龙备要》书主韦布嵩的后人，遗憾的是他没能继承祖业。都匀市归兰水族乡大田村的韩荣祖是韦布嵩先生的弟子，80 多岁的水书先生韩荣祖于 2019 年 3 月逝世，笔者专程赶去参加他的葬礼。此行正好遇到韦布嵩先生的儿子，他还想跟着韩荣祖学水书，回去振兴家族的水书，但为时已晚。

《六十龙备要》译注出版工作，开始于 2006 年，辍笔于 2016 年。其中的艰辛以曹雪芹诗句“字字看来都是血，十年辛苦不寻常”来描述最为恰当。《六十龙备要》译注出版历时之长，耗资之巨，参与人员之多，波及范围之广，对参与译注及评审者信任度之高，是其他卷本难以企及的。笔者有幸两次参加该书稿的审稿会，这对深入研究水书颇有裨益。

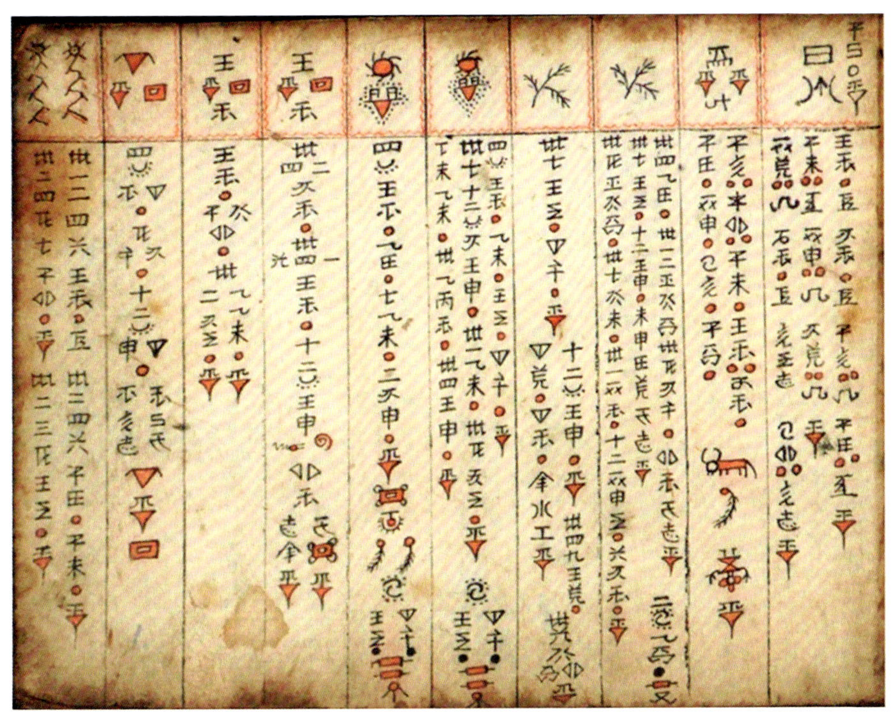

《六十龙备要》选页（三都县档案馆藏）

《六十龙备要》是入选首批国家珍贵古籍名录的重要抄本，证书号为：02379。水书典型范本《六十龙备要》之所以被列为重点译注卷本，具有以下三个方面的优势：

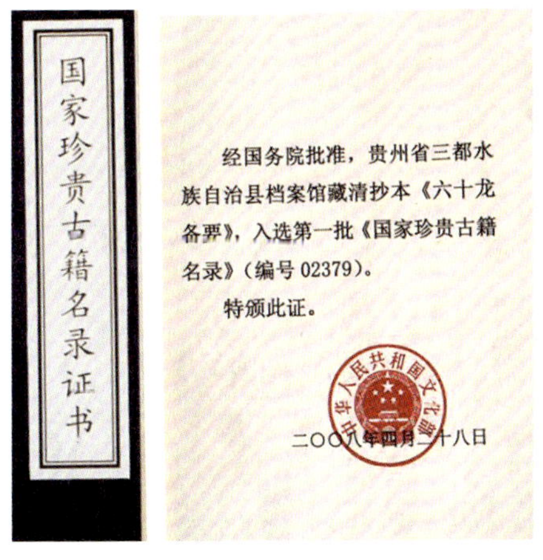

国家珍贵古籍名录证书

经国务院批准，贵州省三都水族自治县档案馆藏清抄本《六十龙备要》，入选第一批《国家珍贵古籍名录》（编号 02379）。

特颁此证。

中华人民共和国文化部

二〇〇八年四月二十八日

国家珍贵古籍名录《六十龙备要》证书

第一，《六十龙备要》按照六十甲子年顺序，对水书重要吉星条目进行分类集合汇编，使用时不需翻阅原书卷本，直接阅览选择所需的日期时辰，便于快速准确运用实践。每一年用横列的十个栏目汇编，是本书入选的关键。这些栏目又由很多同类条目集合汇编而成，无法找到原稿核实，要从其他家族的水书抄本去溯源追寻，而每个家族抄本有师承与记录习惯的差异，释读破译的难度很大。例如标注为“谷穗”的象形图画，大多由水书音译的《丰盈》《天罡粮》《天罡》等条目摘录的日子时辰方位编入其下阅览的栏目中。译注要剥离外壳，溯其本源，探索真谛，实属不易。这就是“水书习俗”口口相传的“软件”部分，给译注工作增加了难度。这样浩大、严谨、科学的汇编工作，记载了水书师们前辈的殷殷心血，也是水书师学习借鉴《象吉通书》的编写体例对水书进行改变取得成功的范例。《六十龙备要》传世抄本题款为晚清光绪年间，这是首创的汇编抄本，还是续抄本，难以断定。但不管如何，《六十龙备要》仍然是文献价值、文化价值极高的选本。由笔者征集到的另外版本的《六十龙备要》，品相略逊于三都县档案馆藏本。

第二，《六十龙备要》是出现水书艺术体的第一本抄本。此外，韦布嵩家族的另外两本水书抄本也出现了水书艺术体。所谓艺术体，就是把一个传统的字体进行有意义的、极具创意性和特殊性的美化过程。一个民族新字体的出现，标志着该民族文化发展也达到了相应的高度。水书艺术体主要反映在利用天干、地支 22 个字书写六十甲子年份上。10 年前，笔者汇集了该书的水书艺术字。如下图：

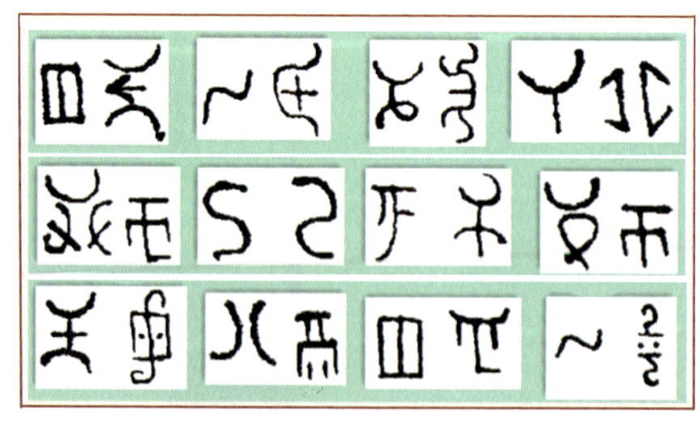

根据水书《六十龙备要》创制“天干地支”的艺术字集合

第三，《六十龙备要》抄本体例统一，行款规范，字迹工整，硬笔字体纯熟自如，版面布局疏密有度，绘画涂朱生动传神。这反映出水书师功底深厚，治学严谨，师承正道。水书师带着对神灵的敬畏和虔诚膜拜，树立了水书传承的楷模，本着对民族文化的热爱，倾注全部心血。这几本《六十龙备要》，审其笔迹，皆出自归兰水族乡阳和村水书师韦布嵩家族之手。当时还没有现代的硬笔书写工具，到底运用什么硬笔书写誊录，至今还是个谜。由此可见，一个优秀的水书师家族对民族文化传承贡献是巨大的，无法估量的。

总之，水书《六十龙备要》在众多水书中是无可争议的典型范本。

2016 年 10 月 15 日至 20 日，在美国圣何塞召开国际编码标准化组织 ISO/IECJTCI/SC2/WG2 第 65 次会议。中国代表团团长由工信部高级工程师陈壮担任，水书申报组成员由赖静如、赵丽明、姚覃军、韦锦诗、潘朝霖等五人组成。当时《六十龙备要》译注的书稿还未出版，为此笔者专门打印五本彩色的水书书稿参会，其中近 600 页的《六十龙备要》最为厚重。

《六十龙备要》承载的水书文化信息还有很多，就不在此一一赘述。现在看到的译注本，是三都县水书抢救保护办公室辛勤劳作的成果，是水书师杨胜昭率队集体奋战的结晶。审稿会由贵州省水家学会牵头，吸纳了各地水族人士参与，并得到贵州省古籍保护中心和省级、州级档案部门的大力支持。这个牵动水族人神经，得到社会多层面支持的项目终于画上圆满的句号。笔者作为水家后人，除了感谢，还是感谢！为此，笔者在 1979 年还撰写请求抢救水族文化的万言书，邀请潘国炯、王品魁、石国义等八位水族人士联名上报，得到国家民委的充分肯定与支持。水族人民所期待的水书文化抢救，正是这样才结出了硕果。

2016 年 4 月和 6 月，三都县的领导两度邀请笔者参加水书《六十龙备要》《吉星》译注的审稿会。在书稿付梓之前，项目负责人潘中西邀请笔者为该书写序。尽管笔者在 1958 年小学快毕业时拜潘玉印先生为水书启蒙老师，1961 年师承谢吉章先生，1980 年之后开始水族文化的教学与研究，并深入水族地区调查了 80 余位水书师，也书写了百余万字的文稿，担任已出版《水书文化研究》丛书 1—8 辑的主编，但是这些经历对于博大精深的水书来说，依旧是望洋兴叹。2006 年,《中国水书》出版,四川出版集团巴蜀书社社长段志宏请笔者写一篇导读,提心吊胆地写了将近四万字的导读《神奇水字　神秘水书——〈中国水书〉管窥》,总觉得还说不清水书的要害。《六十龙备要》的出版序言,笔者也是怀着感激与敬畏之心,战战兢兢地写了几行蹩脚文字交差,以表明态度,至于是否言及要害,那就是水平问题了。

三都县举办《六十龙备要》《吉星》第二次全省审稿会参会人员合影

由于《六十龙备要》在书写方面具有重大意义,上海市殷商甲骨文研究院院长韩志强先生,耗费近两年时间手抄的《六十龙备要》得到北京出版界的青睐,出版之际,特邀笔者撰写序言。下图是韩志强院长手抄《六十龙备要》的成果照片。

韩志强手抄《六十龙备要》书法成果

第六节　水书善本:《万年经镜》厚重的典籍

《万年经镜》分上、中、下三卷，是目前发现容量最大的水书阅览卷抄本。上卷的书写尤为工整，蝇头小楷，字字用心。但由于抄录者汉文化水平较高，不仅借鉴了汉语书籍的版式设计，还将不少水文字转化为汉字，省略或删减了一些水书自源字符。这是文化融合之后，消融了水书自身特点最为显著的版本。

笔者发现三都县的《万年经镜》之后，拍摄了下面这张照片，发给新华社记者石新荣采用，成为传播最广的一张水书照片。

入选国家珍贵古籍名录的《万年经镜》

《万年经镜》中的水文字，除天干地支等 22 个字还是用水书的字符外，其余的水书字符几乎绝迹。在文化交融这把双刃剑之下的《万年经镜》，字符、字体和字形趋于同质化，水书失去了古拙质朴，图画和象形文字兼容的特点。但是，《万年经镜》上、中、下三卷共计辑录水书条目 3616 条，是水书条目最多的抄本，是水族文化史中一座闪耀的丰碑。

第一卷：长（高）240 毫米 × 宽 265 毫米，259 页，1414 个条目。

第二卷：长（高）245 毫米 × 宽 290 毫米，388 页，1528 个条目。

第三卷：长（高）250 毫米 × 宽 290 毫米，197 页，674 个条目。

《万年经镜》省略或删减了一些水书自源字符的现象，古来有之。

西南大儒莫友芝是研究水书的鼻祖。咸丰庚申年（1860）四月，他在《红崖古刻歌》中，用七言古体诗论述水书：

叔重古文换秦篆，
十不存一苦斟铨。
稍从乘马究虞夛，
水书竹历参摩研。

莫友芝认为许慎在编著《说文解字》时，将收录的古体字头大量改换为秦宰相李斯主持创制的篆字，造成古体字“十不存一”，使后人很难对古文字进行对比研究、校正与诠释。面对这种状况，莫友芝认为想要较快地去考究周代诸侯小国虞国钱币上的文字，可以参照水家特有的水书中的字形，以及竹历《竹书纪年》中的文字，进行揣摩切磋研究，或许会有所收获。

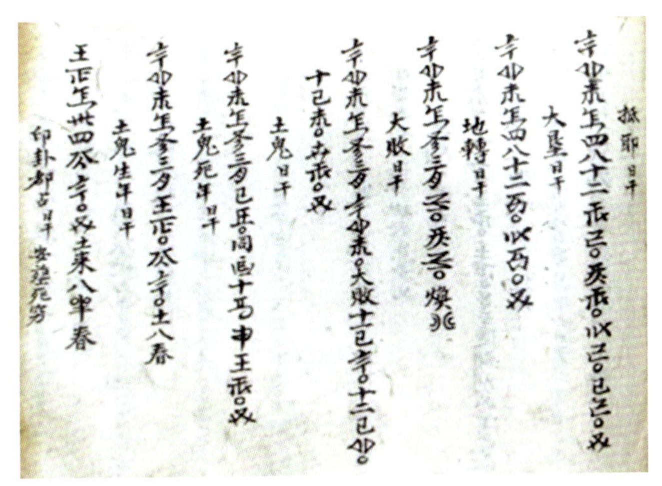

水书《万年经镜》分类编辑的阅览卷地支年择吉页

《万年经镜》的编辑者把大量的水文字换掉或删除，这种现象与莫友芝论述许慎编著《说文解字》时的状况很相似。其实，笔者曾经也犯了这样的错误。1966 年，笔者从贵定师范中师部毕业，分到三都县边远的坝街小学任教。原来学习的水书根本没有整理，因此，在后期整理抄录水书时，对很多难认的字符干脆将其删除。

《万年经镜》的几大特点：

第一，《万年经镜》编排打破单一条目综合汇编的传统方式，按照新的排列组合方式，将地支、天干年份，以及月份分析成最小的单元，辑录相应宜忌内容汇编其下，便于直接阅览使用。如，天干年，则分为甲丙戊庚壬年、乙丁己辛癸年；甲乙年、丙丁年……甲己年、乙庚年……甲年、乙年……

地支年，则分成子午卯酉年、辰戌丑未年、寅申巳亥年；申子辰年、巳酉丑年……子午年、丑未年……子年、丑年……使用者可根据相关年份直接选择使用。

第二，《万年经镜》运用毛笔誊录，集中地反映了水书字体“楷变”在民间的运用成果。韦宗林教授分析水书书写规律，找出水书与汉字“隶定”相对应的“楷变”特点，这对研究水文字书写历程具有重大意义。

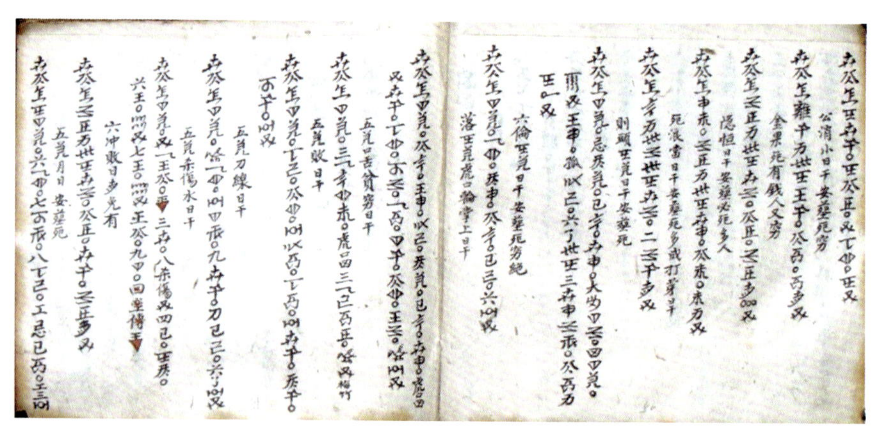

水书《万年经镜》阅览卷天干戊癸年宜忌的选页

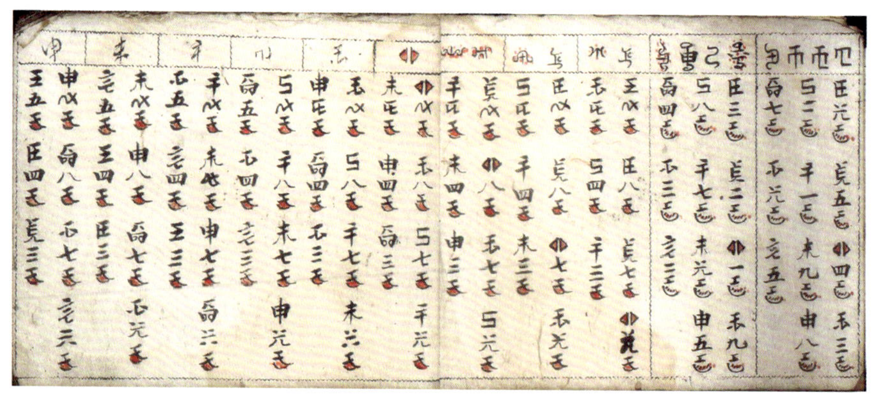

水书地支年紫白九星择吉的楷书选页（彭永忠藏）

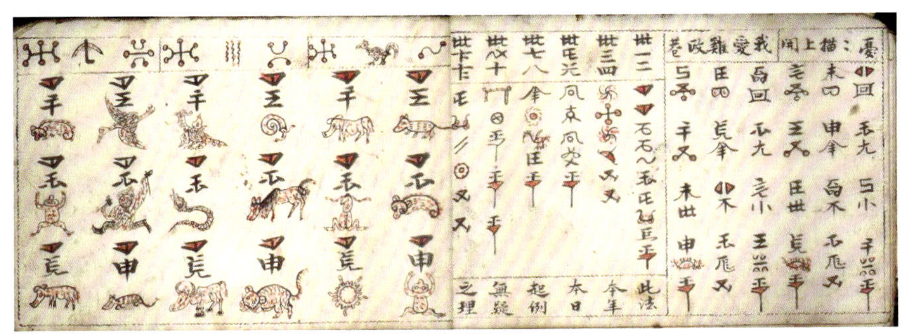

水书二十八宿轮值六十甲子年推算图（彭永忠藏）

第三，《万年经镜》是目前辑录条目最多的水书典籍。第一卷 259 页，1414 个条目。第二卷 388 页，1528 个条目。第三卷 197 页，674 个条目。条目总计为 3616 条。

第四，《万年经镜》用汉字记录的水书条目为水语谐音名称，简单宜记，该卷本将水书中难以辨认的水书符号全部舍弃删除，《万年经镜》是水书典籍的善本精品，入选国家珍贵古籍名录名副其实。

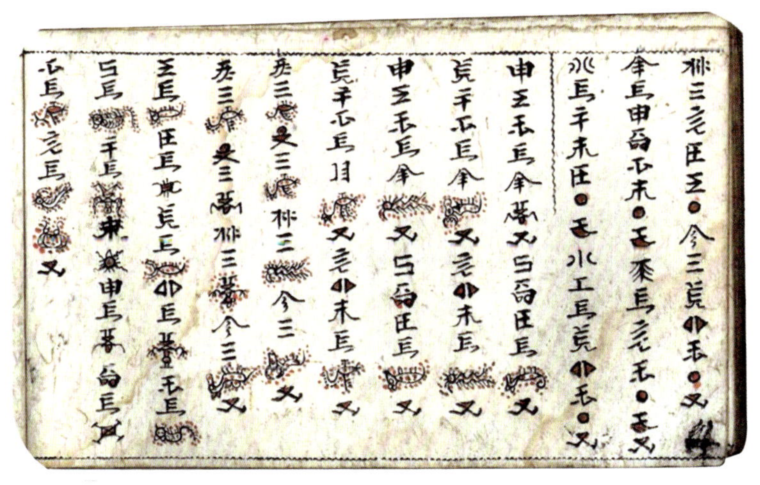

水书地支年及二十八宿轮值宜忌的楷书选页（彭永忠藏）

第七节　水书天文经典:《吉星》珍贵天文运行图

《水书·吉星》简称《吉星》，该水书抄本书主为韦景春，抄本原名为《子午卯酉天地日月京兆记吉日》。《吉星》在水书抄本中的地位极其特殊，其核心价值体现在水族天文历法的天体运行之中，《吉星》入选首批国家珍贵古籍名录。《吉星》与《六十龙备要》入选国家珍贵古籍名录，实至名归。

历法，无论古今中外，都由国家控制。按照西方概念，构成国家的要素是城堡、法律、历法和军队，由此可见历法的重要性。中国古代封建王朝，开国就先掌握历法，颁布新历、年号。历法向来由国家最高执政机构委托给钦天监掌控，民间制历则有杀头之虞。古代皇帝承天受命，国家历法由历正、贞人、钦天监掌控，其历书叫“皇历”。因历书用黄色纸张做封面，遂衍化为“黄历”。后世历法由国家天文台掌控，有法定的授时中心。可见，司掌历法绝非一般群体所为。

《吉星》的内容与结构，主要分为两大部分：

第一部分是《吉星》的重要部分“八贪壬辰”。所谓“八贪（pa:k^{7} tha:m^{1}）”直译应该是“口贪”，是指“贪巨禄文廉武破辅弼”九星。“口”是码头之意，乃星宿寄寓之所，与二十八宿的“宿”同义。水族地名“八蒙（榕江县）、坝街、坝辉（三都县）”，八和坝的水语读音均是“口（pa:k^{7}）”，即码头之意，为都柳江航运的重要泊船口岸，因而得名。“九星”即北斗七星和辅佐二星。《素问·天元纪大论》：“九星悬朗，七曜周旋。九星谓天蓬、天内、天冲、天辅、天禽、天心、天任、天柱、天英。”水族先民认为它是能赐福兴祸的星象，尤其是辅弼星福泽更大。因此，皇帝赐予有重大贡献大臣的牌匾是“辅弼良臣”。九星运行会因时间、空间的变化而变化，与人间时空的祸福变化相关，这潜藏着水族天人合一的哲学观念。水书《吉星》根据这个原理，汇编成书。壬者水也，辰者龙也。水族是一个崇龙、崇水的民族，故水书最重要的吉星篇目命名为“壬辰”。因其条目较多，故汇编成《壬辰卷》。

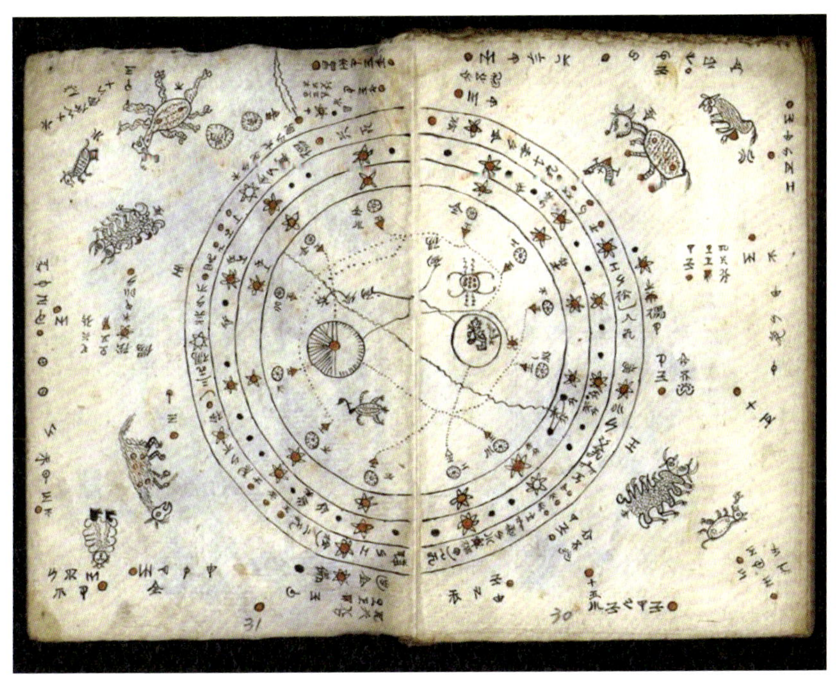

《吉星》记载水族天文历法太阳、月亮及星座运行图

“八贪壬辰”是将“壬辰”与“九星”配搭结合。水书师认为：“壬辰”与“九星”结合，其功能远远超过单一的“壬辰”，而水书师的作用就在于能否捕捉到星象运行中吉星出现的最佳时空。水族民间有这样的说法，水书师厉不厉害，功底扎不扎实，主要看他是否具有娴熟驾驭“九星（八贪）”的能力。这关系到天文历算知识的综合运用与实践问题。

第二部分是天体运行图。这是《吉星》的核心部分，也是水书的精髓所在。2006 年四川出版集团巴蜀书社出版了大八开 160 卷本的《中国水书》。该书导读部分指出，水书是水族天文历法、信仰文化、民间知识的结晶。水书的核心价值就是天文历法。2007 年三都县建县 50 周年，在三都县民族陈列馆正厅展出的三图联拼的“水书天体运行解说图”，其蓝本就是《吉星》的天体图像。该图是三图联拼的一个整体，分左、中、右三图。其右图、左图均出自《吉星》一书，中图则为水书天体运行图。陈列馆采用电子灯光，形象地模拟动态的星象变化来展示左图和右图，生动地反映了水历天体运行的基本概况。民族陈列馆将“水书天体运行解说图”设计到展厅天穹上，把水书的天文历算置于最高位置，具有立体感，便于释读。

天体在宇宙中是立体的、悬浮的、动态的，平面的书页极难准确、全面表述其相关内容。尤其是水书，由于历史和社会的原因，还停滞在文字的初创阶段，还不能完好地对应记录语言信息，因而难以独立运用，给译注带来了相当大的困难。我们看到了水书图案的“硬件”部分，却听不到原来誊抄者的声音，这是水书的“软件”部分。因此，实事求是地说，真正准确、十分到位地解读三图联拼的“水书天体运行解说图”，还是一个大课题，没有一本 50 万字以上科研容量的书，恐难圆满地完成其解读的重要使命。

释读《吉星》是件很难的工作。从书稿中可以看到译注者层层剥离，一点点分开解读，费心尽力。编著《吉星》的水书先生们，早已谢世。那些丰富的、复杂的、口口相传的天文历法，也随着他们的谢世而消失。

现在，我们仅凭零星的遗存口传资料，去解读《吉星》，既需要勇气，更需要知识的储备。

2007 年，正值三都县建县 50 周年，笔者受邀参加县庆活动。笔者参加这次县庆活动，参观了三都水书研究所的水书文化展览，其中的“水书天体运行解说图”是一项重要的文化项目，制作的蓝本源于《吉星》天文图，体现了水族天文历法丰富的内涵。

在水书天体运行平面图中，描绘了太阳、太阴图案，并用虚线记录其运行的轨迹，以此来推断记录在 1 年的 12 个月中，九星、二十八宿等天象的变化。水族先民著编水书需要智慧、需要积淀、需要探索，水族后人解读水书依然需要智慧、需要积淀、需要探索。书中出现的两龙相戏，可能还有更深层的含义。八八六十四卦有天地交媾的地天泰卦象，是否与此有关？中原出土的伏羲女娲人头蛇身缠绕砖画像，天地定位，确立男女纲常，或许就是地天泰卦象深层含义之一。榕江县三江乡的水族墓碑上，刻有“马交”“牛交”图案，当地称之为“马交坟”“牛交坟”，或许这就是天地（子午）阴阳相交（亥子丑代表北方，属水，为阴；巳午未代表南方，属火，为阳），是两龙相戏图案民俗化的反映。它婉转隐讳地提示后人，人口繁衍是大事，其寓意是家族兴旺、民族繁荣、国家强大。

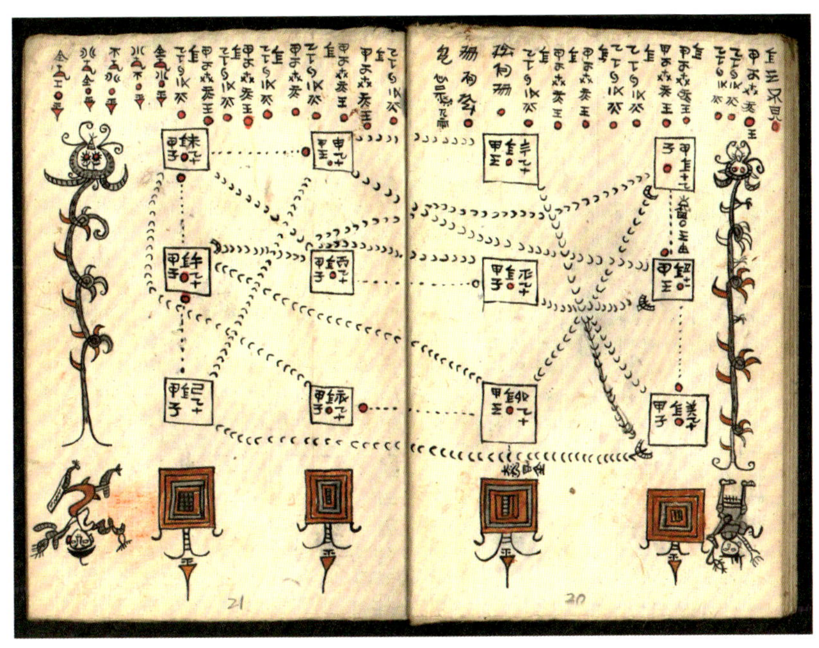

记载水族天文历法知识的水书抄本

原贵州社会科学院院长蒋南华教授为《吉星》写了序言，笔者摘选了其中一段：

我在《水族源流考——从历史典籍、民俗风情窥探水族之源》一文提要中指出：本文从历史典籍、民俗风情及水书、水历等方面的分析研究和考证，指出水族是六千多年前就已生活在中华大地荆楚江南地区的一个勤劳、坚毅、果敢、勇为的古老民族。他的祖先就是帝喾

> 高辛时期曾经担任“水正”和天文历法要员的“共工”。水历“建戌为正”，在帝喾高辛后期，水族先民力图凸显自己历法的地位，誓与“建亥为正”的高辛抗衡，水族主祭星“虚宿”夏历八月秋分酉时升入中天之时，正是高辛的族星“大火”进入地平线，预示高辛王朝行将灭亡之日。

水历年终十二月，对应夏历八月；岁首正月，对应夏历九月。此时“宵中星虚”，正是谷熟的秋收时节，正值水历旧岁与新年交替的年成两端，恰好又逢水家辞旧迎新、庆贺丰收、祭祀祖先、款待亲友、欢度传统年节“端节”之际。这是对汉字“年”字本义“谷熟也”“谷熟庆典曰过年”的最佳诠释。

从《水文是一种比甲骨文更早的远古文字》和《水历是中华远古历法的“活化石”》两篇文章中，笔者摘录两段如下：

> 今天水族民间流传的“水历”，则是六千余年前的水族先祖重黎、吴回、共工、陆终和昆吾等人所创制的中华古代历术的“活化石”。[①]
>
> 水族是一个历史极其悠久的民族。水族的历法同水族的历史一样悠久。早在距今六千三百年以前，水族的始祖共工就曾“步十日四时”(《楚帛书・乙篇》)，创制了甲乙丙丁等十天干纪日，分一月为三旬，并将一日划分为“宵、朝、昼、夕”四个时段的“十日历”。这个分一月为上、中、下三旬的纪历法，一直沿袭到了今天。[②]

可见，水书中珍贵的历法天文图，是中华古代历法的瑰宝。

---

① 蒋南华、林静、蒙育民：《水文是一种比甲骨文更早的远古文字》，《贵州师范学院》2011年第4期。

② 蒙育民、蒋南华：《水历是中华远古历法的“活化石”》，《贵州文史丛刊》2007年第2期。

第八节 水书仿木刻本:《金银卷》吉星条目荟萃

《金银卷》2008年入选国家珍贵古籍名录，是荔波县档案馆馆藏精品水书之一，全书共有80多页，因年代久远，首尾部分损毁几页，小部分残损的有14页，中等残损的有4页，重大残损的有4页。书写文字最多的第2页有530个字，最少的第61页有75个字，损毁的部分无法进行释读。《金银卷》共汇编水书吉利条目近200条，除残损之外，现在还能释读的条目有189条。其中《天罡》22条，《大旺》41条，《贪狼九星类》6条，《官印》10条，《大利》5条，其他如《辅金》《辅吉》《金堂》《紫白九星》等数条。

《金银卷》原稿，所有条目都没注明名称、读音、用途和性质。译注版看到的水书条目名称是译注时按照当地的读音习惯标注的。如:《官印》《天罡米》《天罡》《大利》《小利》《大旺》《大旺辅》《大旺田》《大旺地》《大吉》《大银》《风溶》《耙吉》《傍耙》《阴阳》《逢银》《辅金》《辅倒》《辅吉》《辅水》《心莫》《嘎闷》《金已》《金吉》《金生》《金堂》《金谢》《姑旭》《九翻》《九喷》《九吉》《九高》《九穷》《虎吉》《贪巳》《该哄》《该木》《引提》《瞒门》等189条。水语和汉语有很深的关系，条目的读音与古汉语有密切的关联，如果能选择音义更切题的汉字来做条目名称，那是最理想的方案。

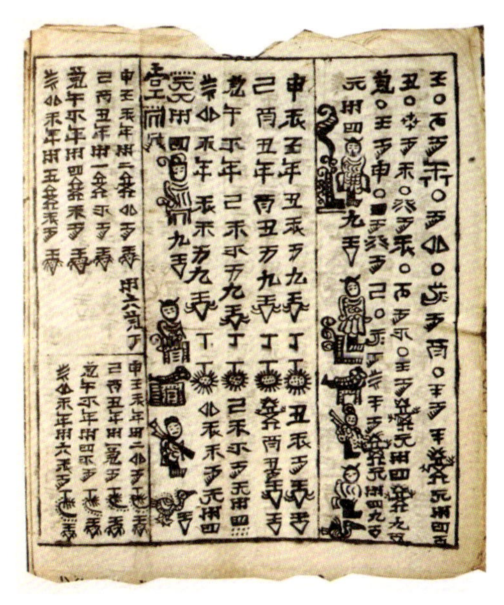

《金银卷》原稿

既然《官印》《天罡》《大利》《小利》《大旺》《大吉》《金堂》等条目名称，所用的汉字音义与水语音近义同，这种命名用字的方法，也可类推运用到其他条目上去。如增产丰收条目《逢银》，若用《丰盈》更切题；如遭遇会死亡的凶星条目《该木》，若用《皆殁》或许更切题。

水书条目用汉字记录名称，明末之后随着汉文化的传播才逐渐流行；古老的水书抄本，绝不会看到汉字记录的水书条目名称。水书条目的命名有很高深的学问，也有很复杂的问题，每个地区、每个水书家族、每位水书先生都有自己的传统与习惯，汉文化水平不一致，很难做到统一，加上水书又没有统一的刻板印行的教材，条目注音用字不一。这另当专题专议进行讨论研究。

2002 年 8 月中旬，笔者应邀参加荔波县举办的水书捐赠大会。恰逢法国社科院芭芭拉研究员、美国文化人类学家朱丽叶女士、南开大学曾晓渝教授、云南民族大学冯英教授等在荔波做语言调查活动，一行人便一同参加捐赠会议。捐献会上，水庆村蒙建周先生捐赠 37 本水书，《金银卷》就在其中。当天，岜鲜、拉易村的水书先生潘老平，捐赠了画有骑马彩绘图案

荔波县水庆村蒙建周先生（右）捐赠水书

及梅花鹿图案的水书。

对于《金银卷》，笔者和王品魁先生都认为这是水族地区首例木雕印刷的水书抄本。为此，笔者还带着书页照片去咨询了一些水书先生。笔者和吴兴泉曾拿着这些图片去到独山县天星村姑贺寨向水书先生韦凤珠讨教，他看了图片说："过去我好像在九阡的水昂村见过这样的水书。"后来我们又到水昂村去寻找，但该村的水书先生多已故去，没了消息。一些专家鉴定《金银卷》时，习惯用成熟标准的宋代木刻版型、标准的纸张与印墨、规范的雕刻技术与字体、丰富的木雕经验等要件去考量。其实，汉文化传入水族地区很晚，上述要件对于初步学习木刻印刷技术的水书先生是极其困难的。但是，最后有关专家把《金银卷》鉴定为仿木刻水书。

水书《金银卷》集吉利条目于一册，其中既有掌宫推遁及其注释使用的图幅，又有较多的特定含义的奇异符号。有的条目应用注释分解，有的仅有条目没有注释。书中有一幅罗经盘面素图，此种罗经为早期的简易罗经。该盘面仅标注双山正五行、天地三才盘针、七十二龙、二十八宿分金坐度等。还记录了紫白九星、贪巨九星、二十八宿的运用方法等。《金银卷》属于阅览类卷本，主要涉及水族农事、时令节庆、历法、经商、营造、婚嫁、丧葬、祭祀祈福等方面。

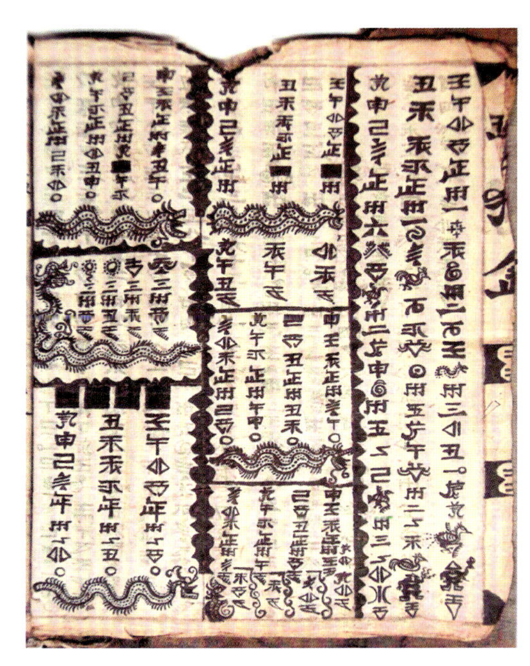

《金银卷》(1)

《金银卷》的特色主要体现在以下四个方面。

一、《金银卷》吸收宋版木刻版图书的编排设计内容与技巧

《金银卷》吸收了宋版木刻版图书的编排设计与木刻技巧，在版面板框、界隔、分栏、版口、版面使用率等方面都突破了传统抄本的原本布局。

水书先生这个群体，在水族社会中虽然被认为是知书达理的智者，但他们并没有像汉族社会中的教书先生一样，受过长期正统的文化教育，他们受汉文化影响的程度参差不齐，书法绘画水平也各有高低。有的水书先生受汉文化影响较深，能写一手标准的楷书，所以在书写水书时，自然而然地体现出明显的汉字楷体的特征，笔画有起有伏，单字的间架结构匀称舒展，字间距和行间距整齐划一，不仅注意天头地脚位置的安排，还注意分段和段首的退格等。他们的绘画功力也较扎实，水书中的配图注重与文字的版面搭配和谐，图画主体形象生动逼真，这明显受到了国画技法的影响。

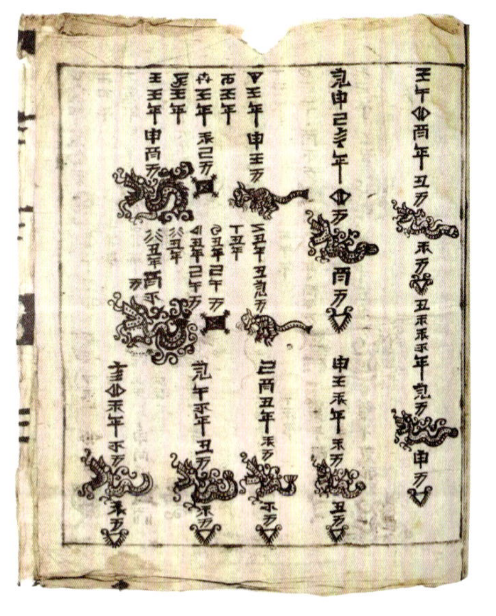
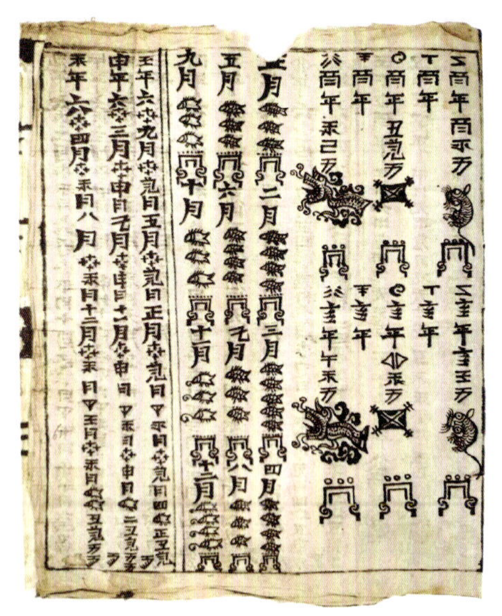

《金银卷》(2)

二、《金银卷》版面设计紧凑，吉利条目多

水书先生大多没有受过正规的汉文化训练，他们书写的水文字像儿童绘画般稚拙，或者带有史前壁画般的原始风味，句首没有退格，几乎每一句都是从书页的顶端开始书写，版式分布常常不均衡，同一页面上为了区分不同的内容，会随意使用各式各样的分割线或分割符号。总体看来，这类水书形制自由不羁，绘画样式不拘一格，洒脱随性，拙朴原始。但是《金银卷》的誊录者（或刻写者）却紧凑地编排栏目，使版心利用率达到最大化。《金银卷》版面设计灵活多样，界隔多样。

《金银卷》汇编水书吉利条目近 200 条，除残损条目之外，现在还能释读的条目有 189 条。该卷本以吉利条目为主，可谓是水书吉利条目最多的卷本。

三、《金银卷》水书异体字多

在《金银卷》中，水书异体字多，如吉利的“吉”共出现 35 种写法。还有不少的字符出现三至五个异体字，多的可达到十几种。《金银卷》中，异体字多的深层次原因有三：一是《金银卷》采集各个家族的水书抄本，受到不同家族抄本的影响；二是刻录者或书写者书写时比较随意；三是运用隐晦含蓄的手法，为了反映与体现出水书的神秘性，这种现象与水书诵读卷《正七卷》中的一个地支有多种读音相似，既是编撰歌书变韵的需要，又是对外隐藏内涵实情的需要。

例如：“吉”字在《金银卷》中就有 35 种写法：第 1 页中出现、、、、，第 7 页，第 16 页、，第 24 页、、，第 27—29 页、、、、，第 33 页、，第 34 页，第 39—42 页、、、、、、、、、，第 47 页，第 49 页，第 56 页，第 74 页，第 78 页、。

又如“春”字有 12 种写法：第 3 页，第 5 页，第 7 页，第 20 页，第 28 页、，第 30 页，第 24 页，第 26 页，第

70 页，第 74 页，第 76 页。

“夏”字有 10 种写法：第 5 页，第 7 页，第 22 页、，第 26 页，第 27 页，第 28 页、，第 74 页，第 72 页。

“秋”字有 3 种写法：第 5 页，第 3 页，第 7 页。

“冬”字有 9 种写法：第 5 页，第 3 页，第 7 页，第 15 页，第 24 页，第 70 页，第 72 页，第 74 页，第 76 页。

“卯”字有 11 种写法：第 1 页，第 2 页，第 3 页，第 10 页，第 11 页、，第 12 页，第 13 页、，第 15 页，第 37 页。

双字符号的不同写法：

“廉贞”有 16 种写法：第 3 页，第 26 页，第 27 页，第 28 页、、、，第 43 页、，第 47 页、、、、，第 52 页、。

该卷中的异体字尚有很多未录入本书，本书仅抄录上述数十个古文为例，略举说明而已。

四、《金银卷》字迹工整规范，绘画生动传神

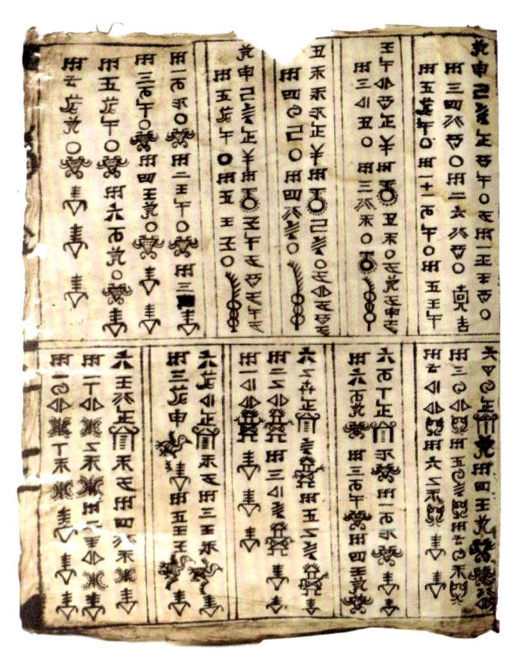

《金银卷》(3)

《金银卷》的价值在于它集多家吉书于一体，内容丰富，条目繁多，分类详细，适用性广，便于多方选择，有水书基础的人都能择用，古今皆宜。

该卷水书在书写绘画、插图等方面有模仿雕版技术的痕迹。因此，时任贵州省图书馆古

籍保护中心的陈琳副主任在《仿木刻版本水书之我见》一文中指出："这些说明抄书人独具匠心地将书法和绘画精妙地融入本水书的抄写当中，是民族文化交融的典型代表，体现了水书抄写的较高水平，堪称仿木刻本水书中的手抄精品。"[①]《金银卷》正如其名，是如金银般贵重的水书抄本。

第九节 水书图画文字：《二十八宿》天上人间遨游

二十八宿原本是古代一种恒星分群定位系统，古人经过长期观测，发现恒星间的位置恒久不变，可以利用它们做参照物来说明日、月、五星运行所到的位置。以二十八宿作为天文观测体系，是中国古代天文学史的一大进步。据《中国天文学史》记载，华夏族先民早就运用二十八宿中的一些宿名记录天文现象，大约在春秋战国时期确立了二十八宿的天文观测体系。二十八宿在水族的社会生活中产生了深远的影响，但其衍变发展与汉族二十八宿还有些明显的差异，其中有12个星宿物象的名称与汉族不同。

水书《二十八宿》推算抄本（1）

① 陈琳：《仿木刻版本水书之我见》，《贵州文史丛刊》2008年第4期。

在水书抄本中，《二十八宿》的具象图案、简笔画文字、象形文字、抽象符号等富有特色，可谓是百花齐放。由于水书先生延续其家族的风格及个体的爱好与素养的差异，或受师承关系的影响，导致在《二十八宿》抄本中，有的竹签笔字迹如甲骨文，有的笔韵拙朴，有的描绘细腻，有的象形粗放，有的涂朱加彩，使抄本五彩纷呈，这些成为水书最具特色的文化亮点。

古代，汉民族的先民把天空划分为28个区域，并分别给它命名为“角亢氐房心尾箕，斗牛女虚危室壁，奎娄胃昴毕觜参，井鬼柳星张翼轸”，并以相应的物象“蛟龙貉兔狐虎豹”等对应配搭，再分“日月金木水火土”七个类别，组合成规范的星官名称，如角木蛟、亢金龙、氐土貉、房日兔、心月狐、尾火虎、箕水豹等。由于二十八宿在赤经范围所分布的星空区域大小不一，因此各自占据的星距度数也多寡不等。湖北随县出土的漆箱盖二十八宿图就是很好的例证。所谓“宿”，与现代说的“宿舍”和古代所说的“驿站”之意相似，是止宿寄宿之所，正如王充《论衡·谈天》所云：“二十八宿为日月舍，犹地有邮亭，为长吏廨矣。”这是人们把日月运行所经过星空的28个重要区间，用各种物象命名的结果。这也是天文学发展的重要标志。

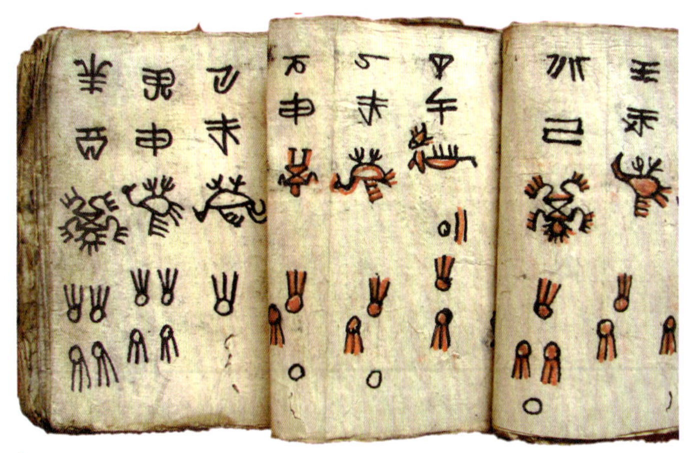

竹签硬笔书写的二十八宿推算抄本（潘朝霖藏）

水族二十八宿的诞生，肯定与水族先民观测天象、制定历法有关，也与水族流行的天人合一及寻求鬼神赐福消灾的观念有关。20 世纪 60 年代初，笔者的水书先生谢吉章老人说："二十八宿是把守天上方位的神物。"这显然是把二十八宿的物象神化了，但其"把守天上方位"的天象观察实质却没有改变。

水族和汉族的二十八宿物象，相同的有 16 个，相异的有 12 个，从下文的对照表中更容易分辨二者的异同情况。

（红色为差异宿名） **水族 汉族 二十八宿名称对照表** 潘朝霖制表

汉族宿名	水族宿名	汉族宿名	水族宿名	汉族宿名	水族宿名	汉族宿名	水族宿名
角木蛟	雷宿	斗木獬	蟹宿	奎木狼	螺宿	井木犴	鹅宿
亢金龙	龙宿	牛金牛	牛	娄金狗	狗宿	鬼金羊	鬼宿
氐土貉	竹鼦	女土蝠	女人宿	胃土雉	雉宿	柳土獐	蜂宿
房日兔	兔宿	虚日鼠	鼠宿	昴日鸡	鸡宿	星日马	马宿
心月狐	太阳宿	危月燕	燕宿	毕月乌	鹰宿	张月鹿	蜘蛛宿
尾火虎	虎宿	室火猪	猪宿	觜火猴	猴宿	翼火蛇	蛇宿
箕水豹	豹宿	壁水貐	鱼宿	参水猿	水獭宿	轸水蚓	蚯蚓宿

对照表反映出水家二十八宿的物象中有 12 个与汉族的相异，约占 43%。但是在新出版的《贵州少数民族天文学史研究》一书中，在比较水、汉二十八宿和水、苗二十八宿异同方面显然存在较大的失误。水家以雷代蛟、竹留代貉、太阳代狐、妇代蝠、鱼代貐、螺代狼、水獭代猿、鹅代犴、鬼代羊、蜂代獐、鹰代乌、蜘蛛代鹿。究其原因，水族在确定二十八宿物象或引进汉族二十八宿物象时，把万物有灵的原始宗教信仰、天体及天象崇拜、生殖崇拜、图腾崇拜、鬼神崇拜等杂糅在一起。因篇幅所限，这里略举几个具有差异的物象事例。

水族以雷代角木蛟，是天象崇拜的反映。水族奉雷为最高的天神，称其为 ni^{4} qam^{4} na^{4}，直译为母头雷，表明其最高头领是母性。民间有"天上雷神大，人间舅爷大"之说，这带有母系社会遗俗的明显烙印。因此，水族先民在确定星空区域的主宰时，毫无疑义地把雷神列在榜首。在二十八宿中，雷的宿名念作 qonŋ[4] mok[8] qa:u[1]，谐音为“公木高”，将其属性演化为男性的“公”。这又说明了水家二十八宿的形成，当在水族母系社会溃败之后的父系社会时期。用水家古文字编辑的“水书”卷本，冠上“水书”之名，应当在水族形成单一民族的唐宋、明清时期最为鼎盛。水家古文字的产生，其年代更早，莫友芝、岑家梧、张为纲等先生认为与殷商甲骨文、钟鼓文有联系。甲骨文的问世全仰仗于王懿荣先生，但至今也只有 100 多年。因此，用水族古朴、稚嫩的象形文字记录的二十八宿资料还是具有一定的历史价值。

在《二十八宿》的水书字符中，雷神的字符有七八种之多。个别手抄本把雷神绘成尖嘴神人在云中执锤凿状，这是受汉文化影响较深的近代作品。岑家梧先生对水族文化研究有极大贡献和不少独到见解，但认定水族雷神之宿为“象蟹形，以蟹代蛟”，则是明显的失误。

水族以太阳代心月狐，是天体崇拜的产物，水书字符作光芒四射的太阳状。水家认为天人合一，太阳依旧是个富有生命力的神体，它的光照耀大地，还兼守星空一隅。水家的太阳宿在岑家梧先生言中是：“心宿原为狐，水书作太阳形。”

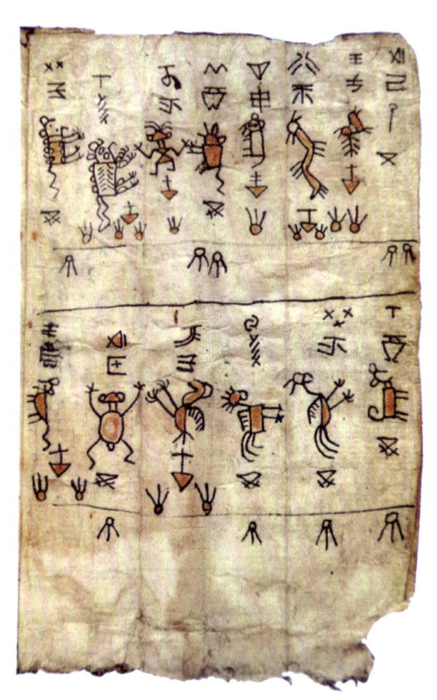
《金银卷》(4)

水族以鱼代壁水貐，源于鱼图腾崇拜。作为古代百越族群骆越后裔的水族，由于过去生息的地理环境，在生产生活中形成了对鱼类的依赖，并且企慕鱼类旺盛的生殖力。水族神话有洪荒肆虐年代，是双鱼托住躲在葫芦中的兄妹俩，后来兄妹俩成为人类再生的始祖。水族绝大部分地区祭祖及丧葬祭祀，都禁食畜兽禽类油肉，而不禁水产品，反以鱼为至珍祭品，如用鱼包韭菜的祭品供馔。年节不尽统一的水族，在过盛大节日端节和额节时，“除夕”及“新年初一”早晨的祭祖依旧忌荤而尚鱼。丧葬时以鱼子撒于坟上封土，以立双鱼托葫芦石雕碑为荣。起新房及接亲时，用新土罐盛两条活鱼提到现场祝福。生儿育女往往以鱼虾代表男女婴儿来回答外人的询问，接亲时以罩鱼笼及金刚藤叶为发亲信物。总之，在水族人的社会生活中，任何动物的影响都不及鱼类。因此，二十八宿中，水族以鱼代貐，那是极为自然的事。岑家梧先生云：“壁宿为貐，貐讹为鱼，以龙代鱼。”其实并非是错讹，而是水族特意选用鱼作壁宿的物象。因此，水书用鱼之象形字符表示壁水貐所代表的星宿。

水族以鬼代羊，源于水族是典型的泛神民族之一，至今民间流传的鬼神有七八百个之多。天上二十八宿所对应的物象，是与水家现实生活密切关联的物种反映。水族社会生活中的重大鬼类，自然成为守护一方星空的神灵。在水族的观念中，善鬼即是神，为善；恶鬼即是怪，为恶。水书二十八宿的讲解歌诀还反映出各类宿种既能为善，也能作恶，靠的是人善于利用纳福祛邪的哲学思维。

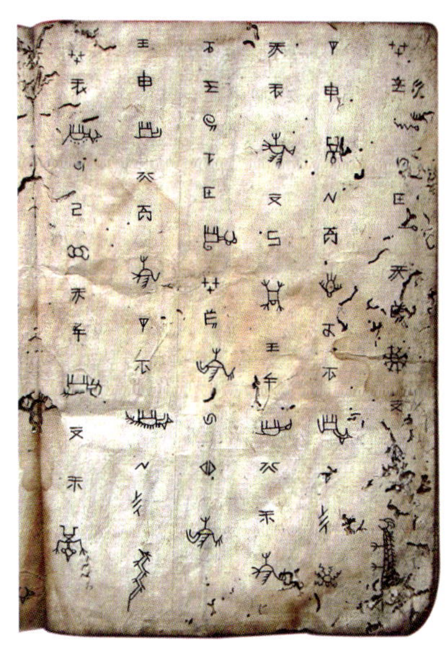

水书《二十八宿》推算抄本（2）

水族以水獭代猿，因獭是鱼图腾类的克星，这与水族重视渔业有关。过去，有人曾驯獭帮助捕鱼。为防水獭偷鱼，人们用大青石板向内斜铺，圈围鱼塘四周，偶有偷袭的獭，掉进去也难逃生。

二十八宿的水族古文字，尚未发展为抽象的文字，依旧停留在象形文字及画图示意的阶段。有的描摹物象的全貌，如龙、鱼、鼠、兔等宿；有的似简笔画，如鹅、蛇、蚓、螺等宿；有的以偏概全，绘出头部显著特征以代整体，如牛、虎、豹等，豹比虎机灵故比虎多绘两只眼睛；有的则以物象形状加其喜好物品以提示点拨，如猴用人形加上其攀缘的树枝，獭则加上一条鱼。

在水族生活中，对二十八宿的掌握仅为熟悉水族原始宗教典籍人，即水书各卷本的水书先生，凡水族人在嫁娶、丧葬、起造、生产或进行巫术活动时，选择的日子都要兼顾二十八宿，尽可能做到趋吉避凶。下列就是水族人运用二十八宿较为典型的事例。

求雨敬霞神是三都、荔波等县的水族村寨祭祀雨水神——猪首形神石，祈求降雨保丰收的盛大原始宗教活动。日子选择毕月乌宿为上吉，水族为老鹰宿，各队的带队头人着黑衫、摇乌鸦或老鹰羽翅做的羽扇前行，有令乞丐穿白衣以松针刺母猪阴部的巫术、打泥水仗的喧闹和乞求高竿公鸡啼鸣唤雨的神秘举动。《史记·天官书》云：“毕动兵起，月宿多雨。”《史记·仲尼弟子传》云：“月离于毕，俾滂沱矣。”水族民间求雨重毕宿的现象与汉民族古籍有惊人的相似之处。

问亲、放养鱼类——用鱼宿（壁），而忌水獭宿。因鱼生殖力旺盛，过去婚姻以生育为根本目的。得鱼宿当令或值日，会使人丁兴旺，渔业丰产，当然要避克星的獭宿。

问亲、定亲——用蜘蛛宿（鹿）或鱼宿（俞）。蜘蛛结网，上下来往不厌其烦，这种现象会转嫁到联姻的双方，使之常常走动，亲密无间。用鱼宿则祈求人丁兴旺。

修鸡舍——用昴日鸡宿，忌鹰宿（毕月乌）。

吃新米——用鱼宿（壁水貐）、燕宿，忌猪宿。犯了猪宿，担心如猪一样暴食，而又使人增添惰性。

赶新场——用蜂宿（柳），使众人自然汇聚，喧闹声如聚蜂轰鸣。

修米仓——忌鼠宿，用鹰（毕月乌）宿。水族星宿歌诀云：“虚日鼠，扛梭结队，啃断提绞绊……”犯之将受鼠害。

看病——忌鬼（羊）宿，在鬼宿值日之期去看病，将是病上加病。

水族对二十八宿在生活中的宜忌现象，其思想根源还是万物有灵论及现实生活类似现象的联想或想象，实际上很多结果都事与愿违。这种异化现象，越到后期越明显。但是，二十八宿用法在水族中的异化，并不妨碍水族人民对天象的观测，也不排除二十八宿仍然具有的天文意义。此说颇有见地。有经验的水书先生在观察天象或者判定方向时，二十八宿的星空定位系统对他们依旧有帮助。

二十八宿名称，水族与苗族有 26 个相同或基本相同，占 92.9％，并且都有诸如雷、蜂、獭、蛛、鼬、太阳、鹅、鹰、鬼等奇特的物象。丹寨县的王凤刚先生虽然是水族，但是对苗族文化更为熟悉。1995 年，他在《苗侗文坛》第二期发表《苗族历法刍论》一文，就论及二十八宿内容。

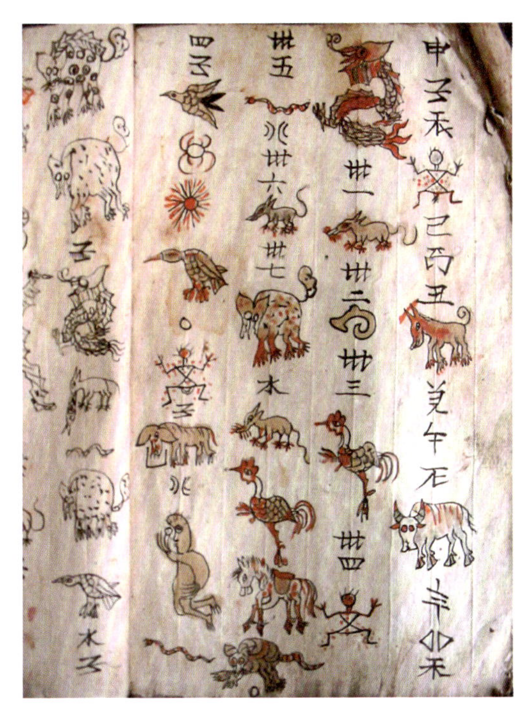

水书《二十八宿》推算抄本（3）

水族和汉族二十八宿中相同的有 16 个，相异的有 12 个。苗族和汉族二十八宿中相同的有 15 个，相异的有 13 个。水、苗、汉 3 个民族的二十八宿中，共有 15 个宿宫名物象相同，占 53.7％。由于水家的兔宿与房日兔的物象相同，所以水、汉相同的宿宫物象比水、苗的相同宿宫物象多1个，为16个。从对照中可以看出，二十八宿的宿宫物象相同者，苗、汉有15个，占53.6%；水、汉有16个，占57.1%；苗、水有26个，占92.9%。3个民族在天文学史上的二十八宿中存在如此多的联系，这种文化现象表明各民族之间的文化交流十分密切。

从水族和苗族二十八宿的宿名物象异同的对照中，我们很容易看出水、苗两个民族二十八宿的异同情况，相同或基本相同的有26个，有差异的只有2个，这是一个很值得研究的问题。有明显差异的两个宿名是：

房日兔，水族为兔，苗族为野猫。

壁水貐，水族为鱼，苗族为小龙。

在相同或基本相同的26个宿名中，有4个存在较小的差异：

亢金龙，水族为龙，苗族为大龙。

尾火虎，水族为虎，苗族为大虎。

箕水豹，水族为豹，苗族为小虎。

牛金牛，水族为牛，苗族为水牛。

可能存在上述差异的缘故，丹寨县学者王凤刚先生说："苗、水二十八宿名，直译名相同者竟达22个。"其实，只要认真分析就会发现水、苗宿名的实质是一样的。如牛金牛，水族的字符为水牛头形的简笔字，在读音上笔者与水书先生确认过就是指水牛，而非黄牛，宿名虽云牛，但物象实指水牛。这与苗族是相同的。水家所云的龙与苗族的龙是一致的，为同一物象。苗族将虎豹分为大虎、小虎的现象，水家也有虎豹是兄弟之说，水家称豹为虎之弟。苗语称虎为"秀"，称豹为"秀豹"，只是多在禁忌或宗教场合中称豹为小虎而已。由此观之，这4个表面有小差异的宿名，所指的物象在水族和苗族中没有实质性的差异。另外，女土蝠，水书先生统称为"妇女宿"，意为母性宿，即为已婚育的女性宿，其指代的物象与苗族的"妇宿"相同。此宿，水族也有写作"女宿"者，但其依旧是"妇宿"的内涵。

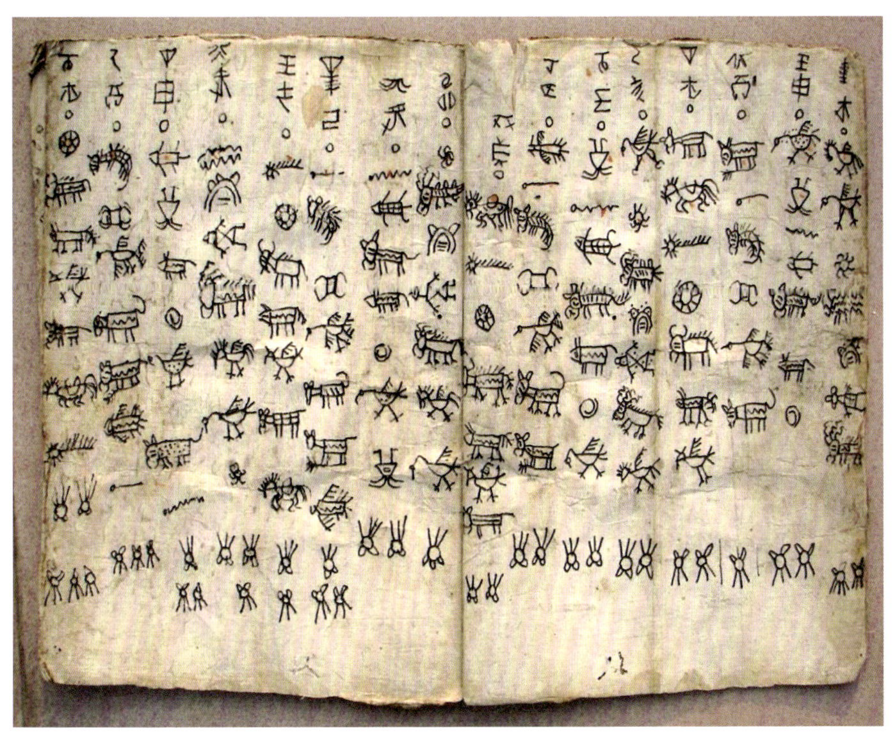

明代用竹签硬笔书写的《二十八宿》水书推算抄本（潘朝霖藏）

水、苗二十八宿的比较研究，水族的多取材于岑家梧老先生之文，而苗族的多取材于王凤刚先生之文。岑老文本因受调查环境、时间及语言等因素的制约，存在一些历史的局限及疏漏，王凤刚之文也因校稿之误把“竹鼬”变成了“竹猫”等。在《现今所见的苗族和瑶族天文历法》所载的“汉族水族苗族二十八宿对照表”中，依旧存在将水族雷宿误为蛟，船宿误为貉，蟹宿误为蝎等现象。表中除了把苗族的竹鼬宿错写为“野猫”之外，还把猪宿错写为“小猪”，小龙宿错写为“龙”，蜂宿错写为“峰”等。该文中还认为水、苗差异的六个宿名：角宿苗雷、水蛟；氐宿苗竹猫、水貉；房宿苗野猫、水兔；箕宿苗小虎、水豹；斗宿苗螃蟹、水蝎；壁宿苗小龙、水鱼。其实，应做如下修正：角宿苗水俱为雷；氐宿苗水俱为竹鼬；房宿苗为野猫、水为兔；箕宿苗为小虎，物种为豹，水亦为豹；斗宿苗水俱为蟹；壁宿苗为小龙，实指鱼的一种，

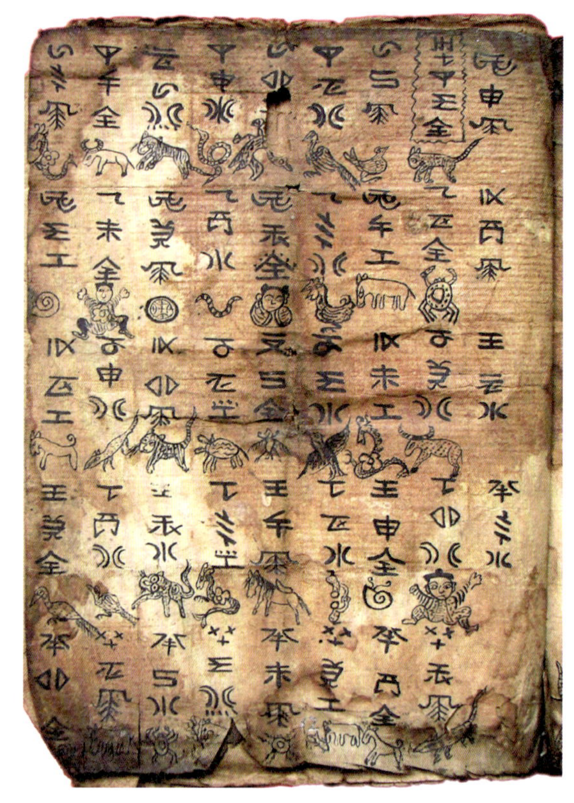
水书《二十八宿》推算抄本（4）

水族亦称为鱼。在水族地区鱼备受崇尚，尊为图腾，有鱼跃龙门、鱼龙漫衍，鱼化龙的鱼身鱼尾，龙头的变形，双鱼托葫芦石雕等，所以也有称鱼为小龙之说，只不过不常用而已。

正如前述，汉族宿名的全称是三个字，由宿名、属性、物象三部分组合而成，如室火猪，多称室宿而不言其在天空中星际间虚联的物象猪。但水、苗的宿名与物象重合。因此。水、汉相互间的宿名比较都应以物象作为基础，否则就难以深入展开。若依物象来对比，水、苗、汉的女鬼二宿也不相同，汉之女宿物象为蝠，而水、苗为妇人，汉之鬼宿物象为羊，而水、苗为鬼。

水书的二十八宿，在天上管星空分野，窥探人间祸福，在人间就分管水家具体生活类别的宜忌。一切的一切都是水家人依据自身对自然、对社会、对人生认知的感悟与升华而产生的。

第四章　神韵水书

第一节　《诵读卷》：学习水书最基础的读本

水书《诵读卷》是学习水书最基础的读本。《诵读卷》可分为应用诵读卷与理论诵读卷两部分。应用诵读卷如《正七卷》《春寅卷》《亥子卷》等。理论诵读卷主要指讲解的歌书类，如《九星诵读卷》《讲书歌诀》等。本节主要介绍应用型诵读卷，并以《正七卷》作为代表进行介绍。

一、《正七卷》的基本概貌

水书基础的读本，水语称为“泐嘎（le^{1} qa^{1}）”——诵读的书，或“泐竿（le^{1} $qa{:}n^{6}$ 或 le^{1} $qa{:}n^{3}$）”——主干的书。水书基础读本开卷篇目的首句读音，往往成为人们命名的依据。由于地域的差异和水书先生传承关系的不同，水书基础读本开篇起句不完全统一，人们习惯以开卷起句的前几个字的读音为卷本名称，如《正七卷》、《春寅卷》、《亥子卷》、《丑牛卷》（又名《正午二牛卷》）、《甲己卷》（又名《寅亥戊卷》）等。由于大多数水书先生的基础读本以“正七连庚甲”为开篇之句，因此《正七卷》也成为基础读本的代名词。王品魁先生译注的《正七卷》就是较为通行的水书基础读本。

水书基础读本之所以被称为“泐嘎（le^{1} qa^{1}）”——诵读的书，是因学习方式以诵读为主。因为学习水书，只有《正七卷》须要特别通本朗读背诵，其他卷本大多仅需翻阅查看。《正七卷》读本的构成，分为文字部分和诵读部分，并且两者是有机结合互为补充的。这是由于水族古文字常用的单字只有 800 多个，难以对应记述日常交流的词汇，因此在用水族古文字简单书写的条目中，要另外用水语配字配音使之成为完整的句段，把每个条目编成完整的诵读篇章。人们学习了这种类似民歌体例的基础读本《正七卷》，读着朗朗上口，容易记忆背诵，为今后的运用奠定了良好的基础。

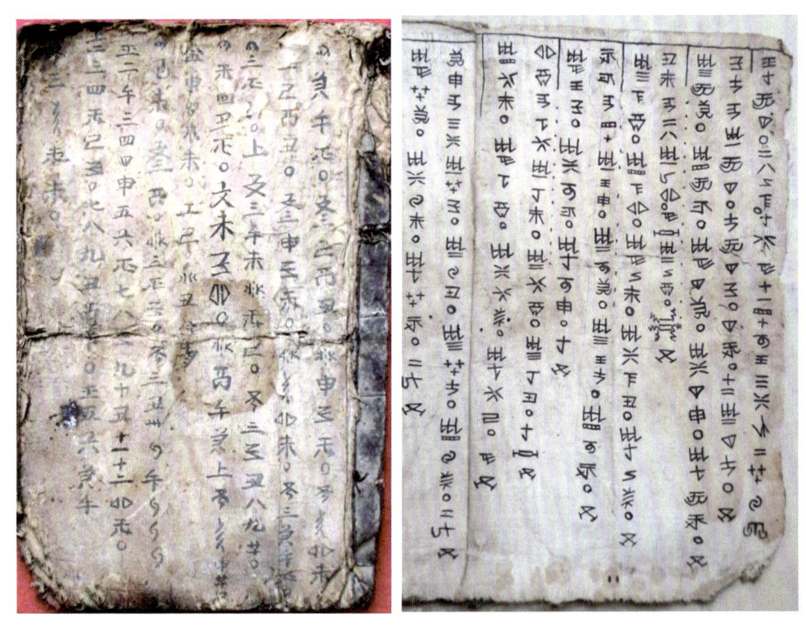

水书基础读本

水书基础读本又称为“泐竿”——主干的书，这是从使用功能上做出的称谓。因为《正七卷》所诵读的各个条目的宜忌，应注意选择的日期、时辰、方位等，只是相当于主干部分，没有细化到属于何年何月或六十甲子中的具体日了。通常是人们在熟读《正七卷》，掌握这条主干之后，再到相关的卷本中查寻具体宜忌的日、时及方位。

水书基础读本《正七卷》，一般收录的水书条目有 150—180 条。因此，历代的水书先生都把习读基础读本《正七卷》作为传学授业最重要的基础课。

水书基础读本的篇章排列顺序因地域关系和师承关系的不同，其编排的方式及顺序都存在差异，有的按月份、年份、季节顺序排列，有的则正好反过来排列，但书中收录的篇名大致一样。水书伴随水族人民走过了漫长的岁月，但由于多种原因，水书没有出现过统一的刻印版本，全靠民间水书先生手抄及口传心授。在抄写流传过程中，由于师承关系和学习者的才智差异，以及各地的语音关系，使水书在漫长的流传岁月中，形成了较为独特的风格，但难免存在抄写错讹与误读的现象。由于师承面窄，加上保密性较强，水书先生互相切磋研究的机会极少，往往出现了唯我独尊、唯我正宗的观念，使水书很难实现真正的统一。因此，就基础读本《正七卷》而言，各地存在差异，那也是十分正常的事。

由于水族古文字尚未发展成为可通行的文字，因此难以对应记述日常生活用语。《正七卷》被称为“泐嘎（le^{1} qa^{1}）”或“泐竿（le^{1} qan^{6} 或 le^{1} qan^{3}）”，意为诵读本、诵读条纲本、诵读主干本，主要原因是在每个条目简要的文字符号的基础上，靠配字配音配歌使其成为完整的篇章。下面以《梭项》(so^{3} ha:ŋ^{1}）条目为例。

用水族古文字书写的部分，由“正七连庚甲”起，至“三、六、九、十二月忌戊己日”止，这部分水文字记述，大致与水语对应。但是篇末后续的五句，没有对应的水文字书写，全是口传心授的民歌体段落，属于篇尾的配歌，或称副歌。这些配歌，带有解释、说明和渲染篇名使用宜忌的作用。《梭项》条在“三、六、九、十二月忌戊日己日”之后的诵唱均属配歌。

pu^{3} tsi^{6} so^{3} ha:ŋ^{1}.

都 忌 梭 项。

van^{1} so^{1} ha:ŋ^{1} fe^{5} ma:ŋ^{1} me^{2} tju^{5},

日 梭 项 做 鬼 偏不 断，

van^{1} ɕot^{8} lu^{6} ha^{3} m̥u^{5} qai^{3} kau^{2}.

日 血 路 杀 猪 偏不了结。

kau^{2} ha^{3} m̥u^{5} qai^{2} tju^{5} ȶit^{7} ʔɣa:ŋ^{1},

高 杀 猪 偏不断 病 弱，

sən^{2} so^{1} ha:ŋ^{1} taŋ^{1}.

怪 梭 项 来。

《梭项》条配歌的内容与篇目名称“梭项”有紧密联系。“梭项”，水语的语义为植物根系发达，盘根错节。梭项鬼的功能和特性与根系发达盘根错节的原始观念有关，带有巫术相似律的特点，并推及生产生活的方方面面。因此，水族先民认为用“梭项”日子来举行各种祭鬼活动，都不能消除鬼怪作祟为患的根。如果祭鬼的这一天正好与“血鲁”鬼的日子重合，那么杀再多的牲口来祭鬼，也免除不了鬼怪留下的祸患灾难。“梭项”日若用于安葬，则重丧相连，灾祸不已。但是，如果在“梭项”日去定亲、开亲、买田、放债、作保家鬼，则又可以亲上加亲，福上添福。这又是朴素辩证观念在鬼神世界中的反映。

《正七卷》的配字、配音、配歌，不是固定的一种模式，可根据各个条目的具体情况，有机地进行组合。如《龙犬》条的配字、配音、配歌方式与《梭项》条又有差异，《龙犬》的配字、配音改变为配字变音的配歌。

《龙犬》首句“辰戌年丑方”，若按常规依照字面文字念读，配歌变音读为“龙犬牛逃伤（ljok^{2} qhon^{3} n̥u^{2} tau^{2} sja:ŋ^{1}）”。以此类推，一直用变音配歌的形式读完十二个地支年。另外，变音配歌中，要省出“年”的读音，配上相当于连词作用的水语配音，让学者从变音异读的语义中去领会条文含义。篇末的副歌，则极力渲染《龙犬》条目导致重丧的悲惨境况。

ʔbən^{1} ʔda:ŋ^{1} mi^{4} lən^{4} khən^{3} tjoŋ^{1} huŋ^{5}.

天 亮 未 尽 渐 抬 放

天快黑时，慢慢地抬灵柩安放。

huŋ^{5} ha:i^{2} mi^{4} ɣau^{4} tsau^{6} pja:i^{2} ʃən^{2}.

停 棺 未 整齐 双 排 坟

停柩未整齐，又一副灵柩并坟排。

fən^{2} mu^{6} mi^{4} ɣok^{8} qo^{3} tok^{7} nam^{3} ^{n}da^{1}.

坟 墓 未 草 就 落 水 眼

坟墓未长草，又掉新泪水。

ʈi^{3} ha^{1} mi^{4} la:n^{6} qa:n^{6} le^{1} ʔu^{1} ɣa:n^{2}.

纸 皮 未 烂 竿 书 上 房

构皮做的吊丧纸未烂，新的吊丧竿又飘在房上。

ʈi^{3} tsa:i^{1} mi^{4} ljeu^{4} qo^{3} ʈi^{3} tsam^{5}.

纸 扎 未 完 又 纸 扎

原来吊丧纸扎活未做完，又来新的纸扎活。

ʈi^{3} tsam^{5} mi^{4} ljeu^{4} qo^{3} kham^{5} tu^{3} tjam^{2}.

纸 扎 未 完 又 倒 相 压

吊丧纸扎活未完，新的死亡又倒下相重。

ɣa:n^{2} ʔu^{1} ʔȵe^{3} ɣa:n^{2} te^{3} qo^{3} tsa:i^{1}.

家 上 哭 家 下 又 再

上家哭罢，下一家又哀号相连。

ha:ŋ^{5} ljoŋ^{2} ʈon^{3} sam^{5} zən^{1} tu^{3} njem^{2}.

埋 龙 犬 倒 人 相 连

用龙犬日安葬，接连死人犯重丧。

《龙犬》条目的副歌所预视的重丧，其真实性如何，在此姑且不论。但副歌在推动水族歌谣的艺术发展方面有着重大的意义，一是对句型结构的重大突破，二是对押韵方式的突破。

传统的水族歌谣多为三、四分节停顿的七言句，如“初造人，天下黑乎”。而《龙犬》条目的正文及副歌句型却有重大的突破，在一件作品中同时出现五言句、七言句、八言句。而七言句中，既有传统三、四分节停顿的七言句，又有与汉语民歌相似的四、三分节停顿的七言句。

正文部分，从“龙犬牛群伤”到“鸡兔十蛇方”，六句中开始注重尾韵的运用，这在传统水族歌谣中是一个先例。这与传统水族歌谣以头、腹、尾韵回环相押的现象又迥然相异。

副歌的第一、二句和第五、六句是七言句，已突破传统水族歌谣三、四分节停顿的规律，演化为四、三分节停顿，与汉语民歌句型结构相同。

歌谣第三、四句是八言句，为四、四分节停顿，这在传统水族歌谣中极为罕见。

副歌末尾两句又为传统水族歌谣的三、四分节的七言句。

在《龙犬》这一条目中，五言句、八言句，两种分节停顿结构的七言句交替出现，并呈偶数句列，工整对称，错落有致。在副歌中又保留了传统水族歌谣头韵、腰韵、尾韵相回环交织相押，用韵自由，朗朗上口，若懂水语的人还能领悟其中音韵声律的美感。“传统的水家歌谣绝大多数都采用三、四分节停顿的七言句，虽然具有统一的规范美，但过于工整又失之于呆板，显得不活跃。同时，句子较短却限制了个别需要充分表述其内容的环节。《水书》诵读本的句型有所突破发展，是水家口头文学逐步向高层次发展的表现。”①

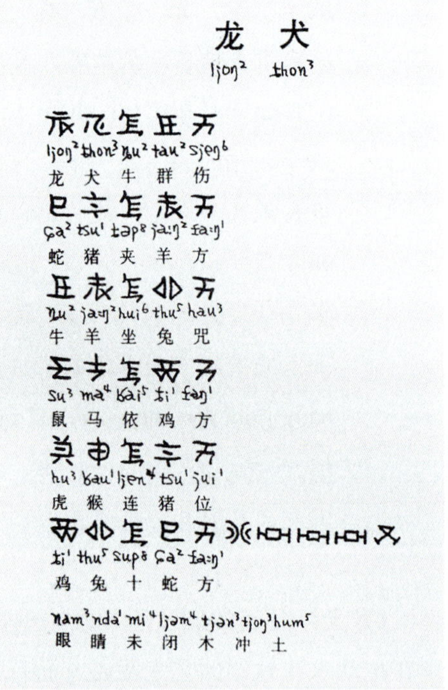

《龙犬》条目选录自王品魁译注《正七卷》

---

① 潘朝霖：《水家巫祝文学浅识》，《民族艺术》1993 第 2 期。

二、《正七卷》篇目名称命名的几点规则

1. 以该篇开头两字读音命名

《正七卷》是水书基础读本，开卷是《梭项》篇，其首句念“正七连庚甲”，因其不是代表《梭项》篇，而是全卷书的代称，故名《正七卷》。在水书基础读本中，篇首二字为“正七”的条目很多，为便于区别，具体篇名便不称为“正七”。

《龙犬》篇，其首句水语念 ljok^{8} ʈhon^{3} ȵu^{2} tau^{2} sja:ŋ^{1}，谐音念“龙犬牛群伤”，而龙犬正是地支辰戌的生肖，因以为名。

《虎牛》篇，其首句念 fu^{3} ȵu^{2} ljoŋ^{2} ma^{4} ʈa:p^{7} qeŋ^{1} fa:ŋ^{1}，谐音念“虎牛龙马甲庚方”。《虎牛》属生肖汉字音转，意相同，也记作《夫牛》。另外，也有人记作《绍鞋》或《绍骸》，是从末句配音歌句摘二字读音为题，同时又与安葬尸骸的“骸”有关，故名。

《虎兔》篇，其首句念 fu^{3} thu^{5} ljoŋ^{2} sja^{2} ʁau^{1} pa:i^{1} kən^{1} ɕi^{3} su^{3}，谐“虎兔龙蛇要败更子丑”，篇名为虎兔音转，意相同，或记为《夫土》。

另外，也有以篇目首句第三、四字读音命名的。如《虎狼》篇，首句念 tsjeŋ^{1} ȵot^{2} fu^{3} la:ŋ^{5} jon^{6} fu^{3} li^{2}，谐音念“正月虎狼远虎立”，取第三、第四字“虎狼”为篇名，为水语 fu^{3} la:ŋ^{5} 音译。

2. 以篇目的中心含义命名

以篇目的中心含义命名，是水书条目命名的主要形式。

《半用》篇，水语念 pa:n^{5} joŋ^{6}，谐“半用”，属音译，意为夭殇、短命的半世人。水族先民认为安葬亡人逢上《半用》，则后裔寿命不长，故水书讲能歌云：“葬半用，公死老早。崽未能呼，父去墓藏。崽未能喊，父半世死。哭依呜，半用祸殃。”《半用》类的条目分为半用年月日时方等不同的忌戒。

《歹耿》篇，水语念 ta:i^{6} kən^{5}，音译，意为推移。水族先民认为其有推走钱财、粮食、人丁之害，但若用于防御、驱灾巫术，则可推走灾难祸患。该篇首句念：“正五九忌鼠祸路。”

《九火》篇，水语念 ʈu^{3} ho^{3}，音译，意为极度贫穷。大致可分为《九火年》

《九火月》《九火日》《九火方》《九火人》《九火牲》等数篇。

《代排》篇，水语念 tai¹ pja:i² 或 pja:i²，音译，意为重表，接连死人。除了《排年》《排月》《排日》《排时》《排方》等篇之外，还分《排登》——孝家重表，《排片》——三家六房重表等篇。

《姑又》篇，水语念 ku³ jiu¹，属音译，意为剪刀尖的恶鬼，或称剪刀煞，分《姑又年》《姑又日》《姑又方》等篇。

类似以篇目的中心含义来命名的还有饥饿鬼类的《计饿》《计饿酒》《计饿方》，坑害女婿方之鬼类《歹瓦》《歹瓦控》，惨遭灭门大祸的《灭门》，引发火灾的《时玉》，导致恶死恶伤、死于非命的《杀伤》《伤命》等篇目。

3. 以植物特征命名

以植物为水书篇名者，多用其引申义或隐喻义。

《亚夷》篇，水语念 ʔŋa¹ ʁi⁴，意为野芝麻，实为野紫苏，多生长在荒芜的屋基，即用其生长地点的特征指代人烟绝灭。水书歌诀云：“公屋基没人人守，父屋基没人守了……鸟兽聚吃泡热闹。”

《梭项》篇，水语念 so³ ha:ŋ¹，意为根系发达，盘根错节，引申、指代为连续发作、难以断根的鬼。

以植物特征为篇名的，《壬辰卷》中抽枝长叶、生机勃发的《杜空》(ndju¹ khum³)，与《梭项》篇十分相似。

4. 以动物名称命名

《五虎》篇，水语念 ŋo⁵ fu³，是意译与音译相结合翻译的篇名。虎为凶祸，五虎为至凶。有的记为《五夫》《五乎》等。

《歹电》篇，或译为《大腻》《天烟》，水语念 te³ ʔdjən¹，音译，意为鼻涕虫。水族先民认为其滑腻，办事易滑脱失手，故不宜渔猎，但利于修禾仓，能防鼠雀为患，利于建造村寨大门和维修防护村寨的栅栏、围墙，能抵挡外来祸患。

《牛哇》篇，水语 ɳu² va³，音译，意为像牛一样蠢笨。在水书中“牛哇”与“天罡”相对立而存在。“天罡”为聪明能辨，善于辞令之意。

《狗犬》篇，水语念 qau³ ʈhon³，属音译、意译相偶合的条目名称。在水书中，地支“戌”有 5 种读音：如生肖“狗”之谐音为 qau³，生肖狗的异名犬

ʈhon³，交错编入诵读的句中，使其生动有趣，避免枯燥。篇名首句云“狗犬猪羊春三月”，即以第一、二字为篇名，有的则记为《六骸》或《六害》，属重表类条目。

《天狗吃骨》篇，水语念 qup⁷ tsje¹ la:k⁷，意译，意为天狗吃骨，属安葬所忌戒的凶神。

《虎煞》篇，水语念 sjaŋ¹ mum⁴，意译，首句念“申子辰忌子四方”。水族先民认为安葬、营造、婚嫁用此日，易被虎咬伤或摔伤等。类似的还有《龙煞》等篇。

5. 以开头数字为篇名

《十平》篇，水语念 sup⁸ pjən²，音译，属丧葬方面忌戒凶日，犯之会导致客死他乡，尸骸难运回家乡。

《九己》篇，水语念 ʈu³ ʈi¹，音译、意译的偶合，属安葬方面忌戒的条目。类似的还有极度贫穷的《九火》。

《八平》篇，水语念 pa:t⁷ pjən²，意译，与《十平》属同类条目，但《八平》有可能将尸骸由他乡运到家乡安埋。

《七散》篇，水语念 ɕət⁷ sa:t⁷，音译，意为七杀，首句念“甲乙马挡道”。水族先民认为若父母丧亡逢此日，应节哀，不能失声痛哭，否则遭祸。

《六戊》篇名，水语念 ljok⁸ mu⁶，音译，本篇首句念“春夏忌六戊”，属嫁娶、营造、生育、走亲方面的忌戒。有的记为“不干”，意为苦瓜，不利生育、婴儿夭殇。以六字开头的篇名还有《六力》《六朵》《六年》等。

《五锤》篇，水语念 ŋo⁵ qui⁵，意译，首句为“正五九忌丁癸方”，办事受到此鬼的连续敲击，凶祸迭起。其属于《姑又》系列中的一个分支。以五字为篇名开头的还有《五虎》。

《四关》篇，水语念 ɕi⁵ kwa:n³，音译，首句为“子丑寅卯日方吉……己日四关”。水族先民认为此日开辟新集市，能使集市贸易兴旺。以四字开头的篇名在《壬辰卷》中还有《四雄》篇。

《三路》篇，水语念 ha:m¹ lu⁶，音译和意译的结合。首句为“申子辰忌鬼金羊”，属安葬方面的忌戒。类似篇名还有《三杀》《三洛》等。

6. **以器物命名**

《引贯》篇，水语念 jeŋ⁵ kwa:n¹，音译，意为斧子。斧口锋利，易伤人。利于开展吊丧开道和惩治盗贼的巫术活动。其首句为“申子辰忌亥吕正”。

《翻梯》篇，水语念 qham⁵ ʔde³，意译。首句为“正四七十上南羊遭翻梯”，为营造方面的忌戒。

《沙朋》篇，水语念 sa¹ poŋ²，音译。“朋”为背在背上当蓑衣用的雨具，掷水中不易下沉，以此指代口舌。水族先民认为此是口舌灾祸之源，忌用于葬仪、官司、说亲、撑寨巫术等。首句为“正四七十上，伤月猿与狗”。以器具为篇名的还有《剪刀头》《姑又》《官印》《五锤》等。

7. **以信仰物命名**

《姑秀》篇，水语念 ku³ ɕu¹，音译。首句为“甲已犬早走”，水族先民认为女子出阁逢此则心猿意马，不安心在夫家居住，习惯称为“绿眼鬼”之邪。

《勾采》篇，水语念 qau¹ za:i⁵，音译，意为在故地盘桓，不愿前行之鬼。水族先民认为接亲逢此日，媳妇眷恋娘家，厌恶夫家。若作抓盗贼之巫术，则易擒拿窃犯。

《风溶》篇，水语念 foŋ¹ joŋ²，音译，意为封存的物品融化了。其首句念“甲已忌日怕溶马”，水族先民认为此鬼促使人财如冰消雪化，渐次消失殆尽，属安葬婚嫁方面的忌戒，若此日出击制敌及做保家保寨的“挡惰”“挡幸”则吉。

另外，以信仰物命名的篇名还有《尖幸》《墓玄》《天割》《某空》《克老》《涌恒》等。

水书基础读本《正七卷》中的各篇名的书写格式，以及所包含的内容大致为某年月日、某季、某方位，利于什么，不利于什么，犯之会产生什么结局，或出现什么恶果等。这种格式类似甲骨文卦辞编写的体例，由时间、前辞、兆辞、占辞、验辞等部分构成。

《正七卷》使用频率最高的是十二地支名称，其次为数词、天干名称、年月方位等。基础读本《正七卷》，初学者必须背得滚瓜烂熟。如果仅凭十二地支原有的单字单音，再有天大本事的著编者都无法避免单调、枯燥、乏味的句型。因此，《正七卷》编著的领袖人物公六夺及其弟子将水书地支读音改为

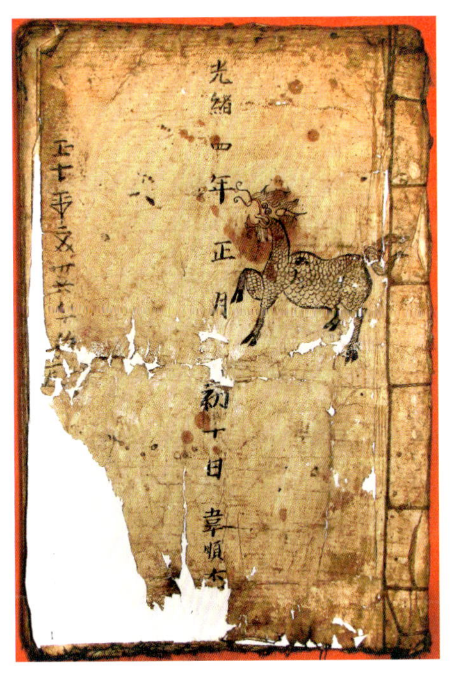

水书《正七卷》绘有麒麟的封面
（韦光荣藏）

多音变读。十二地支中，读音最少的有 3 种，最多的有 8 种。如巳有 3 种读音，辰、未、申、亥有 4 种读音，丑、午、酉、戌有 5 种读音，子、卯有 7 种读音，寅有 8 种读音。这样，为把水书篇目编成民歌体提供足够多的用韵条件，音韵变化多，读之朗朗上口，听之舒心悦耳。同时，用地支变音及辅助的其他配音编成似是而非的诵读句，听之津津有味。地支多音变读不仅克服了单调、枯燥、乏味的弊端，而且还把一些真实的日期、内容隐含于其中，使局外之人听了之后难领其旨，难释其义，为水书蒙上了一层神秘的外衣。

（1）地支“子”有 7 种读音

①水语念 ɕi^{3}，谐音“希”。

ɕi^{3} ŋo^{2} ma:u^{4} ju^{4} van^{1}.
子 午 卯 酉 日
sən^{1} ɕi^{3} sən^{2} ȶi^{6} ji^{1} ljok^{8} ma^{4}.
申 子 辰 忌 寅 六 麻（六麻）

②生肖为鼠，水语读音为 su^{3}，谐音“苏”。

tsjeŋ^{1} ni^{6} ha:m^{1} ȶi^{6} ljoŋ^{2} sja^{2} su^{3}.
正 二 三 忌 龙 蛇 鼠（歹哇）

tsjeŋ^1 ŋo^5 ʈu^3 ʈi^6 su^3 hok^8 lu^6.

正　五 九 忌 鼠 抠　洞（歹耿）

③鼠，水语念 n̥o^3，日常口语读音。

ci^3 ŋo^2 ma:u^4 ju^4 ^{m}be^1 n̥o^3 saŋ^2 tsum^2.

子 午　卯　酉　年　鼠 吊　洞

④八卦“坎”宫的读音为 qha:m^3，谐音“坎”。

su^3 ji^2 ȵi^6 ɕoi^5 qha:m^3 ɕoŋ^3 hɑ:ŋ^4.

丑 寅 二 年 子（坎）中　生（野提）

ʈu^3 qha:m^3 sup^8 ʈui^5 fən^1 sjeŋ^3 noi^6.

九（坎）　十　癸　未　先　内（旁堂）

⑤方位读音为 na:m^2，谐音“南”。水语称罗盘（指南针）为 na:m^2，这里借南实指正北“子”位，但不仅限于指方位，还兼有“子”的其他含义。

qeŋ^1 ɕən^1 ʈi^6 na:m^2 ɕi^3.

庚　辛 忌 子（南）子（沙朋）

na:m^2 ja:ŋ^2 sa:u^5 qha:m^5 ʔde^3.

子（南）羊 少　翻　　梯（翻梯）

⑥方位读音为 na:m^6，谐音“南”，由 na:m^2 变调而成的另一读音，实指地支中“子”。

pjeŋ^3 ȵum^2 qeŋ^1 ʈa:p^7 na:m^6 ɕen^1 ɕi^3.

丙　　壬　庚　甲 子（南）现 子（羊案）

⑦“子”变音读 sui^{3}，音译、意译为“水”。

ȶa:p^{7} ʔjət^{7} ja^{3} foŋ^{2} sui^{3} ɣui^{4} tsu^{1}.

甲　乙 夏 逢 子（水）酉 亥（引贯）

“子”变音读为“水（sui^{3}）”，是子居正北，壬子癸为坎卦属水，申子辰称为水局是以子的五行属性而定，因此用五行属性作为“子”的变读依据。

（2）地支“寅”有 8 种读音

①三洞土语区日常口语读音为 ji^{2}，谐音“益”。

ji^{2} ŋo^{2} hət^{7} ȶi^{6} ʁa:i^{3} ljok^{8} ma^{4}.

寅 午 戌 忌 亥　六　麻（六麻）

ɕi^{5} sup^{8} jən^{2} sən^{1} toŋ^{2}.

四 十　寅　申　同（天反）

②阳安土语区日常口语读音为 jən^{2}，谐音“寅”。

jən^{2} qai^{4} mu^{4} tok^{7} su^{3} ʔjən^{5} mjən^{2}.

寅　亥　模　落　丑　引　灭（别库）

ɕi^{5} ŋo^{5} ljok^{8} foŋ^{2} jən^{2} mjəu^{5} ma^{4}.

四 五　六　逢　寅　卯　马（血鲁）

③生肖为虎，借汉读音为 fu^{3}，谐音“虎”。

tsjeŋ^{1} ȵot^{8} fu^{3} la:ŋ^{3} jon^{5} fu^{3} li^{2}.

正　月 虎 狼　养 虎 离（虎狼）

fu^{3} ʁau^{1} ljem^{2} tsu^{1} jui^{6}.

虎 要　连　猪 许（龙犬）

④虎，水语念 mum^{4}，谐音“蒙”。

ʈu^{3} ȵot^{8} ŋai^{1} hum^{4} mum^{4} lui^{5} ʔdoŋ^{1}.

九 月 开 房 虎 下 林（全堂时）

⑤“寅”的特殊读音之一——foŋ^{2}，谐音“逢”。

ʈa:p^{7} ʈi^{1} foŋ^{2} ma^{4} ɕi^{3}.

甲 己 寅 马 子（退到）

sən^{1} ʈi^{6} mak^{8} foŋ^{2} nu^{4} tau^{6} ɕa^{2}.

春 忌 墨 寅 奴 刀 蛇（博略）

⑥“寅”的特殊读音之二——tsoK^{1}，谐音“仲”。

ʈu^{3} thu^{4} sup^{8} tsoŋ^{1} ljoŋ^{2} ɕa^{2} mjen^{6}.

九 兔 十 寅 龙 蛇 面（各木）

⑦“寅”的特殊读音之三——tsoŋ^{2}，谐音“仲”。

su^{3} mi^{6} sən^{2} hət^{7} ʔo^{5} tsoŋ^{2} tsoŋ^{2}.

丑 未 辰 戌 吹 寅 寅

⑧“寅”的特殊读音之四——tha:n^{5}，谐音“坦”。

ʔjət^{7} qeŋ^{1} pjeŋ^{3} tha:n^{5} si^{2}.

乙 庚 丙 寅 时（大杀）

pjeŋ^{3} tjeŋ^{1} pjeŋ^{3} tha:n^{5} jon^{2} ja:ŋ^{2} la:i^{2}.

丙 丁 丙 寅 猿 羊 来（引贯）

由于地支一字多音多读，在押韵、押调和借音、隐义等方面起到了极为重要的调节作用，这是《正七卷》基本读本的特色，同时在《婚嫁卷》《壬辰卷》《分割卷》《丧葬卷》等卷本中也偶有篇名条目用到这类多音变读的手法。

（3）其他地支的特殊读音

地支一字多音读，本书将不再逐次例举，下面只对十分特殊的情况做些分析。

水书地支一字多音诵读汇总表

地支	水语读音	生肖		水语古音或借汉	水语二十八宿读音	水语八卦读音	水语特殊方位读音	水语特殊读音		
		汉语	水语读音					1	2	3
子	ɕi^{3}	鼠	n̥o^{3}	su^{3}	su^{1}	qha:m^{3}	na:m^{2}	sui^{3}	na:m^{6}	
丑	su^{3}	牛	po^{4} kui^{2}	ȵu^{2}	ȵu^{2}	qan^{5}		ŋau^{2}		
寅	ji^{2} jən^{2}	虎	mum^{4}	hu^{3} fu^{3}	hu^{3} fu^{3}			foŋ^{2}	ʦoŋ^{1}	tha:n^{5}
卯	ma:u^{4}	兔	thu^{5}	thu^{5}	thu^{5}	ʦən^{5}	toŋ^{1}	pjo^{6}	ŋa:n^{6}	meu^{4}
辰	sən^{2}	龙	ka^{1}	ljoŋ^{2}	ljoŋ^{2}	hən^{5}				
巳	ɕi^{4}	蛇	hui^{2}	ɕa^{2}	ɕa^{2}					
午	ŋo^{2}	马	ma^{4}	ma^{4}	ma^{4}	li^{2}		pjen^{2}	pak^{7}	
未	mi^{6}	羊	fa^{2}	ja:ŋ^{2}	fa^{2}	fən^{1}				
申	sən^{1}	猴	mon^{6}	jon^{2}	mon^{6}			ʁau^{1}		
酉	ju^{4}	鸡	qa:i^{5}	ȶi^{1}	ȶi^{1}	toi^{6}	se^{1}	ʁui^{4}		
戌	hət^{7}	狗	m̥a^{1}	ȶhon^{3}	qau^{3}	ȶen^{2}				
亥	ʁa:i^{3}	猪	m̥u^{5}	ʦu^{1}	ʦu^{1}			ɥai^{4}		

“卯”字有7种读音，其中变音 toŋ^{1}，是由“东”音变而来，因卯位正值东方。但 pjo^{6} 的谐音为“瓢”，为葫芦之意，在《正七卷》等水书卷本中的变音异读，却是兔子之意，故有“tsjeŋ^{1} n̥ot^{8} qau^{3}，qau^{3} m̥a^{1}lam^{1} pjo^{6}，即‘正月狗，狗猎兔’”之句。由“葫芦”之意转为“兔”之意，当是源于对水家古文

字“卯”的生育崇拜，孕腹如葫芦，洪水神话是葫芦生人的注脚。然后，再转义为兔子，与生肖相吻合。可见，水书创制者为著编水书颇费匠心。卯字还念为 ŋa:n^{6}，语意为鹅，这显得十分奇特。

“午”字有 5 种读音，其中 pak^{7} 和 pjen^{2} 2 种变音显得更特殊。pak^{8} 的谐音“榜”，有“二六十在午（pak^{7}）天方（沙朋）”之句。其读音在口语中只作象声词用，未发现作名词使用。pjen^{2} 的读音谐“变”，有“三兑四艮五尼午（pjen^{2}）（野腊）”之句，其读音与水语老变妈读音 pjen^{5} 相近，估计由此衍化借用。

“申”字有 5 种读音，其中 ʁau^{1}，谐音为“要”，有《血鲁》条的“五十一申猿（ʁau^{1} jui^{6}）许”，属生肖猴的变音叠字句。水语 ʁau^{1} 有“抠”之意，可能由猴子喜好抠摸的动作衍化而来，并与猿字之音相连形成同意叠字句。

“酉”字有 6 种读音，其中 toi^{6} 由“兑”字音变义而来；se^{1} 由酉居正西方，音变义而来；但 ʁui^{4} 音谐“为”，经多方考证尚未得出较为满意的解答。

在中国的传统文化中，水族地支一字多音可谓是独占鳌头，它不仅丰富了水书著编用韵、韵律，增加了水书的神秘性和趣味性，而且为水书的传播插上了翅膀，同时为语言学研究古水语提供了重要资料。其他地支字例，不再赘述。

另外，要特别说明的是，水书基础读本《正七卷》是溢读法、省读法兼用的诵读方式。省读法，即在篇目的正文部分虽写有年、月、日、方，及吉、凶兆象等字符，但诵读时大多都省去不读，而暗记其含义，如《梭项》篇“四十月丙壬日方凶”则只读“四十丙壬防”，省去“月”“方”“凶”等。省读法有句头、句中、句末省读几种方式。

溢读法，即指水书中无此字符，诵读时进行补入、增添。溢读法又分句中溢读、句末溢读、篇末增加附歌溢读等。溢读法不仅可以弥补著编水书时水文字太少的缺憾，而且也为解释篇目主旨提供了形象生动、顺口悦耳的歌谣体句型。如《九火》篇“子午卯酉年寅卯”读为“子午卯酉忙寅败敬忙卯”。又如《龙犬》的篇末，用溢读法形象生动地解读副歌。

省读法与溢诵读法有机地结合使用。根据篇目句型编写的需要，有的篇目用省读法，有的篇目用溢读法，有的篇目则省读法与溢读法兼用。另外，还有倒读法。

水书基础读本《正七卷》，可以说不仅仅是水书的基础读本，更是包含了水族宗教学、文字学、文学、修辞学、语音学、民俗学、历史学等多学科知识的读本。因此，《正七卷》是研究水族历史文化至关重要的内容，值得认真解剖、研究。

第二节　《分割卷》：明晰划分吉凶的大集成

在用水族古文字编撰的水书典籍中，有明晰划分吉凶的水书卷本，水语称为“泐敢（le^1 qat^7）”或“泐典（le^1 $tjam^2$）”，音译为书割或书典，直译为书割或书压，意译为“吉凶明晰分割卷”或“编制历书用的卷本”，是制订水族历书的资料依据。

如果从内涵特性而言，按吉星占主导的卷本分类有：《壬辰卷》《金银卷》《六十龙备要》《吉星》等。

按书名分类卷本有：《万年经镜》（分为上、中、下三册）、《姑底》、《二十八宿》、《正七分割卷》、《正五卷分割》、《春寅分割卷》、《八宫启用卷》、《九星卷》、《泐金》、《泐挡》、《泐贪巨》、《泐时》、《泐方》等。

按使用功能分类的卷本有：《祭祀卷》《起造卷》《婚嫁卷》《丧葬卷》《卵卜》《铜钱卜》《命理卷》等。

水书《分割卷》是相对于水书基础诵读本《正七卷》《正五卷》《春寅卷》等而言。在水书中，基础诵读本相当于大纲、提要、主干，忌戒的年月日时范围很广，外延很宽泛，难以在社会实践中运用。而《分割卷》相当于具体施工图，相当于目，把宜忌时间细化到相关的年月日之下，缩小了外延范围，为精准实践运用提供了依据。

例如水书基础诵读本《正七卷》《正五卷》《春寅卷》等，一般有 100—150 个条目，抄本一般不会超过 40 页。但是，水书最著名的分割卷《万年经镜》分上、中、下 3 册，每册有 500—700 页。这反映了纲要性的《诵读卷》与细目划分的《分割卷》之间的比例关系。水书的社会实践与应用必须依靠《分割卷》才能实施，婚丧嫁娶、起造等重大项目更是如此。

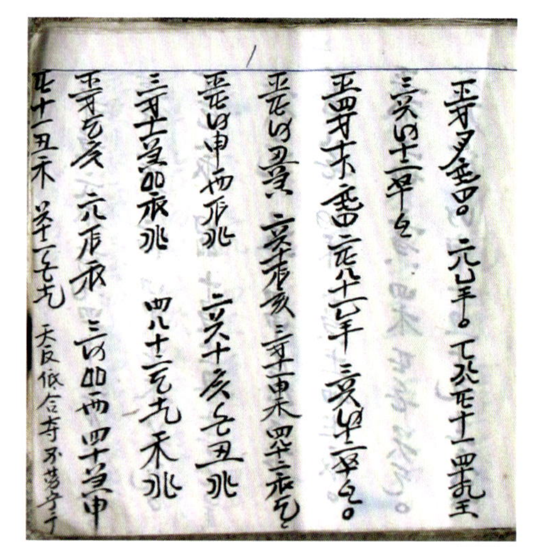

水书国家级传承人欧海金先生誊录的《正七卷》首页

由于《正七卷》只是对水书主要条目的基本构架、要点及主要用途的简要介绍，所以不能作为社会实践的具体依据。《分割卷》则逐篇对吉凶所属的年月日时及四季、第几元等，做了明确的划分，为实践运用提供了明确的依据。

如《龙犬》篇，在《正七卷》中，其首句文字为“辰戌年丑方”。其实际含义为：辰戌年丑日犯龙犬鬼煞。这样推算，辰戌年凡遇丑日都犯此煞，未免太宽泛。而《分割卷》对《龙犬》篇首句的辰戌年做了如下规定：

一元丁亥、丁丑、庚子、庚寅、戊寅、壬寅、乙卯、癸卯日凶。

二元丁亥、丁丑、庚寅、戊寅、戊寅、癸卯、乙未、乙卯、癸未、辛亥日凶。

三元乙卯、丁丑、戊寅、壬寅、癸卯日凶。

四元丁亥、癸丑、壬寅、戊寅日凶。

五元丁丑、戊寅、壬寅、癸卯日凶。

辰戌年四丑方

五十一月及六元乙丑、己丑、甲戌、甲辰日凶。

辰巳年三元辛巳日凶。

戌亥年六元辛酉，七元甲午日凶。

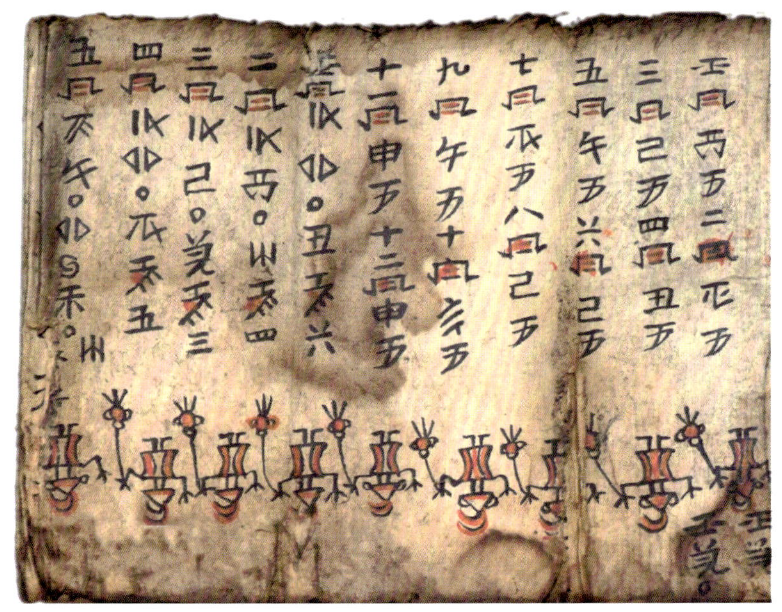

水书中记录巫术活动宜忌的选页

另外，《龙犬·地元》篇有：

辰戌年一元丙寅、丁巳日凶。

辰戌年丁丑、辛丑日凶。五月壬寅、癸卯、乙未日凶。六月壬寅、癸卯时凶。十一月乙酉日凶。

一元丁丑、癸丑……乙未日凶。

……

七元庚戌日凶。

一元、四元辛巳、己巳日申酉时吉。

《龙犬·年》四八十二月戊子、庚寅日凶。

一元丙寅、丁巳、癸未、癸酉、丙辰、壬午日凶。

二元癸卯、癸亥、辛丑、辛巳、甲寅、戊子日凶。

从上述资料可以看出，《正七卷》中“龙犬牛群伤——辰戌年忌丑”仅是条目入门的一种提示和纲要而已。《分割卷》不仅对此内容进行了扩充，而且对其范围作了较严格的界定。

《正七卷》开卷篇名是《梭项》，主体部分为“正七连庚甲，二八乙辛当，丁癸五十一，四十丙壬防，三六九十二戊巳是重表”。这是以月份忌戒天干日子。但在具体运用时，则从《分割卷》探明《梭项》的具体忌戒属于六十甲子的何日，属何年何月等。

如《梭项·二年》：

子午年正七月庚甲日、申巳时方凶。

正七月甲申、甲寅、甲子、甲午、庚寅、庚戌、庚子、庚辰日凶。

七月甲辰、甲戌日凶。

十二月甲子、甲辰、甲午、甲戌、庚子、庚辰日凶。

……

七元庚子、庚申、庚辰、甲寅、甲辰日凶。

一元庚寅、甲寅、己未、乙丑日吉。

二元乙未、辛未、己亥日吉。

五元壬辰日吉。

《梭项·三年》：

申子辰年春三月庚子、甲戌日凶。

正七月庚午、庚子、甲戌、甲子、甲午、庚戌日凶。

正五九月庚子、庚午、甲子、甲戌日凶。

二八月辛巳、辛酉、辛丑、乙巳、乙酉、乙丑日凶。

《梭项·元》：

一元壬午日凶……七元壬辰、乙丑日凶。

《梭项·月》：

正七月甲申、甲戌、甲寅、庚寅、戊寅、癸未日凶、己丑、己未日凶。

九月戊戌日凶。……

《梭项》《龙犬》是 1961 年抄录自三都县阳安公社吉香寨 76 岁水书先生谢吉章先生的藏书。由于师承关系不一样，将其与塘州乡枚坝寨 72 岁潘应先生的《分割卷》中的《梭项》《龙犬》条目对照，发现两者存在很大差异。

潘应版的《明晰分割卷》中的《梭项》条很简单：

正七月甲午、甲庚、庚寅、戊寅日凶。

二八月乙亥、辛亥、己卯日凶。

五十一月丁亥、癸亥、丁未、癸未、丁卯、癸卯日凶。

四十月丙寅、丙申、壬子、丙子日凶。

三六九十二月戊寅、戊申、己酉、己丑、己未日凶。

同样，潘应版的《龙犬》篇的“辰戌年忌丑日”年份下的忌戒内容仅有 1 条。

辰戌年丑方。四元癸丑、壬寅日凶。一元丁亥、癸卯、庚寅、乙未日凶。

水书鱼刺状版面图

谢吉章版本与潘应版本之间的差距如此之大，让人十分惊奇。由此可见，水书在长期的流传中损溢现象比较严重，每个家族传承的水书版本具有一定的差异。

此外，笔者曾经也将谢吉章版本和另外两家的版本比较，依旧是谢吉章版本最为详尽，而潘应版本为最简版本。可能是这个原因，过去有些大户人家遇上丧事，按古礼要请 6 位水书先生来择吉，以防疏漏，但很难得出一个统一的满意的结果。这并非是水书先生有意刁难主人家，而是由于师承关系不同，水书版本不一，再加上水书先生不肯公示藏书，坦诚磋商，只凭记忆及袖手遁掌，各执一端。后来，有经验的人只请自己信任的一位或二位水书先生办事，这样可避免出现择期互相推诿不决的现象。

水书《分割卷》是历代水书先生的智慧与经验的结晶，是水书先生在水书习俗社会实践活动中的理论指南。对于水书的誊录抄写，水书先生们都怀着敬畏历史、敬畏文化、敬畏神灵、敬畏先祖、敬畏生态的心态认真地着墨下笔，因此，出现了很多的水书书写精品。

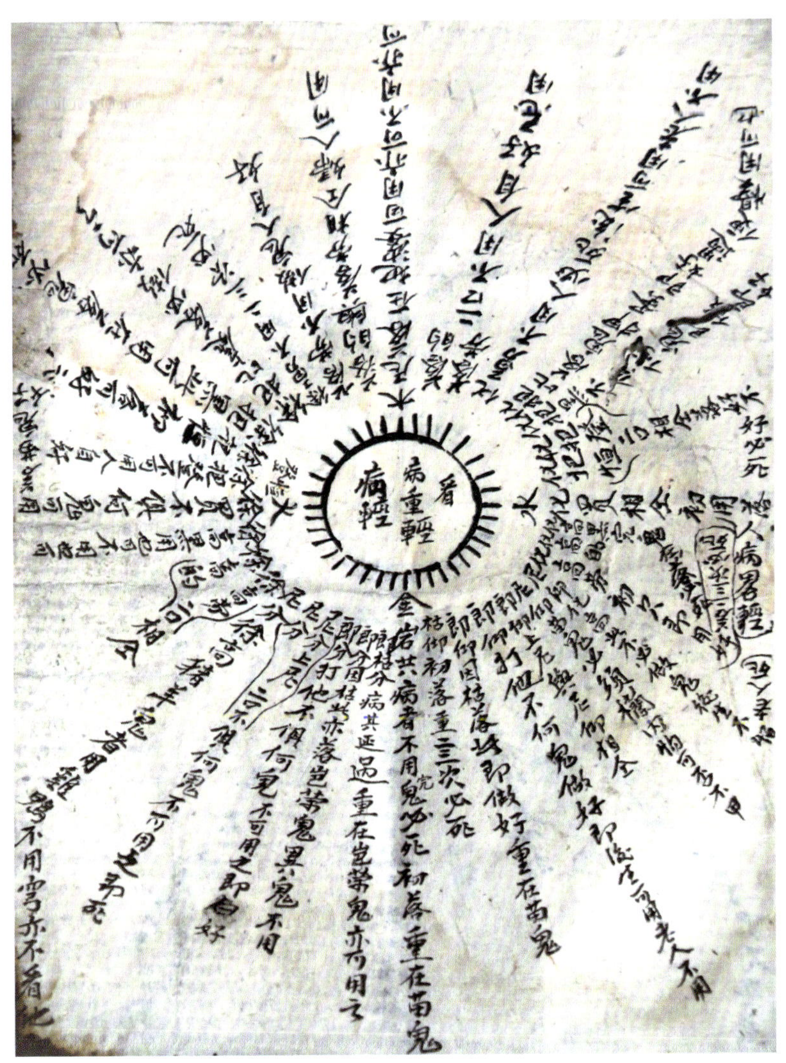

潘庆兰抄录的《卯卜卷》（潘朝霖藏）

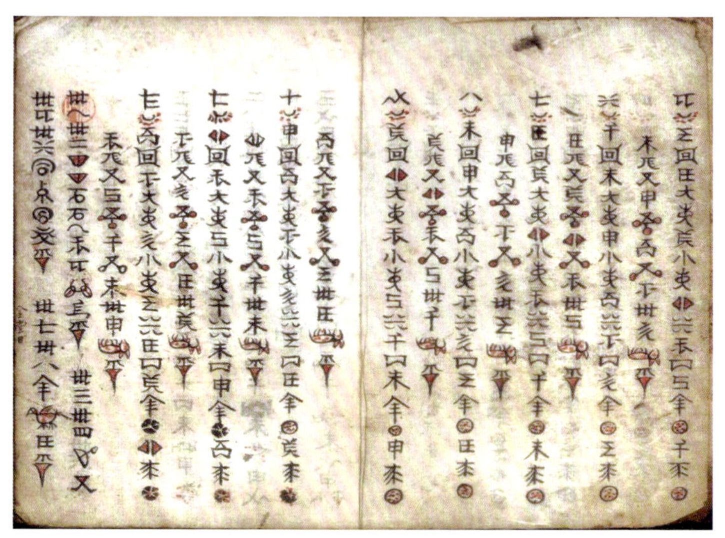

水书《吉星》精美选页（彭永忠藏）

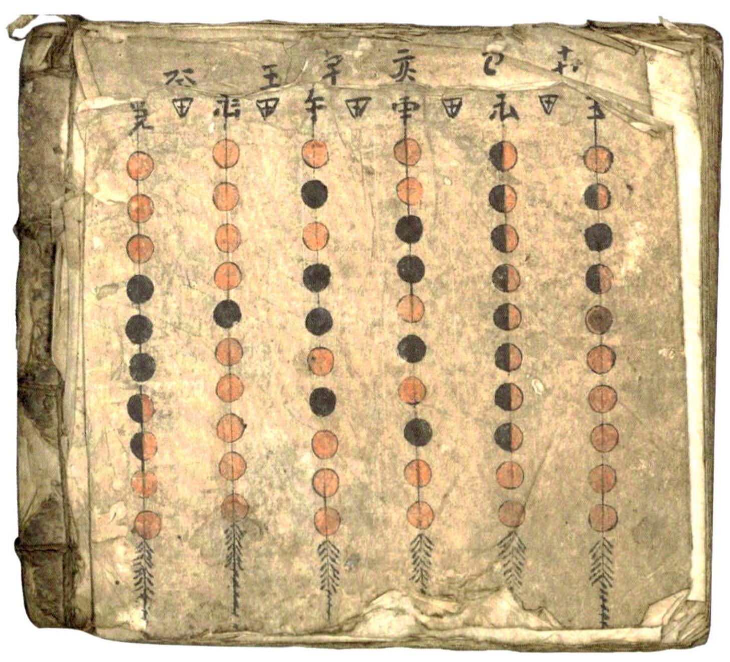

水书中关于黑道、白道的宜忌选页

第三节 《婚嫁卷》：美好家庭的组合与追求

任何一个社会、任何一个民族都把婚姻关系的缔结看作是人生中的重大事件，这是憧憬幸福、向往美好未来的美好愿景。水书《婚嫁卷》，从另一个侧面反映了水族先民的这种观念。水族人的婚姻必须遵从的根本原则是："同族同宗不娶，异姓异宗开亲。"即同一个血缘氏族家庭、同一个老祖宗繁衍的后裔不能开亲，即使彼此相隔万里，相隔数十代也不能通婚。古代出现的"破宗族破家族开亲"婚姻历史，是在迁徙之后，人丁繁衍很快，加上与外界联络不畅的历史产物。当时有隆重的祭天仪式，歃血盟誓，形成的规矩条款，促成新的婚姻集团的形成与稳定传承。此后，极少发生类似现象。

水书《婚嫁卷》没有男女青年甜蜜恋爱的描写，也没有张罗婚事热闹场面的铺陈，而是从原始古朴的宗教信仰对生辰和婚期等的选择中进行反映。显然这种观念及行为和现代的科学相抵牾，但从研究水族古文化现象的角度审视，依旧值得我们去探索。

水族《婚嫁卷》是水书中内容相对独立的卷本。将寻亲、问亲、进门、回门，以及生育、背婴孩初省亲等各个环节的趋吉避凶观念都融入了《婚嫁卷》中。

一、寻亲、问亲的原则

水族婚姻关系缔结的原则是同宗氏族不娶，异族异姓开亲。异族，在水族的观念中有两种含义，一是指水族以外的民族，二是指本宗族婚姻集团之外的婚姻集团。水族各地区有按父系同宗血缘关系划分的内部禁婚集团，水语称为"怀奴（fa:i^5 nu^4）"，直译为兄弟，实际指同宗血缘禁婚大家庭的兄弟。这种"怀奴"的内部禁婚制，与古代的丧葬忌荤吃素的范围相吻合。古代，同宗血缘村寨的人在丧葬活动中都要忌荤吃素，禁止啖食“南低宇”。“南低宇”，意为同宗屋檐下的祭肉。当亡人未入土安埋之前，同宗所宰杀的禽畜的油肉都属于禁忌之列。只不过后来禁荤的范围相应缩小，但禁婚的范围依旧维持原来的大小。水族俗语“南低宇吃不得”“壕中笋摇不得”就与古代确立以父系同宗血缘为依据的内部禁婚集团有关。水族喜欢在村寨边种植翠竹，竹壕成为村寨的代名词。这里以竹壕代表内部禁婚集团的氏族村寨，笋子象征未婚男女的兄弟姐妹。当恋爱或问亲时，得知对方属同一婚姻集团，人们习惯用“壕中笋摇不得”来提示对方是同宗血缘的人。这是从“笋子嫩脆，若摇动则易断损”的本义中引申出来的双关语。

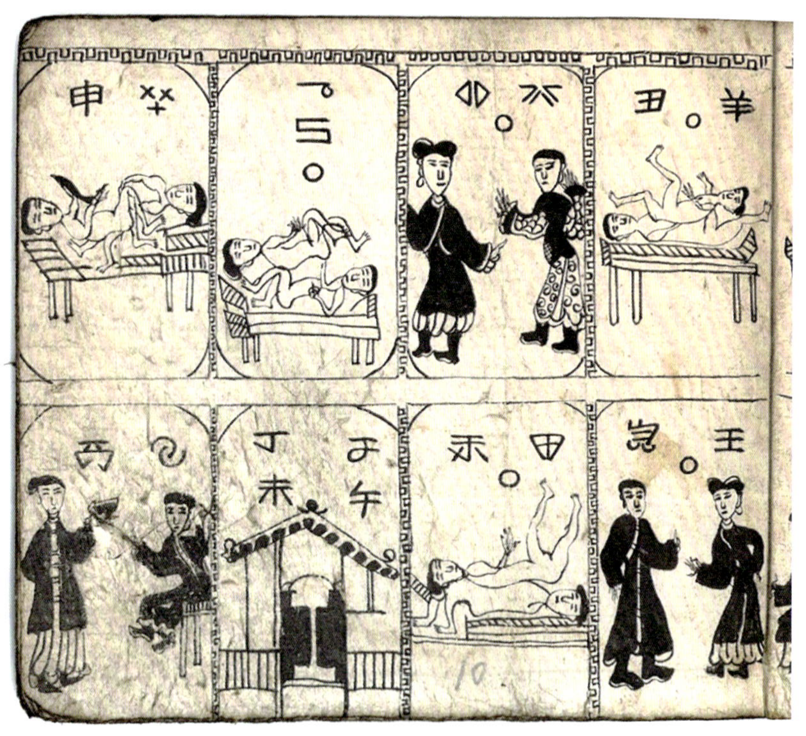

水书《婚嫁卷》图解抄本（宋水仙藏）

求婚，多是男方主动。当获悉女方不是同宗血缘氏族的成员时，就初步把其定为求婚对象。往后求婚的各个环节往往都与水书有关。

问亲、访亲、物色婚配对象是婚姻的第一步。从发生学角度来审视，人类婚姻习俗的产生发展与演变，实质上是一种性本能向性文化发展变化的过程。问亲寻求配偶，实际上是一种人的占有欲的变相反映。为了能占有对方，古代社会出现抢婚的现象。在包办婚姻盛行之时，情投意合的双方也有密约演出假抢婚的闹剧。

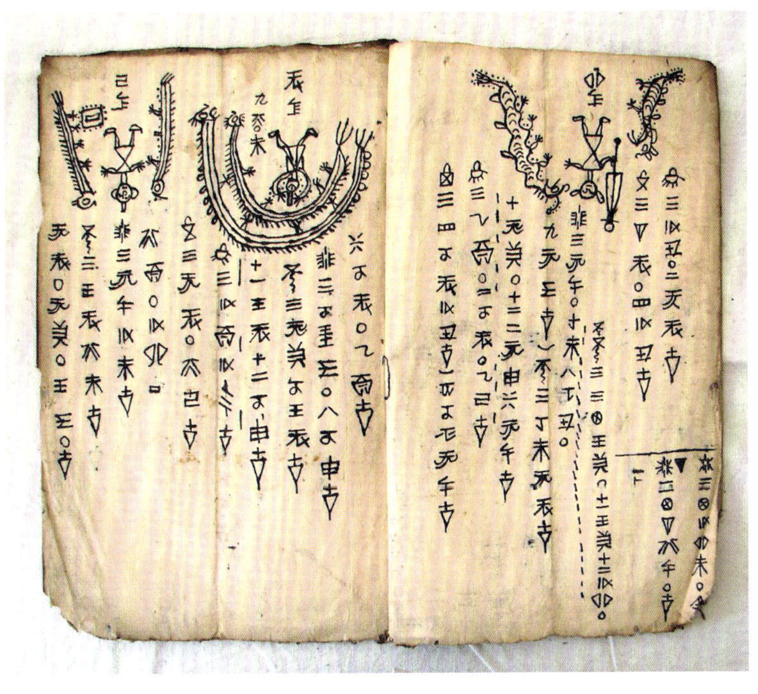

水书《婚嫁卷》选页（1）

二、缔结婚姻的双方生辰的契合

男女生辰相克是婚姻的忌戒。这主要依据六十甲子的五行生克原理确定，结婚对象的生辰最好与自己相生、相合。

《婚忌》中就有午丑、未子、卯辰、酉戌、巳寅、亥申等六个生辰年龄组的人婚配，其结局不佳。午年出生与丑年出生的人，若按五行而论，午属火、丑属土，火生土应是相生之格，但此条被认为二者五行不相配，故有“古来白马怕青牛”之说。

水族的占卜种类不少，但求婚多用鸡眼卜。在祭祖、求婚、求财、送鬼时，杀鸡供奉后观其双目以断吉凶。半睁半闭大吉，全睁为中吉，全闭为小吉。若爆裂、凹陷为至凶。在杀鸡、煮鸡时，主人家对鸡说明了用意，认为是在具有神灵的鸡身上叠加上了信号与密码，这是语言巫术的运用。而煮熟后的鸡眼状况就是神灵与祖宗反馈的信息，是判断婚事吉凶的兆象，人们则依此作为行动的指南。这种仰于神灵的观念是迷信，但反映了水族择婚的慎重和祈吉的愿望。

三、提亲、问亲的宜忌

当年轻人选择的对象不属于内部禁婚的同宗氏族成员，两者生辰又互相般配时，就会开始提亲、问亲。讲究的人家，提亲、问亲都找水书先生指点。

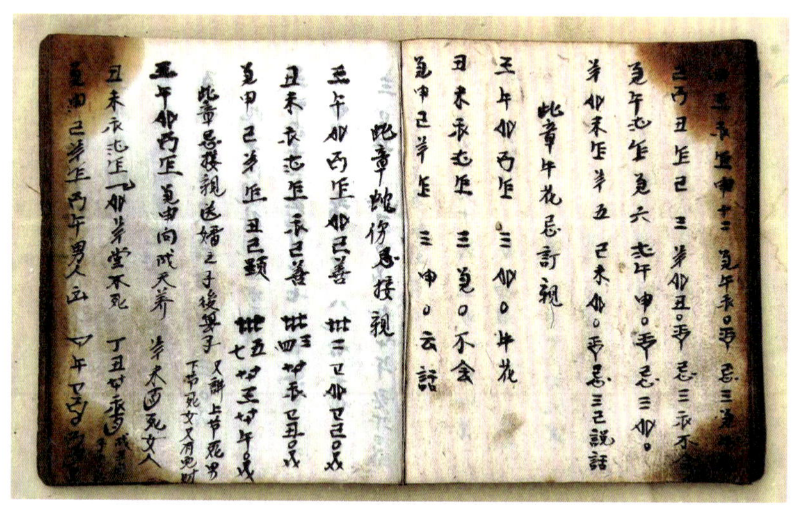

水书《婚嫁卷》选页（2）

提亲、问亲多选择《杜空》篇目，水语念 ndju¹ khum³，意为植物生长抽条，象征欣欣向荣，充满生机与活力，因此也有人意译为《抽条》。水族先民认为利用这个日子去问亲，于双方都有利，亲戚友谊日益加深，年轻人今后的家道发展也如春季的植物一样欣欣向荣、充满生机。

《杜空·春夏》篇目为：

sən¹ ȵa:u⁶ jən² ⁿdju¹ khum³,
春　在　寅　抽　条
ja³ ka³ pik⁷ fa³ tsu¹.
夏　等　碧　火　猪
ɕu¹ ka³ ȵu² ha:ŋ⁴ ja:ŋ²,
秋　等　牛　养　羊
toŋ¹ ka¹ ljoŋ² ha:ŋ⁴ seŋ¹.
冬　等　龙　养　牲

这是以水历四季来划定的吉日。水历春三月相当于农历九、十、十一月，寅日是旺相抽条日；夏三月对应农历十二、正、二月，亥为是旺相抽条日；秋三月对应农历三、四、五月，丑未日是旺相抽条日；冬三月对应农历六、七、八月，龙日为旺相抽条日。

《抽条·年》篇目为：

申子辰年等子时地，
巳酉丑年等寅时地，
寅午戌年等卯时地，
亥卯未年等辰时地。

篇中的“时”在此表示日与时，含义已超出时字本意的范围，其意指申子辰年的子日子时属“杜空”为吉。

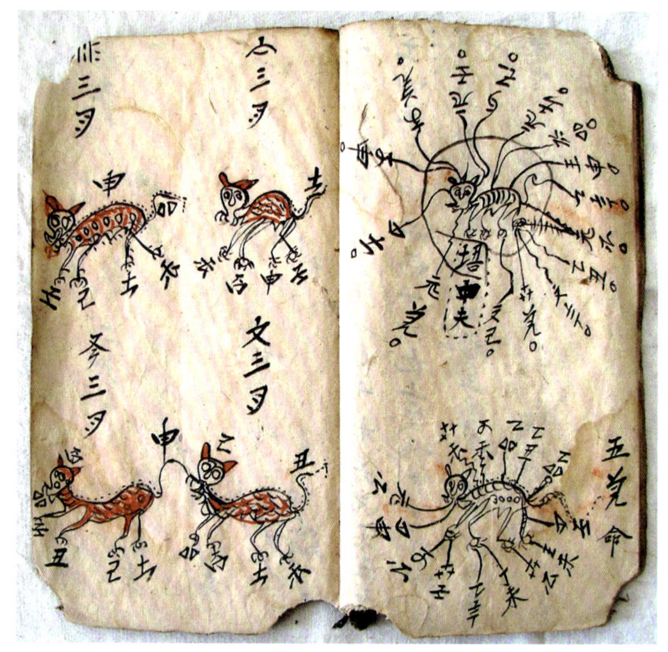

水书《婚嫁卷》中的五虎宜忌图

《杜空・月》篇目为：

正、四、七、十月，专等马羊矣。
二、五、八、十一月，只候猪兔时。
三、六、九、十二月，只等寅午时。

同样，该篇中的“时”，兼指日与时。《杜空》不仅利婚嫁，营造、祭祖、补高寿、整修禽畜鱼的喂养处所均利。另外，还有一章《杜空・年》，也属同类性质的篇目。婚姻期冀吉利、旺相，因此水书中的《大旺》篇，又为人们提供了择吉的机会。

《大旺・天干》篇目云：

甲庚癸年等丙壬丁日吉。

乙己辛年等癸日吉。

丙戊年等甲戊日吉。

丁壬年等己丁庚日吉。

另外的《大旺》篇分别有子午卯酉年条、季节条、正五九月、正四七十月、正月等起句的篇目。宜于提亲、问亲的一些篇目，在下面的婚嫁小节中另做介绍。

提亲、问亲忌戒的篇目，主要有《伤相踢》《伤水》《伤火》《伤虎》等，其他的还有《天割》《路荒》《灭门》等，尤其是《半用·客》中列出的日子更为人们所提防。《半用》的篇目多，其中可能导致婚嫁祸患的《半用·客》这样记述：

ɕi^{3} ŋo^{2} ma:u^{4} ju^{4} tsu^{1} ja:ŋ^{2} khjeu^{3},

子午 卯 酉 猪 羊 烤

su^{3} mi^{6} sən^{2} hət^{7} ȵu^{2} eu^{3} ljoŋ^{2},

丑 未 辰 戌 牛 斗 龙

ji^{2} sən^{1} ɕi^{4} ʁa:i^{3} ma^{4} ȶum^{1} ȶa:p^{7},

寅 申 巳 亥 马 金 夹

ʔbja:k^{7} mi^{4} la:u^{4} ha:u^{4} tai^{1} saŋ^{1} qo^{2}.

女 未 大 婿 死 吊 颈

水族先民认为若问亲撞上此日子，则会出现准女婿夭殇的悲惨结局。

四、定亲的宜忌

定亲是双方婚姻关系进一步得到认可，同意正式向社会公开彼此联姻关系的一种礼节。男方通常请水书先生选择中意的吉日，并通知女方家里。届时，男方请家族人士抬着米酒、猪肉、糖果、布料、小猪等到女方家定亲。女方家也相应通知三家六房或全寨各户来相认、聚集、会餐，公布双方联姻的消息。定亲相宜的篇目，除可选择提亲、问亲的《杜空》《大旺》之外，还有《梭项》《满紧》《金堂》《木堂》等。

《梭项》篇，即《正七卷》的首篇，是以植物根系发达、盘根错节来形容具有连锁、连续发生相关事态的无形威力。人们认为，定亲如选用“梭项”日，则能实现双方关系亲密、世世代代友好的美好愿望。人们认为《梭项》篇尽管有解鬼消灾难断病根、安葬出现重丧等弊端，但合理运用在婚嫁方面，又能享受其利。这体现了水族先民对事物普遍具有两面性的认识的特点，即水族先民具有一定的辩证意识。

《满紧》篇，水语念 mon^{6} ȶan^{6} 或 mon^{6} pjən^{6}，此为音译，意为猴子来回转、来回跑。定亲、接亲喜用定日，希望永远走动之神使联姻双方友谊绵长、世代友好。

《满紧·甲乙》篇目载：

ȶa:p^{7} ȶi^{1} ȵu^{2} tsoŋ^{3} tsi^{6},
甲 己 牛 中 祭
ʔjət^{7} qeŋ^{1} ma^{4} joŋ^{6} ljək^{8},
乙 庚 马 用 力
pjeŋ^{3} ɕən^{1} fa^{3} ljum^{2} hət^{7},
丙 辛 火 恋 戌
tjeŋ^{1} ȵum^{2} fu^{3} la:i^{2} ta:ŋ^{1},
丁 壬 虎 来 当
mu^{6} ȶui^{5} ljoŋ^{2} tsən^{1} ak^{7},
戊 癸 龙 正 跑
ho^{4} mon^{6} ȶən^{6} pan^{5} pa:k^{7} ʃe^{4} la:u^{3}.
用 满 紧 转 口 相 合

末句“用满紧转口相合”形象地反映了在双方经常走动之后，原来感情疏远或不太融洽的现象已改变，双方越走越亲，相互问候，交口称赞，互相言好，出现共同会饮的美好局面。

《金堂》篇，水语念 ʈum^{1} ta:ŋ^{2}，此为音译、意译的结合，是金玉满堂、完美结局之意。因此，其是人们在定亲及接亲中常用的篇目。

《金堂•时》篇是推算选择金堂时辰的篇目，逐月的起点时辰有变化。

tsjeŋ^{1} ȵot^{8} qan^{3} qau^{3} m̥a^{1} lam^{1} ʔpjo^{6}:u^{3},

正 月 狗 狗 狗 猎 羊

ȵi^{6} ȵot^{8} ça:n^{3} ça:n^{3} fai^{6} da:u^{3} ka^{1},

二 月 飞 飞 婊 走 龙

ha:m^{1} ȵot^{8} tap^{7} ta^{1} m̥u^{5} tha^{1} ʔdja^{3},

三 月 胆 大 猪 失 秧

……

njeŋ^{2} sup^{8} ȵi^{6} ʁa:i^{6} ʁa:i^{6} qa:i^{5} tsup^{7} han^{4}.

月 十 二 拖 拉 鸡 啄 蚓

其含义是每月以不同时辰作为推算的起点，按固定的名称排列法去寻找金堂、木堂、花济、花善等吉时，而避不能生育的鲁封，致夫君死亡的夫挡等凶时。水历正月起戌时，二月起辰时，三月起亥时……十二月起酉时。其十二个时辰名称依次是收兮、歹敢、小敢、江期、四鞍、金堂、木堂、龙火、花济、鲁封、花挡、花善，全为水语名称的音译。

另外，《金堂•时》篇目还有另一种推算法。

正、四、七、十月狗狗狗猎羊（从戌时起推算），

二、五、八、十一月累累葫芦堂羊（从未时起推算），

三、六、九、十二月开门虎下山林（从寅时起推算）。

这些都是水族先民祈吉避凶的心理的反映和表现。其实，现实的祸福

与时辰无关。

定亲活动忌戒的篇目大致与提亲问亲的相同。

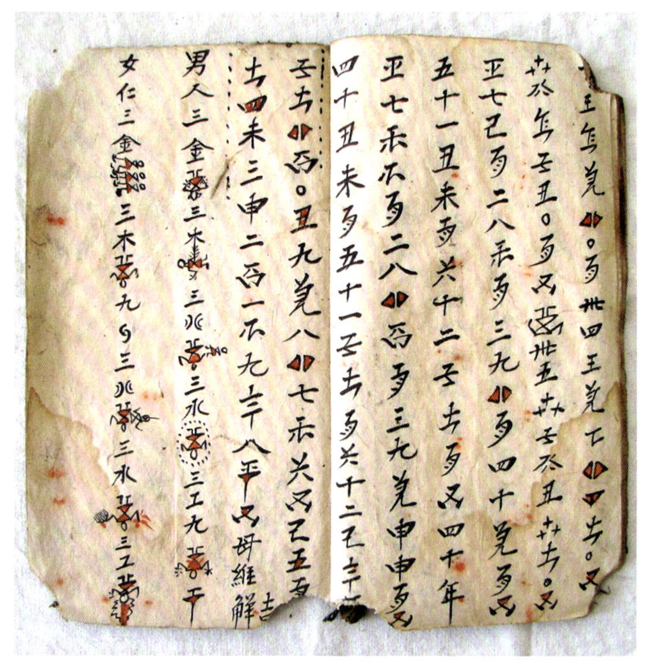

水书《婚嫁卷》中关于补救婚姻的方法的记载

五、接亲的宜忌

择定吉期迎接新娘进门是婚嫁的高潮阶段。水族有“择日娶亲，不择日嫁女”的说法。娶亲日子，由男方家请水书先生择定之后，征求女方家意见。当双方认可之后，男方家就四下张罗做好准备。娶亲时，男方家通常选择两名迎亲使者，少女称为“菲（fai^6）”，少男称为“祝（tsu^2）”，二人主要负责给女方家送敬祖宗用的糯米饭、猪肉、米酒等祭品，以及传统接亲信物罩鱼笼和一串代表鱼的金刚藤叶，其他人员则抬猪肉等大宗礼品，然后由女方家杀猪款待邻近亲客及邻里。由于接亲事关重大，从接亲队伍出发，到新娘出进门及回门等，一举一动都要依照水书先生的指点而完成。

水书婚嫁的《婚月》篇，是按子午、寅申、辰戌、丑未、卯未、卯酉六个流年组成的婚嫁宜忌月份。如子午年为四、五、十、十一月吉，余下月份为凶。

接亲相宜的篇目与问亲、定亲的大致相同，可选《大旺》《杜空》《说项》《金堂》《四合》《满紧》等。

《金堂•月》篇，是水语 ȶum^{1} ta:ŋ^{2} njen^{2} 的意译，按月份组去推出宜忌日期。正七月起巳，二月起辰，三九月起卯，四十月起寅，五十一月起丑，六十二月起子。如正七月巳日起为收兮日，则戌日为金堂吉，亥日为木堂吉，寅日为鲁封凶等。

《金堂•金水》篇，水语念 ȶum^{1} ta:ŋ^{2} ȶum^{1} sui^{3}，是按年以五行推宜忌之婚日。十二金年起子日，十二火年起未日，十二木年起戌日，十二土年、水年起寅日。如金年子日从“收兮”起推算，则巳日为金堂，午日为木堂。

接亲忌戒的水书篇目较多，主要有《杀伤》《荒路》《也提》《代牙》《姑秀》《引贯》《半用》《六力》《天割》《天反》《鲁封》《大败》等。

《姑秀》篇，水语念 ku^{3} ɕu^{1}，为音译，意为正是绿眼鬼当头，故此篇亦有人称为《绿眼鬼》。人们认为婚日犯了绿眼鬼，婚后女方会心猿意马，不安心与丈夫共同生活。

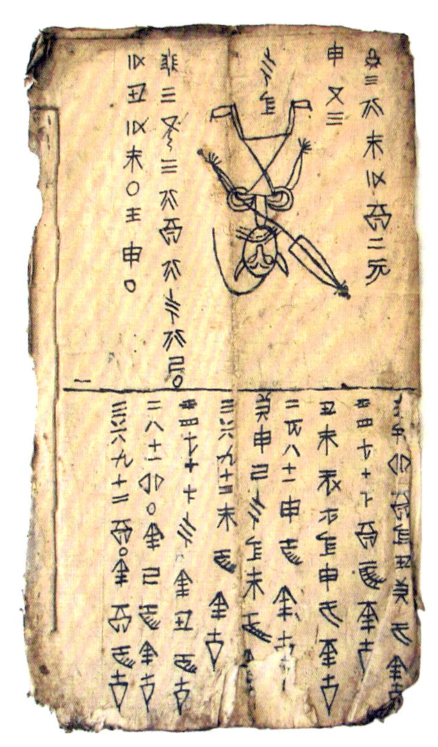

水书《婚嫁卷》选页（3）

ȶa:p^{7} ȶi^{1} ȶon^{3} tsau^{6} tsu^{6},

甲　己　犬　双　筷

ʔjət^7 qeŋ^1 ʈi^6 su^3 nou^2,
乙 庚 忌 鼠 牛
pjeŋ^3 ɕən^1 ɕa^2 ma^4 tai^2,
丙 辛 蛇 马 代
tjeŋ^1 ȵum^2 ljoŋ^2 si^2 tau^3,
丁 壬 龙 时 刀
mu^6 ʈui^5 ja:ŋ^2 ʔum^3 la:k^8,
戊 癸 羊 抱 崽
then^1 mot^8 ti^6 mjet^8 wa^5 si^2 ɕu^1,
天 没 地 灭 犯 时 秀
ʔdai^3 ku^3 ɕu^1 ^{m}ba:n^1 ʔbja:k^7 ɣu^2 laŋ^6,
得 姑 秀 男 女 相 离
ni^4 paŋ^6 pa:i^2 ʔȵe^3.
母 扶 篱 哭

人们认为接亲逢此日，媳妇总不能安心与丈夫共同生活，最后劳燕分飞，而母亲踉踉跄跄扶着篱笆哭得昏天倒地。万一不慎用此日接亲，人们认为必须设法化解，否则厄运难除。

背新娘出阁。都匀地区不论路途多么遥远艰难，新娘一出阁即由兄弟们背她抵达新郎家，伞即由新娘自个儿撑着。由媒娘代为打伞，则属极为特殊的巫术之举。但接亲时若逢水书中的“鲁封”“天割”等凶鬼，那是绝对不让新娘或伴娘打伞，而应由媒娘打伞，厄运才会转嫁出去。人们认为新娘从另一个氏族而来，途中易附着邪魔，一旦中了绿眼鬼“大秀”或“姑秀”鬼的邪，新娘容易变心，一山望见一山高，导致逃婚或干出风流韵事。为此，在巫师眼中，锋利的芭茅草及生命旺盛的常青树枝都是驱鬼除邪的法宝。这种巫术活动，在水族的婚姻活动中还偶有见闻。

另外，《不干》篇，水语念 pu^2 qam^1，为音译，意为苦瓜。水书讲解歌诀云：“得不干烂褓褓中儿，得不半烂肚中崽。”这是对人们的警示。而《也提》

篇则有“犯也提，邪爬主妇”之说，认为接亲犯之，则家庭主妇可能有丧生之灾。这些都是婚嫁所特别留意的篇目。人们认为接亲如逢“狗都色”，即狗相互抓挠，表示将来两亲家母会争吵撕斗。

水族少女出嫁时穿的盛装（潘兴文摄）

婚嫁时会为新娘备项圈、手镯等首饰。制作首饰很讲究日期。水书中的《猪短土》《杀伤》等篇目就列出相关忌戒的日期，让人们制作首饰时回避，以免遭遇不测。

六、生辰的宜忌

婚嫁标志着小家庭的建立，新的生命不久将会诞生。生辰是不以人的意志为转移的，这与常说的“八字”好坏相关。水族先民认为生辰对人的一生影响至关重要。因此，水书中有不少生辰宜忌的篇目。生辰逢《歹耿》会推掉人丁与钱财，逢《十平》《八平》将来有客死他乡之虞，逢《大败》则诸事不顺，逢《孝显》则易犯疯癫，逢《半用》则夭殇，等等。因此，水族先民又有一套禳解消灾的相应办法，总之要显示出人比鬼高一招、胜一筹，是人在指挥和控制鬼。

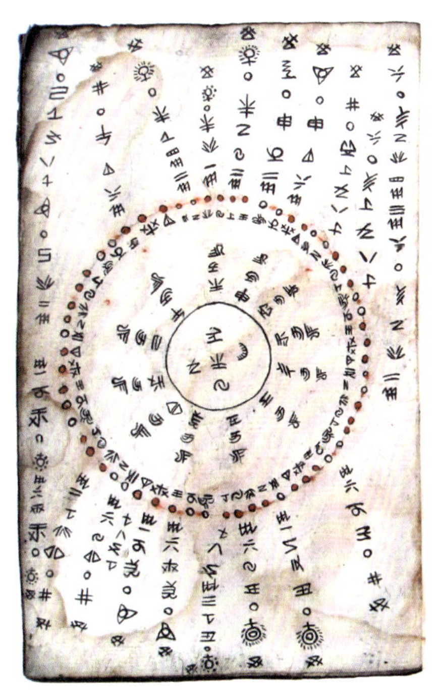
水书中记载生辰宜忌的天文图（韦家贵藏）

第四节 《命理卷》：生辰隐藏诸多生命信息

孩子是爱情的结晶，是家庭的希望，是民族与国家振兴的基础。在呵护新生婴儿的健康成长方面，水书中有不少与之相关的命理条目。

《算命书》是水族婚姻缔结的主要依据。此书抄录于宣统三年（1911）。这套《算命书》很奇特，由阴阳两本组合而成。1 本往右翻，1 本往左翻，形成水书的婚姻阴阳书。2 本书要有机结合，才能推算出比较完整的命相内涵。由于水族文字还停留在“文字幼儿时期”，跟不上语言发展的步伐，大多数内容隐含在简要的图画之中。这些图画内涵的解读，就靠水书先生“看图说话”，按照祖传内容、实践经验来解读。国家级首批非遗项目“水书习俗”的本义，从《算命书》就可窥出一斑。水书兼容图画、象形文字、抽象文字的特点，在此书中得到充分体现。

对于生辰的殇煞，水书中有 20 余条。根据经验，水书先生认为，小孩子所犯的殇煞，最好在未满月之前解除，越早解除越好。要是在小时候不解厄，可能会影响终身。2005 年，笔者到独山县天星村调查，正好碰到有人在少年时未及时解厄，成年之后总有类似的厄运出现的情况。水书先生韦光礼的三弟韦光体，生辰犯歹榜殇煞。少时以为无大碍而忽略，结果成年之后办事总是难以如愿。为此请其大哥韦光礼为他举办解厄仪式。

水书先生韦光礼在念解厄祝词

热热闹闹地把新人接到

家，就表示一个小家庭已经建立起来，不久之后，就会有新的生命诞生。但在怀孕期间，倘若家中有丧事要办，除了要注意休息，别太操劳以外，更重要的是安葬之日要避免苦瓜烂心日。

我们都见过苦瓜，每当秋末初冬，它便挂在地边的藤蔓上，为红黄色，甚是鲜艳夺目，讨人喜欢。笔者小时候在农村老家放牛，常常抢着摘这种红黄色的苦瓜来玩，只因其外表颜色好看。可一旦将其切开来看，其心已是腐烂不堪，真是表里不一。水书中用苦瓜烂心表示妇女早产或死胎等病症。水书《丧葬卷》云：

子午卯酉年正月四月七月十月，
甲子日贪星庚辰日辅星凶，
丁未、辛未日辅星棺吉，
己丑、戊戌、丙辰日辅星吉。
丑未辰戌年二月五月八月十一月，
甲子日文星戊辰、丁丑日辅星二棺凶。
甲辰、壬戌、丙戌日辅星棺吉，
乙未、癸丑、癸未日辅星吉。
寅申巳亥年三月六月九月十二月，
甲子破、乙丑、甲戌、癸未辅星棺凶。
壬辰、辛丑日辅星棺吉，
庚戌、己未日辅星吉。

【附录说明】“苦瓜”，水语称“pu^2 qam^1”，水书条目称之为死胎或早产的定局。水书先生认为若在苦瓜烂心日安葬，孝家将有婴儿早死于腹中。接下来就要请水书先生按水书测算婴幼儿的生辰八字，看是否犯“八平”“半勇”，前者致使小孩长大后客死他乡，后者导致小孩夭亡不得善终。此外，还要测算小生命是否犯“大败”“孝显”，犯“大败”则诸事不顺，犯“孝显”易失意疯癫。再看其命是否犯“天扫”“地扫”等，犯“天扫”“地扫”长大结婚后容易克妻（或夫）。所有这些凶课，都有一套相应禳解消灾的办法。总之，运用水书可以助人一一应对恶局，达到“人定胜鬼”，最终享以平安的目的。

水族人认为，第一次背新生儿回外婆家，也要用水书进行卜测，忌用《龙反》《神煞》《天割》。水书《正七卷》中《天割》篇载：“夏忌巳寅辰日，秋忌申酉日，冬忌卯午日，这些日子为凶日，忌背幼婴走外家，违之小儿生病了甚至夭亡。”

除此之外，在日常生活中，还衍化出了许多形形色色的民俗事象，例如看望婴幼儿，不要大肆赞扬其长得乖，反倒要贬说“哟，长得好丑啊！”一类的话。水族认为，如你表扬、夸奖婴幼儿，婴幼儿会被专害婴幼儿的恶鬼慕名捉了去。也有人解释说，婴幼儿刚从阴间“人”变为阳间人，还没学会讲阳间的话，特别是不足百日的婴幼儿，只能听懂阴间的话，而阴间的话与阳间正好相反。

年轻母亲在背幼婴回娘家的路上，要经常呼唤小孩的名字或不时掉头对幼婴叫“奴——奴——”生怕小孩魂魄离了体似的。水族对第一次背新生婴儿回娘家十分重视，并衍化出诸多民俗事象。比如夸奖、赞美婴儿长得俊美，要反其义称为“很丑”“臭屎儿”，否则会被慕名而来的野鬼坑害。有的还故意在婴儿额头抹上一点黑，当作肮脏的标志。背上婴孩出门之后，要在路边摘下一二根芭茅草挽个结儿，闭着气别于后背，以驱除可能来危害婴儿的邪魔。过河、过桥、过山洞时，要抛石子以赶走邪魔，并不时地呼唤婴儿之名，嘱其紧紧跟随妈妈回家。在途中若遇人家祭桥、祭石凳时，要顺手拔下一根用彩色纸须缠绕着竹条制作的“枚化”，紧呼婴儿之名再赶路。总之，母亲总担心稚嫩、柔弱的婴儿之魂容易受骗上当，出现灵魂与肉体分离，灵魂难以依附身体的失魂现象。所以讲究的人家往往要请水书先生为其指点。

水书《龙反》篇，水语念 $ljoŋ^2$ fen^3，为音译，其中提到的一项重要的忌戒就是关于背婴儿初探亲：

ƫa:p^{7} ɕi^{3} pjeŋ^{3} ji^{2} ljoŋ^{2} lja:ŋ^{6} fu^{3},
甲 子 丙 寅 龙 让 虎
ᶇum^{2} hət^{7} ƫui^{5} ʁa:i^{3} ljoŋ^{2} lju^{4} fen^{6},
壬 戌 癸 亥 龙 路 反
ƫi^{1} ma:u^{4} qeŋ^{1} sən^{1} ljoŋ^{2} ljən^{2} ti^{4},
己 卯 庚 辰 龙 林 提
tha:m^{5} tau^{2} tha:m^{5} ni^{4},
探 众 探 母
ƫi^{6} ljoŋ^{2} fen^{6} pu^{3} ƫi^{6} thjen^{1} paŋ^{1}.
忌 龙 反 也 忌 天 棒

篇中所列的甲子、丙寅、壬戌、癸亥、己卯、庚辰等日子，水书先生认为是母亲背婴儿初省亲的重灾日。背婴儿省亲，有的还防“拦路白虎”，为图吉利，有些人还忌寅日出门。类似的日子在《杀伤》《天割》《生母割背带》等篇目中也有记载。

马尾绣背带

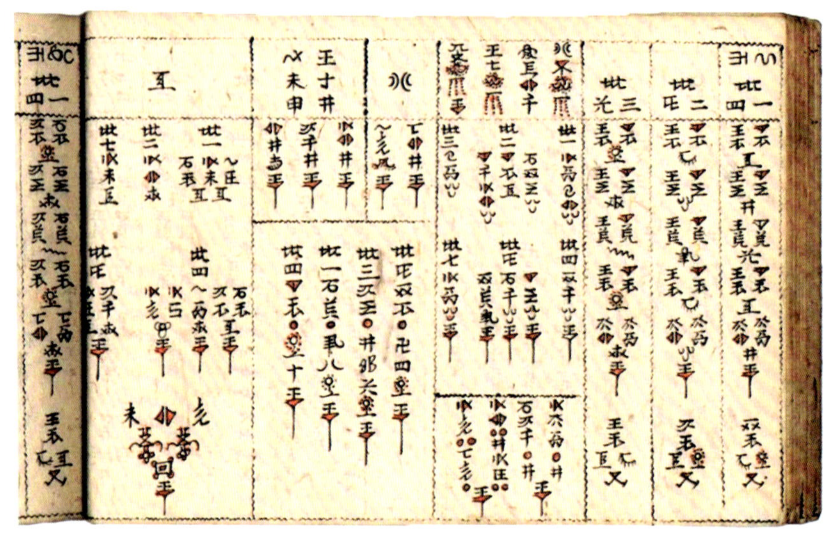

水书《九星》《吉星》的汇编抄本（彭永忠藏）

男女成婚多年，如果还未生下一男半女，就会面对巨大的压力，所以必须寻找原因，采取措施确保女子怀孕。最简单的办法就是问过阴。当来人将久婚未育之事向过阴诉说之后，过阴会当即表示代他们向天神打听他们还未生育的具体原因。只见过阴一会儿唱歌，一会儿跳舞，一会儿口中念念有词，不知所云。最后，过阴会告诉来者，本来他们是有小孩的，因为送子娘娘早就给他们送来了子女，只是在送子的路途中出了一些小问题，不能如期送到，致使他们至今不能生育。来人就向过阴求教，采取何种方法能让送子娘娘早日把小孩送到。过阴会根据具体原因向来人提出相应的补救措施。这些措施主要包括有“媛桥”、求菩萨、“牵线搭桥”、立石（木）凳和供奉地母娘娘等，其中又以求菩萨为最甚。

水族的菩萨或称为“哥散”“石公”，与佛教的菩萨不是一个概念。水族的菩萨主要是自然界中奇异的巨型石头、古老树木、水井等，这是水族自然崇拜的结果。水族认为奇形怪状的物品都是有灵性的，是神的化身，它们甚至可以左右人们的命运、前途。人们只要从行动上对菩萨表示敬重，菩萨就会为人消灾除难。即使是夫妇久婚未孕，只要到菩萨面前许下愿望，得到菩萨的保佑，同样可以生育。在水族地区，人们对菩萨敬重万分，并把祈求菩萨视为获得一男半女的重要手段。

敬菩萨的时间有严格讲究，要请水书先生择吉行事。一般都选择农历单数的日子，其中在农历初九、十九、二十九这 3 天求菩萨被认为最灵验。为求菩萨保佑生下一男半女，大多数人在这 3 天举行求菩萨仪式。求菩萨分两个阶段进行，第一阶段叫许愿，即先到菩萨面前许下求子的愿望。第二阶段叫还愿，即愿望实现后答谢菩萨。许愿时所带的供品多为猪肉（或 1 只公鸡）以及香、纸钱和蜡烛。一般由夫妇俩亲自带上供品到供奉菩萨的地方，向菩萨许下求子的愿望。许愿的仪式大同小异，先是将供品摆在菩萨面前，然后焚香烧纸，同时在菩萨面前低声把自己想要生孩子的愿望说出来，并表示如果愿望实现，将会带上丰厚的供品（多为小猪或大肥猪）来感谢菩萨（即还愿）。说完后还需要进行“摔卦”（又称为“竹卜”）仪式来占卜验证此次许愿是否成功。所谓的“卦”，实际上是由一段约大拇指粗细、长 5 厘米左右的竹筒从中间破开制成的。“摔卦”时，先将 2 片竹子合拢，然后轻轻扔到地上，如果 2 片竹子一覆一仰，即表示顺卦，说明此次许愿已经成功。如果竹片全覆或者全仰，则说明不是顺卦，还需要重新“摔卦”。如果连扔 3 次都不是顺卦，说明此次许愿是失败的，需择日重来。许愿之后，如果真怀孕得子，主人还要择日再到菩萨前举行还愿仪式。与许愿相比，还愿仪式要隆重得多，为壮大声势，热闹场面，还愿时还要叫上亲朋好友一起前往供奉菩萨的地方答谢菩萨。还愿的猪、鸡之类的家禽要在菩萨面前宰杀，并用纸钱蘸上血焚烧，当场将其煮熟，摆放于菩萨前，供奉一番后方才结

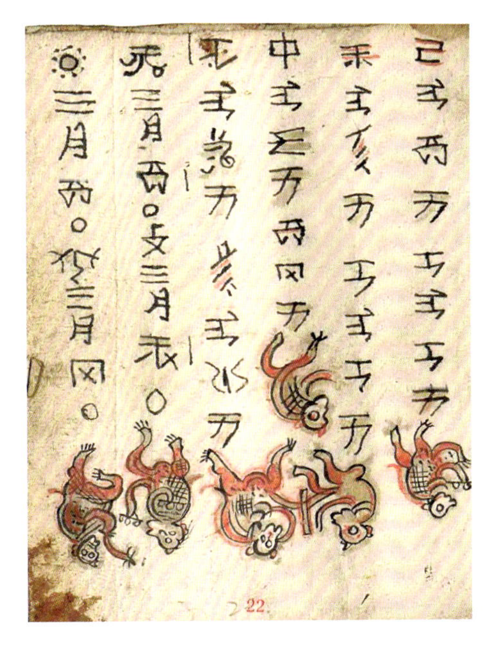

水书竹签硬笔书写的《满丙》条目

束。有的还特意在市面上扯几尺红绸缎挂在菩萨身上，以表示感激之情。在这里红绸缎起到宣传的作用，因为哪里的菩萨身上的红绸缎越多，说明哪里的菩萨就越灵验，香火就旺盛，就会有更多的人慕名前来祭拜。

一、水家的婚育禁忌

水家人在婚嫁活动中禁忌之多，难以胜数，故有“讨错一门亲，胜过葬错一祖坟”之说。问亲、接亲要忌水书上的“破罕”“杀上”“姑秀”“卡补妮”等二十余种凶煞；忌与称为“怀奴”的同血缘氏族宗支内开亲，恪守“同宗同血缘不娶，异宗异氏族开亲”的原则，违者以习惯法惩办。过去以猪笼装之溺入深潭，而未婚先育及在“怀奴”内发生性行为者亦受此习惯法惩治；忌雷，雷被称为“尼杠那”，直译为母头雷，是至高无上的母雷神，出嫁遇上雷则改期出阁，若已在途中，或已到夫家，入门之后不坐不喝，立即返回娘家，或在夫家住上十二天再回娘家，但都要杀公鸡请巫师念咒敬雷神。接亲时，新娘一定要打红雨伞，相传是为了忌雷。忌踩同日出阁的新娘的脚印，认为会乱了方步，往后诸事不顺意，故绕道而行或由弟兄背新娘走过这一段路，近来有些地方的新娘相遇则互赠手帕，以免祸纳福。新娘忌踩抬死人的路段，出嫁当日经过路段若已抬亡人经过，新娘则要改道而行或由其弟兄背着新娘走过。新婚之夜忌同房，此夜由伴娘相陪，待新娘回门后才能同房；出门忌同房，认为这是对丈夫的不礼貌；忌在堂中同房，怕玷辱祖先神灵；夫妻要分床睡，同房时丈夫再入妻室（现在大多已改进为同室寝）。新娘出阁进夫家时，夫家要在空室迎候，表示对新娘的尊重，让其日后成为主人。要喷水驱邪，或以绿叶或芭茅草拂拭即将跨入郎家的新娘，以期扫除途中染上的恶鬼。妇女改嫁，忌嫁给原夫宗族内的人，忌回原夫村子，倘若回娘家，第一次必须从偏门入室，第二次方能从正门入室；改嫁妇女，忌在原夫的村内写离婚书，恐该村将来失利，只允许在野地里写；寡妇改嫁忌在原夫村内交付寡嫁金，寡嫁金多由再婚夫支付。水家人认为即使在野地里兑换，该地再也不长草；若是在石头上兑换，石头也会炸裂。此为从一而终的伦理观念及改嫁犯天意的迷信观念的表现。水家这些婚姻的禁忌中也有合理的成分，如严防近亲结婚的忌戒，但大多是在迷信观念及陈旧伦理的支配下产生的，尽管有了一些改进，但步子迈得较慢，相信随着文化教育的发展，不恰当的禁忌会被摒弃。

水家崇拜多神，众多的生育禁忌与古老的宗教活动往往紧密相连，违禁者俱念鬼以驱邪。忌在娘家生育，即使万不得已，也只能到野外的树林中或山洞中生育，满月之后才能进娘家门。生育之后的三天禁止其他孕妇来家，恐新生婴儿不乖，故常于门外插上竹竿夹着的三角形红纸或插芭茅草挽结的标记，违者要用公鸡来扫家；未满月的产妇忌串门；产妇忌食酸辣味食品，忌听到怪声及铁炮、鞭炮等发出的噪耳响声；胞衣有的埋于屋基下、柱头下，有的要挂在屋后通风背静的树上，过高恐婴儿头昏，过矮恐其吐奶；初背婴儿回娘家，须忌水书上的“天割”“杀上”“某没”等凶煞日，要在背带上插小草结以驱邪；产妇未满月或满月后身体未恢复不准同房。这些禁忌，有的是经验的总结，有的是缺乏科学文化所致的“封建迷信”。

因孩童的身体发育与对疾病的抵抗力有极其密切的关系，水族先民缺乏这方面的知识，把孩童的愚智与一些不相干的事物联系起来，形成众多禁忌。未满月的婴孩忌背着；忌称婴孩漂亮美丽，而以丑坏相称，赞扬其“丑坏”才能免去恶魂的勾魂；婴孩初去外婆家忌“天割”等水书凶日；五岁以下的婴孩忌吃鸡肝、鸡胗，恐其愚笨；学字读书的少年忌吃鸡翅尖，担心写字手抖，须吃鸡膀和鸡腿；忌吓唬小孩，恐其害病；孩童忌食烟酒。这些禁忌有一定的科学道理，属于水族人民的经验总结。

二、水家古老的遗俗及宗教器物

求子桥 在水家求子的古老宗教活动中，久婚不育或无男孩的人家，常在小沟上修建小桥，桥的中间安放石板，以梨、柿等果木护其两侧。择吉日设祭，并请鬼师念祝咒，最后牵两根棉线至女方卧室，期冀那些游荡的魂灵沿此引魂线来投胎。如果求得子嗣，春节期间要去祭桥。

茅草青枝驱邪 此为水家古老遗俗。当病人被确认为中了“杀上”或“杀殇”鬼之后，令其执红伞端坐堂屋中，请鬼师执一束芭茅草，边念祝咒边挥草扫拭，还不时喷水。人们把芭茅草当作斩除恶魔邪怪的神剑，新娘出阁即将跨入新郎家大门时，新郎母辈中的一人常执一束芭茅草或常青树枝，轻轻拂拭新娘之背。有时则捋下常青树叶撒向新娘，口中还喃喃念祝吉之词，除了具有驱邪功用之外，还有祝福新夫妇友谊长青，白头偕老之意。

罩鱼笼 水家古老的宗教性器物，是迎亲的信物。男方派人去接新娘时，除了要带许多礼物之外，还要带罩鱼笼与一串金刚藤叶，女方见了才同意发亲。在水家的习俗中，把男婴比作鱼，女婴比作虾。渔业生产是水族先民的重要经济来源，而鱼又是生育的象征，开亲双方都期望生儿育女，传宗接代。借此信物，可以把“接到一个能继承祖宗烟火的好媳妇”的内涵委婉地表现出来，这也是古代渔猎经济的遗俗。以金刚藤叶为婚礼重要信物的地区一般在黔南的荔波、九阡的水家地区。

鱼水罐 此为水家在接亲营造时用来祈吉的古老宗教性器物。新娘出阁快进男方大门时，男方请家境好，已生育孩童的女性，提小罐到井中打水，再装上两条小鱼，恭立于门外等候。新娘一跨进室内，这妇人即尾随其后将鱼罐置于新房内或正堂中，过一会再提出去放生，这象征后裔昌盛、父系家庭得到巩固。此外，还有祝福新人相处和睦，终生幸福之意。此习俗反映出了在水族先民早期社会中渔猎经济占主导地位。

水族祭祀的“凤井”

生辰五行缺木就拜祭大树为保爷，并写上“天长地久”的水书祝词。如果缺水多拜寄水祭为保爷。缺少女儿的家庭，有的去“凤井”求女，一旦如愿还要还愿，要衔恩感激，逢年过节还要去祭祀。

第五节　《起造卷》：房屋修建与环境优化选择

家是人们追求的安身立命的居所。房子是家的外壳，女主人是家中的灵魂人物，因此很多水族人家将房屋起造与婚嫁作为人生的大事，可谓是事无巨细，均依照水书先生的指导行事，期望一切顺利，为家庭昌盛奠定良好的基础。

一、自我奋斗与祈求超自然力护佑相结合

衣食住是人类赖以生存的基本条件。居住与建筑起造有关，水族先民曾经的岩居穴处就像《造人歌》所描述的一样：

lan^{6} qa:m^{1} pja^{1} fe^{4} tsum^{2} tu^{3} khum^{5},
挤　岩　洞　当　依　存　处
lan^{6} qa:m^{1} hum^{5} fe^{4} tsum^{2} tu^{3} ʔdjən^{1}.
挤　泥　穴　作　藏　身　处

实践证明，从动物的本能出发，它们在选择洞穴时受到迎风与背风、潮湿与干燥、狭窄与宽敞、安全与危险等因素影响。作为高等动物的人，对居住环境和建筑结构考虑的因素肯定比动物要周全得多，这便是人类在社会发展中逐步形成的建筑起造文化的体现。

水族在村落选址、建筑等方面，虽然没有周密完善、可保存和传播其建筑观念与设计理念的专著，但从水书的《起造卷》的相关篇目中，可以洞察水族先民对建筑起造的基本观念与设计思路，那就是祈吉避凶、天人合一、融入大自然等。这似乎与被冠以迷信说法的风水有关。

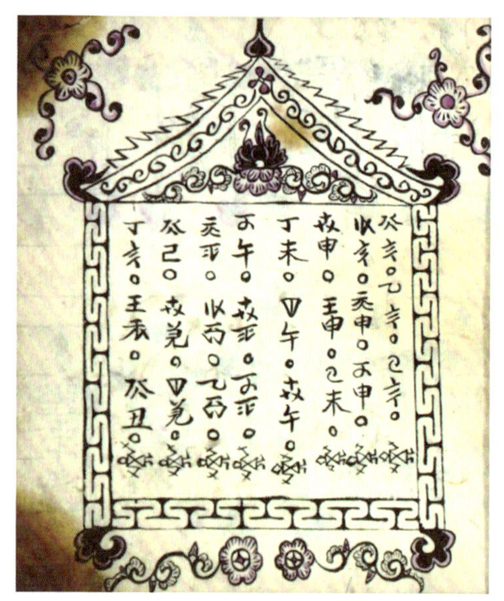
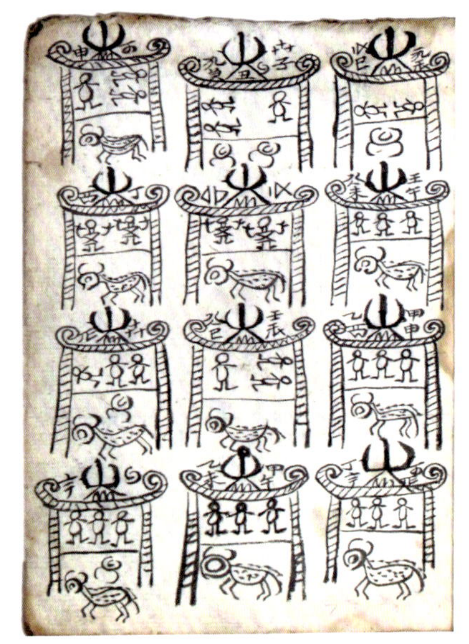

水书《起造卷》房屋象形图

其实，从中国传统的建筑来看风水，其核心内容是以人为本，风水是对居住环境进行选择和处理而建立起来的一门学问。以自然农业为基础的水族社会，人们不但渴望有衣蔽体，有食果腹，而且还追求“上以自处，下居鸡豚”。因此，便有了能防潮防虫、集多种功能于一体的干栏住房。干栏式的建筑，就是起造经验的积累与总结。当初水族先民由洞穴迁出来之后，其居住的干栏住房肯定很简单，故史载：依树积木，以居其上，名曰干栏。由于上下层结构的干栏式住房上下都离不开梯子，而简单的梯子很容易倾斜翻倒，因此，水书上就出现了楼梯垮塌的《翻梯》，以及因房屋严重倾斜导致坍塌而造成人财俱损的《大败》等篇目。

水族古代的起造主要反映在以下三个方面：

一是对村寨地址及氏族集体墓地的选择。水族倾向于选择依山傍水、挨近田地的地方建房屋，修墓地，这里在生理上以及心理上都能得到慰藉的地理环境。

二是对村寨方位、形态的处理。包括对水源、柴薪、绿化资源的利用改造和道路的安排，利用地形开辟地基、确定房屋朝向与高低宽窄，以及寨门的设计。

三是在物质条件和硬件设施具备的基础上，把信仰文化的内容和趋吉避凶的传统文化符号，融入起造的过程之中，祈求祖先和天地神祇的保佑，企盼得到超自然神力的暗中保护与支持，把追求平安幸福、人丁兴旺作为一种精神支柱。

2019 年三都县平甲一蒙姓人家修建传统干栏式木房

水族先民在缺乏现代地质学、水文学、气象学、建筑学知识的时代，凭着原始的、长期的社会经验积累来解释和解决起造中遇到的诸多问题。水族的水书《起造卷》，主要反映了水族先民在起造方面的意识、观念与追求，尤其是企盼获得超自然力的支持与帮助。当水族先民从走出岩洞，告别土穴，搭茅棚，到依树积木，以及发展为干栏居室，无不体现出他们勇于克服困难、勤劳刻苦的精神。他们在自我生生不息的奋斗之中，存在企求超自然力在暗中护佑自己的思想是十分正常与合理的。如果把水族先民描写成为具有唯物主义思想，具有19世纪才出现的共产主义思想、无产阶级世界观的群体，那显然是不合理的。因此，尽管水书《起造卷》反映了超自然的迷信的观念，这也是水族历史文化的一种积淀。水书被喻为水族的《易经》，是水族文化的结晶与象征。因此对《起造卷》的研究，也只有在改革开放的良好环境下才具备这样的氛围与条件。研究水书《起造卷》，应扬弃历史的尘埃，丢掉传统的包袱，去伪存真，吸取和传承其合理的内核，这是我们研究水书所坚持的基本原则。

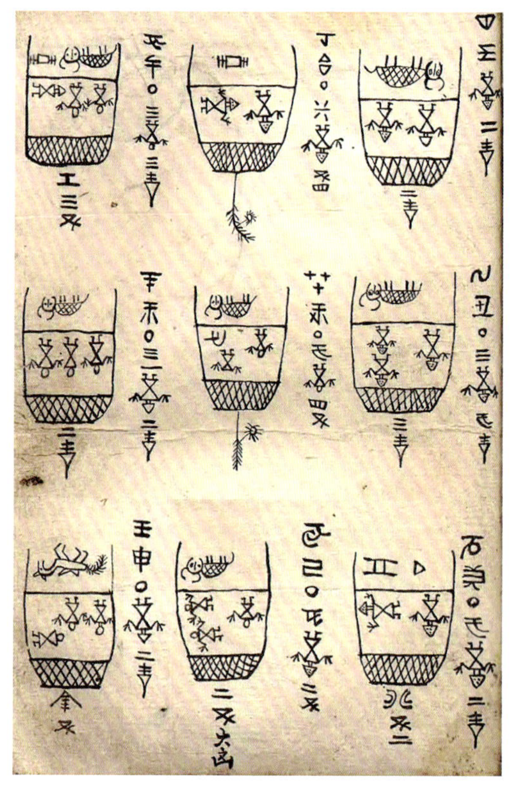

水书《起造卷》干栏建筑选页

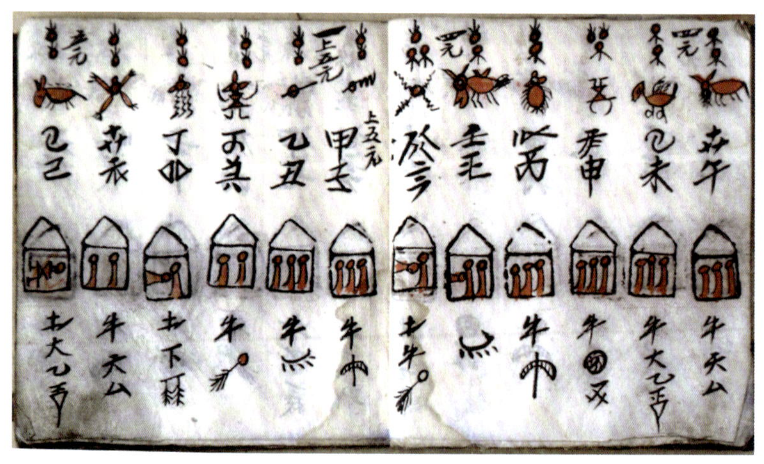

水书《起造卷》选页（1）

二、起造原则与宜忌

1. 房屋起造的准备

水族地区房屋起造是一件大事，水族人把房屋起造当作影响人生祸福兴衰的重大事件。水族信奉万物有灵，认为坐山朝向的吉凶依太岁轮换，人的生辰与太岁既相生相合又相克相刑，认为在静止的地理环境中抓住想象中移动的天象吉利方位及选择吉利的日期能给自己造福，以此来获得心理上的平衡与慰藉。因此，出现了房屋起造方面宜忌的水书篇目。

《相生》篇，水语念 sok^{8} ʔu^{1} ^{n}dən^{1}，直译为"熟身上"，意为"太岁之年与生辰相生相合，可达到完美的境地"。以生辰五行与太岁年论宜忌，如"金熟巳酉丑，木熟亥卯未，火熟寅午戌，土水熟申子辰"等，找到适合主人家房屋起造的太岁年成是第一步。

第二步则查看屋基的坐山朝向是否与值年太岁的吉利山向相吻合，如果二者相统一，当年就是最佳的起造时机。这是苍天、大地与凡人互相影响的天人合一神秘观念的反映。人们认为苍天也和凡人一样有喜怒之气、哀乐之心，风水轮流转，如果不知其变，不择其吉，就会伤败自身。

《辅星方》篇，水语念 fa:ŋ^{1} pu^{2}，直译为"瓜方"，意为"带来幸福甜蜜结果的吉利瓜之方"，有的也写作《方不》。因为水书中还有苦涩的凶瓜《辅干》(pu^{2} qam^{1})、夭殇短命的凶瓜《辅半》(pu^{2} pa:n^{5})、倾败现成产业的《辅倒》(pu^{2} ta:u^{5}) 等。

《辅星方》篇云：

> 申子辰年辰巳方是辅星头（瓜头），
> 戌亥方为辅星尾（瓜尖）。
> 巳酉丑年丑寅方是辅星头，
> 未申方为辅星尾。

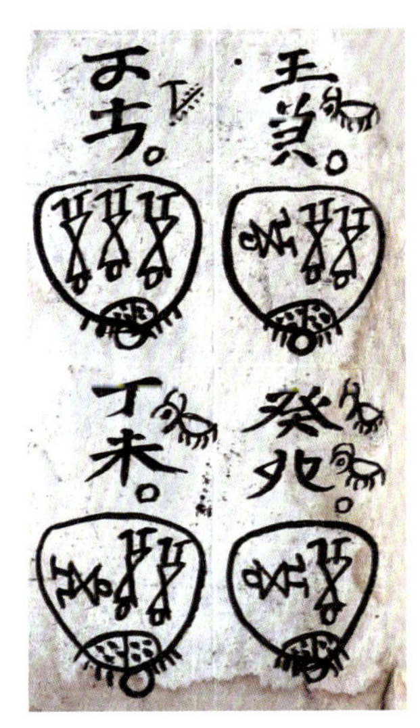

水书《起造卷》中鸡笼状房屋

寅午戌年戌亥方是辅星头，

辰巳方为辅星尾。

亥卯未年未申方是辅星头，

丑寅方为辅星尾。

人们认为辅星方利祭祀、起造等。其实，这些择吉内容不可能与天文行星的运行轨道有关，而是采用末字复沓择出相邻的两方为辅星头。如申子辰至辰巳是“辅星头”为大吉方，巳年之后间隔四年是戌亥“辅星尾”为小吉方。余下的三组太岁年都是以此类推，结果是否吉利，谁也说不准。但这种信仰，又能使信奉者在建造居室活动中，增添了水族人民追求幸福生活的一种满足感。

《大利方》篇，为意译。同名篇章有三四篇，其一云：

子午卯酉年乾和午大利。

丑未辰戌年大利卯辰方。

寅申巳亥年大利乾未方。

人们认为这则大利方用于起造与安葬会纳吉生福。《大利方》的另外一条则按对应的六组太岁年列出：“子午年大利在戌庚方……卯酉年大利在庚方。”

《大旺方》篇，水语念 fa:ŋ^{1} ta:i^{6} va:ŋ^{6}，此为音译和意译结合的篇名，与《大利方》是名异而实同的篇目。其一云：

子午卯酉年正、四、七、十月甲庚壬丙方大吉。

丑未辰戌年二、五、八、十一月卯庚戌方大吉。

寅申巳亥年三、六、九、十二月乙辛丁癸方大吉。

有些版本则将句首的年份省去，使其适用于每一年。但按水书著编惯例，冠以年份似乎更符合其通例。

2. 起造的准备

起造的准备包括伐木、地基的选择和开挖、请木匠师傅、搬运瓦片等。

木料的筹备有分散筹备的，也有集中筹备的，伐木的安全和防虫蛀是人们十分关注的大事。水书《六甲光黑日》篇，是择日伐木防止日后木料生虫的日子。水书上将六十甲子日依次排列，并画黑白圈，黑圈之日表示虫蛀之日。依此推算，伐木虫蛀日为丙寅、乙亥、丁丑、戊寅、丙戌、丁亥、己丑、甲午、戊戌、丁未、戊申、癸丑等12天。言下之意，六十甲子日其余的48天为吉日。这些日子只是可防虫蛀之患，其他的宜忌内容，依旧要兼顾。因此，伐木要选择催发生长抽条的“杜空”、旺相吉利的“大旺”、顺达吉利的“吉林”等日子。

砍伐房梁集中反映了水家起造祈吉避凶的种种习俗。一是选择的树料多为杉树，尖梢完整，树干挺拔，没有被雷击中，没有鸟啄和虫眼等；二是对大树施祭，多以酒肉及糯米饭为祭品，讲究的人家还杀公鸡供奉；三是择吉砍伐，并请家道顺昌、父母健在、子女双全的人执斧砍伐，以期通过顺势巫术，将福运转到起造的人家；四是树梢倒向朝坡尖方向，家道也会因此而节节攀升；五是梁木砍倒之后，严禁人禽兽跨过，严禁人坐其上；六是不说不吉利的言语；等等。由于大梁处于房子中部的最高位置，是房神之居所。有的人家还要在梁上画黑白相套的太极图案，一般的水族百姓认

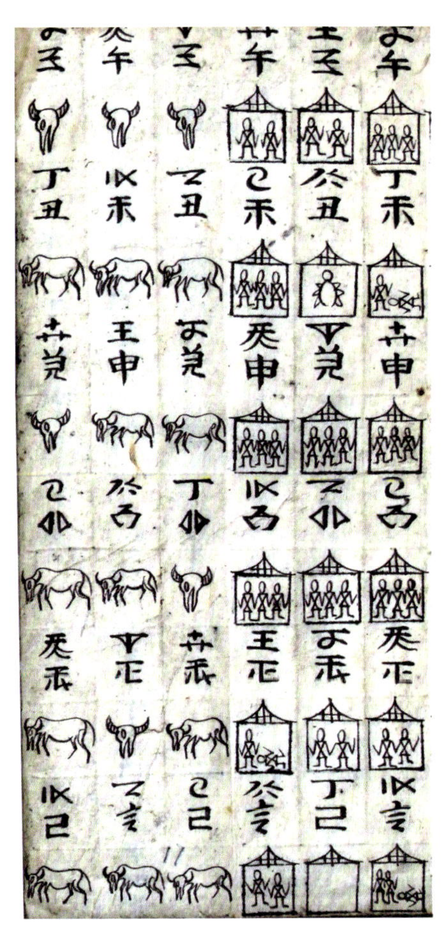

水书《起造卷》选页（2）

为是神鱼在昼夜守护家庭，这是鱼图腾崇拜的遗俗。因此，水族有卖房不卖梁的习俗。正因为如此，人们对加工大梁的师傅的选择十分慎重，并对大梁进行严密的守护。

人们为了追求美好的未来，对起造的关键和基础工作都应该谨慎、认真而虔诚地进行，既怕出现差错，也怕得罪相关神灵。人们在砍伐木料、开挖地基时，要严格防止犯水书中记载各类恶死恶伤的《杀伤》，导致人丁绝灭屋基荒芜的《亚夷》，世代独丁单传的《业夺》，推走人丁财粮的《歹耿》，无端纠纷闹事的《六年》，家运颓败的《歹棒》《大败》等篇目。

2019 年三都县平甲一蒙姓人家在制作大梁

3. 立柱上梁的宜忌

立柱上梁是房屋起造最关键的环节，人们认为住房的吉凶对主人一生的兴衰成败会产生重大影响。因此，在认真处理地基、伐木、画墨、打眼、穿排等各项事宜之后，要请水书先生认真选择吉利的时日立柱上梁。据有关报道，都匀市基场乡一水族农户认为所起的房子因择吉不当而导致家境贫寒且多灾，三次推倒房子后，又三次重新立房子。由此可见，起造择吉是水族特别看重的大事。

《泐冬》水语念 le^{1} tum^{2}，或为《泐夺冬》水语念 le^{1} to^{2} tum^{2}，意为“鱼鹰书”，是起造的关键篇目。水书创制人将六十甲子日，逐日画一幅鱼鹰示意图，其中又绘上倒立、直立、横卧的小人，分别表示吉利、半吉半凶、祸患的含义。如戊辰日为四人倒立，大吉。甲申日有二人倒立，二人横卧，则吉凶参半。丙申日为三人横卧为凶。癸丑日为三人直立者凶。水书以倒立之人为吉，与水书中普遍反映的特殊观念有关，水书是与鬼神打交道的神秘用书，水族人认为鬼神世界反映的东西往往与人世相反。

水族先民认为，活人居住的世界与鬼神居住的世界是截然不同的两个世界，正如昼夜、黑白一样对比明显。水书既然是记录和反映人与鬼神活动交往的典籍，人的图形直立者为鬼形，倒立者为人形，与此观念有关联。水文字有不少倒写、反写或横写，也是在这种观念支配下创制的。有的称水书为“反书”，并非是什么造反的书，而是在水族人鬼颠倒信仰观念指导下，出现倒写或反写的一种书写规则而已，当然，也包含有水族先民反抗压迫的逆反精神，即岑家梧所说的“水书系一种被压迫民族所用之文字”。惊奇的是，这种文字与习俗活态传承至今。

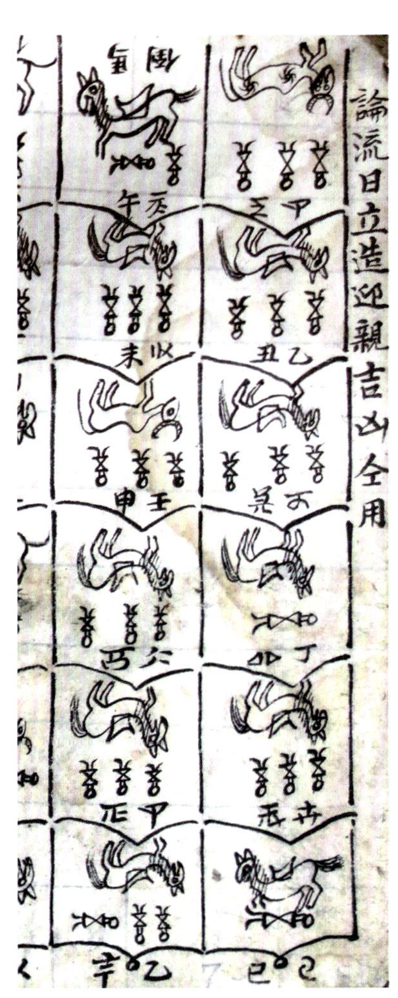

水书中简化的房屋造型与人形描摹

《涌恒》为水语 ʔjum^{5} hən^{2} 的音译，意为“挤满地方”。该条目吉凶兼备，若安葬逢此日则犯重丧，遍地是坟岗；若逢此日开辟新地盘来赶集或建造新村寨，则人涌如潮、兴旺发达。

《吉林》篇名为水语 ȶat^{7} ljən^{2} 的音译，其意指“瑞祥之神兽麒麟”，认为能选择这一天，麒麟会献瑞，使家财田产富甲一方。因此，这个日子不论是起造伐木、立柱上梁、开挖宅基，水族人都认为是大吉大利的上吉日子。《吉林》篇云：

春三月用酉子日吉，
夏三月用戌亥日吉，
秋三月用申酉日吉，
冬三月用丑午日吉。

此季节指的是水历四季，春季三月对应农历九、十、十一月，余下类推。《吉林》中还有一条是："正、四、七、十月酉子日，二、五、八、十一月戌亥日，三、六、九、十二月申酉日，是头号麒麟吉日。"副歌暗示："麒麟返大买田产，麒麟来田产富甲一方。"这是指以此日搬迁到外地搭建房子，将来还会荣归故里，起造和置办更多田产，成为富裕人家。

总之，起造在选择"泐冬"吉日的基础之上，还要兼顾选择"杜空""大旺""大吉""吉林"等吉日时，也要配合木匠师傅祭祀"六夺公"，即在冥冥之中保佑起造施工顺利开展的六夺公英灵，以达到起造顺利平安、家业兴旺之目的。

上梁立柱是大事，水书认为应当回避的凶祸有《杀伤》《灭门》《倒栏》《大败》《大棒》《专烘》《大杀》等篇目。有些忌戒的篇目名称也十分特殊，如：《漏屋脊》、《戛借东》（鸦吃泡）等，都是荒芜绝后的别称，旨在提醒人们要更加注意防范。

《漏屋脊》篇名，水语念 pja:ŋ^{5} qum^{1}，为意译。有的又称《荒家》，水语念 va^{2} a:n^{2}。水族认为立柱上梁犯此日，将会出现人亡屋荒、家道凋零破败的情况。

tsjeŋ^{1} ɕi^{5} ɕət^{7} sup^{8} sja:ŋ^{3} jən^{2} ha:k^{7} ti^{6}.
正 四 七 十 伤 寅 桩 地
ȵi^{6} ŋo^{4} pa:t^{7} sup^{8} ʔjət^{7} ŋo^{2} ha:k^{7} thjeŋ^{1}.
二 五 八 十 一 午 冲 天

ha:m^{1} ljok^{8} ʈu^{3} sup^{8} ȵi^{6},

三　六 九 十 二

qha:m^{3} sa^{5} ʈa^{1} pa:i^{1} ɕi^{3} va^{2} ɣa:n^{2}.

坎　上 架 去 子 荒 家

本篇的附歌就点明了主题，其结果是人亡屋空。

《嘎借东》篇，水语念 qa^{1} tsje^{1} tum^{6}，为音译，直译为“乌鸦吃泡”，意译为“在荒废的屋基上长满刺蓬，乌鸦鸟雀会聚在屋基吃刺泡浆果”。起造遇凶日，将会出现《漏屋脊》中叙述的悲惨结局，以此来警示人们，要特别注重起造的择吉问题。

另外，起造的忌戒仅举其要目，在水书中还有以掌官推断查寻宜忌日期的一些篇目。起造内容，除了住房建筑之外，还有桥梁、大型墓葬石刻等，但按水族的习惯仅限于房屋建造。水族起造类的信仰还有不少与之相关的民俗，如在立柱上梁之前用一个新土罐盛水装上两条鱼，放在屋基施祭，起好房子之后，又将装在土罐里的两条鱼提进来施祭。祭品多用鱼、肉块、糯米饭、米酒等。上梁结束，还用青布从房梁上悬挂下来。随后主人家把一头牛牵入新房中，将折糯的谷把、一包衣被、米斗和秤等悬挂在新房中，表示乘吉入住，家运从此顺达吉昌。

第六节　《壬辰卷》：人生拼搏的慰藉与希望

水族先民在日常生活中，总是失败多于成功，早期阶段更是这样，因此归结于“又遇到鬼了”，导致“鬼类繁多”。在摸索前进过程中，水书也有鼓舞人们树立信心与困难抗争的篇目，奔向胜利与光明的篇目——《壬辰卷》《吉

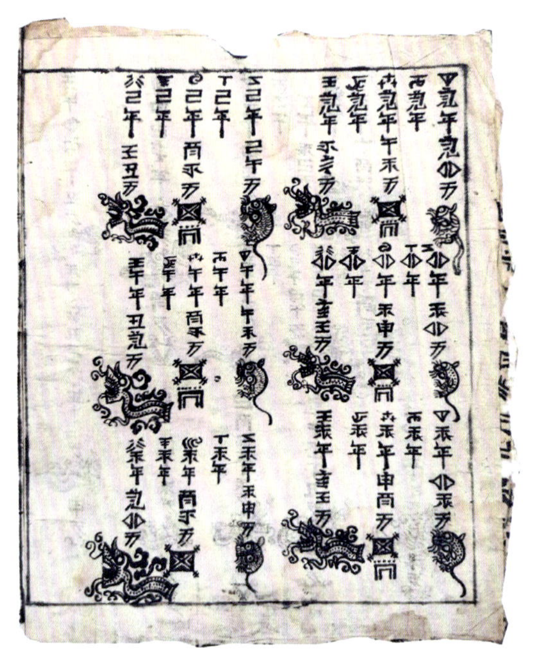

水书《金银卷》选页

星》《金银卷》《金堂卷》……

在各种水书卷本中，忌戒的篇章、条目比比皆是，似乎水族先民处于凶恶鬼神的重重包围中。但是，在这些卷本中，吉利篇目比较集中的《壬辰卷》，就像一线曙光，几点火星，给处在漫漫长夜之中生存的水族人民带来光明与希望。《壬辰卷》一般收录50—60篇吉利条目，供人们择吉使用。

《壬辰卷》开篇就是《壬辰》篇，水语念 ȵum^{2} sən^{2}，还分为《壬辰》《公壬辰》和《母壬辰》等多个条目，这些条目代表是人财俱旺，宜于安葬、营造。讲解歌云："办事逢上壬辰，变成大富财产多"。其中重要的一条是《公壬辰》，首句念"申子辰哄奋壬乙"，指水历申子辰年放出壬乙日，其具体内容为：

申子辰年放坤壬乙日方吉，

三乙亥卯未日吉。

巳酉丑年等巽庚癸日方吉，

三庚申子辰日吉。

寅午戌年等艮丙辛日方吉，

三辛巳酉丑日吉。

亥卯未年等乾甲丁日方吉，

三甲寅午戌日吉。

水族先民认为上述吉辰吉方，宜于葬亲生父母，可发富久长。另外还有4条：第一条首句念“申子辰第一元戊壬辰日吉”；第二条首句念“第一元乙未水癸丑吉”；第三条首句念“子午卯酉年正四七上一元己酉日并戌方”；第四条母壬辰，首句念“申子辰年壬辰日土旺田塘”。人们还把幸福的希望寄托在安葬亲人，获得祖灵的保佑上，以期田地水塘丰收、家庭发富久长。在水族地区，存在无男孩家庭抱养他人儿子及上门入赘等现象。因此，《公壬辰》是在安葬亲生父母所用的条目，这把鬼的护佑范围以亲疏关系加以限制了。

《官印》水语念 kwa:n^{3} ʔjən^{5}，或译为《关印》，即“官府大印”之意。在《壬辰卷》中，各类《官印》条目有七八条。水族先民认为《官印》有威慑作用，还有官运亨通之义，因此把它当作富贵吉星来崇奉。在《壬辰卷》中还有以九星配搭的《八贪官印》，其首句念“申子辰官印五酉”，指水历申子辰年八贪宫印的吉辰是乙丁己辛癸酉日。水族先民认为，安葬或祭祀祖先逢与之相关的吉辰，家庭能发富发贵，福照门楣，后辈能光耀祖宗。由于水家对《官印》的崇拜，为防止出现争吵斗殴现象，就连丧葬追悼“开控”安放祭席的时辰、方位，都要选择“官印”日辰。

水书中经常出现贪、巨、禄、文、廉、武、破、辅、弼，水语称之为“八贪”，实际是天文学上的九星。由玉皇大帝、紫微大帝以及北斗七星组合而成的天文星座，被水族当作吉星崇奉。因此，《壬辰卷》除了有《八贪壬辰》篇之外，还有《八贪官印》《八贪吉利》《八贪土》等篇目，水族人民把它们当作人财两旺的吉星加以使用。但是，每条的结果还是有一定的差异，如《八贪吉利》，首句念“申子辰吉猪犬癸”，指水历申子辰年亥戌日吉，是福泽吉星，宜于安葬，财源丰厚，但是很悭吝，惜财如命。人们认为，这家发财致富之后，要与水书先生闹矛盾。为了防止可能出现的不利后果，治丧时须由一人分金，一人择日，使主人家与水书先生、水书先生与水书先生之间关系和好。

《富癸》篇，在《壬辰卷》中有五六条，是水族先民祈求过上美好日子的一种心态的反映。“富癸”是水语 fu^{5} ȶui^{5} 的音译，实际就是“富贵”的音变。这是母语遗存的现象，也是借汉的词汇。《富癸》多用于安葬，有的也选作杀牛祭祀祖先之用。与《富癸》读音及性质相类似的还有《富吉》，其语音和水语相同。

在《壬辰卷》中，有《大利方》《大旺方》《吉方》《吉立》等篇目，多者有7条，少者有3条。其读音、语意都与汉语相似。其中，《吉立》就是水语ʈat^{7} ljən^{2}的音译，指的是瑞兽麒麟，是由瑞兽崇拜演化为水书的条目。《吉立》之一是《用时》篇，其要义是这样叙述的：

正、四、七、十月上，酉鼠时麒麟头，
二、五、八、十一月，戌亥时问麒麟，
三、六、九、十二月，申酉时麒麟头。
麒麟去麒麟会返，
麒麟返广买田产，
麒麟来财产满乡。

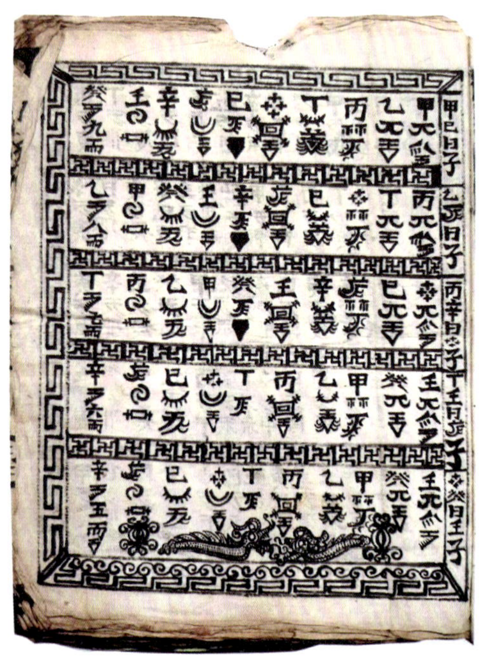

水书《吉星》选页

该篇认为酉子时、戌亥时、申酉时，处在瑞兽麒麟的头部位置，是最为吉利之时。水族先民相信，如果有人因战争、灾荒，或其他原因背井离乡谋生，当事情过后，选择《吉立》篇目所指定的年月日时，再搬迁返回故乡，重新创业，将会风光胜过往日，广置田产，富甲一方。

《公闷》，是水语koŋ^{6} ʔmən^{1}的音译，是水族天文学的专用语，为“黑夜将尽，启明星即现，天空出现曙光”之意。水书将其作为篇目名称，始源于对太阳的崇拜，继而演化为“卯”的崇拜，是水族人追求光明、幸福的反映。“卯”字，水族古文字是由两个三角形组合而成，其字形与甲骨文相似。“卯”有开启、升发之意。因此，水族地区有诸多尚“卯”习俗：如起房、接亲用卯时；荔波、九阡一带的年节为“卯节”。《说文解字》引《律书》云：“卯之为言茂也，言万物茂也。”该书又引《天文训》：“卯则茂茂然。”《公闷》与启明、卯和生发茂盛有关。因此，常常为水族所选用，主要用于入殓、安葬、开路、起造等，有的人家也用于婚嫁。

《抽条》篇，是水语 ndju[1] khum[3] 的意译，其比较准确的解释是“具有像催促树木抽条长枝、欣欣向荣勃发神性的鬼”。水族先民认为利用该条可补高寿，使寿缘加长；杀牛祭祀祖先及起房用此条，则可家道兴旺；缔结婚姻用此条，也能使新人幸福美满。《抽条》之一的《季节》篇云：

春在寅抽条，
夏等室火猪，
秋等牛养羊，
冬等龙养牲。

水书《抽条》篇将水族先民把春木旺相的客观现象与巫术相似律的原理结合起来，期望自己的家庭、事业也能类此而兴旺发达。另外与《抽条》相类似的还有《迭生》。《迭生》篇，水语念 tjet[8] ⁿdju[1]，是音译、意译的结合，第一字为音译，第二字为意译，指碰着抽枝生发的吉利之鬼。该篇性质与《抽条》

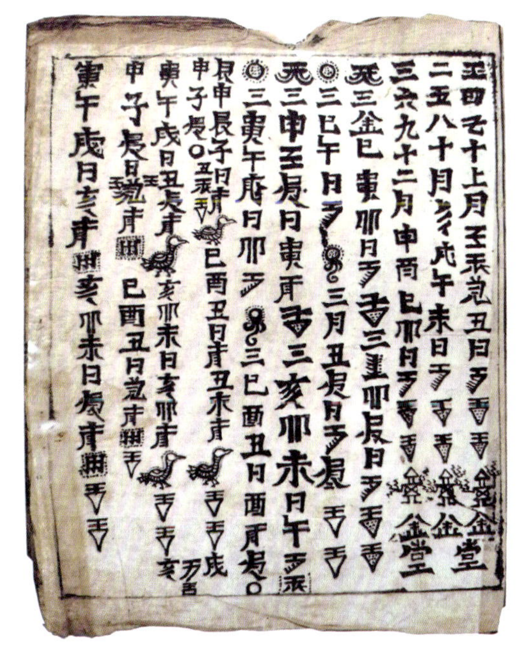

水书《金堂》选页

相似，利于丧葬、婚嫁、营造、祭祖等。

在水族地区的山道口或休憩场所，经常可以看到供路人休息的石凳、木凳，那是由一些无男孩或缺少子嗣的家庭择日所立的，目的是祈求能如愿生育。因此《壬辰卷》中还有专门的篇目《安石凳》。另外，还有作抵挡祸患、保家撑寨的“挡惰”“挡幸”巫术的《放别》篇。“放别”是指作保家撑寨鬼时，以五种刺合并捆成一小把，作为抵挡祸患巫术的武器。为了使保家撑寨的巫术活动成功开展，水族先民专门创制《放别》篇。

《壬辰卷》中还有一些颇具民族特色的篇目，如利于歌手开歌喉的《天嘴鸡》篇；供祭猪首神石的雨水神“霞”的活动，为保证降雨巫术成功专门制定的《开霞》篇；专门为祈求生育的人家修小木桥而创制的《拉罗》篇；攻破敌阵、粉碎凶神恶鬼进攻的《破散》篇；用于安葬，使家庭兄弟和睦相处、团结友爱的《都拥》篇；招致生机勃勃又发福久长的贪神的《贪休》篇；使财富重聚之吉星《五富》篇；招财纳福、人财两旺、诸事如愿以偿的吉神《沙补》篇；撮合三方团结友爱、亲密来往的吉星《三洛》篇；能使家庭成员长寿之吉星《代寿》篇；能促使家庭人才成长和发财致富的《龙定劳》《龙定低》等篇；为家庭招来财富的吉星《不关抵登》篇；为家庭带来

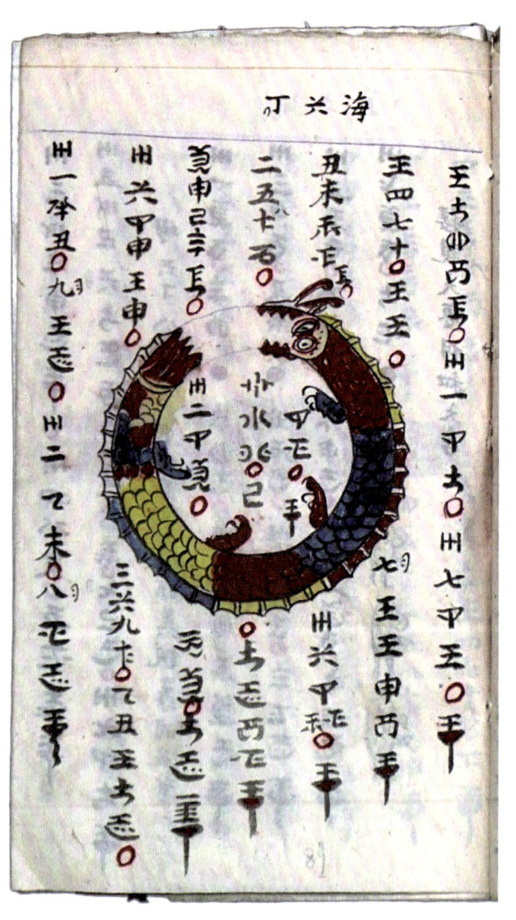

水书中的彩色盘龙图（潘正才藏）

财福运气之吉星《不登》篇和《不片》篇；等等。

总之，《壬辰卷》中的绝大多数条目、篇章，给予在漫长、艰难岁月中苦苦挣扎的水族先民极大的精神力量。尽管这些篇目所说的内容，很难实现或根本不能实现，但是，这一线曙光，或多或少成为埋头苦干的水族先民的一丝动力。因此，有人说《壬辰卷》就像黑暗中一线灵光，给现实带来一线温暖与光明。

荔波县档案馆收藏的国家珍贵古籍名录《金银卷》是水书吉利条目荟萃的典籍，是与《壬辰卷》互为补充的吉书卷本，是较为珍贵的水书古籍。

第七节　《占卜卷》：混沌中探索神灵的密钥

《中国少数民族》之水族篇载：水书是夏商文化的孑遗。唐代之后，水族成为单一民族，水族先民原来使用的文字才贴上“水”或“睢”族群的标签。因此，现在的水书与甲骨文都是神本文化的产物。在“国之大事，在祀与戎”和“殷人尚鬼”的时代，作为国家军师的“贞人”负责占卜，探明神意，决犹疑、断是非。水书的《占卜卷》就是这样的文化遗存。

占卜是世界性的古老文化现象，我国从夏商周至明清的历代王朝，都设有专职的卜官，观察天文地理之变化，探测阴阳祸福之玄机，预卜国家大事、年成丰歉、人事兴衰。官方修订的史书《史记·日者列传》和《史记·天官书》，均为记载占卜事宜的篇章，此后修史都仿此，出现了《五行传》《方技传》等。在水族科学技术十分落后、生产力水平极低的漫长社会里，水家人自知难以预测和掌控人生命运、民族前途、农作物收成等，因此对占卜就特别关注。水族先民既然认为世界万物有灵，那么他们的天人感应的文化观念、宿命论的文化观念及信仰超自然鬼神力量的文化观念等，就体现在和鬼神打交道的种种活动之中，如水族占卜就比较集中地体现了这种原始宗教信仰的特征。

水族占卜的种类主要有：巫卜、蛋卜、草卜、石卜、铜钱卜、鸡卜等，偶有文王卦卜。这些占卜活动，水语称“薅”，水语念 hao^3，或念 fe^4 hao^3，定语后置，翻译过来就是指上面集中的占卜形式。《易经》云：“天垂象，见吉凶。”这正是水族通过占卜，从种种迹象中去解读其中隐含的信息密码，探明神灵的意旨，以便指导自己的社会行为。

铜钱卜　水语称“薅枚贤（hao^3 mai^4 $ çen^2$）”。求卜者用一尺新白布包着患者的衣襟和一碗米，再封几角钱向巫师问卜。巫师将簸箕置于面前，将患者的衣襟、五个铜钱、一把米放进筒里，巫师一边口念咒词，一边用手摇动竹筒。念毕，将竹筒倒扣在簸箕上，看铜钱上显示的图像来判断何神何鬼作祟。铜钱上有字的那面为黑（●），无字的那一面为白（○），呈“○○○○●”状是金，呈“○○○●●”状是木，这是野鬼作祟；呈“○○○○○”状是水和土，呈“○○●●●”状是火，这是家鬼作祟。找到了何神何鬼作祟后，再卜吉凶。“○○●○○”状属金，三次卜成此状意为病重。“●○○○●”状属木，三次卜成此状意为病轻。“○○○○○”状属水、土同卜，三次卜成此状意为无儿。“○●○●●”状属火，三次卜成此状意为病凶。第三次卜是预测病好的时日及快慢。“○○○○●”并合“●●○○○”是金克木，直至听说别处有人死或猪死才算过难。“○○●●●”并合“○●○●○”是木火通明，代表病轻不用愁。“○○○○○”状属水和土，表示病情慢慢好，恢复期长的“半吉昌”。“○●●●○”状属火，表示病人即愈大吉昌。“○●○●○”状属木，代表病人快好的“大吉昌”。“○○○●○”状属金，病人康复还难决定。此类铜钱卜，尚未记录具体何种鬼在作祟。此卜各地不尽相同，判定的方式方法亦有差异。

水书《卦法鬼名》小册子，是潘姓铜钱卜的抄本，成书于清代中叶。开篇即有：“一黑（●）属水，二黑（●●）属火，三黑（●●●）属木，四黑（●●●●）属金，五黑（●●●●●）属水，五白（○○○○○）属火。”此书中对一些卦例还做了注释。

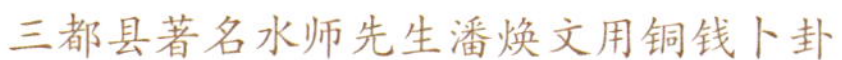

三都县著名水师先生潘焕文用铜钱卜卦

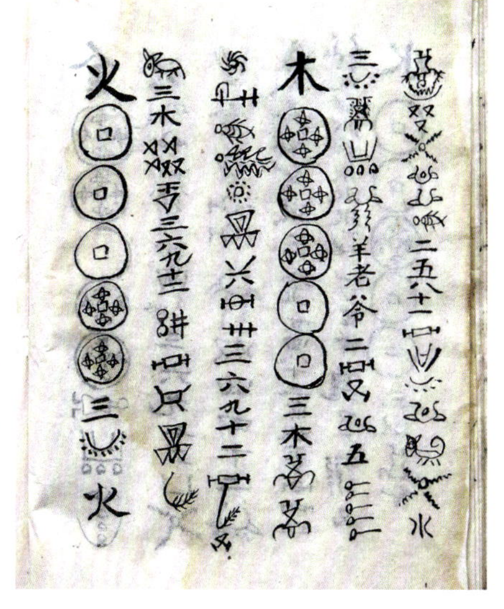

记录铜钱卜卦与民俗活动信息的水书抄本

“金水有人病在床，骂恒中，牙抵困；若有人疼肚、脚，办四，办八，贼五捶，牙抵的，野人鬼，家神老鬼，补粮鬼；鸡作怪，小儿病，五虎。”这一段卦辞，是用汉字记录，用水语释读的，如果不做翻译，其他人很难解读其意。其意云：占卜逢金水卦，家中有人病卧在床，是中等范围的“忙恒鬼”和路途中老妪鬼“牙抵困”在作祟；如果有人肚子疼痛，是闹别扭的“脚鬼”“办鬼”中的“办四”“办八”，“全鬼”中的“全五捶”，“牙抵鬼”中的“小牙抵”，野鬼类的“杂打”，古老的家神鬼“忙干高”，要补粮的鬼“忙补熬”在作祟；要是鸡作怪，如母鸡吃蛋、公鸡酉时啼叫、鸡飞到神龛上等，那么就会有小孩子生病，则要解“五虎鬼”，小孩才能康复。

另外一则的卦辞是这样描述的：火木有女娃病，走胎，后生病，认为是“忙恒低”作祟；锅甑叫音或鸡狗蚁等物作怪，速解；应三、六、九、十二月，必遭大事；若未得事，被伤亡命。这段卦词的译意是：火木之卦，有女人生病，属于流产之后得的病，是由“忙恒鬼”类中的小鬼“忙恒低”作祟引起的；如果家中蒸饭时锅甑发出怪声，母狗吃自己生的小狗或拉屎在堂屋中，蚂蚁结队来家做窝等怪异现象，要迅速禳解，否则就要出现祸殃；必在水历的三、六、九、十二月之中应验，家中必遭口舌是非大事；若未遭受是非大事，主人也会被人残害致伤甚至亡命。

《卦法之本》是民国癸亥年（1923）的潘氏抄本，记录了铜卜的卦辞。笔者摘录一段加以分析，可以进一步了解水家人的信仰。其卦辞是：

> 火金，滕（疼）肚凶，堂家神，地婆，尖鬼；滕（疼）骨、身、头，劳十二，八四，六官，有别做事过门好，若不见，有官事到家，老鬼，上鬼。

这段卦辞依旧是用汉字记录水话，其中有意译，也有音译。其准确的含义是：占卜得火金只卦，家中有人肚子疼得厉害，是堂屋中的家神“忙干”、老妪之鬼“牙地”以及随地给人生祸的“全鬼”等作祟；如果生病的人是身上的骨头和头部等疼痛，那是牢狱鬼中的“牢十二”、腊八鬼中的“八四”和“六官鬼”作祟。要是看到别人做好事，从自己家门经过，就可消灾纳吉。要是看不到有人做好事从家门经过，就有官灾口舌进家，出事的原因是家中的老鬼“忙高”和恶死恶伤鬼类的“沙伤鬼”作祟。

《卦法之本》的卦辞，有按活人年龄推算八宫掌的卦辞。八宫是：子丑卯辰午未酉戌的指节宫位，每一宫称为一山。如占卜得“辰山”，其卦辞云：“辰山：恶鬼、祖宗、苗鬼。有怪，不有怪，有事：娘娘、八五、地婆鬼。”卦辞含义是：占卜的称辰山，作祟的鬼有凶恶的“忙凶”、家神“忙干”、苗族老妪鬼“牙苗”。家中可能有怪异事件出现，如果没有怪异事件出现，就有凶祸事情发生，那是生母娘娘鬼“尼杭”、专管土地的老妪鬼“牙抵”在作祟。在水族先民的观念中，鬼随着社会的发展而不断变化，社会生活中出现什么样难以解决的重大问题，鬼神世界就出现相应的鬼神。这些卦词的准确性，只有“鬼”才知道。但是，这些卦辞毕竟是水族先民在特定的历史条件下认识世界的记录，不仅反映了当时社会人们的认知水平，也反映了当时人的世界观。

《卦法之本》中还记录着十二地支日子、十天干日子、金木水火土五行年以及六宫占卜的不同卦辞。其中还有十二地支日子中出现怪异现象的卦辞，有的卦辞十分幼稚可笑。如：

> 卯日见怪是太阳神为妖，主损六畜小口，六十日见。
> 蛇怪家主有疾病。狐狸怪主百事忧。
> 鼠雀衣主香火愿。母鸡啼叫主行人至。
> 釜甑鸣欠天神愿。犬怪主得横财吉。
> 鹊屎污衣财失散。六畜作怪主不祥。
> 鼠咬衣远年信至。百虫怪主不吉祥。

这是家中出现一些怪异现象用作判定的卦辞，有些句子的含义尚难准确理解。但是，从中可以看出发生的怪异现象，也可看出其为唯心之经验论。另外，《卦法之本》中还有出现怪异时辰的吉凶推断课格“居送钱、连送怪、乃节鸭、臭、散”。如：

> 正、四、七、十一上，丑时居送钱，寅时连送怪，
> 卯时乃节鸭，辰时臭，巳时散，午时居送钱。
> ……
> 子午卯酉年丑日居送钱，寅日连送怪，卯日乃节鸭
> ……
> 居送钱，敬之招财大吉。
> 连送怿，敬之也吉。
> 乃节鸭，惹是生非，敬之则吉，不敬定有是非。
> 臭时家有死亡，若不死者，定遭大事。
> 散时自来自去，不吉不凶。

其中，居、连、乃、臭、散都是鬼名，而“居”往往和“忙”作为鬼类的总称。有的水书先生将这 5 个循环推算的鬼名记为郎举坟贤、郎连坟怪、

郎来借鸭、臭、览。上述这段卜辞所反映的内容，像是卜师刚刚从鬼神的阵营中带出来的信息。对于这类似是而非的问题，民间也有绝妙的说法：信之则有，不信则无。由此可以看出，鬼神的存在完全是臆想出来的，不是客观的存在。

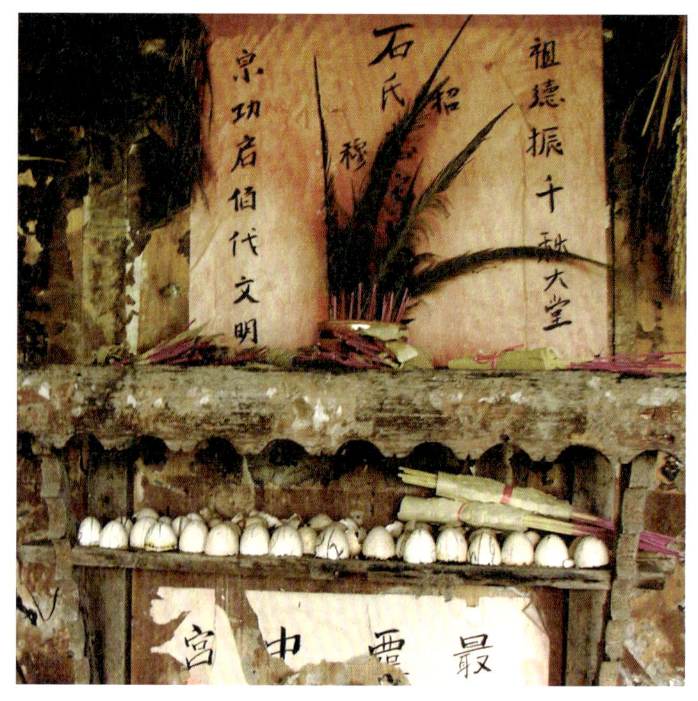

榕江县三江水族乡故衣村下寨卜师石开明先生的神龛

潘昌平手抄本《见怪占吉》，其中有关于天干、地支日子出现怪异之事，进行占卜的卦辞。如：

甲乙日：子时四华，丑时老鬼抵关，寅时辅、老鬼，卯时四华，辰时命案事，巳时三棺，午时吉，未时姑白，申时命案，酉时吉，戌时吉，亥时姑白。

这段卦辞讲的是：甲乙日中，不同时辰遇到的怪异现象，并说明了是水族的何种鬼怪作祟。另外，不同的鬼怪，需要用不同的地支日、时、方及禽畜进行禳解，要请保家鬼“猛住郎”“牙阳保”来送走此怪，家庭才能平安幸福。由于缺乏科学知识，水族先民把家庭中出现的一些反常的、特殊的现象，都认为是在某种神灵指使之下的结果。既然是神灵的举动，也只有请求更有权威的鬼神来制服、收拾。此类观念，是把人世间以强制弱、以大制小的权力斗争手段搬到了鬼神世界。权力比较大的鬼神，向它们敬奉的规格也比较高，要以猪、鸡来酬偿。有的家庭为此倾尽积蓄，依旧摆脱不了精神上的重负，在贫困中过着充满恐惧的生活。

上述是《占卜卷》的大致情况。由于师承关系、水书先生的水平以及地域关系，各地依旧存在一些差异。除此之外，水族地区还有在水书先生之外的一些占卜，尽管这些不以水书作为依据，但在禳解时，需要靠水书先生作法，从水书中去找相应的日辰、时辰、方位。因此，下文将对巫卜、石卜、草卜等卦卜手段做简要介绍。

巫卜 水语称“薅押（hau^3 ja^2）”或“薅金（hau^3 ʈum^5）”，即由女巫进行的占卜，俗称“过阴”。求卜者用1尺新白布包着1碗大米，另外带1碗糯米饭及一小块熟肉，封几角钱，拿着香和纸钱去问卜。女巫烧香和纸钱，用黑布巾蒙首，烧黄腊，吸其烟，不久便进入半昏迷状态，口中念念有词，忽然大声唱歌，宣布依附于其身的某位“腊金”的阴魂（神灵）已来到。于是求卜者向该神灵询问该事件的来由与吉凶，根据此神灵所言，应敬某神某鬼，或做一些补救工作，即可以化凶为吉。向女巫问卜时，也可去传求卜者的祖宗及与之有关系的死者的灵魂来对话。其实，所有的对话，都是求卜者与巫婆的对答。巫婆只说出应敬某神某鬼，但实际去敬奉与解除此鬼者，一般不是这位女巫。求卜者把巫婆的话转告水书先生，请其帮忙禳解。水书先生依照水书择定日子，叫求卜者备牺牲及其他所需的供品，念咒禳解，能兼择日及念鬼的女巫亦偶有之。巫卜在水族地区流行范围较广，但在水书中尚未见到巫卜的相关记载。

石卜 水语称“薅定 hao^3 tin^2”。在水族地区广为流行，巫师用一根草绳

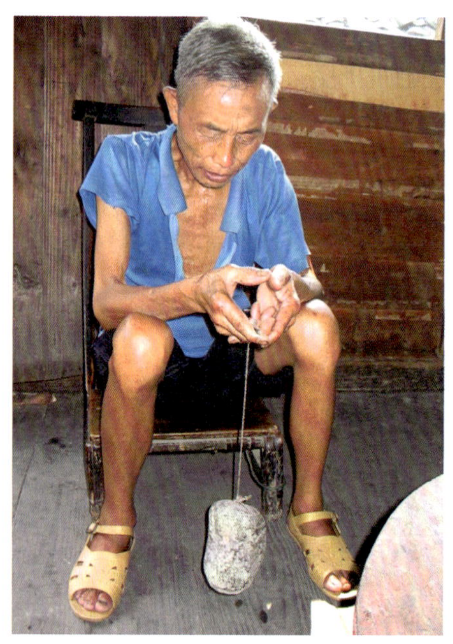

2017年7月28日三都县普安镇巫习村
水书先生潘正才进行石卜

捆着一个颗他们认为具有灵性的小石头，将求卜者衣服上的几根纱线头夹在悬挂卜石的草绳上，巫师用手捏住绳头，提着卜石，口念咒词，依石头摆动的次数、方向、快慢等来判定原因与吉凶，说明是何神何鬼因何事作祟，并给出显示兆象的大致时间，以及用何物禳解。

草卜 水语称“薅捻 hau^{3} n̥a:ŋ^{3}”。用七根糯谷草（有的用九根）捻作一束，将患者的衣襟握在手中，巫师一边口念咒词，将上方的草头两两打一个结。打完结后，将草撒开，看联结的情况，判断何神何鬼作祟，是吉是凶。石卜、草卜多由男性操持，解鬼往往也由本人办理。尽管石卜、草卜的操持与水书无关，但是巫师要依照水书择定日子。

榕江县三江水族乡故衣村
潘光谷先生进行草卜

蛋卜（卵卜） 水语称“薅介 hau^{3} kai^{5}”，或称“洗介 ɕi^{6} kai^{5}”。蛋卜就是在混沌中的神秘探幽。在水族的占卜中，蛋卜是最高层次的一种传统占卜方式。崇拜神灵的水族，认为死去的人灵魂不灭，认为万事万物都具有灵性，这些神灵鬼怪随时都可以干预活人的生活和命运。因此，人们一遇到灾难、疾病、贫困和重大疑难，都认为与鬼神暗中活动有关。为探明鬼神的意图，便请巫师占卜，了解休咎吉凶情况，企望求得指点与解脱。但是，对于比较重大的事项，一般的草卜、石卜、巫卜似乎已不济于事。于是，人们就寻求用更高层次的蛋卜进行卜算。生鸡蛋混混沌沌，能化育生命，十分神奇，遂古人把鸡蛋当作天地，认为开天辟地之时，天地如鸡子，蕴涵无限的生机与神秘。因此，水族先民把鸡蛋当作蕴藏神秘信息的载体。

著名水书先生潘焕文在三都县水根村与同僚交流卵卜

将1枚鸡蛋放在1碗白米上，然后卜师捧着蛋碗或用左手拿着蛋念祝词，念毕，用木炭或笔画蛋壳。蛋壳的画法主要有2种：一是画鸡字形，有头、眼、双翅、双脚，这是纵向分割的画法；二是将鸡蛋横画一圈，如地球的赤道，再纵向均分画两圈，相当于地球的0°、90°、180°、270°经线。大多数的水书先生又将90°角均分为9等份，将“赤道”线分为36等份，每等分称为1个卜口。当然，也有其他的画法。蛋画好横纵线之后，将其放在小锅内和几粒大米煮熟，再用刀切，少数水书先生会截去蛋的一边，大多数水书先生截去蛋的一头，留一边或一头，吹去蛋黄，取蛋白作为卜具。卜师观看蛋白的厚薄，蛋白内出现的阴影，不同色泽的条纹和点状，以及其所处的方位，再对照炭笔的记号来判吉凶，判断某神某鬼在控制事态。这种卜法很古老，且属水家最高层次的占卜，卜师一定懂得水书。此术与宋代周去非在《岭外代答》中记述古越人鸡卵卜极为相似："亦有用鸡卵卜者，焚香捣烛，书墨于卵，记其四维而煮之，熟乃横截，视当墨之处，辨其白之厚薄，而定侬人吉凶焉。"水家蛋卜大多分为36个卜口，每个卜口有固定的水语名称，如岩贡、枯分、郎分、徐美、尼洛、化美等。

潘庆兰的《看蛋断法吉凶》手抄本的记录比较详细。抄本封面有一段文字叙述占卜口与传授蛋卜的价码："蛋有三十六口，开明看吉凶，有凶说凶，有吉报吉……愿学者，要钱三千六百文。"

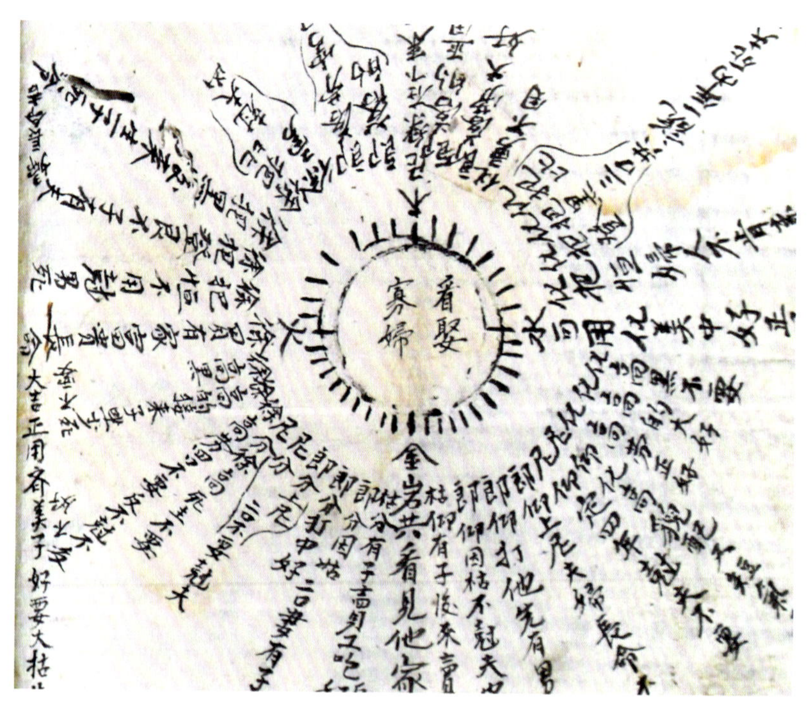

看蛋断吉凶的水书抄本（潘朝霖藏）

据说抄本主人求学的学费是一头大水牛，这足以说明蛋卜的高深与神秘。其中，将蛋卜分为13类，如看保家，看地基，看安葬，看苦命，看黄花女，看异鬼，看娶寡妇，看病重轻，看盗贼等，还有一篇未写明类别。各类的蛋卜的卜辞，是沿“赤道”线横切的圆盘图示而写。按顺时针方向排列金火木水四维，然后又从金位顺排36个卜口：“岩贡（金）、枯分、郎分因姑、郎分打他、尼分上尼、尼分相公、尼分徐高、齐高劳、齐高的、齐高黑、徐美（火）、尼洛（木）、化买（水）……枯仰。”卜口名称是水语的音译。如《看异鬼》的蛋卜图，在郎分打他、齐高劳、徐美（火）、齐勇等卜口的卦辞如下：

郎分打他，八九，苗鬼；落魂，六般（船）。

齐高劳，祖公，重祖苗鬼，猪羊，老爷。

徐美（火），祖公，苗鬼，抵娄栏门才好。

齐勇，做扫家才好，扫家不好，必定死。

卦辞的释义是：

占卜怪异得“郎分打他”卜口，作祟的鬼是“八鬼”中的“八九”，苗族老妪鬼的“牙苗”；病者失落魂魄，所失落的是“挂伞六船”。

占卜怪异得“齐高劳”卜口，作祟的是家神中的“祖公”和苗族老妪鬼“牙苗”，主要是“牙苗”鬼在捣，要用猪、羊来敬鬼老爷们。

占卜怪异得“徐美（火）”卜口，作祟的是家神中的“祖公”和苗族老妪鬼“牙苗”，需要砍牛来做抵挡祸患的撑门巫术“挡惰”，才能驱邪纳吉。

占卜怪异得“齐勇”卜口，一定要做扫除家中邪恶鬼怪的鬼，才能驱邪纳吉。如果做了扫除家中恶鬼的活动还是不好，那么必定会死人。

这些卦辞，说得很玄乎，是否这般应验，无从考证。鬼，既然是人造出来的，那么，人也可以不理睬这些鬼。信之则有，不信则无，进退由人，主动权依旧在人的手中。

与潘庆兰抄本相类似的抄本还有潘玉衡的《规法蛋书》。潘玉衡抄本与潘庆兰抄本相比主要具有以下特点：

一是占卜观测口有40个，比潘庆兰抄本多了4个。

二是占卜的分类有20个，比潘庆兰抄本多了7类，如增加了“请保家神、用保家神用日、无子砍得不得、寡妇望有子、去告人家、得事还钱看翻”等。

三是有些卜口的称呼出现差异，如“腊万的宁苦、腊万劳、尔万、尔万怎康、打康劳……化用别、化用打、化用登”等用水语称呼的卜口名称。在二者的抄本上都是有区别的。

四是卦辞内容也有较大的差异，出现综合、简化的趋势。“同治十年岁次辛未季夏”为抄本《割蛋诀法揽用》的编著时间，其把蛋卜的类别分为17类，卜口分为36个，没有写明各个卜口的名称，卦辞内容也有一些差异，出现综合、简化的趋势。

在记录蛋卜的水书中，目前发现卜口最少的有12个，最多的有46个。由于师承关系、水书先生的水平以及地域之间的关系，存在差异是十分正常的现象。

卵卜师韦光礼的卵卜四维定位

蛋卜是水族最高深的占卜形式，逐步形成了蛋卜的结构体系，产生了一些独特的、专用的术语。蛋卜常用的一些术语有："僚""界僚"或"界杭罗"——指鸡蛋切口的圆周处的蛋白厚薄一样；"反""界反"——指观测用的蛋白中出现的红点；"单""界单"——指观测用的蛋白中出现的黑点；"要化斗化"——指卜师在对生蛋有针对性念祝咒时，期望右边的蛋白薄，并将其作为吉凶判定的主要观测之处；"要徐斗徐"——指卜师在对生蛋有针对性念祝咒时，期望左边的蛋白薄，将其作为吉凶判定的主要观测之处。另外还有"秀姑""姑黑""亮姑""亮定""孟定""定黑""居奉"等。蛋白的厚薄、方位，固然是蛋卜的主要观测点。但是，仅凭这些还是不够，还要从其中显现不同色泽的点、线，以及这些点和线的分布、组合情况与所处的位置来综合分析判定。潘英华《占卦册》抄本中有比较详细的图形与说明。如：

凡看家中，其蛋中有大黑点者，名居奉，倒难去。小黑点者，倒去。割老人成病之蛋，若有破在锅中者，其人必死。割小儿成病之蛋，破在锅中不怕。若借得此蛋在哪家来，哪家有难了。

亮脚有盗。亮在左盗左，亮在右盗右。

蛋病，起一大红点带紫色，不论左右，或五六天，或十余天死。

有几点，或黑或白相围，即忙恒（指地方的鬼）。

清同治辛未年的韦登文《有病卦吉凶》抄本，所抄录登卦像图仅有五幅，并且记录也比较简单。但是，其保留着更多的象形文字的图例。同时，还有不少的占卜的宜忌记录。为了防止鬼怪继续作祟，该本小册子还记录了禳解鬼怪的最佳日子：

子午卯酉年正、四、七、十月甲子日、丙寅日。

丑未辰戌年二、五、八、十一月，壬辰日、癸亥日。

寅申巳亥年三、六、九、十二月，己卯日、庚辰日。

水族先民认为选择这些日子来禳除鬼怪，能防止鬼怪再次作祟。实际上，《龙反》篇或称《困袜》，是忌讳背婴儿初次走外家，担心婴儿夭折。人们运用巫术相似律的原理来驱鬼，认为鬼怪的归路荒芜，将滞留他乡，永难回还。这些观念十分之幼稚、滑稽、可笑，但是，却反映了人们企图克服、避免危害自身的诸多不利因素的心态，只不过所采用的手段与方法不足取。

水族有关蛋卜的水书典籍很多，蛋卜是水族先民在科学文化知识极端落后的年代里，企图解开与自己生活息息相关的诸多疑难的记录，是水族先民认识世界的一种途径。尽管蛋卜是水族最高层次的占卜方式，但是，依旧陷入了唯心主义的迷途。人们企图运用超自然的手段去探索超自然的鬼神世界，却永远找不到客观的、正确的答案。

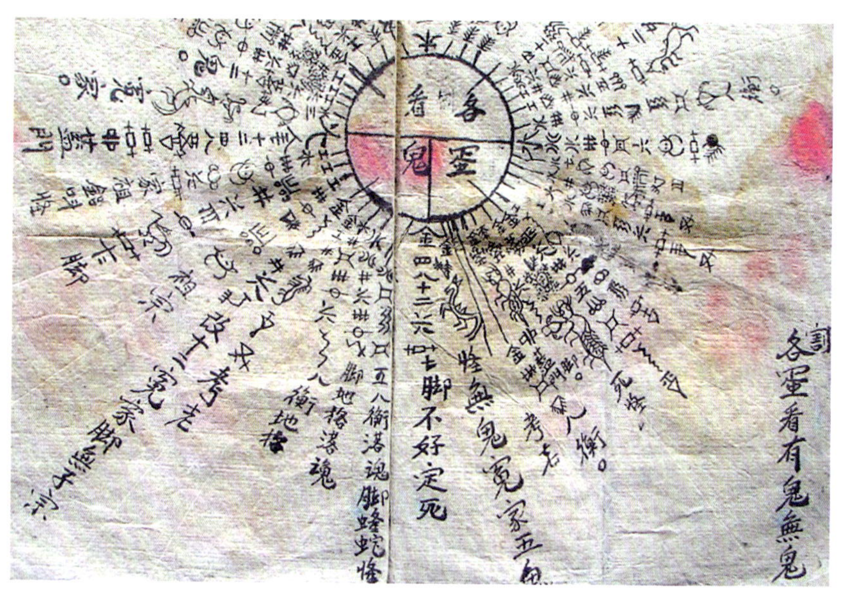

水书《蛋卜卷》(潘朝霖藏)

第八节　《祭祖卷》：崇拜与祈求的心愿记录

水族对待家庭亡人多为厚葬、隆祭、久祀。“死，葬之以礼，祭之以礼。”对待祖先亡灵的态度，集中体现了水族的孝道观念和宗教观念，其宗教观念更是体现得淋漓尽致。

朱熹在《朱子语类》中说：“人鬼一理。人能诚敬，则与理为一，自然能尽事人、事鬼之道。”孔子云：“祭如在，祭神如神在。”尧曰：“所重：民、食、丧、祭。”此三者的观念与水族的宗教意识相通。

“人本乎祖。”祭祖在中国有数千年的历史，是中华民族的优秀传统之一。《左传·僖公十年》记载：“神不歆非类，民不祀非族。”在《左传·僖公三十年》也有相关的论述：“鬼神非其族类，不歆其祀。”同理，水族祭祀的也是自己的祖先。但是，水族没有祠堂，没有宗庙，水族的祭祖以村寨或小家庭为单位进行，而多以小家庭的祭祀为主。祭祀以村寨的利益、小家庭的利益为基本出发点。

岑家梧教授于1943年到水族地区调查月余，第一次对照甲骨文对水书进行系统研究。其在《水书与水家来源》一文中提道：“水家一举一动，均受水书限制，其于水家生活，影响颇巨。”[①]“水书习俗”即为水书与水族生产生活及风俗习惯息息相关，其中祭祖就是其重要的内容。祭祖的对象主要有家庭先辈、家族先辈、部族先辈、民族先辈、民族文化始祖等。

认为万物有灵是水族信仰文化的基础，后来逐步演化为自然崇拜、鬼灵崇拜、祖宗崇拜，而祖宗崇拜是水族信仰的核心。水家人认为人死之后，其灵魂不灭，行动自由，来去方便，并且具有生前的基本特征，懂得感情，能根据后裔对其的态度好坏而做出相应的回应，或赐福禳灾，或施祸作祟。

---

① 岑家梧：《岑家梧研究文集》，民族出版社，1992，第108页。

水族文字和水书典籍的创造者，传说是陆铎公，陆铎公是全民族的正神、大神、保护神，水书先生在重大的活动中要祭祀陆铎公，如在丧葬活动中择吉出现失误，只有请出陆铎公及其父亲的神灵出山，才能帮助水书先生弥补过失，从而避免悲剧发生或扩大化。

陆铎公现在是水家社会六一公、六甲公的总称。陆铎公传说住在“定干引、领干各”，是水家人共同敬奉的神。陆铎公共有14个鬼，分管农事活动，择定吉凶时日和掌握百工之事，其护佑的范围最广，护佑的作用最大。对它们进行敬奉和供牲的席位，设在楼上或禾仓之内，用6尺白布铺地为席，上置6个酒杯和6双筷子，还有6条酸鱼，桌旁安置新编织的6个草凳。席上放置1只煮熟的母鸡、1碗糯米饭和1升米。水书先生或鬼师念咒时，从“公六夺”开始，历述民族起源、迁徙以及各宗族的祖先。凡遇营造、丧葬等重大事项，都要举行敬供陆铎公的仪式，追忆列祖列宗，祈求赐恩降福。在驱逐恶鬼时，水书先生也要呼唤陆铎公出来裁断。

韩荣祖灵堂把水书当作祭品（拍摄于2019年）

家庭祭祀祭祖，是水族地区最常见的仪式。祭祀是对神灵的感恩，祈求神灵保佑，不仅态度要虔诚，祭品要丰盛洁净，而且一定要根据水书规划的时间和方位进行。水书的祭祀规范的内容繁多，祝词更是丰富多彩。

2005 年 5 月水书师潘光年家举行家族祭祖仪式

在水族人民的重大节日活动和社会活动中，如果没有水书、没有水族文字，好像就显示不出虔诚，好像就是对天地鬼神的不敬重。神秘的氛围蕴含着水家人几千年来对神本观念的守望，对先祖传统文明的眷恋和对神灵的敬畏，也是对平安吉祥的期待与寄托。在一个具有诸多“鬼”的民族里，天地鬼神和祖灵的世界就是一个很神秘的世界，与神秘的世界进行交流和对话，如果形式不具备神秘的色彩，那必定不能达到目的。水族文字的功用与地位和水书一样，在水族人民的社会生活中是至高无上的，也因经典水书具有的特性而使其文字更为神圣。

祭祀祖先是件十分严肃、庄重的大事。祭祖是与祖先灵魂打交道的活动，奉献的牺牲，祖先能否收到，祖先是否满意，祖先是否能按照后裔的意愿给予消灾除难、恩赐福泽、保佑平安等帮助，都要靠水书《祭祀卷》来指导。仅仅在祭祀祖先方面，水书就有烦冗的宜忌篇目。《祭祀卷》的主要条目分如下两类。

一、利于祭祀祖先的主要条目

《五行相生》是选择祭祀日期的关键，这类条目有五六条，其中一条是："十二属金的年，忌午日，忌二十八宿的牛金牛；金属巳丑日吉；官印在申子辰日吉；坑害制克亥卯未日凶；亢金龙日死人凶，忌……"从该条目的内容来看，是以五行相生相克为核心来编撰的。巳酉丑属金局，与金是本命则吉；申子辰属水局，金生水，是官印吉神所在，是吉利的日子；亥卯未属木局，金克木，这三天为凶日；为何要忌牛金牛、亢金龙二宿日，却难解其意。

在祭祖的吉日中，不利于安葬、起造、接亲的"歹败"凶日，却成为吉利的日子。该条云：

春寅午戌日歹败，
夏巳酉丑歹败六本时，
秋申子辰日歹败，
冬亥卯未歹败六本时。

水族先民认为，杀牛祭祀祖先要让牛倒往歹败方，祖先才能知道祭祖的目的，今后家里才能清净平安，万事如意。为此，当作为牺牲的牛快倒下时，在场的人就蜂拥而上，把牛头扭到吉利的歹败方，然后把牛推倒。因为，牛倒下之后再将牛头扭到吉利方向，是无济于事的；如果倒下的方向是凶方向，或许还会招来祸害。

宰杀黄牛祭祀（韦荣宪摄）

《杜空》水语含义是促使事态像树木抽条发枝，欣欣向荣，充满生机的鬼。其要义云：

春在寅杜空，
夏在室火猪，
秋在羊生蚁，
冬在龙养牲。

这是把四季所宜的地支寅、亥、未、辰等日，编成民歌体，其朗朗上口，便于记忆。选《杜空》祭祀祖先，可以使家道日益发达，人财两旺。

《官印》篇中，认为官印即带来官运和威严的鬼，祭祀祖先用上此日，能使门庭振兴，家庭政治地位得到提高。《官印》条目有六七条，其中有两条可用于祭祖，其首句云："申子辰年等逢（寅）天癸……""申子辰年官印五酉……"其后一条编撰得很有意思。

申子辰年官印五鸡，要笼内的鸡。

巳酉丑年官印五牛，要圈内的牛。

寅午戌年官印五蛇，要殿内的龙。

亥卯未年官印五卯，要家内的猫。

该条目把四组地支年的吉利日辰酉、丑、巳、卯，编成形象生动的歌谣体，读之韵味无穷。水族先民认为这些日子是祭祀祖先的吉日。

在杀牛祭祖择日中，以家长年龄用六宫掌来推算吉利日期的《降休》，水语念 ʈoŋ¹ ɕu³，意为活人六宫降掌，是比较特殊的篇目。这是与丧葬的《降歹》，水语念 ʈoŋ¹ tai¹，即是与死人六宫降掌相对应的称谓。如 52 岁的男性家长属大火破军宫，女性 52 岁家长为小水廉贞宫，就依据此宫去选择祭祖宜忌之日。该篇云：

大火破军宫子未日方凶。

小火巨门宫酉日方凶。

大金武曲宫辰亥日方凶。

小金禄存宫寅午未日方凶。

大水贪狼宫辰戌日方凶。

小水廉贞宫寅酉亥子日方凶。

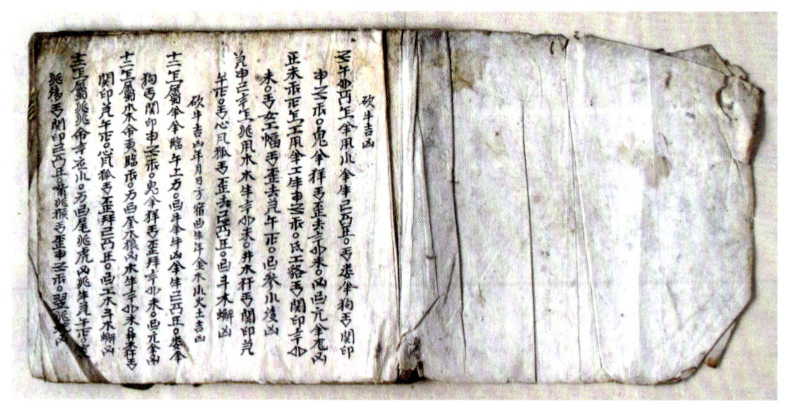

水书《祭祖卷》选页（潘朝霖藏）

在祭祖的吉利条目中，还有《八贪米穗》《不关抵登》《富癸》《吉利》《大旺》《金堂时》《梭项》等。水族先民在勤奋劳作的同时，还把美好生活的愿望寄托在祖宗的恩赐上，以寻求精神的支撑与安慰。实际上，能改变自己命运的还是自己的双手。

二、祭祀祖先的众多忌戒条目

追求美满幸福，永远是水族先民的目标。但是，残酷的现实却让人们不得不把颇多的灾难、困苦与贫穷，归结为鬼在作祟，并使祖先不能保佑赐福。于是，在水书中就有诸多不利于祭祀祖先的忌戒条目。如按凶祸的类别进行分类，大致有以下几类：

1. 祭祖失误，招来命案、口舌、贫穷的篇目

祭祖择日不当，如不慎用了《抵点姑地》《孝显》《沙朋》《六年》《半用》《翻悔书》《朋盆》《泠凉》《拱姑》等忌戒条目的日子，可能会使家中出现命案、口舌与贫穷。其中，《孝显》是丧葬与祭祖都要忌戒的重要篇目。水家认为人死亡之后，其灵魂就进入祖先的行列，因此在端节祭祖和丧葬祭祀时，都要忌荤吃素，都要以鱼、鱼包韭菜作为至珍供馔。下面是用汉字记水语读音的方法，记述的《孝显》（ça:u^{1} çen^{6}），此篇的要义为：

春龙引寡牛煎狗，
夏煎羊逆鼠兔逼，
秋鸡逢虎路马伤，
冬猪猿马遭蛇欺。
鸡消鸡显万绞银，
孝显等背案丧中，

上述是该条目的主纲，在使用时则是“申子辰年春季忌辰丑戌日，巳酉丑年夏季忌未子卯日，寅午戌年秋季忌酉寅未日，亥卯未年冬季忌申午已日”

等。“鸡消鸡显万绞银，孝显等背案丧中”，“鸡消鸡显”是“孝显”的异读，如果误用此日，将损失“一万只提绞的银子”来支付口舌命案的开销，主人家在治丧或祭祀活动还未结束时，就背上了口舌官灾。“万绞银”只能说明破费之大而已，即使是水族富豪，也无此财富。

2004 年 11 月 4 日三都县三洞乡达便村举行端节祭祖

2. 祭祖失误，招来人口锐减的篇目

人丁兴旺、氏族兴旺、民族兴旺，数千年来一直是中国人最为注重的头等大事。因此，人们采用一切手段去实现这一目标。水族祭祖的主要目的也离不开这一愿望。但是水书上却有祭祖反而招致人口锐减的篇目。《业夺》水语念 ȵat⁸ tok⁸，意为孤独日、独丁日，其中有年份、月份忌日的条目，也有月份忌方位的条目。

子年正月忌乙酉日凶，

丑年春三月忌甲寅日凶，

寅年夏三月忌丙午日凶。

杀牛祭祖是水族最高的祭典礼仪，结果却适得其反，这是人们最不愿正视的结果。所以，祭祖日期的选择往往成为水族人十分关注的问题。

3. 祭祖失误，招来喂养牲口不旺，引发贫穷的篇目

杀牛祭祖，期望发财，如果日子选择不当，老祖宗不一定领情赐福，反而倒蚀一把米者常有之。水书的《拢朗》《龙交》《黑方》《六朵》《九火》《退逃》《沙朋》《歹耿》《血鲁》等篇，水族先民认为是因杀牛祭祖日子选择不当反遭恶果的篇目，导致喂养耕牛不顺利，使养殖业受到极大挫折。

《拢朗》水语念 lum^5 $la:k^7$，亦名《倒栏》，其中有两条属于杀牛祭祀祖先所忌之内容。其一云：

子午卯酉年正、四、七、十月伤，寅拢卯日凶。

丑未辰戌年二、五、八、十一月，寅拢未日凶。

寅申巳亥年三、六、九、十二月，巳拢酉日凶。

这是将十二地支年与十二个月对应分组的忌戒方式。“拢”意为和，“寅拢卯”即寅和卯日凶。杀牛祭祖，水族先民还把牛分为自家喂的牛及专门为祭祖现买的牛两类。假如遇到凶日，杀自家喂的牛，后果要严重得多；杀现买的牛，后果要轻一些。《拢朗》第二条，反映了这个方面的内容：

子午卯酉年正、四、七、十伤月，虎倒栏，戊寅、戊辰日，一元戊寅日凶。

丑未辰戌年二、五、八、十一月，牛倒栏，癸丑日，二元癸丑日凶。

寅申巳亥年三、六、九、十二月，马倒栏，戊午日，三元戊午日凶。

水族先民认为，自家喂的牛对家庭的福泽财源有广泛而深远的影响，是家庭财源网络上一个重要的支撑点，要是在凶祸的日子杀它祭祖，家庭的经济损失就十分严重。

4. 祭祖失误，招来疾病及盗窃的篇目

杀牛祭祖，是为了在物质上高度满足祖灵的物质享受，使其欢心，然后恩赐福泽，满足后裔的诉求，使家道隆昌。但是，一旦选错日子，祭祖就适得其反，还会给子孙带来疾病和困扰。《冷凉》《龙交》《都居》等篇目，都是人们提防的祭祖遭病凶日。《冷凉》水语念 ljam^{5} lja:ŋ^{1}，此篇若用于杀牛祭祀，将会使家人染上重病。该篇要义是：

亥子丑年忌寅卯辰日时方。
寅卯辰年忌巳午未日时方。
巳午未年忌申酉戌日时方。
申酉戌年忌亥子丑日时方。

该条年份忌日的排列，类似接龙的游戏，到底其具有多少真实性，我们不得而知。但是，在水族先民的信仰世界里，似乎确实有那么一回事。用于祭祀的《龙交》有两条，杀牛祭祖反而使子孙得了疯癫病，其一要义云：

子午卯酉年正、四、七、十上月，
羊勾扛（ja:ŋ^{2} qau^{1} qak^{7}），忌己未日凶。
丑未辰戌年二、五、八、十一月，
鸡竿高（ʈi^{1} qat^{3} qa:u^{3}），忌己酉日凶。
寅申巳亥年三、六、九、十二月，
兔龚敬（thu^{5} ʈoŋ^{3} ʈan^{1}），忌己卯日凶。

除了误用凶日杀牛祭祀招病灾的篇目之外，还有一些篇目是杀牛祭祖使家中频频被盗，其中，《向且》（ɕa:ŋ^{1} ɕep^{3}），就是最为典型的一篇。其要义云：

甲己年忌未方，己巳、己亥、己未日凶。

乙庚年忌寅方，庚寅、庚子日凶。

水族先民围绕祭祀祖先，寻求祖灵的保佑，涌现出种种的祭祀宜忌，既反映了追求美好生活的强烈愿望，也反映了一些迷离古怪的、幼稚的、荒唐的思想。

第九节　《丧葬卷》：抚慰亡灵、祈求赐福经典

死亡，是人生的终结，是人生无可回避的现实。生命的诞生和死亡，在水族先民的观念中被认为是冥冥之中的神灵在支配安排。人有“三棍姑，九棍伞”，即 3 个主管头部的魂魄，9 个主管跌倒的魂魄，水族的丧葬文化大概就是在这种观念的主导下衍生出来的。

水族先民对人类的死亡既感到悲痛、无奈、恐惧与焦虑，认为人的灵魂是虚无缥缈、游踪不定的，同时又认为人的灵魂是具有感情，既能赐福，也能兴祸的神奇的永生之物。成人死后，其灵魂就进入氏族祖先的行列。水书《丧葬卷》的篇目离奇古怪，且浩繁众多，在水书中最为显著，又具有较为特殊的地位。从信仰功利上来说，《丧葬卷》以及《祭祖卷》就是围绕如何安抚祖先灵魂而展开的，就是要敬鬼、媚鬼、酬鬼，使其在物质上得到满足，在精神上得到愉悦，然后能尽力地为其后裔赐福消灾。从伦理道德上来说，水书《丧葬卷》把对先辈敬爱、缅怀、感激、赡养、送终观念糅合于其中。从社会组织结构来说，《丧葬卷》把同宗血缘氏族家庭的团结，增强内部凝聚力等观念也杂糅于相关的篇目中。水族的丧葬，集中地体现和反映了水族原始宗教信仰和伦理道德。为此，《丧葬卷》成为水书的重中之重，下面拟从几个方面对其要点做介绍评述。

2019 年 2 月 21 日都匀市翁降村韦荣周葬礼现场

一、临终的恐惧、悲伤与宜忌

人在垂危之际，也是悲痛与恐惧即将袭来之时。从探望垂危的病人开始，水书就出现了不少的篇名，如《各木》篇，就是其中一例。

《各木》篇，水语念 qok^{0} mok^{8} $^{m}be^{1}$，为音译、意译结合的篇名，意为太岁年上所忌的各木鬼日，其正文意译为：

子午卯酉年忌蛇猪，
丑未辰戌年忌狗猴，
寅申巳亥年忌鼠马，
用鼠马遭各木重煞。

这就是说在子午卯酉年等年份中，若在地支巳、亥日去探视垂危的病人，将两败俱伤。《各木》篇，有的译为《皆没》，可谓是贴切地体现了此篇的主旨。

另外，与垂危病人是同命之人更忌讳去探望，同一地支年的老人，还用遁掌宫排查探视病人宜忌之日期。这些是人们对将死之人的灵魂开始产生恐惧，而采取相应的提防措施。

当人寿终时，《博略》篇又警示人们注意防范，该条目意译云。

sɔn^1 ȶi^6 mak^8 foŋ^2 nu^4 tau^6 ɕa^2.
春　忌　墨　虎　人　碰　蛇。
ja^3 ȶi^6 tsu^1 jaŋ^2 pjət^7 ju^1 ja^3.
夏　忌　猪　羊　并　又　呀。
ɕu^2 ȶi^6 ɕa^2 su^3 ku^3 ni^4 ɕoŋ^1.
秋　忌　蛇　鼠　大　凶　煞。
toŋ^1 ljoŋ^2 thon^3 fu^3 ku^3 pjo^{1}ljo^1.
冬　龙　犬　虎　正对博略煞。
zən^1 tai^1 ʔdja:ŋ^3 ho^1 tja:ŋ^3 pjo^1 ljo^1,
人　死　揭被　怕　逢　博略鬼，
ʔȵe^3 ɣi^{3}ɣo^3 na:ŋ^5 lo^5 ho^1 ɕoŋ^1.
哭　依呜　失　声　遭　凶。

《博略》篇水语念 pjo^5 ljo^5，由 pjo^1 ljo^1 演化而来，意为全光了。篇中的四季为水历季节，春季三月对应农历九、十、十一月，意为水历春季。若人死于寅日、巳日，家人不能在揭开被子时失声痛哭，也不能为亡人着寿衣，否则将遗患无穷。这是水族先民在缺乏科学知识的情况下，对当时出现的传染性疾病缺乏科学认识而造成的恐惧。如果家人得了肺结核、肝炎、非典型性肺炎等恶性传染疾病，越到晚期其病菌就越多。家人在长期护理病人的过程中，已精疲力竭，抵抗力减弱，或许已经感染上恶疾，若在病人气绝时又抚尸放声痛哭，将会吸入或沾染更多的病毒，以致埋下同类病根。当处理好这桩丧事不久，家人又步其后尘而死亡。水族将这种世代犯同种疾病而亡的现象称为“ʁi^3——恶性遗传”。水书篇名《博略》（pjo^5 ljo^5），就是由水语 pjo^1 ljo^1——全光了、全死了的含义演化而来。

水族先民可能把几个类似家庭的惨痛经历，当成普遍的、一成不变的忌戒定律来推广，逐步演变成《博略》篇。

当垂危病人走完自己的人生道路，家人就忙于丧事的办理。丧事怎么办，什么时候办，步骤如何，都寄托在水书先生身上，聘请水书先生成为治丧的关键一环。孝家要请哪几位水书先生，全由自己做主。聘请水书先生时，要带点小礼品，陈述事由，并准确说明亡人过世的时辰，目的是让水书先生准确查看是否犯有克伤自身的杀师鬼。《杀师》篇，让每一位水书先生都感到畏惧。

《杀师》篇，水语念 $sa{:}t^{7}$ sai^{1}，是音译、意译的偶合。这一条目任何一位水书先生都要牢记于心。其副歌云：

$na{:}n^{4}$ mi^{4} $m̥a{:}u^{3}$ $ʔɣa{:}u^{3}$ $qoŋ^{5}$ tai^{1}.
亡尸 未 变色，陪此 公 死。
$na{:}n^{4}$ mi^{4} $n̥u^{1}$ $pu^{4}ɕau^{3}$ qo^{3} tai^{1}.
尸肉 未 发臭，懂书贤者死。
$sən^{2}$ $sa{:}t^{7}$ sai^{1} $taŋ^{1}$.
怪 杀 师 来。

《杀师》所列的忌戒，是指在水历正、四、七、十月，地支巳日身亡的人，若用此日安葬，对水书先生不利。水书先生不能看见其灵柩，否则会招惹杀身之祸。为安全起见，水书先生连孝家之门都不入，在邻居家里为孝家择吉。水书先生若犯了此篇目，将会如副歌中所说的孝家亡人的尸体未变质腐烂，水书先生就会遭殃或死亡，十分恐怖。

《杀师铜》篇，水语念 $sa{:}t^{7}$ sai^{1} $toŋ^{2}$，为音译，是指“申子辰年春三月丑日杀师，巳酉丑年夏三月巳日杀师，寅午戌年秋三月午日杀师，申巳亥年冬三月酉日杀师。父母死百年不返，父母返留锤钉钉”。这是指上述水历日子身亡者，或是择用此日辰处理亡人的水书先生，会招来杀身之祸。

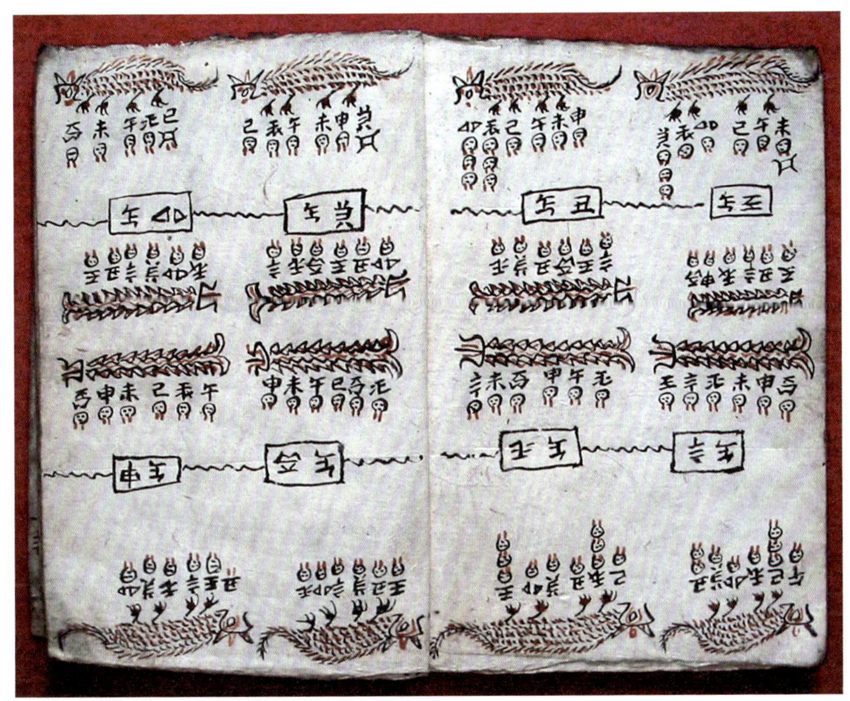

水书《丧葬卷》龙虎殇制化的选页

二、丧葬卷中主要忌戒篇目

为了叙述方便，笔者将丧葬卷中主要忌戒篇目，按其结构划分为掌宫类和阅览类两种。这一部分就着重介绍水书《丧葬卷》的阅览类的忌戒篇。为便于分析，将从以下五个方面来介绍。

1. 防止家人死伤的忌戒

人世间最宝贵的是人的生命。因此，在《丧葬卷》中择吉的基本原则是保全治丧人家及邻里的性命安全，在择吉时对可能导致人员死伤的篇目要特别防范。重丧接连损人的篇目如前面提及的《龙犬》《梭项》《灭门》等，类似的篇目还有不少。

《鲁骸》篇，也译为《六害》《六骸》，水语念 lju^{6} hai^{2} 或 lju^{2} hai^{2}，其正文云：

正猪二牛三犬毒，
四虎五马六蛇猴，
秋鸣冬猪未申地，
申地鲁骸忌三方。
葬鲁骸成排死人，
埋龙犬丧人相连。

末尾的两句副歌，就点题说明《鲁骸》与《龙犬》篇目用于丧葬会招致凶祸。

重丧类篇目还有《代排》《排年》《排月》《排时》《排方》《排姑抵》。“排”水语念 pja:i²，为相继成排倒下死掉之意。《涌恒》篇，其篇名题意就是死的人葬满了乡间墓地。其副歌云：“葬涌恒，一人发富。全绝种，一人有钱。”水书《丧葬卷》的恶煞篇目，大多从其水语读音，就基本可以洞察其题旨。如《大败》《大杀》《绍骸》《墓玄》等篇目，都是凶祸篇。

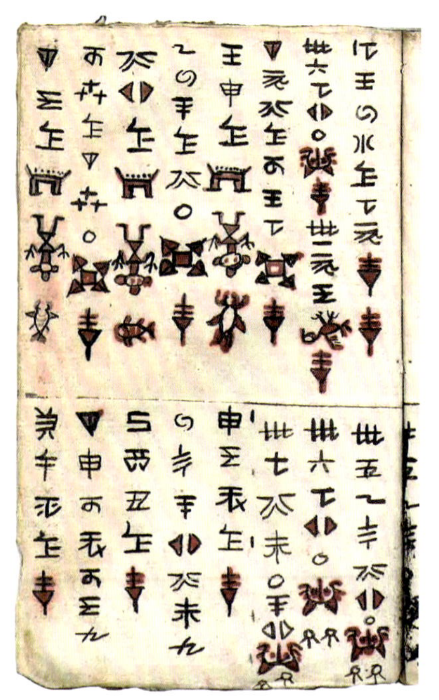

水书《丧葬卷》选页（潘朝霖藏）

水书的一些篇目名称，是由日常语词变调而成的。《博略》篇由 pjo⁵ ljo⁵ 降调为 pjo¹ ljo¹，把“全家彻底完蛋、全部光了”之意隐含其中。《墓玄》篇是将语义为“明天完蛋”的水语 mu⁶ ɕon² 变调为 mu³ ɕon²，其隐含意为“明天或未来全部进墓地”。这就警示人们要慎重选择丧葬的日子，否则孝家的人丁会日渐衰微，最后全部消亡。

《半用》篇致夭殇，《业独》篇致世代单传，《虎煞》篇致丧命于野兽，《龙煞》篇致溺水而亡，《马纸》篇致胎死幼亡等凶煞，水族先民认为这些篇目与处理祖宗的丧事有关。由于祖灵没有能力防御这些恶煞，对后裔难以实施庇护保佑，可能导致灾祸发生。值得一提的是，水书中有专门扼杀后世中聪明贤达、能言善辩、能工巧匠类人才的恶煞。如《天罡缺》《引丫》《大皇》等篇目。

《天罡缺》篇，水语念 tjen^{1} qa:ŋ^{1} mba:ŋ^{5}，此为音译。“天罡”与“天钢”同义，指刀具最锋利的钢口，《天罡》是吉利篇目，能使后裔贤达聪颖、能言善辩。但加“缺”组成的篇目名称《天罡缺》，虽然像刀锋一样锋利，但缺少韧性，很容易脆损、缺口，以此代指聪明有才华的人英年早逝，易夭殇夭折。为此，水书的讲书歌诀有：

thjen^{1} qa:ŋ^{1m} ba:ŋ^{5} ljeŋ^{1} ha:ŋ^{5} la:k^{8} ʔda:i^{1}.

《天罡缺》 尽 埋 崽 贤

《天罡缺》专门坑害埋葬贤达之人。

ha:ŋ^{5} ʔjən^{5} ʔja^{3} ka^{3} a:u^{1} la:k^{8} ʔda:i^{1}.

葬 《引丫》得 要 崽 好

葬逢《引丫》日贤才坐等待毙。

ha^{3} la:k^{8} pa:k^{7} ʈa:i^{2}.

杀 崽 口 辩

杀善辩的贤才。

ha^{3} la:k^{8} ʔda:i^{1} he^{1}.

杀 崽 好 他

杀别人贤能之子。

水书中的《天罡》，往往和蠢笨如牛的《牛哇》紧紧相依。如《天罡》：

ɕi^{3} ŋo^{2} ma:u^{5} ju^{4} tsjeŋ^{1} ɕi^{5} ɕət^{7} sup^{8} sja:ŋ^{3},

子午 卯 酉 正 四 七 十 上

su³ ljoŋ² pek⁸ tsoŋ² ȵu².

鼠 龙 别 寅 牛

su³ mi⁶ sən² hət⁷ ȵi⁶ ŋo⁴ pa:t⁷ sup⁸ ʔjət⁷,

丑 未 辰 戌 二 五 八 十 一

tsu¹ qau³ ma⁴ tau² ja:ŋ².

猪 狗 马 逃 羊

ji² sən¹ ɕi⁴ ʁa:i³ ha:m¹ ljok⁸ ȶu³ sop⁸ ȵi⁶,

寅 申 巳 亥 三 六 九 十 二

ʁan¹ ȶi¹ səŋ⁶ ɕa² thu⁵.

申 鸡 损 蛇 兔

此篇目中的天罡吉日与蠢牛凶日组合在一起，一般前面两天为“天罡”，后面两天为“牛哇”。如子午卯酉年正四七十月，则地支子辰二日为“天罡”，地支寅丑二日则为“牛哇”。如果是庸师，往往把“牛哇”也当“天罡”运用，贻误世人。

2004 年 2 月笔者在国家文物保护单位水浦石板墓调查

损人的凶煞日有很多，在篇名中就十分明显地反映出来，如《涌恒》篇名的意思就是人很多，挤满了住的地方，实际暗含了死的人葬满墓地之意。《项地》篇名就直接说明了其旨意——挤满了墓地。这些篇名也属于重丧，会导致接二连三死人，使家族墓地的新坟一座接一座。这也是警示后人应认真对待逝者的丧事。

另外，因选择的葬日不当而导致相关对象的死亡，如用《引提》会导致主妇接踵丧命，用《代哇》或《架尖》会祸及女婿，用《举银》将使孝子遭难，用《六朵》将使凶祸延及三家六房等，十分玄乎。

2. 损财的忌戒

人是社会活动的主体，钱财、田园、六畜、粮食等则是人赖以生存的基础条件。因此，丧葬择吉的原则是在保全人的生命安全的前提下，还要保住家产钱财，以图更好的发展。但是，事实不一定像人们所祈盼的那样完美如意，人世间的真善美与假丑恶总是对立存在的，在水书中损财、破财的篇目为数不少。

《歹耕》篇，水语念 $ta:i^6$ $ɣən^6$，此为音译，有的又称《吕架》，意为淌走家财。水语 $ɣən^6$，即是慢慢倒掉液体之意，以此为篇名即表示倒走钱财、粮米，使家财日渐耗尽枯绝。该篇将十个天干年分为甲己、乙庚、丙辛、丁壬、戊癸五组，对应忌戒乙丁己辛癸亥日。如果用此日安葬，则会导致家财日渐流失，家庭颓败。

《大棒》篇，水语念 $ta:i^6$ $paŋ^1$，此为音译，意为大垮大败。其正文云：

正、四、七、十月，
猿带猴爬岩。
二、五、八、十一月，
狗带犬找洞。
三、六、九、十二月，
保骑马陪奶去州。

上面三组月份，分别忌戒申日、戌日和午日，但著编者用生肖的正名、异名拼连成易于诵读的民歌体，趣味横生，让人读了之后难以忘怀。

《风溶》篇，水语念 foŋ^{1} joŋ^{2}，是音译与意译的结合，指用此日安葬，就是有金山银山般的家业都将逐渐散尽，同时人丁也会日趋减少。其副歌云："三千三巨木，倒在山野。四十个人，潜伏林中。溃散的人群，正因犯了风溶时。"另外的讲书歌诀云："风溶来到，溃散富家财。"这些歌词都在明示《风溶》对后世有严重威胁，同时也表明出师不利，将会全军覆灭。

《九火》篇，水语念 ʈu^{3} ho^{3}，篇名为音译，意为极限、极度贫困。"九"为阳数最高数值，"火"水语念 ho^{3}，是水语"穷"的音译，不是汉语所说的生活过得红红火火之意，篇名为"穷之最"的意思。此篇还涉及年度、月份、日时及元上的忌戒。

《破散》篇，水语念 pho^{5} ha:n^{5}，篇名为音译、意译的结合。若用到此日，正如篇名所言，家财随之破散。《大更》篇也是将人财推走的恶煞。《腊血》《九火》《中羊》《饥饿》《龙讨》《则头》等篇目，都是安葬的忌戒篇，若犯了会导致家道衰败，家业家产日渐没落而贫困不堪。水族人把人生的贫困归结于恶煞对祖灵的控制，而最终制裁其活着的后裔。水书中对后裔的贫困从不提及遭到阶级压迫及自身的素质阻碍发展等原因，这是水书篇目的又一严重缺陷。

在水书中，还有一些篇目用于安葬之后，此篇目认为安葬逝者的日期对贫富易位，福祸转移有重要影响。《地转》篇，水语念 ti^{6} tson^{5}，为音译、意译重合，其副歌云："葬地转，田塘摇移。"据传，若是富裕人家用了此日安葬，则家产田园逐渐变卖耗尽，流入他人之手。倘若是贫穷之家用此日安葬逝者，将来会逐步置入田产而变为富裕。

《不倒》篇，水语念 pu^{2} ta:u^{5}，为音译，意译为颠倒的瓜或倒过来的瓜。在水书中，以瓜名为篇名的水书不少，如有甜瓜的《不饭》、苦瓜的《不干》、半世夭折瓜的《不半》等。颠倒过来的瓜是《不倒》的主旨，用此日安葬老人，会导致富人变穷，穷人变富。贫富易位，矛盾转化，这与葬日有关。这充分说明了在唯心世界中也有不少辩证的因子。

另外，有些篇目既损人，又损财，如《歹耕》《大败》《血鲁》等。

追悼活动现场屠宰牺牲品（蒙家航供图）

3. 招口舌是非的忌戒

在水族社会中发生和出现比较重大的事件，都可以在水书中找到其踪迹。水书《丧葬卷》中有关安葬不慎会招来是非口舌、人头命案等横祸的篇目，间接地反映了衙役官司在水族地区的发生。《孝显》《也腊》《沙朋》《则头》等是招惹是非口舌的篇章。

《孝显》篇名，水语念 ɕaːu[1] ɕən[3]，此为意译，篇名的含义是孝子尽孝多么艰难辛苦。该篇副歌云：

春夏忌六戊，
秋冬忌六己，
己未忌庚申，
……
费万绞银，
尽孝艰辛。
《孝显》追悼，

丧中横祸挨。
吊丧锣鼓响，
祸撞寨门开。
口舌进竹壕，
官丁登门来。
埋葬父母亲，
最怕口舌灾。

从演唱的副歌来看，亡人尚未入土安埋，正在停柩举办追悼的开控活动，是非官司已降临孝子头上，接着是官府的衙役登门抓人。副歌极力夸张横祸发生之快，来势之急，令人心惊胆战。

《引腊》篇，有的也译为《也腊》或《野辣》，水语念 jən⁵ la²，为音译，是关于招来横祸恶煞的篇目，意旨连逃荒求生也难以获得福泽，即使在外乡也难有一丁点积蓄。

《沙朋》篇，水语念 sa¹ poŋ²，为音译，sa¹ 在此作刺、锥解，poŋ² 是一种雨具，用宽竹叶夹于双层篾片网中制成，功能与蓑衣相同。因雨点飘落其上响声大，以此喻口舌之灾。该篇的副歌云：

ho⁴ sa¹ poŋ¹,
用 沙 朋
thoŋ¹ huŋ¹ ʔna³ qu⁵.
撞 口舌 在膝前
ha:ŋ⁵ pu⁴ ni⁴,
埋 父 母
ɕeu⁵ ɕi³ tjam² ɣa:n².
朽 兮 横祸压住房。

副歌中的"朽兮"，也是水书中的一个篇名，此篇不利于安葬亡者，水族人认为用此日安葬亡者会招致灾祸。

《旁堂》篇，水语念 paŋ² taŋ²，为音译，由 paŋ¹ taŋ¹ 的读音变调而成。该篇云："正月辛，二月丙……十二月甲忌乾乡伤。"其副歌云：

ho⁴ paŋ²taŋ²,
用　旁　堂
paŋ¹ huŋ¹ taŋ¹ ʁa:u³.
垮　口舌　来　家里
ʈu³ ʈi¹ ʔda:u³,
九　己　重合
huŋ¹ la:u³ ⁿda:n⁴ hən².
口舌大而　逃　走

如副歌所云，若葬日误用了《旁堂》，若正好与《九己》篇重合，灾难就会更加深重，口舌灾祸也会突然降临，防不胜防，最后因无法招架，只能背井离乡去逃荒。

4. 招来疾病的忌戒

在科学技术十分落后的年代，疾病对水族人民生存的威胁显得十分突出。人们不知道病因和病理，一味地认为是神灵在支配作祟，加上贫穷和缺少医药，常常是大病拖，小病磨，活生生地被疾病折磨至死。因此，疾病总是被当作病魔来看待和对付。水书的《丧葬卷》中就有不少类似的篇目。

《都居》篇，亦称《十居》，水语念 tu³ ʈui³，为音译，tu³ 是城镇之意，ʈui³ 即鬼之意，意译为鬼城，即魔鬼会聚之城。其副歌云：

ho⁴ tu³ʈui³,
用　都居
ma:ŋ¹ ɣui⁴ a:u¹ ɕen²,
鬼　搜刮 要　钱

tsap^{7} njen^{2} ʈa:i^{3},
每　月 念鬼
zən^{1} tai^{1} ka:i^{3} ɕon^{1}.
人　死 瘦　瘫。

人们把长期遭受疾病折磨归咎于安葬祖宗不慎而招来的祸患。因此，即使每月买上好的食品来解鬼祛灾，终究难以幸免被病魔缠绕。如果不慎用“梭项”日解鬼，会引来其他鬼怪来助阵。麻风病在水语中称为“别库”或“别富”，过去麻风病在水族社会中肆虐，人们谈之色变。因此，在水书中把《别库》作为专一的篇章列出，其意译为：

寅亥年丑方。
辰巳午年子方。
未申年亥子方。
子丑年申酉方。
卯酉年丑未方。

水族先民认为这些地支年所忌戒的方位，有“别库”恶煞在虎视眈眈，若犯之则使后代染上麻风病。一旦染上这个恶疾，就是不治之症，不仅是其本人，而且整个家族都会感到悲伤恐惧。水族地区的倒罐葬就是针对麻风病一类死者而设计的墓葬类型，将亡者尸体埋在烂泥凼深处，让此病魔永世不得翻身。

在水族地区，过去麻风病人死亡，属特别的恶死伤类，为防止此病传播开来，人们认为用火化是最佳办法。逝者不入氏族墓地，也不树墓，其葬点选择在终年有积水的烂泥凼处。葬坑深三四尺，将密封的骨灰罐置于坑底，其上再覆罩一个大的土罐，然后再将稀泥填充葬坑，不设封土，恢复泥凼原状。人们认为这样可使麻风鬼无法冲出那严实的屏障，永久尘封于冰冷密实的地下。

《山霉》篇，水语念 san^{1} mui^{2}，为意译，是以亡人寿缘按八宫掌而推算出来的忌戒凶日。人们认为麻风病的根源是因为葬日选择不当而引发的。

另外，水族先民还认为经常有人被蛇和野兽咬伤，或每代都有人在中年丧命的家庭，发生这些都被认为是与祖上丧葬择日不慎有关，中了相关鬼煞的诅咒，而形成一种恶性循环。

5. 后代品质变坏的忌戒

家庭和社会的教育对人的品质的影响十分明显，跟前辈入土安息的日子时辰没有什么内在联系，但崇尚祖灵崇拜的水族先民都认为二者有内在的必然联系。水书《丧葬卷》中的《歹牙》《饥饿》《向且》等就是能影响后世品质的恶鬼篇目。

《饥饿》篇，或译为《计饿》，水语念 ʈi[1] ŋa[6]，为音译，意为贪婪好吃，饥饿和贫穷永远伴随。其篇意译云：

甲己犬中航，
乙庚酉时当，
丙辛猴选塔，
丁壬未时羊，
戊癸午时欺。
腊寒颠倒“饥饿”时。
得“饥饿”，
“牛哇”损贤，
太饥饿，
早乞五家。
探头缩脑行乞，
贫贱肮脏厌人。

从该篇副歌内容可以看出《饥饿》篇论及的主题。因此，在过去的水族地区极少见到本民族的叫化子。人们看见肮脏的乞讨者，较少论及其懒惰德行，通常讥谑这是他家埋老祖宗选错日子的恶果。

人们认为“饥饿”是一种贪婪、暴吃、暴饮和愚钝的恶鬼，若吃新米选中此日，那吃得再多也难果腹，而导致家中贫寒，但选用此日去走亲戚吃酒，则海饮也不会醉倒。若此日开席待客则难以满足客人的食饮，但此日利于首次使用猎枪、弓箭，能使更多的猎物倒于枪口及弓弩之下。

《歹牙》篇，水语念 $ta:i^{6}$ $ɣa^{4}$，为音译，意为邋遢肮脏，既不注意收敛，又有贪馋懒惰的恶习。安葬亡人用此忌戒日，其后世子孙往往与乞丐为伍，懒惰、肮脏而致贫寒。这种状况与《牛哇》篇的主旨相近，可致后人蠢笨愚昧。

《向且》篇，水语念 $ɕa:ŋ^{1}$ $ɕep^{7}$，篇名为音译，是水书的专用篇名。该篇副歌意译云：

用向且，
抢人手上饭碗。
探头缩脑行乞，
贫贱肮脏厌人。

愚昧蠢笨、懒惰肮脏、偷窃的人，对其自身、家庭及家族都极为不利，但人们往往把其归咎于祖上丧葬择日不当，完全忽视了后天的教育，这又是水族人唯心观念的反映。

水族《丧葬卷》中的忌戒远不止上面五个方面的内容，还有停柩待葬、举行追悼的“开控”活动（追悼的一种形式）忌戒也十分烦冗复杂，如舂放铁炮的火药，开张敲击锣鼓，架设祭堂歌堂方位，迎接客方吊丧的纸伞群众队伍，作防御巫术活动倀子的选择等，都有众多的篇目忌戒。另外，出丧的时辰、方位、星宿，假葬、浅葬、深葬等诸多的忌戒及化解方法，也有很多相关的水书篇目及相关祈鬼、解鬼、驱鬼等巫术活动。因此，水家有“最怕葬错一祖坟，最怕讨错一门亲”之说。可见，丧葬的宜忌与祖灵崇拜对水族社会的影响极其深远。

对水族日常生活影响最大的，要数丧葬活动中水书的运用。人断气之后，从入殓、停棺、出殡、入土安葬和开控、设吊场、架布棚、砍牛以及事后的除服等，每一个细小环节都受水书制约，由水书先生依照水书中的诸多丧葬规定行事，形成了传统冗杂纷繁的仪式程序。

三都县引朗石棺墓群一角

第十节　《泐炯山》：掌宫天地、袖里乾坤大

《泐炯山》（le^{1} ʈoŋ^{1} sa:n^{1}），是水书《泐打栋》（le^{1} tak^{7} toŋ^{1}）即《遁掌书》的核心内容。有的水书也将其整理成《八宫取用卷》。

黔南民族师范学院藏的《八宫取用卷》已入选国家珍贵古籍名录。水书中类似于《遁掌书》《泐打栋》的篇目有很多，本节主要介绍《泐炯山》的内容。

“水书是夏商文化的孑遗”，受“殷人尚鬼”的影响极深。“殷人是把鬼的概念与活人的概念糅合在一起的，确信人死后还会有灵魂存在，这些灵魂还时时影响着人们的命运。”①

水书发展到后期，已经演变为服务于水族人日常生产生活的宜忌，相似于历志、历书类的典籍。治丧择吉部分，是水书中比重最大、分量最重、影响最深、涉及文化层面最广的内容。水书中的遁掌类，包括《泐炯山》等篇目，遁掌就是靠水书先生在掌宫上完成推算的。古代文化人身着阔袖长衫，双手穿进袖筒在里面掐指推算，很多绝密的演算过程都在袖中完成，于是就有“袖里乾坤大”之说。

1990 年，贵州人民出版社出版席克定著的《灵魂安息的地方：贵州民族墓葬文化》一书，该书是第一个用汉字“炯”记录水族水书为亡人推演掌宫名称“ʈoŋ^{3}”的著作，且“炯”是最贴近水语读音的用字。《八宫取用卷》古朴深奥，言简意赅，内涵丰富，并为其他民族学者所关注。

水语称 ʈoŋ^{1} 和 saːn^{1}，民间用谐音汉字音译为炯和山、降和散、仲和散等，其功用是根据亡人享年多少，运用亡人丧事专用掌宫进行推算，观看化命属于何“炯”，何“山”宫位，再根据水书对不同的“炯”“山”的吉凶界定，去选择入殓时间、出柩方位、安葬日期、墓地及立碑的座山朝向等。

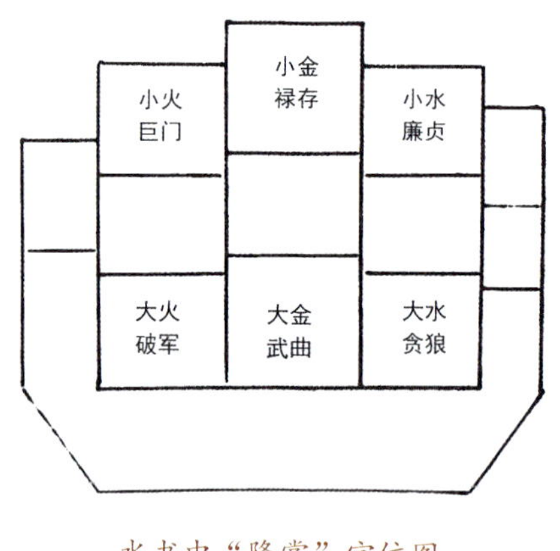

水书中“降掌”宫位图

① 徐吉军：《中国丧葬史》，江西高校出版社，1998，第 57 页。

“烔和山”实际包括两大系统，“烔”是六宫掌，“山”是八宫掌。

“烔”是六宫掌，或称“烔劳（ȶoŋ^{1} la:u^{4}）”，即“大烔”。“烔”的推算即以左手掌为道具，分别以食指、中指、无名指两端指节为宫位，以指根和指尖区分“大”“小”名称。掌宫名称顺序是：大火破军、小火巨门，大金武曲、小金禄存，大水贪狼、小水廉贞。男性从食指根部指节顺时针遁掌，女性从无名指宫位反时针遁掌。然后再依据水书的规定，查看“烔”宫名称在安葬活动中的诸多宜忌。

“山（sa:n^{1}）”，是八宫掌，对应八卦所指的宫位，也叫八山，相对于六宫掌“烔劳（ȶoŋ^{1} la:u^{4}）”而言，或称“山（sa:n^{1}）”为“烔低（ȶoŋ^{1} ti^{3}）”，即“小烔”之意。“山（sa:n^{1}）”的推算即以左手掌为主，分别以食指3个指节、中指上下指节、无名指3个指节为宫位，掌宫名称顺序是：艮、震、巽、离、坤、兑、乾、坎。实际上，水书“山（sa:n^{1}）”八宫掌，就对应后来的八卦掌。这是依据亡人寿终岁数，按艮、震、巽、离、坤、兑、乾、坎八宫推遁得出亡人所属何“山（sa:n^{1}）”。然后再依据水书的规定，查看亡人所属“山（sa:n^{1}）”宫名称在安葬活动中的诸多宜忌信息。

“山”实际属八卦名称的掌宫演遁推算课目。水语宫位名称与八卦宫位对应关系如下：

艮（qan^{5}）——敢棍木（qan^{5} kun^{1} mok^{8}）

震（tsən^{5}）——震控人（tsən^{5} khum^{1} zən^{1}）

巽（hən^{5}）——很土棒（hən^{5} thu^{3} paŋ^{1}）

离（li^{2}）——立雅蒙（li^{2} ja^{6} muŋ^{4}）

坤（fən^{1}）——份上夫（fən^{1} ɕa:ŋ^{1} fu^{3}）

兑（toi^{6}）——兑哈南（toi^{6} ha^{3} na:n^{4}）

乾（ȶen^{2}）——干朵麻（ȶen^{2} tok^{7} ma^{1}）

坎（qha:m^{3}）——坎朵牢（qha:m^{3} to^{6} la:u^{2}）

在水书中，“山”掌宫位排列如下图。水书中，习惯以地支“子丑卯辰午未酉戌”代八卦宫位的称谓。其对应关系如下：坎朵牢—子—坎，敢棍木—丑—艮，震控人—卯—震，很土棒—辰—巽，立雅蒙—午—离，份上夫—未—坤，兑哈南—酉—兑，乾朵马—戌—乾。其推演方式是男女都从中宫起遁，男顺行，女逆行，以子卯午酉四宫为整十的宫位，按亡命年龄每十年走一步，零数顺推。另外，71 岁男性为“敢棍木”宫位，71 岁女性为“乾朵麻”宫位。

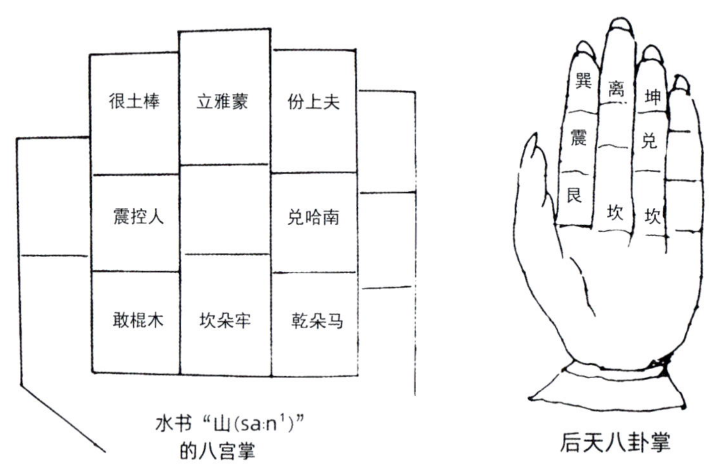

水书的八宫掌与河图洛书演变而成的后天八卦掌对应图

择吉的重要依据，就是根据亡命所属的宫位名称——山名，去查寻或推算宜忌之日辰。因此八卦“山”掌成为择吉的另一主纲。如“子午年等地乾地兑”，指在子午年利于属“乾山宫”“兑山宫”亡命的人安葬。另外，有相关各“山”宫位不同类别忌戒的二十几个篇目，再据此查阅或推算其宜忌之日辰、时辰、方位、二十八宿、九星等。

水族先民认为，亡人“炯”和“山”是安葬宜忌取舍的根本依据。这一个环节处理不好，可能会有诸多恶性的连锁反应：重丧，死人不断；官灾，口舌是非官司不断；破财，经济滑坡，种植业和养殖业皆不顺利；亏人，人丁不旺，小家庭走向消亡，甚至大家族的发展也受挫。

在水族丧葬活动中，亡人“炯”和“山”的宜忌内容是至关重要的，是水书丧葬知识体系中的核心内容，水书先生如果过不了这一关，就没有立命之本、立足之基。因此，“炯”和“山”知识是学习水书者在涉足丧葬择吉活动中必须高度重视的内容。

《八宫取用卷》实际是水族先民如何完善处理死者后事问题的经验积累，是生克制化哲学理念在丧葬中的实践与运用成果，也是水族先民处理凡人与神灵，凡人与祖先问题的理念与智慧的结晶。

水书有很多篇目是以掌宫来推断查询宜忌的主要日辰。亡人“炯”“山”掌宫的运用，是丧葬择吉的基础。

水书先生以亡人寿终岁数而测定的“炯”“山”为基础，再结合自己编制的宜忌历书和传统，来确定治丧坐山朝向，以及吊丧活动与葬期宜忌之日、时辰和方位。推算亡人的“炯”“山”是治丧择吉中最关键的一环。

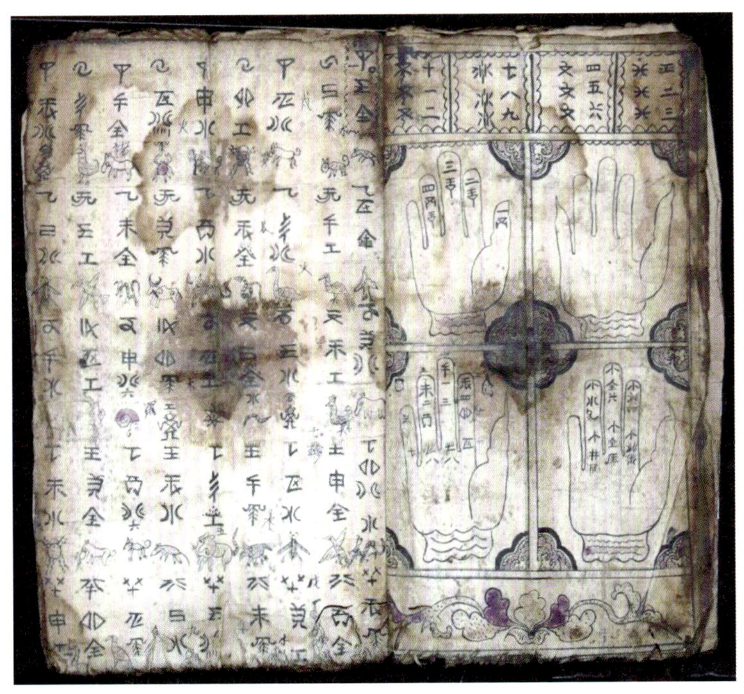

遁掌轨迹及运用方法

“炯”或“降”水语念 ȶoŋ[1]，为音译，指专用于推算亡命属于六宫掌中何宫的课目名称。此掌宫为六宫掌，宫位名称为大火破军、小火巨门、大金武曲、小金六恒、大水贪狼、小水廉贞。观其名称，便知是从九星名称中选六个来组合而成的。也有人将“炯”称为“炯劳”，即大降之意；而将“山”称为“降低”，即“小降”之意。九星，实际上是天文上的名词，指天皇大帝、紫微大帝与北斗七星的组合，因为受天人合一观念的影响，其名称逐步变为贪、巨、禄、文、廉、武、破、辅、弼。

“炯”名是以亡人岁数来推算的。如 72 岁的男性亡人，即从大火破军起，每 10 年为一宫往前推，70 在小火巨门宫，零数接着顺数，72 在小水廉贞宫位，那么该亡人就称为“小水廉贞降”。72 岁女性亡人则是“小火巨门降”。“水书哲理把人的出生至死分为若干个‘炯’，每个人一生都有若干个‘炯’，合‘炯’才能安埋。”①

由六宫掌名称组成的“炯”，简称为“六宫”，或称“炯宫掌”“炯掌”，是水书丧葬文化中宜忌的主纲。

贪廉未申吉，酉戌凶；
水抽猪马蛇连兔，卯时抽发吉。
贪狼等庚子，廉贞等辛丑。
武禄酉戌吉，亥子凶；
金抽虎鸡与犬猪，卯时抽发吉。
武曲等丙辰，禄存等丙戌。
破巨卯子吉，丑寅凶；
火抽龙牛和猪兔，卯未时抽发吉。
破军等乙酉，巨门等辛卯。

上述测得 72 岁男性亡人是“小水廉贞降”，那么，依据“贪廉未申吉，酉

① 席克定：《灵魂安息的地方——贵州民族墓葬文化》，贵州人民出版社，1990，第 116 页。

咸凶……”的择吉主纲，该亡人择吉则以未申日亥、午、巳、卯时，及辛丑日等丧葬择用日的时间范围，需忌酉、戌日。然而，水书中有专门以《六宫降掌》为篇名，编制了几十个宜忌的篇目供选择，其中含有年、月、四季、第元之下的日、时和方位，也兼有所属二十八宿界定。例如有相克的《刺降》篇，水语念 kam^{4} ȶoŋ^{1}，有以甲巳年从丙寅起算的《降五寅》等篇。

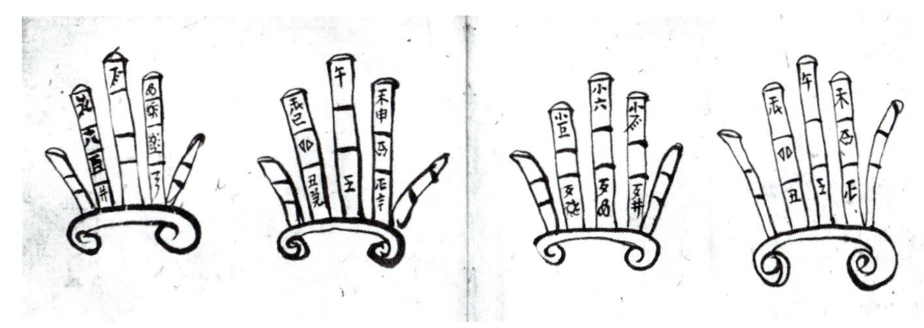

水书抄本记载的掌宫图例（1）

水书的基础掌宫之一是“山”，或译为“散”，水语念 sa:n^{1}，有的也称为“降低”，即“小降”之意，是专用于推算亡命属于八卦掌中何种卦名的基础课目。

《漏山》篇名，水语念 sa:n^{1} ɣo^{6}，意译，是入殓所忌的条目，指亡命所属之“山”宫若入殓或停棺用错日子、时辰，将会出现漏尸水的现象。该条要义是：

戌山四、十月寅日方凶

子山二、八月亥日方凶

辰山三、九月丑未日方凶

未山十二月子日方凶

丑山十二月子午日方凶

卯山十月巳亥日方凶

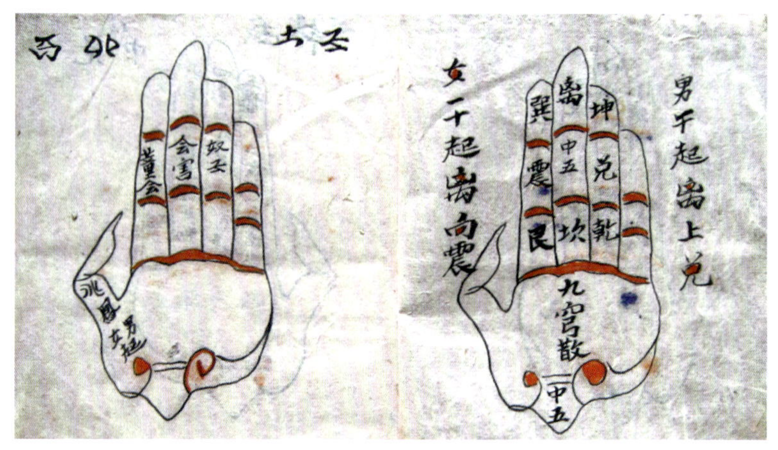

水书抄本记载的掌宫图例（2）

水族先民认为，以亡命年龄推算出来的相关宫掌名称，若对应用了上述的日辰方位入殓，将会出现渗漏尸水的现象。

另一篇《漏山》还兼有杀师方，对孝家和水书先生都不利。该条要义是：

戌山午日方。辰山丑日方。

丑山辰日方。未山子日方。

子山四月丑日亥方。午山戌山戌日方。

酉山卯戌辰日方。卯山酉日方。

《漏山》篇目除此之外，还有以九宫掌推断用日是否漏尸水的戒日，并且还分《男漏山》《女漏山》等。

《男漏山》是在各亡命所属的“山”宫位上起甲子顺行。到戌宫（乾）后，进入中宫——肚子宫，再行至子宫（坎）逐位顺走，以进中宫（肚子）之日为凶，是漏尸水的凶神。为此，也有人称此篇为《山洛》，即“肚子山”掌宫。以此推之，男性戌山（乾）亡命，即有乙丑、辛丑、庚辰、巳未等凶日。

《女漏山》则在亡命所属的亥“山”宫位上起甲文逆行，由丑山（艮）位入申宫为忌日宫位。如女性戌山（乾）亡命，即有辛未、庚辰、己丑、戊戌、丁未、丙辰、乙导等为凶日。

水族先民还认为亡命所值的八卦宫位，与贪巨禄文廉的九星配搭运用会产生不同的吉凶效果。如《刺山》就是此类篇目。

《刺山》篇，水语念 kam^4 sa:n^1，意译，该条要义为：

戌山禄存。未山二黑。

午山九紫。子山一白。

酉山七靠。卿山三碧。

辰山四禄。

亡命之“山”宫所择的日时若逢相应的九紫，会出现像锥子一样的恶鬼在刺痛亡人灵魂，使亡灵不安宁，导致后裔得不到相应的保护而灾祸迭起。

以亡命所属的“山”宫确定不同的忌戒篇目还有不少，如《错山》《秧山》《霉山》《死山》等。另外，还有导致后裔跛瞎的《跛瞎山》，导致子嗣绝灭的《山义》等篇。

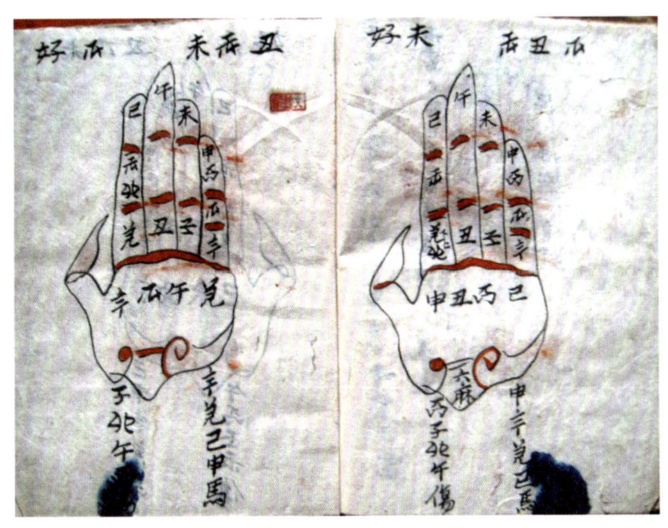

水书抄本记载的掌宫图例（3）

在水书的《丧葬卷》中，以掌宫来推断宜忌的篇目相当之多，除了《降宫掌》《山宫掌》之外，还有下列诸多篇目。

《龙犬掌宫》篇目是《正七卷·龙犬》篇的延伸，以九宫掌为基础，按辰戌年己丑、己亥年己未、丑未年己卯、子午年己酉、寅甲年己亥、酉卯年己巳，从中宫顺行起遁，凡入中宫之日辰者为忌。如辰戌年则有己丑，戊戌、丁未、丙辰、乙丑、甲戌、癸未等为凶日。

《伤四雄掌宫》篇，也称《虎伤掌宫》，这是《正七卷·四雄》篇的延伸，认为犯此禁忌会遭虎豹等凶狠野兽咬死。此掌宫按一白、二黑、三碧、四禄、五黄、六白、七赤、八白、九紫的宫位推遁。申子辰年从和紫宫起甲子“逆遁”，凡进四绿官位的己巳、戊寅、丁亥、丙申、甲寅、癸亥等日为凶日。

> 巳酉丑年甲子从六白宫顺行，又忌入六白宫的日子。
>
> 寅午戌年甲子从三碧宫顺行，忌入九紫宫的日子。
>
> 亥卯未年甲子从一白宫，忌入八白宫的日子。

《金已掌宫》篇，是《正七卷·金已》篇的延伸，以一白、二黑……九紫的九宫为基础，按月份所规定的宫位起甲子顺行，凡进入九紫宫之日孝家用于安葬亡者会出现重丧，三碧宫之日死三家六房的人，入七赤宫之日死远房的人或牲口。如正四七十上从八白宫起甲子顺行，进入相关宫位的日子是：三碧宫戊辰、丁巳等，七赤宫壬申、辛巳等。另外两组月份分别从二黑及一白宫起甲子顺遁。

《月杀伤》与《金已》篇一样，分三组月份起，甲子顺遁，凡进入下列宫位之日用于安葬则凶祸各异：三碧、六白宫死牲口，七赤宫死人，九紫宫遭口舌是非。

《野提掌宫》篇，是将地支年分为三组，依九宫掌位顺遁，以入中宫之日为忌。如子午卯以己酉入中宫起顺遁，戊午、丁卯、丙子、乙酉、甲午、癸卯等日入中宫，若用这些日子安葬亡人，则家中主妇会丧命。这便是《正七卷·野提》篇副歌云“用野提，恶煞主妇”的含义。

《都居》篇，是《正七卷·都居》篇的延伸。以九宫掌为基础，按地支年分三组，分别以己酉、癸巳、甲午日从中宫起顺遁，凡入中宫之日者为凶，若选此日安葬亡者，则家人永远摆脱不了病痛的折磨。

以上篇目属于安葬类的掌宫篇目，可谓是无奇不有。此外，水书中还有许多鬼神交混的篇目。如后裔遭横祸及人丁枯绝的有《野辣》篇；使后裔不务正业、游手好闲、偷摸盗窃的《歹牙》篇；让后人遭受横祸厄运的《当华》篇；让后裔连遭祸患的《连九》《连七》《连五》等篇；使后人遭受命案口舌是非等奇祸的有《头》、《宜头》(母头)、《海头》(公头)、《海头五寅》、《头飞》、《头独》、《头五》、《八头九辣》等篇。水族先民还认为人在世时从事的特殊职业和个人品质，都与丧事的潜在影响有关，《公猪》篇就是显例，其掌宫口诀云："第一元二元，是公猪元；第三元四元，是公牛元；第五元是黄狗元；第六元是公鸡的元……"人世间出现以养种猪为生的人，出现终身不娶之人，出现懒惰如黄狗的人等，都是由于选择安葬祖先的日辰不当，误用相关凶祸的掌宫日子所至。水族是殷商的遗民，"殷人尚鬼"的影响极深。"殷人是把鬼的概念与活人的概念糅合在一起的，确信人死后还会有灵魂存在，这些灵魂还时时影响着人们的命运。"[1] 正是在这种观念的支配下，水书出现了许多与鬼神交混的古怪篇目。

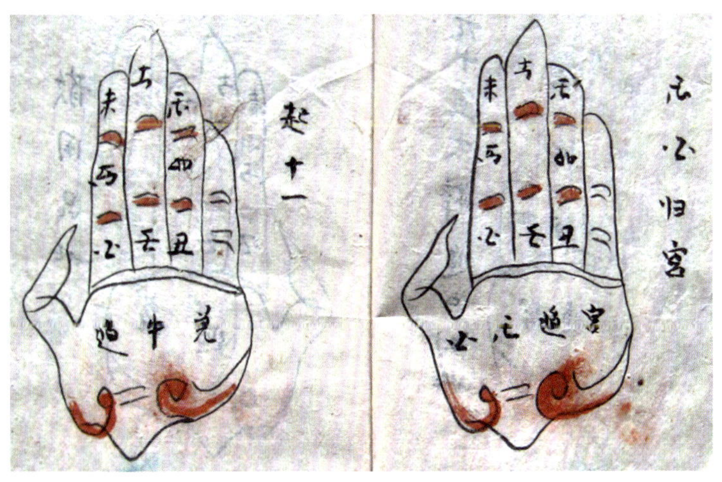

水书抄本记载的掌宫图例（4）

① 徐吉军：《中国丧葬史》，江西高校出版社，1998，第 57 页。

第十一节 《泐挡卷》：防御与反击的精神武器

在水书众多的卷本中，《泐挡》水语念 le[1] ta:ŋ[1]，是比较特殊的一种水书卷本，与水书的“白书”和“黑书”有联系。“泐”即书，“挡”是防御抵挡之意。《泐挡》主要是为防御抵挡各种天灾人祸、瘟疫疾病、邪魔鬼怪、匪盗偷抢等的危害而专题著编的水书卷本。这是水族先民企图运用利己的有超自然力的鬼神来对付害己的有超自然力的鬼神、人和事。

一、水书指导下的“挡”活动

“挡”水语念 ta:ŋ[1]，源于古汉语，为抵挡防范之意，是水族防御抵挡巫术活动的总称。

例如，1944 年 12 月初，日本侵略军战败，从都匀、丹寨溃退，侵入三都县都江区。当地坝街乡羊瓮、坝辉、排辽一带水族民众自发组织武装进行抵抗。为确保战斗胜利，特地聘请古村著名水书师杨光撰到排辽坡头上依据“黑书”设祭席做“挡”巫术，鼓舞民众同仇敌忾、英勇抗敌。乡民按照时辰和方位进行狙击，驱赶日寇从坝街小河往九阡方向溃逃。

“挡”的种类比较多，若以防御抵挡范围而论，则有个体家庭保家撑门的“挡惰”，保护村寨撑寨门的“挡幸”；若以防御抵挡的种类来划分，则有防止火灾的“挡伤玉”，防止瘟疫疾病的“挡病”，防止抢劫兵灾的“挡凶年”，防止丧葬追悼发生凶祸的“挡控”，防止岳父母死于凶日而坑害女婿女儿的“挡歹哇”，防止恶死、恶伤、恶疾的“挡遗”，防止官灾口舌的“挡哄”，有人过世为防止接连死人的“挡排”，等等。凡是对人们生产、生活和生命安全带来灾难和威胁的因素，不论是来自人事，还是来自天灾，或是来自“鬼神邪魔”，都是水族先民防御抵挡的对象，其有力的精神武器就是做“挡”。

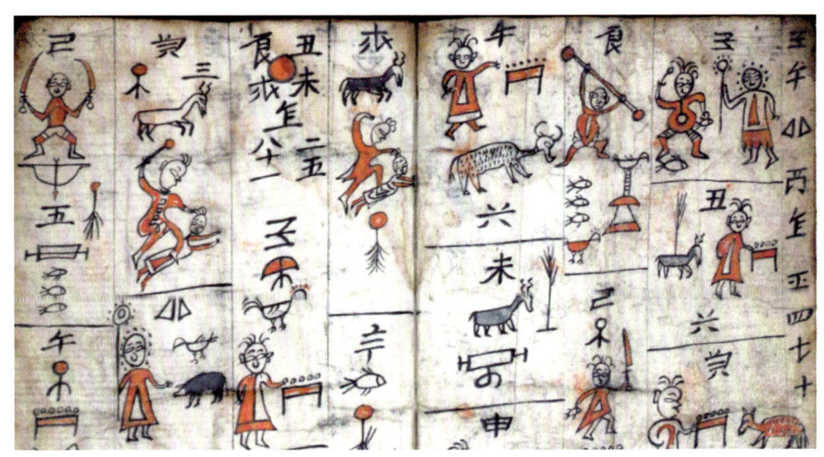

水书《命理卷》记载相关解厄方式

笔者出生于丙戌年水历三月午日，属于水书“歹耿”日，是挡巫术活动侲子的人选。少年时笔者多次被请去做挡巫术活动的侲子，当我回家时，被服务的人家要送我一个米草包的糯米饭团、一块肉、二分钱，时至今日还记忆犹新。

若遇到天花、麻风恶疾流行，来势凶猛，令人感到恐惧，因此水族的鬼名就有麻风“别库”，水书中就有《别库》的篇章。对于严重疾病，如瘟疫的传染，过去没有科学的防治办法，也没有像当今这样强有力的政府行为。古代，当瘟疫发生之后，人们惊恐万分，为防止受鬼魂指使的瘟疫对家庭、村寨造成危害，纷纷举办“挡病”，企图运用唯心的、非科学的方法来治理客观存在的瘟疫。尽管结果难以如愿，但是，这既是传统与经验的遗存，又是命运与信仰的交织，最终一切都是听天由命。正如马林诺夫斯基的观点：“初民对于自然与命运，或则利用，或则规避，都会承认自然与超自然力，两者并用，以期善果。”马林诺夫斯基的观点与水族先民的行为十分契合。

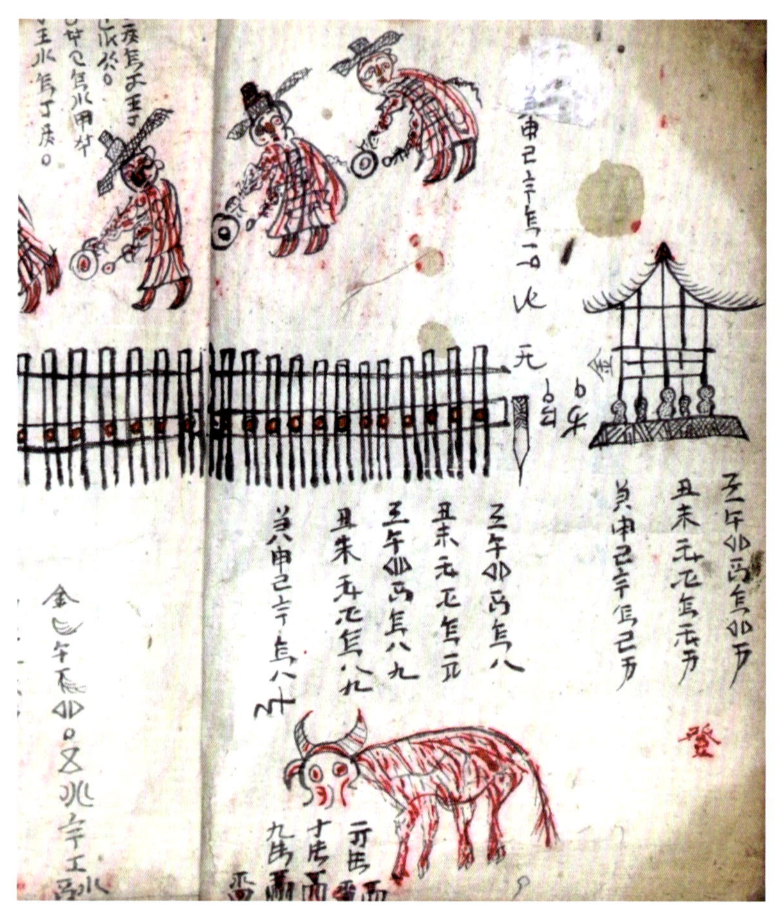

“伥子”击锣助阵驱邪图（引自潘淘洁《水书绘画书写艺术》）

《泐挡卷》在民间有的称其为《寸吉书》，因为“挡惰”习惯称为“撑门”，这是“撑”和“寸”混用之故；有的写为《当册吉用》，有的写为《当书》，有的连书名也没有。由于水书先生文化程度参差不齐，积累的经验多寡不同，尤其是在做“挡”的过程中充满了神秘感，加上无法用汉字准确记录那些烦冗复杂的鬼名和隐蔽神秘的操作仪式，所以，“泐挡”所反映的主要是择日的宜忌。做“挡”时，主要忌水书《欢》的篇目。

《欢·方》—水历正月寅方，二月辰方，三月未方，四月巳方，五月午方……

《欢·日》—水历正月辰日方、巳时，二月子日方、午时，三月丑日方……

《欢·月》—水历正七月子方吉，午方五虎凶，二八月寅方吉，申方五虎凶……

尽管《欢》是做“挡”的凶神，但是其中也偶含吉利的方位，如《欢·月》，这其中又反映了水族先民朴素的辩证观念。

水族先民认为做“挡”要根据不同的鬼的用途去选择水书篇目，如《大旺》《天烟》《堂华》《堂凝》《破散》等。如“挡伤”就有“子午卯酉日丑时，属九紫吉……”“子午卯酉年正二三月庚辛日，第三元辛丑日，四五六月第六元癸丑日吉……”“申子辰年丙丁日隔午方吉……”“第一元辰日方时吉……”“正七月寅日方，二八月子日方吉……”“子年亥方日吉……”等水书条目中提及的日子可供选择。

“挡”的用途很广，如在做正义黑巫术的倒鬼时，为防对方加害自己，则择“甲子日、戊辰日、壬申日、癸酉日吉……”“甲子年第一元庚午日、壬申日、戊辰日、癸酉日，倒鬼，七赤属火吉……”条目中的日子做“挡”。在举行仪式、作法、操作巫术时，要用请众多神秘的“鬼”来帮忙：“三百腊牙月，三千腊牙星，七万腊牙挡，牙鲁牙月，牙鲁的天，牙月的花。公挡华，牙挡倒，公倒把，牙巴忙。公花茶，牙福欲，公花茶除姑十，牙福欲除姑百。放百仰姑百遍，放千仰姑千返。公庸龙，牙薄倒，公倒把，牙巴忙。”所用的祭祀牺牲有狗、鸭等。为了把对方放来的鬼倒回去，不惜动用三百牙月奶的兵，三千牙星奶的兵，七万主管“挡”的牙挡奶的兵。并且希望通过做“挡”活动之后，对方放来的整百阴兵就整百地走，放整千的阴兵就整千地返回。正当的、正义的防卫是合理的，但是所采取的手段与方法是荒唐的、幼稚的，是一种唯心的主义。

民间做“挡”，反映了水族先民企图通过使用超自然力，解除威胁及迫害自己的“凶神恶煞”与人事。做“挡”巫术请诸鬼来帮忙时，娓娓道来的祝词，倒是优美的民间文学。正如沅湘之间的祝词为屈原创作《离骚》提供了丰富的素材一样。水家做防止出现重丧的“挡排”时，水书先生所念的祝词，不仅是水书的重要解说词，也是优美的民间文学作品：

逝世不逢吉利日，
也不能害主人家。
跌对不干净日子，
也不碍三家六房。
……
地“嘎系”来除“排登”，
要“辅抵”来撑“降凶”，
铲“降凶”要第三“辛丑”，
除忌日家要第四壬申。
……
要甲子人寿平安，
要“拢六”来挡“宁友”，
要“五富”来除“九火”，
要“白书”来铲“尼排”，
“歹哇控”要“金己”来铲，
“歹哇登”要等“金堂”。
……
“牙元谋”保佑活人，
“公元谋”来除“降凶”。
落“降凶”“公三辛”解鬼，
“牙三乙”来铲“尼排”，
除“六害”铲那“排登”。

尽管这段祝词翻译成汉语之后，字词音韵与句子结构发生了很大的变化，但是还可以看出其大致的面貌。水族人认为人过世的日子，属于会接连死人的重丧日，所以要举办“挡排”活动，还要念祝词。出丧时，当众人把灵柩抬开，水书先生立即将簸箕放在停柩之处，摆上祭品，并以鸭子为牺牲，请吉神“牙元谋”和“公元谋”夫妇来荡除重丧，使家庭获得保佑与幸福。

做“挡”是一个综合性的活动，它包括对出现的事件性质进行分析，选择可靠的水书先生，择定相宜的日子，准备相关的祭品、牺牲品与其他用品，选择符合使用条件的倀子等。在祭祀与念祝词过程中，还要进行较多的巫术活动。因此，也有人把“挡”的活动称为巫术的行为。

一般说来，要举行“挡”，有些器物是必不可少的：

（1）要有“酸鱼”祭供。酸鱼的制法是取约二两重的鲤鱼，剖腹后放在石灰或草灰内晾干。

（2）要用“人崽”，即倀子。由巫师选定适合于防鬼、驱鬼的特殊生辰的人来做倀子，由倀子来放置敬供物品和安放拒鬼的刺把。

（3）要有利司。利司可以是几尺布，几角钱的红封，送给巫师及放置敬供物品的人。

（4）“挡”有的鬼时，还需要打击乐器，如铜鼓、镫鼓、锣等打击乐器。

（5）撑门“挡”，还要捆束多种刺把放在大门上，挡拒邪恶进入家。一般用五种刺：大狼箕、蒙刺树、雀不站刺、白刺、猫爪刺。人们认为这些刺是自然界中最具杀伤力、防卫力的武器，连猛虎都能拦住。这是水族先民自然崇拜观的反映。因而用其来做“挡”巫术的工具，就可以防御抵挡邪魔恶鬼及凶险人事的危害。

（6）如果是倒鬼，即击退对方放来危害阻止开展“挡”活动的“鬼”，需要用倒毛鸡、箭镞等物品。

（7）撑家门或撑寨门，需要在家门口或村寨门口插上竹标或者草标，意为三天之内不让外人进寨。

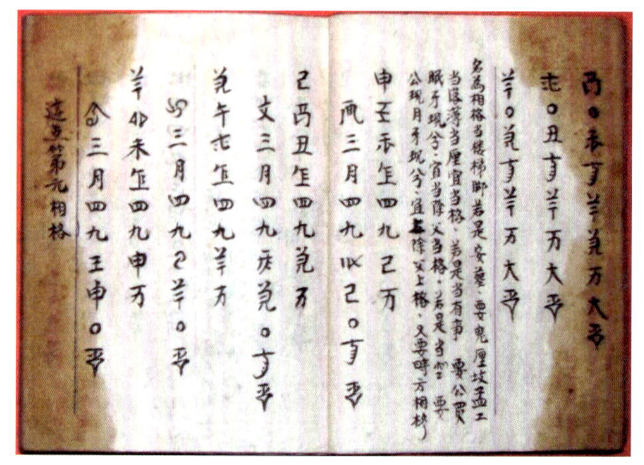

《泐挡卷》抄本选页（蒙君昌藏）

“挡”是巫师用来驱鬼、拒鬼、防鬼的一种特殊的巫术手段和巫术仪式，也是人们在患难危急之际，树立战胜困难、增强信心的一剂“强心针”。人们认为凶鬼虽凶，恶鬼虽恶，但总有办法制服它们，不让它们为所欲为，出来作祟。由于历史的局限，水族先民防御抵挡瘟疫灾病的方法和手段十分幼稚，但与之相关的水书是今天我们研究水族早年时期社会生活习俗的重要文献资料。

二、水书的“白书”“黑书”与黑白巫术

水书分“白书”和“黑书”，其中对应记载的黑白巫术，是水族地区保存得较为完整的巫术。其实，“黑书”记载的条目内容，在“白书”中也能找到，但黑巫术的主要仪式、祝词、日辰、方位、侲子、祭品等与白巫术有差异。

在水书的分类中，还以公开使用与秘密使用方式划分为“白书”“黑书”。“白书”是指在公开场合中使用的一类水书，如《丧葬卷》《婚嫁卷》《起造卷》《祭祖卷》《生育卷》《超度卷》等。因“黑书”隐秘性强，人们更为好奇，本节将重点介绍“黑书”与黑巫术。

水族的黑巫术，多在隐秘之处实施。有的人说，黑巫术是指嫁祸于别人时施用的巫术，其实不尽然。正如大众认为，同样是杀人，杀好人者犯罪，但是

杀罪大恶极者则有功。正如特工并不一定是干见不得人的勾当，只是行动隐蔽而已。

“黑书”是水语 le[1] ʔnam[1] 的直译，其意是指在比较隐秘的场合中使用的一类水书，是进行黑巫术活动的根本依据。

黑巫术是在“黑书”的指导下，多以特殊的、隐秘的巫术功利为目的而开展的原始宗教活动。水族的黑巫术按性质分类，可以分为正义与非正义两种。

1. 正义的黑巫术

正义的黑巫术主要表现在以下几个方面。

（1）为保家卫国，保护家庭、氏族、村社的生命财产安全而举行的黑巫术，如“者佐”“希屯”等。

（2）为索回被抢夺、盗窃的财产而施行的黑巫术。水族地区过去流行的砍盗贼脚印活动，就属于此类。有经验者，注意保护现场留存的作案者脚印，在来不及请巫师的情况下，可避开自己的影子，反手闭气，将掉落的耙齿插于作案者的脚印之上，再捶击三下。或者用黑巫术专用的特制小斧头，避开自己的影子，闭气连砍作案者足迹三下。人们认为如果操作得当，作案者会返回原地受擒，或使其跛足直至丧命。重大的案情，过去一般都请有经验的水书先生帮忙，选择有效制敌的日时和方位；备办施行黑巫术所需的器物，如自然掉落的耙齿，案犯的生辰八字、毛发及衣物鞋袜，黑巫术专用的施法小斧头，用几种刺混扎的“刺把”及酸鱼，几吊白纸和自然掉落的桶匝；筹备的祭品有鱼、鸡、狗、酒，甚至猪、牛、羊、鹅、鸭等，其仪式、咒语都十分特殊。

（3）为防败诉，避免祸延己身而施行的黑巫术。

（4）难以正面回击，为报仇雪恨而施行的黑巫术。

（5）无故受对方黑巫术加害，被迫自卫还击的拒鬼、退鬼、倒鬼、防鬼等黑巫术。该项目所用的物品十分古怪，如倒毛鸡、独头蒜、独根蒜苗、独眼鱼、甲鱼、白水牛、未睁眼的幼狗、蛇蜕壳、独居于路中的螺丝等。施行这类黑巫术的地点，通常选择在高山丫口，施工巫术时要背对着坚固的岩壁。

2. 非正义的黑巫术

非正义的黑巫术大致有下列几种。

（1）为了非法占有他人财产，或剥夺他人生命，而暗地施行黑巫术加害对方，企图谋财害命的行为。

（2）无故泄恨，或炫耀自己实力和掌握水书的本领，或寻求某种开心和刺激而施行的黑巫术，如施法毁坏吊丧队伍旗幡伞盖的黑巫术行为。

（3）逼亲抢亲，迫使对方就范而施行的黑巫术活动。

非正义的黑巫术，在水族地区极少有水书先生愿意施行。因为水书先生在接受水书启蒙教育时，都要接受基本的职业道德教育。从业之后，也非常注重个人名声和社会影响，看重因果报应，担心明察秋毫的“鬼神”能辨别善恶是非，如干了亏心的黑巫术会祸延子孙，所以极少有水书先生会为钱财而施行丧德害人的黑巫术。

“黑书”并非故意隐秘了其篇目名称，不让他人知晓，其关键在于水书先生对如何选择水书某一篇的特殊功用，如何选择合适的日时方位、作法的倀子、巫术用品与祭品，如何进行仪式操作，如何运用祝词等难以把握。其实，“黑书”所用的书目基本包含在基础读本《正七卷》中。黑巫术运用到的“黑书”条目，如《代耿》《沙上》《排登》《板用》《引贯》《把享》《全》《代瓦》《各木》《荒基》等，都可以在基础读本《正七卷》和类似吉凶分辨大全的《分割卷》中找到。

岑家梧教授1943年在贵州省荔波县调查时，获得放鬼用的“黑书”1本，其内容叙述较为简单，仅记录了运用巫术的时、日、方向、供牲方法及放鬼数目。笔者采得1册，封面作“七元宿”字样。这是水书二十八宿按七元六十甲子日排列的秘卷本记述的内容。其中，就包含有水族传统纪日、纪年的方法。

水书记录日辰与年份，习惯把二十八宿与十二生肖相配，组成28与12的最小公倍数84的周期。但是，水书先生通常更习惯使用二十八宿配上六十甲子日，组成28与60的最小公倍数420的大周期，正好是7个六十甲子，周而复始。这就是水书常见的《七元宿》卷本书名的来历。其实，84的5倍也是420，二者只是在计算技巧与方法上存在差异而已。

水书中水历纪日、纪年方法，第一元到第七元就是7个六十甲子，共计420个日辰或年头，但这还不是最大的周期，最大的纪日、纪年周期是1260。

水书中出现的上元、中元、下元，由3个420年组成、21个六十甲子组成，共计1260个计时单位。这可谓是民间历法中特大的纪日、纪年的周期单位。在水书中有时也出现“子午卯酉年为上元，丑未辰戌年为中元，寅申巳亥年为下元”的说法，但仅限于该年月份之内宜忌之初几、十几、二十几的水语“姑错”的内容使用。“黑书”中反映的“七元宿”，应当只是420年大周期的二十八宿宜忌的记录。

水书以鼠宿——虚日鼠作为岁首星。在“七元宿”的420个周期年中，通常以鼠宿作为二十八宿的起始宿。这在陈久金主编的《贵州少数民族天文学史研究》一书中有记述。岑家梧教授于1943年在荔波县水族地区收集到水书“黑书”《七元宿》，并在其论著《水书与水家来源》之中列表引用“黑书”原文及例文释义。

甲子年，虚宿日，忌放鬼，放则反害事主。

乙丑年，危宿日，宜放鬼，可害敌方。

丙寅年，室宿日，宜放鬼，可害敌方。♂

……

癸酉年，觜宿日，宜放鬼，可害敌方

这本《七元宿》采取的是水族历法通常纪年的方法，习惯把一轮甲子六十年称为一元，从第一元甲子到第七元甲子，逐次列出420年二十八宿值日放鬼的宜忌。因此，岑家梧先生在其论著《水书与水家来源》中指出。

以上次第叙述至六十甲子癸亥之后，复起第二甲子，直至第七甲子为止，共四百二十项。每项干支字下之象形字为二十八宿。若虚宿为故像鼠形。危宿为燕，像燕形。室宿为猪，像猪形……娄宿为狗，像狗形，余类此。下端作♂号，像武器之三叉，其叉向下者，表示鬼宜放出，向上者，表示反害其主，不宜放鬼，上下对向者，则双方均有不利，亦不宜放鬼。

水书的“黑书”使用象形文字书写的比较多，其中一些字符用来表示想象中虚幻的巫力阵式运行轨迹。因此，有宜放鬼、不宜放鬼，以及放鬼招致双方不利的说法，迷信与神秘交织在一起。

岑家梧先生还收集到当时荔波县塘党村韦鸿才家所收藏的“黑书”，该书记载的放鬼用牲数目及时日方向特详，并且抄录及注明其释义。岑家梧先生所录的这一篇“黑书”，他不知道篇名是什么，也不知出处何在。其实，该篇是收录于《正七卷》中的《半用·方》（pa:n^{5} yoŋ^{6} fa:ŋ^{1}），其内容如下。

正马二子三鬼羊
四牛五申六虎伤
七鸡八兔九犬
十龙半用惧
十一蛇篓十二猪
猪哇哇，大杀方月。

水书《讲解歌》对《半用》的篇目做这样的注释：“放半用，公公老早死。崽没会喊，父亲半世亡……”人们认为该篇是凶神执掌，在丧葬、婚嫁、起造、出行等重大事项中是绝对不能使用的，如果犯了此禁忌会死于非命，但“利于做惩罚偷盗，砍其脚印的巫术”，可制敌于死地。

三、“黑书”与水书基础读本《正七卷》

所谓的“黑书”，是水书中不可分割的一部分。在水书的基础读本《正七卷》中，当作秘籍卷的“黑书”用于黑巫术活动的条目俯拾皆是。水书的条目的功用很多，古代的水书先生，不过根据其需要而选择具有特殊功用的条目汇集编撰成册来使用而已。水书《正七卷》中，用于黑巫术的条目大多是“黑书”的组成部分，如：

《则头》水语念 tsek^{8} tu^{4}，水书中虽有数条，但各有所侧重。其中有“宜用此生辰者执旗伞去吊丧，他方难以用巫术破坏我方旗幡伞盖”。这是古代征战之缩影。

《则列》：水语念 tse^{3} le^{3}，此日利于我方找他人论理，而不利于他人进村找己论理，应拒之于村外。

《引贯》：水语念 jeŋ^{5} kwa:n^{1}，惩治偷盗者砍其脚印的巫术则用此日辰。请出恶鬼，并念咒：公七屋，牙七哇，公七屋带柴刀，牙七哇带斧头；持斧砍牙，持柴刀杀公。该句意为：请出七屋公，请出七哇奶。七屋公带来柴刀，七哇奶带来斧头；持斧头的砍那女性盗贼，持柴刀杀那男性盗贼。相传，安葬逢日易遭是非，宜于退鬼、放吊丧队出发等。

《向且》：水语念 ɕa:ŋ^{1} ɕep^{7}，举行“开控”等大型追悼活动时，吊丧队伍忌向“向且”方行进。

《九火满》：水语念 ʈu^{3} ho^{3} mon^{6}，黑巫术用于打官司或论理时的防范，自己可邀请对方，而绝不应允对方之约前往，违之凶祸迭至。

《九火》：水语念 ʈu^{3} huo^{3}，此条宜于做放鬼和砍偷盗者脚印的巫术。倘放鬼对鬼师不大利，愿为者，利师钱也多。

《九反》：水语念 ʈu^{3} fan^{3}，相传，此条宜用于退鬼，将鬼遣回原出发地，使放鬼者自食其害。

《蛙吃骨》：水语念 qop^{3} tsje^{1} la:k^{7}，黑巫术用于做砍偷盗者脚印巫术宜之，其水语咒云：公殷拭，牙下罕。公下罕，牙打定。该句意为：公放刺把，奶削桩；公削桩，奶钉住脚印。

《天烟》：水语念 thjeŋ^{1} jeŋ^{3}，利于退鬼及修仓库，认为可抵挡外来祸害。

《堂华》：水语念 ta:ŋ^{2} fa^{4}，在“堂华”方安退火的祭席并念咒，火势会倒向他方。

《简桃》：水语念 ʈeŋ^{5} tau^{2}，主忌放鬼、做地婆“牙地鬼”、解恶鬼煞等。

《烘金》：水语念 o^{5} ʈum^{1}，相传，捉得犯奸者，以此方放其归去，过不久定自毙。

水书抄本《沥挡卷》选页（1）

类似施行黑巫术所用的水书篇目，在水书的《正七卷》中还有不少，如《夫狼》（fu³ la:ŋ³）、《夫牛》（fu³ ȵu²）、《代哇》（da:i³ va³）、《代榜》（da:i³ paŋ¹）、《歹耿》（ta:i³ kən⁵）、《歹败》（ta:i³ pa:i³）等。由此可知，秘籍卷“黑书”，不过是水书先生根据特殊的、秘密的巫术需要，举行各种不同的酬鬼、享鬼、媚鬼、娱鬼、役鬼、拒鬼、驱鬼等活动而编著的一种工具书而已。

“黑书”是黑巫术施行的根本依据。黑巫术与白巫术的最大区别是黑巫术行为较为隐秘，所用的咒语、祭品、仪式较为奇特，选择的日时方位、地点和助手伥子较为特殊。简而言之，白巫术与黑巫术的主要差异在于所使用的水书典籍有“白书”与“黑书”之分，行动有公开与隐秘之别，操作有一般与特殊的差异，性质有正义与非正义的分别。

水族的“黑书”记载的黑巫术，是水族原始宗教信仰和宗教活动不可分割的一部分，是水族先民企图依赖与支配有威力的鬼神，来达到为自己服务的虚妄观念与行为的反映。水族先民围绕着庞杂纷繁的鬼神世界，形成了一个怕鬼、敬鬼、祭鬼、祈鬼、防鬼、拒鬼、挡鬼、放鬼、驱鬼、倒鬼、问鬼（占卜）的意识怪象。这类迷信现象，在水族的黑巫术中得到充分反映。作为记载水族的这类古老文化现象的水书，我们可以用来探索人类童年的脚印和发展的轨迹，所以说这些资料是一笔宝贵的文化财富。

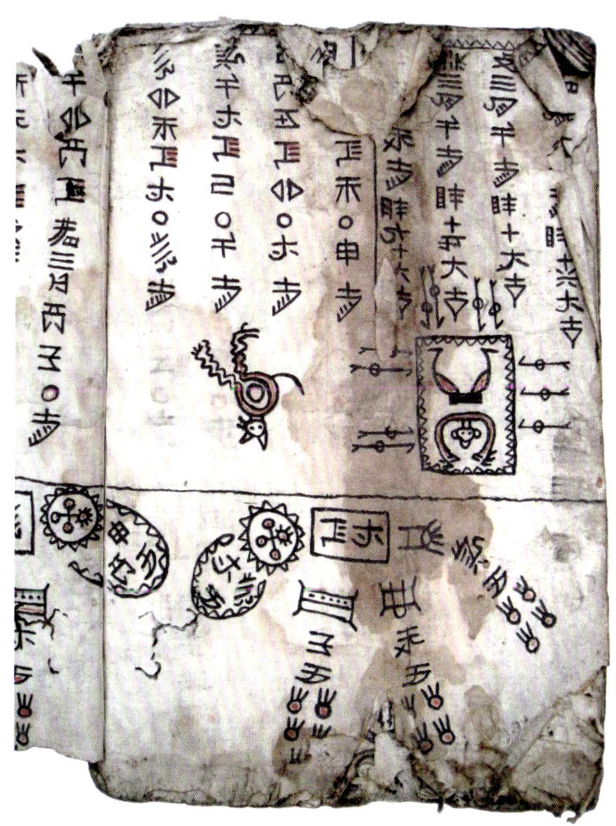

水书抄本《泐挡卷》选页（2）

第五章　神祇水书

第一节　水族信仰文化：水书是万物有灵的殿堂

水族万物有灵信仰，在水书中体现得淋漓尽致。张为纲教授认为："今水家之所以'鬼名'繁多，所以尊崇巫师，所以有为咒术用之'反书'，皆可为殷代文化遗留之铁证。"[①]这大概也说明了殷人是尚鬼。

1990年，笔者在已发表的《水家原始宗教鬼神观念浅说》一文中提道：水家的鬼有七八百个。当时，王品魁先生调查说："水族的鬼有360个，这些鬼都是有鼻子、有眼睛的。"后来，笔者多次与王公沟通，并说："您为什么不把水书上的鬼算进去呢？"过后，他同意了笔者的观点。2003年，他在《水书·丧葬卷》译注手稿中，直呼水书条目为"鬼名"。后来，笔者发现中国社会科学院20世纪60年代的调查资料中提到的水族的鬼有七八百个。

笔者有幸为四本辞书提供水族辞目，其中有两本最为重要：一是1990年学苑出版社出版的《中国各民族宗教与神话大词典》，笔者是主要供稿者，另外一个供稿者是王品魁先生。我们从1988年就开始着手筹备稿件，其中水书条目占了很大篇幅，最后编写了水族的鬼神分类简表。二是1994年由广西民族出版社出版，徐华龙主编的《中国鬼文化大辞典》。上海文艺出版社的徐华龙先生从学苑出版社获得笔者信息，从1992年末向笔者约稿，于是笔者就开始着手调查与撰稿，最后收集的关于水族信仰的条目占了成书的33页。

---

① 吴泽霖，陈国钧：《贵州苗夷社会研究》，民族出版社，2004，第90页。

水书是关于水族原始信仰和水族天文历法的典籍，水族民间知识的集成。水书是关于水族先民认识自然、解释自然、改造自然，认识社会、解释社会、改造社会的宝贵记录。

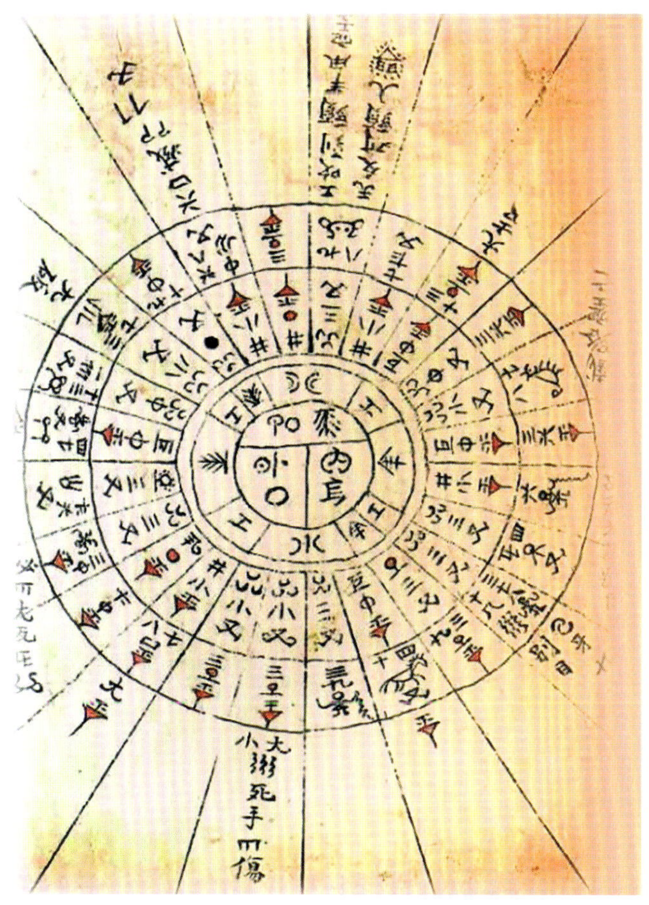

水书天文历法圆图

水书条目的忌戒，实际就是水族先民对社会实践的认知反映。在此，笔者选一些重要条目的特殊宜忌内容做简要介绍。

《梭项》记录的是使事态持续发生的神力“梭项”，有“梭项日解鬼不断根”之说。此日忌安葬、殓尸、砍牛吊丧、初次念鬼驱邪治病等，相传违之则接连死人或解鬼不断根。但此日利于接亲、开店、放债、打保福等，认为可亲上加亲，福上加福，利上加利。

《则头》记录的是导致家财破败之恶鬼。宜用此生辰的伥子（水语直译为“崽人”）执旗伞去吊丧，只要此人打头阵，就可以防止对方使用巫术对我方队伍的旗幡伞盖的破坏，这与古代战争布阵攻守极为相似。相传，安葬逢之，富室破产，穷户无多大关碍。因此，讲解歌云：“用则头日安葬，会使人站着受穷。”

《则列》记录的是导致内讧的恶鬼。相传安葬犯之，房族间相互争吵厮杀，故讲解歌云：“人多来找麻烦，怪薅挠鬼惹祸来，则列恶鬼引得三家六房相斗。”相传，此日利于自己找他人论理，而不利于他人进村找己论理，若有来论理者应拒之于村外。

《涌恒》意为“挤满了地域（地盘上）”，此条目记录的是会导致一家人全部死亡的恶鬼。首句念“甲已申酉午未方”，指甲已年逢申酉午未方招祸。讲解歌云：“葬涌恒，独个发富；绝种完，一人赚钱。”此日忌安葬、吃新米；宜开店，顾客如潮；利于修桥补路，日后人丁增多。

《业夺》意为“孤独的日子”，该条目记录的是安葬时必须避开的凶煞。安葬逢此日会导致人丁不旺，六世单传。

《也提》记录的是导致主妇丧亡之恶鬼，讲解歌云：“葬也提，会降祸于家庭主妇。”相传，安葬犯之会导致家庭主妇身亡，家财破散；接亲犯之遭病，成病解鬼病不消。

《也辣》记录的是导致出现大祸事的恶鬼，安葬犯之要遭大祸事，由且日后积财不起，耕作减产。

《引贯》记录的是导致凶祸、丧命的恶鬼，此篇有六条之多。安葬犯之会出祸事，而惩治偷盗者砍其脚印的巫术则用此日辰，请出恶鬼念咒：“公七屋，牙七哇，公七屋带柴刀，牙七哇持斧头；持斧砍牙，带柴刀杀公……”意为：请出七屋公，请出七哇奶，七屋公带来柴刀，七哇奶带来斧头；持斧的砍那女性的盗贼，持柴刀杀那男性盗贼。生逢此日要改也贯鬼，并忌耕畜、造屋、砍树、背婴孩走婆家等。相传下葬逢此日，若葬女则男死，葬男则女亡。退鬼用此日辰，首句云：“寅午戌年午申日”，安葬日若有吉神保佑可免灾。另外做保福神犯此时，可将水牛角放于祭席下，即可免灾，不然会被盗。安葬日遭此宜于退鬼、放吊丧队出发等。

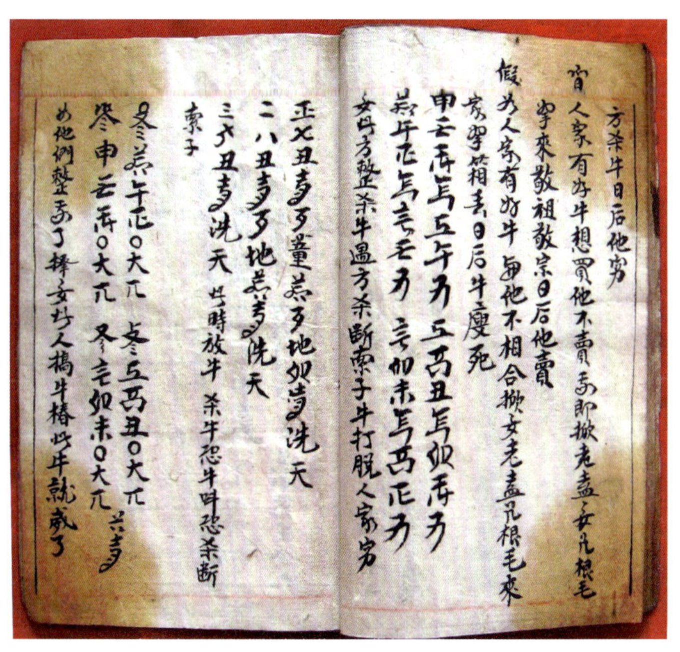

记载巫术与鬼名的水书（蒙君昌藏）

《学鲁》是畜牧及养殖方面的主要凶神，安葬犯之缺牲畜，念鬼忌杀自家喂的牲口，忌念保福之鬼，但堵塞鱼塘涵洞口能获得大丰收。这反映出水族先民注重渔业生产和牲畜的喂养，但却找不出阻碍其发展的根本原因，只能归咎于鬼神。若安葬犯之，幸运之家死牲口，厄运之家则死人，后代都穷困并缺人丁。此条目忌用于砍牛祭祖、入新居、修畜圈，违之牲口难增殖。

《别富》亦称《别库》，《别库》分雌雄，即公别库、母别库。《别富》篇就是关于麻风病肆虐的记录。由此还衍生出对麻风病死者的特殊葬俗——火化装入坛瓮，深埋于淤泥中的倒坛葬。全国著名的医治麻风病的专家、原贵阳医学院皮肤科主任韦国仁教授是水族人，他到思南麻风病村为麻风病患者揭开绷带、清洗伤口，得到关照的患者痛哭流涕，告别时患者向他道谢。在他的眼里，麻风病人绝不是鬼。但是，古代的水族先民无法从病理方面科学地认识麻风病的病因，所以在水书中出现了众多可怕的麻风鬼。由此推之，水书记载的鬼都源于水族先民在现实生产生活中所遇到的难以解决的重大问题，是社会生产生活问题的缩影。

水族的鬼神众多，与古代“殷人尚鬼”的习俗吻合。水书中的不少内容，就是水族先民重大社会实践问题的记录，是水族人在社会实践中失败多于成功的反映。因此，对水书的条目的成因，要反过来观察、审视，倒过来分析、研究，或许还能找到一些文化真谛。

牙娘 鬼名，水语念ja^{4} ȵa:ŋ^{3}，为音译，意为娘奶、娘婆，水族生母娘娘系列鬼之一。其心地善良，乐于向生育女性送子女，故亦称送子婆。个体家庭多设“牙希登”，即里屋的生育娘娘供桌，大多于节日供祭。若待其不恭也会闹别扭，而偶尔施祸，靠占卜探明其旨意再去备办祭品供祭念鬼以消灾祈福。

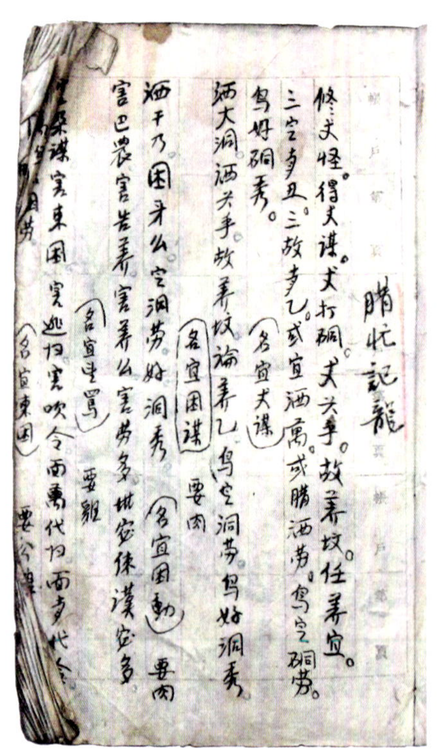

鬼名应用记载（丹寨县高寨村潘世文抄本）

牙低 鬼名，水语念ja^{4} ti^{3}，为音译，意为幺奶或幺婆，系水族生母娘娘“尼杭”及神话牙花散系列的生育鬼之一种。相传为父系家的生母死后所变之鬼，住在“低干楼，务干庙，把花散，干尼杭”，即转角楼下，庙房之上，花散仙洞口，是生母娘娘家。其为后裔赐子嗣并施以福泽加以庇佑。个体家庭统一在里屋“牙希登”的生母娘娘祭席处供奉，无牌位。平常以家常便饭供祭，节庆以鸡鱼肉酒及彩蛋糯米饭等供祭，以水历四月丑日或春节、端节为最隆重，施祭为家庭主妇，参与者为妇幼。若遇婴孩病灾或流产等凶祸，根据占卜所示，杀猪、鸡、鸭及鱼等牺牲供祭念咒，祈其消灾赐福。

牙劳　鬼名，水语念 ja[4] la:u[4]，为音译，意为长奶或大奶，系水族生母娘娘“尼杭”及神话牙花散仙婆系列的生育鬼之一种。相传为生母死后所变之鬼，住在“低干楼，务干庙，把花散，干尼杭”，即转角楼下，庙房之上，花散仙洞口，生母娘娘家。其为后裔赐子嗣并施以福泽加以庇佑。家庭中几乎都有供祭生母娘娘的“牙希登”祭席，但无肖像及牌位，常插用彩花须缠的竹条“枚化”，再贴些彩色纸人装饰。平常以便饭供祭，节庆时以鸡、鱼、酒、彩蛋及糯米饭等供祭，以水历四月丑日或春节、端节、卯节、额节最为隆重。若有幼婴或妇女患病，占卜逢此鬼闹别扭或失职，根据卜辞旨意做相关的祭祀及念咒，以鸡、鸭、鱼等奉祭。此鬼有 2 个，祭时分别以待之。

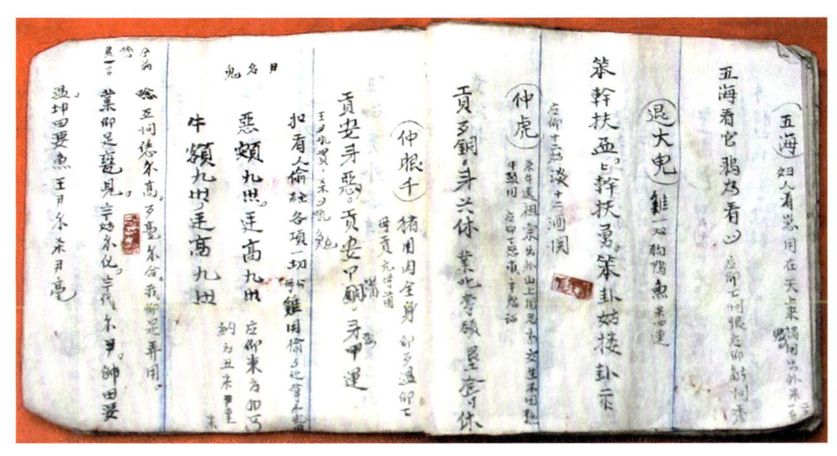

水书鬼名抄本（潘正才藏）

牙两低　鬼名，水语念 ja[4] ljak[7] ti[3]，为音译，意为偷盗婴孩的幺奶，系水族生母娘娘“尼杭”及神话牙花散仙婆系列的生育鬼之一种，住在“低干楼，务干庙，把花散，干尼杭”，即转角楼下，庙房之上，花散仙洞口，偷盗婆之家。其专偷盗幼婴，造成幼婴失魂或惊恐不已，甚至染上绝症身亡。此鬼作祟可通过占卜探明，并根据其欲望去做相关的祭奉及念咒活动，以祈消灾除难。

大多以母鸡、猪肉供祭，有的在“牙希登”的生母娘娘祭席处施祭，有的则在野外。为防此鬼作祟，人们不轻易将幼婴放在僻静处或生人之家。外出时若背幼婴须常呼唤其名，回家时也要唤其名一道入室。有幼婴之妇忌谈此鬼，生怕触怒此鬼而蒙受灾难。

牙贩 鬼名，水语念 ja^4 $fa{:}n^5$，为音译，意为拐卖幼婴的婆婆，系水族生母娘娘“尼杭”及神话牙花散仙婆系列的生育鬼之一种，住在“低干楼，务干庙，把花散，干尼杭”，即转角楼下，庙房之上，花散仙洞口，买卖贩运奶奶之家。此鬼以贩运拐卖幼婴为天职，往往是在东村买了幼婴就卖往西寨，造成不少家庭幼婴失踪，幼童主要症状为失魂或染病夭殇，或走失。有幼婴之家忌谈此鬼，唯恐受难。人们通过占卜探明若是此鬼作祟，则多备母鸡或猪肉，迎请巫师来念咒驱除。有的地方习惯在里屋的生母娘娘席边进行供祭，有的地方则习惯在野外送走此鬼。

牙贩打困 鬼名，水语念 ja^4 $fa{:}n^5$ ta^5 $khwən^1$，为音译，意为在路途中劫持拐卖幼婴的婆婆，系水族生母娘娘“尼杭”及神话牙花散仙婆系列的生育鬼之一种，住在“低干楼，务干庙，把花散，干尼杭”，即转角楼下，庙房之上，花散仙洞口，买卖贩运奶奶之家或花散仙庙。此鬼与“牙贩”的司职相同，但此鬼专在路途中拐卖失落的幼婴，致使幼婴失踪、失魂或染重疾甚至夭殇。有幼婴人家忌谈此鬼，带幼婴外出不轻易放下地。若占卜悉此鬼作祟，备母鸡、猪肉或鸭子念咒相送。有的在生母娘娘祭席边供奉，也有的在野外供奉送走此鬼。

牙命 鬼名，水语念 ja^4 $miŋ^6$，为音译，又称“尼杭六十”，雅号为“牙隆补命，花梨尼杭补命”，意为保佑寿运的婆婆，系水族生母娘娘“尼杭”及神话牙花散仙婆系列的生育鬼之一种。酬鬼仪式分为中堂保命一种和六十保命三种。寿享五十以上者，常备猪、鸡酬犒劳此鬼。此鬼住在“低干楼，务干庙，把花散，干尼杭六十”，或“庙花散，干尼杭六十”“庙花散，干牙命”，即转角楼下，庙房之上，花散仙洞口，保六十寿运的生母娘娘之家，或保寿运的生母婆婆之家。此鬼专保生人寿享 60 岁以上，但若待其失礼即令人罹难。当卜知此鬼失职而招祸时，即按卜辞去做相关祭仪，延鬼师念祝，从住地请此鬼来享受猪、鸡等供馔。人们确信由此获得“花隆保命，花厘尼杭保命”，设祭时，有的还挖根部并连、尖梢佳、节眼匀称的一对竹子绑于祭席边的柱头上，再摆上一升白米及银饰，以期获得巫术相似的效果，如咒词所云：“三十命哟，五十命果，六十命面，金银命界”，即三十冒尖的命，五十年中发达的命，六十延年久长的命、金银般贵重长寿的命。

牙难共道　鬼名，水语念 ja^{4} na:n^{6} koŋ^{2} ta:u^{2}，为音译，又称“牙难报抵”，意为床边的牙难、席角的牙难，系水族生母娘娘“尼杭”及神话牙花散仙婆系列的生育鬼之一种。此鬼与“牙难”为姊妹鬼。其住在“低干楼，务干庙，把花散，干牙难”或“庙花散，干牙贩”，即转角楼下，庙堂之上，花散仙洞口，牙难婆婆家或花散庙堂里。其作祟，往往使50岁以上的妇人大病不起，瘫软无力。占卜逢之即备母鸡为主祭品，宴请巫师念咒送鬼，可解除疾病。

牙湿　鬼名，水语念 ja^{4} set^{7}，为音译，全称为“花隆牙湿，花厘尼杭牙湿”，或“花隆三喜，花厘尼杭三喜”，意为洗身婆婆。洗身的花隆仙婆，生母娘娘花厘仙婆；三朝的花隆仙婆，生母娘娘三朝花厘仙婆。“牙湿”系水族生母娘娘“尼杭”及神话牙花散仙婆系列的生育鬼之一种。其住在“低干楼，务干庙，把花散，干牙贩”，即转角楼下，庙堂之上，花散仙洞口，洗身婆婆家。其专门为新生婴儿净身，以保佑新生婴儿身体健壮安康。一旦经过“牙湿”的洗礼，婴儿就能“湿邓回瓜，湿那回干”，即净身洁白。倘若对此鬼失礼会给幼婴招祸，多以母鸡为主祭品念咒祛凶祈吉。

牙苗低　鬼名，水语念 ja^{4} miu^{1} ti^{3}，为音译，意为小苗婆或小苗奶，系水族生母娘娘“尼杭”及神话牙花散仙婆系列的生育鬼之一种。其雅号水语云：“三洞牙谋，九洞牙育，苗熬瑶报”。其大意为管三条坝子的谋奶，住在“低干楼，务干庙，把花散，干牙苗”，即转角楼下，庙房之上，花散仙洞口，苗婆婆之家或花散仙庙内，苗奶奶之家。此鬼专为幼婴裁缝背带并庇佑幼婴安康。当其失职或闹别扭时，幼婴便会无故从背带中坠地或病危夭殇。平时不单独供祭，若占卜悉此鬼失职，则据卜辞要求去做相关的祭鬼仪式，多以鸡、猪奉祭，并将背带摆于祭祀的席边。此鬼分大、中、小三种，职责与其才能大致相同。

牙苗胆 鬼名，水语念 ja[4] miu[1] ta:n[5]，为音译，意为中间的苗婆，系水族生母娘娘“尼杭”及神话牙花散仙婆系列的生育鬼之一种。其雅号水语云：“七洞牙谋，九洞牙育，苗熬瑶报”。此句大意为管七个坝子的谋婆，管九个坝子的育婆，内地的苗人为有角饰的瑶人。其住在“低干楼，务干庙，把花散，干牙贩”，或“庙花散，干牙苗”，即转角楼之下，庙房之上，花散仙洞口的苗婆婆之家，或花散仙庙的苗奶奶之家。此鬼专为有幼婴之家裁缝背带，并庇佑幼婴健康。若其失职或闹别扭，会使幼婴不知不觉坠地或病危。平常一般不单独供祭，若占卜悉此鬼失职，则据卜辞去做相关的送鬼仪式，多以小猪或母鸡祭之，并以背带等用具摆于祭席边。此鬼分大、中、小三种，其职责与才能大致相同。

水尾乡水书先生潘永香家举行祭祀活动

牙苗劳 鬼名，水语念 ja[4] miu[1] la:u[4]，为音译，意为大苗婆，系水族生母娘娘“尼杭”及神话牙花散仙婆系列的生育鬼之一种。其雅号水语云：“十洞牙谋，九洞牙育，苗熬瑶报”，大意为管十个坝子的谋婆，管九个坝子的育婆，内地的苗人为有角饰的瑶人。其住在“低干楼，务干庙，把花散，干牙贩”，或“庙花散，干牙苗”，即转角楼之下，庙房之上，花散仙洞口，苗婆婆之家或花散仙庙内，苗奶奶之家。此鬼专为有幼婴之家裁缝背带，并庇佑幼婴健康。若其失职或闹别扭，会使幼婴不知不觉坠地或病危。平常一般不单独供祭，若占卜悉此鬼失职，则据卜辞去做相关的送鬼仪式，多以猪、鸡相送，并将背带摆于祭席边。此鬼有 3 种，分为小、中、大苗婆，职责与才能大致正配。

牙难　鬼名，水语念 ja^{4} na:n^{6}，为音译，意为使老年妇女患病的生母娘娘，系水族生母娘娘“尼杭”及神话牙花散仙婆系列的生育鬼之一种。此鬼与“牙难共道”或“牙难报抵”为姊妹鬼。其住在“低干楼，务干庙，把花散，干牙贩”或“庙花散，干牙苗”，即转角楼之下，庙房之上，花散仙洞口的牙难婆婆家。此鬼多为 50 岁或 60 岁以上的妇人遭遇，引起严重病患，多以猪肉、牛肉、豆腐、糯米饭等供祭，延请巫师念咒送鬼。

金柱低追　鬼名，水语念 ƫum^{1} tsu^{1} te^{3} zui^{3}，为音译，此鬼与“金柱低难”“鸭柱低难”是同类性质的鬼，系水族生母娘娘“尼杭”及神话牙花散仙婆系列的生育鬼之一种。其由绅士或官长配偶的亡灵幻化而成，住在“低干楼，务干庙，把花散，干牙贩”或“庙花散，干牙苗”，即转角楼之下，庙房之上，花散仙洞口的牙改婆婆家里。此鬼作祟时，使人无故病痛难忍。多以肉、甜酒、糯米饭等祭祀。这 3 个鬼都是占卜后知悉，若不及时祭奉礼送，病情会加重而危及性命。

牙拢　鬼名，水语念 ja^{4} lok^{8}，为音译，意为哐哄诱骗的婆婆，系水族生母娘娘“尼杭”及神话牙花散仙婆系列的生育鬼之一种。其住在“低干楼，务干庙，把花散，干牙贩”或“庙花散，干牙苗”，即转角楼之下，庙房之上，花散仙洞口的牙拢奶奶家。此鬼专门对幼婴进行哐哄诱骗，将幼婴骗引到他乡，而使其父母失去幼婴。有时，此鬼也对大人进行骗拐，使大人失去理智而拐骗其膝下子女。当占卜悉知此鬼作祟时，常备母鸡、糯米饭、肉等请鬼师来念咒祛凶祈吉。

牙记　鬼名，水语念 ja^{4} ƫi^{5}，为音译，意为保命婆婆，系水族生母娘娘

“尼杭”及神话牙花散仙婆系列的生育鬼之一种。其住在“庙花散，干花记”，即花散仙婆神庙的牙记保命婆婆家。寿享五十以上者多备猪、鸡酬犒。此鬼祭仪一般分为八种，根据施祭人情况或占卜结果而选择其中一种或三种。

牙抵歹　鬼名，水语念 ja⁴ tip⁷ tai⁶，为音译，意为缝背带的婆婆，系水族生母娘娘“尼杭”及神话牙花散仙婆系列的生育鬼之一种。其全称为“花隆改亚，花梨拉歹，改亚抵好”，意为剪布的花隆婆，缝背带的花隆奶，剪布缝绸。其住在“庙花散，干牙抵歹”，即花散的仙庙内，缝背带的婆婆家。此鬼专为幼婴之魂送背带，以保佑其健康成长。若失敬，此鬼也会作祟使幼婴从背上坠落。占卜得知，即以母鸡及酒肉等请巫师送鬼祈吉。

金朋　鬼名，水语念 ʈum¹ poŋ²，为音译，系水族生母娘娘“尼杭”及神话牙花散仙婆系列的生育鬼之一种。此鬼多为巫卜所悉，是生育的恶鬼，常使幼婴上吐下泻。祭供此鬼多用鸭蛋或鸭子，巫师要从“把花散，干花解”，即从花散仙洞口的花解婆婆家请其来受祭，述说缘由祈其开恩保护幼婴成长。

寡铜　鬼名，水语念 kwak⁷ toŋ²，为音译，系水族生母娘娘“尼杭”及神话牙花散仙婆系列的生育鬼之一种。此为生育恶鬼，能导致孕妇流产、破胎，多系巫卜所悉。为除灾祸需备鸭子及酒饭宴请巫师念咒祈鬼开恩保佑，此鬼位在“庙花散，干花解”，即花散的仙庙中的花解婆婆家里。

端开　鬼名，水语念 ton⁴ qhai¹，为音译，系水族生母娘娘“尼杭”及神话牙花散仙婆系列的生育鬼之一种。此为生育恶鬼，寄附于幼婴身上时会使其四肢无力、软弱裸瘦。当巫卜悉此鬼作祟，要备小猪宴请巫师解鬼，要从“把花散，干花解”，即花散仙洞口的花解仙婆家，请此鬼来开恩消灾。

五墓　鬼名，水语念 ŋo⁴ mu⁶，为音译，系水族生母娘娘“尼杭”及神话牙花散仙婆系列的生育鬼之一种。此为生育恶鬼，附着于幼婴身上可使其面黄肌瘦，四肢无力。当巫卜悉知此鬼作祟，需备鸭或鸡宴请巫师从“把花散，干花解”，即花散仙洞口的花解仙婆家请其来受祭，祈其开恩消灾。

尼杭歹棒　鬼名，水语念 ni⁴ hɑ:ŋ⁴ ta:i⁶ paŋ¹，为音译，简称“歹棒”，系水族生母娘娘“尼杭”及神话牙花散仙婆系列的生育鬼之一种。此恶鬼据说随生辰而来，附着于婴儿身上使其不易长大成人，即使长大也难聚钱财。解此鬼时要从其住地“庙花散，干花解”即花散仙庙中的花散仙婆家请其来受祭，并延请巫师念咒祈鬼开恩消难。

尼杭沙朋 鬼名，水语念 ni^4 hɑ:ŋ^4 sa^1 poŋ^2，为音译，系水族生母娘娘“尼杭”及神话牙花散仙婆系列的生育鬼之一种。此鬼多为生辰犯之，犯病后经巫卜悉其作祟。此鬼令幼婴长大之后招来无端的是非口角。多以鸭或鸡祭献此鬼，从“庙花散，干花解”处请鬼来受祭，祈其开恩消难。

尼杭半用 鬼名，水语念 ni^4 hɑ:ŋ^4 pa:n^5 joŋ^6，为音译，系水族生母娘娘“尼杭”及神话牙花散仙婆系列的生育鬼之一种。生辰犯此鬼令幼婴夭殇，即使幼儿不死也活不过 30 岁。解此鬼多以猪、鸡为主祭品，宴请巫师念咒祈鬼开恩消灾。此鬼住在“庙花散，干花解”，即花散仙庙内的花解仙婆家。

尼杭歹耿 鬼名，水语念 ni^4 hɑ:ŋ^4 ta:i^6 kən^5，为音译，系水族生母娘娘“尼杭”及神话牙花散仙婆系列的生育鬼之一种。生辰犯此鬼会克父母及把钱财向外推。多以猪或鸡为主祭品解送此鬼。巫师多到“把花散，干花解”，即花散仙洞口的花解仙婆家，请此鬼来享受供馔，祈其开恩消灾。

尼杭歹点 鬼名，水语念 ni^4 hɑ:ŋ^4 ta:i^6 tjət^7，为音译，系水族生母娘娘“尼杭”及神话牙花散仙婆系列的生育鬼之一种。生辰犯了此鬼，会使家中钱财流失，而令父母短寿，自家受困。常以鸭或鸡为主祭品解此鬼，巫师多从“把花散，干花解”，即花散仙洞口的花解仙婆家，请此鬼来享受供馔，祈其开恩消灾。

尼杭歹败 鬼名，水语念 ni^4 hɑ:ŋ^4 ta:i^6 pa:i^6，为音译，系水族生母娘娘“尼杭”及神话牙花散仙婆系列的生育鬼之一种。生辰碰上此鬼，易夭殇和破钱财。多以母鸡为主祭品解此鬼。其住在“把花散，干花解”，即花解仙洞口的花散仙婆家。

尼杭九气 鬼名，水语念 ni^4 hɑ:ŋ^4 ȶu^3 ti^6，为音译，系水族生母娘娘“尼杭”及神话牙花散仙婆系列的生育鬼之一种。生辰逢上此鬼会使口角是非接踵而来。多以母鸡为主祭品解鬼。其住在“把花散，干花解”，即花散仙庙中的花解仙婆家。

尼杭花来 鬼名，水语念 ni^4 hɑ:ŋ^4 fa^3 la:i^2，为音译，系水族生母娘娘“尼

杭”及神话牙花散仙婆系列的生育鬼之一种。逢此鬼幼婴会四肢无力，神情痴呆。多以母鸡为主祭品解此鬼。其住在“把花散，干花解”，即花散仙庙中的花散仙婆家。

尼杭四散 鬼名，水语念 ni⁴ hɑːŋ⁴ ɕi⁵ hɑːn⁵，水语音译，系水族生母娘娘“尼杭”及神话牙花散仙婆系列的生育鬼之一种。生辰若犯此鬼，一生人财四散，碰上此鬼长大成家后会夫妇失和，钱财之魂外走使家道败落。多以鸡为主祭品宴请巫师为其解鬼。其住在“把花散，干花解”，即花散仙庙中的花散仙婆家。

尼杭歹伞 鬼名，水语念 ni⁴ hɑːŋ⁴ te³ saːt³，水语音译，系水族生母娘娘“尼杭”及神话牙花散仙婆系列的生育鬼之一种。生辰若逢此鬼，长大成家后夫妇失和、钱财难聚。多以母鸡为主祭品解鬼。其住“把花散，干花解”，即花散仙庙中的花解仙婆家。

尼杭八品 鬼名，水语念 ni⁴ hɑːŋ⁴ pɑːta⁷ pjəŋ²，水语音译，系水族生母娘娘“尼杭”及神话牙花散仙婆系列的生育鬼之一种。生辰若逢此鬼会夭殇或在他乡死于非命，尸骸能运回故土安葬。多以鸡为主祭品宴请巫师来解鬼，祈其开恩消灾除难。

尼杭十品 鬼名，水语念 ni⁴ hɑːŋ⁴ sup⁸ pjəŋ²，水语音译，系水族生母娘娘“尼行”及神话牙花散仙婆系列的生育鬼之一种。生辰若逢此鬼会夭殇，若不夭殇将来也客死他乡，尸骨难运回故里安葬。多以鸡或猪肉为主祭品解鬼，祈其开恩消灾。其住在“把花散，干花解”，即花散仙庙中的花改仙婆家。

尼杭七煞 鬼名，水语念 ni⁴ hɑːŋ⁴ ɕət⁷ sɑːt⁷，水语音译，系水族生母娘娘“尼杭”及神话牙花散仙婆系列的生育鬼之一种。生辰犯了此鬼易夭殇或招凶祸。多备母鸡为主祭品解鬼。其住在“把花散，干花解”，即花散仙庙中的花改仙婆家。

尼杭六盘 鬼名，水语念 ni⁴ hɑːŋ⁴ ljok⁸ pon²，水语音译，简称“六盘”，系水族生母娘娘“尼杭”及神话牙花散仙婆系列的生育鬼之一种。生辰碰到此鬼会导致家人失和及钱财难聚。多以鸡为主祭品解此鬼。其住在“把花散，干花解”，即花散仙庙中的花改仙婆家。

水书《卵卜卷》

灭引 鬼名，水语念 mjət⁸ jiŋ⁵，水语音译，意为过不了山垭口，引申为夭殇之恶鬼，系水族生母娘娘“尼杭”及神话牙花散仙婆系列的生育鬼之一种。生辰逢此鬼易夭殇或寿不过 30 岁。多以鸭、鸡为主祭品解鬼。其住在“把花散，干花解”，即花散仙庙中的花改仙婆家。

桥孔 鬼名，水语念 ʈeu² qoŋ¹，水语音译，意为生命之桥出现空洞，系水族生母娘娘“尼杭”及神话牙花散仙婆系列的生育鬼之一种。此鬼多为占卜所知，犯此鬼者缺少子嗣或有子易夭殇。多以鸭、鸡为主祭品解鬼。其住在“把花散，干花解”，即花散仙庙中的花改仙婆家。

桥傍 鬼名，水语念 ʈeu² paŋ¹，水语音译，意为垮了生命之桥，系水族生母娘娘“尼杭”及神话牙花散仙婆系列的生育鬼之一种。命中若犯此鬼，子嗣投胎之桥已塌崩，导致无法生育。常以母鸡为主祭品宴请巫师祈鬼开恩消灾，同时在道口河沟处用果木修道桥，认为可消难纳吉。此鬼住“把花散，干花解”，即花散仙庙中的花改仙婆家。

桥果 鬼名，水语念 ʈeu² qok⁷，水语音译，意为生命之桥被扣坏，系水族生母娘娘“尼杭”及神话牙花散仙婆系列的生育鬼之一种。遇上此鬼，引导后裔投胎的桥会被野鬼扣坏，导致家庭无子嗣。常以母鸡为主祭品宴请巫师来祭鬼，以祈开恩消灾，并在道口河沟处修座小桥，认为此举能修补生命之桥，可有子嗣后代。此鬼住“把花散，干花解”，即花散仙庙中的花改仙婆家。

水族鬼神分类简表

（一）自然崇拜类（天鬼、地鬼）

1. 天鬼：太阳、星、雷、风、虹、雨、天狗（虚拟的）、月亮……

2. 地鬼

（1）植物：谷、棉、瓜（葫芦）、树、竹、白刺、狼萁、雀不站（刺脑包）……

（2）动物：鱼、鸡（鸟、卵）、龙、猫、蛇、虎、牛、猪、狗……

（3）室内：牙抱（酒曲神）、牙屯（染缸靛青神）、灶神（含铜、银、铁匠之风箱神）、火神、碓神、铜鼓、圈神、财神……

（4）室外：九地（土地神）、田土神、霞神、水神（河、井、泉、潭）、脚钉、哥散（石神、岩神、尼庙、菩萨）、洞神

（二）人类灵魂崇拜类（仙鬼、活人鬼、死人鬼）

1. 仙鬼：牙花散、牙花梨、牙花龙、牙花术（其下属有20个或26个鬼，主要是金朋、寡同、端开、五墓、灭引、桥灭、桥独、桥孔、桥傍……）

2. 活人鬼：三棍姑（棍姑类有3个）、九棍伞（棍伞类有9个）、五海魂、墓地魂、鬼魂、动物魂……

3. 死人鬼（祖灵崇拜、寨鬼、地方鬼及杂鬼）

（1）祖灵崇拜（公六夺、家鬼）

① 公六铎：公六莽、牙所洛（为公六夺之婿、女）、公六铎（有14个鬼）、阿六甲、公三辛、牙三乙、免四奴、补懈六夺、公六瓜、补哈浪、公乃西、牙伞尼、公启高、牙报补、补加细、尼加烟

② 家鬼（公忙干、公干神、公高打干、尼杭）

a. 公忙干（父辈亡灵）

b. 公干神：三华干神（祖父辈亡灵）、四华干神（曾祖辈亡灵）、五华干神（高祖辈亡灵）

c. 公高打干（堂中老鬼）

d. 尼杭（生母）：牙劳、先夺六广、抵挡花散、低鞍夫谋、呆棍尼杭牙低、水命牙六、水金牙梨、花六尼杭、牙三喜、花六抵亚、花梨拉代、牙领劳、花六领办、花梨领免、牙领低、花六伞散、花梨伦仰、牙花来、牙拎惰、牙贩会、牙贩、牙两、牙苗、牙洗、牙记、牙命、牙地、牙西、牙醒、牙娘、尼杭六十

（2）寨鬼：公高打蛮（寨中古老亡灵）、公断本（绝后亡灵）、忙恒低（村寨内之地方鬼：忙恒）

（3）地方鬼及杂鬼

① 忙恒：忙恒低（小地盘之鬼）、忙恒劳（大地盘之鬼）

② 公猛（官员、绅士之亡灵）、腊鸟（20 个鬼）、腊八（9 个鬼）、全（22 个鬼）

③ 腊押（腊金）（依附于巫婆，多为聪颖夭伤者及名人亡灵）、星（12 个鬼）、挡（50 多个鬼）

④ 尼忙君（牧童或孤儿及独身者亡灵）、羊老（恶死之青壮年亡灵）

⑤ 腊牢（狱卒亡灵）、忙戛撒（乞丐鬼）

⑥ 陆凶丙（异族长发鬼）、脚（异族亡灵变成之凶鬼）、腊空（2 个鬼）[①]

本节的信仰文化内容，主要引自笔者为《中国各民族宗教与神话大辞典》《中国鬼文化大辞典》撰写的水书条目。当时未加注国际音标，此书选录时，补了国际音标。

---

① 此简表参见潘朝霖为《中国各民族宗教与神话大词典》撰写的辞目，由学苑出版社出版，1990 年版。

第二节　水书拜师祝词：学水书的启蒙仪式及诉求

水族的宗教信仰属于原始宗教信仰，水族人民笃信万物有灵，崇拜祖先，其目的主要是祈求现世的平安和幸福。与神灵打交道的水书先生属于兼职的神职人员，他们的任务和使命是通过与神鬼的沟通，帮助人们趋吉避凶、去祸纳福，祈祷实现五谷丰登、六畜兴旺、壮大家族等现实需求。

学习水书就要拜师，水书启蒙拜师仪式很值得研究。水书先生是水书文化的主要创造者、传承者和传播者，是水族传统文化知识的集大成者，他们在水族社会中扮演着祭师、医生等别人无法替代的角色，这些角色与水族人民的生活息息相关。他们既是主持祭祀仪式的巫师、沟通人神两界的中介，同时又是民族文化的传承者，在水族社会中享有特殊的地位。水书先生通常是水族社会掌管水书典籍的"传道""受业""解惑"者，对水族传统文化的传承与发展有着极为重要的作用。

2010 年 10 月三都县塘州乡梅花村潘帮运祭祀水书祖师爷六铎公

水书先生所念的祝词是水书先生在一些特定的仪式活动中，通过祝愿、赞美之词来达到某种祈福避祸目的的一种诗化语言。水书先生念的祝词是水族民间的一种极为典型的文学艺术形式，也是重要的口头传统体裁之一，广泛应用于水族人民的日常生活及生产活动之中。通过对水书启蒙拜师祝词的整理分析，我们可以看到仪式祝词中独特的水族文化。

传承水书文化的一个重要途径，便是水书先生招收弟子，以便有人继承自己的“衣钵”，并将其发扬光大。在这之中，水书启蒙拜师仪式便是水书先生招收弟子的一个重要环节。

一、水书先生拜师学习水书的经历

潘老平先生是荔波县佳荣镇拉易村中寨人，1936 年出生。

> 10 多岁就开始学水书，到十五六岁才懂得多点，二十七八岁就开始出去做事了，我最早跟公学。老太公教给太公，太公教给我公，我公教给父亲，父亲又教给我，到我的这辈是第五代了。我家是从塘州那边迁过来的，在三都这边学了点水书，后来又去榕江请水书先生来家里教我公，我公也有书，虽然他把书上的字认全了，但是还不会运用，他就请榕江的一个水书先生来教他。我们初学水书要 6 人围桌而坐，开始学的时候要举行仪式，要去别人到不了的水沟边学。五六个人一起去。我学的水书是《亥子卷》。祭祀六铎公，要 1 块豆腐、6 条鱼、1 只花母鸡，还有糯米饭、米酒、刀头肉等，请六铎公把水书教给我们。
>
> 学水书要选好日子，如选天罡日，这个日子有利于学习，不易忘记，学水书最好找这天。还可以选大旺日、大赢日、九高日、九喷日。人们认为“九高”是指人丁兴旺发达，“九喷”是指可发财致富。另外，还要念祭祀六铎公的祝词。

吴有凤，1938 年出生，荔波县水利水族乡水利村水利大寨内组人，父亲是吴邦魁，外公吴培顺是孔廷寨人。

我还是一个 6 岁的小娃头的时候，父亲就逼我学水书《亥子丑卷》。第一次学水书是天快亮时我父亲带我们 6 个到山洞里教的。在山洞里，他先摆供桌请陆道公，念道：“公陆道，阿金保。”陆道是大人，金保是懂水书的人。请师之前，我父亲先交代：“学水书要学好，今后给人家办事也要办好，办不好对你们不会有好处，反害自己。”

我出生年是寅，寅与亥合，要选亥日来学。还要看亥日的二十八宿好不好，好星宿才用，选尾星、房星，室星要，参星要，亢不要，斗不要，危不要，觜星不乱要。第一次学水书日子必须要六合天，必须要星宿好，开学必须选十二建星的“开”星的那天。正式拜师的时候所选的日子是选“成”的日子，开始学的时候选的日子是六合日子。第一次学习水书在山洞里进行，到后来就请到家里。我 6 岁开始学，到 17 岁时，我父亲便放手让我独立做事了。

学习的过程是在那学习水书就在那里点香，然后磕头，再开始念水书。陆道公牌位以前立过，但在“文革”期间就不给立了。我们选了个日子，打卦择吉把拜陆道公跟香火合并在一起了，安香火是念“公陆道，阿金保”。

陆道公先师之牌位放在我父亲房间里面。我父亲的这个房间，我母亲不能进，但我可以进去。我母亲端茶水到这个房间门口，便停下，将茶水递进去。现在到我这辈就没有单独的陆道公房间了，把祖宗及陆道公的牌位合在一起了。

吴有凤的请师祝词有 200 多行，为了表示诚意，这类祝词要念“六漫”，即反复念 6 次，有的要迎请五六次，才能从竹卦的卦象中知道六铎公神灵是否来到了祭祀桌边。请师祝词选段如下。

去年好，
今年更妙。
跨过旧的年，
就到新的年，
再跨一年，
又到下一年。
……

水书先生潘朝国祭祀六铎公

日合《歹利》[1]，
时合《喜雄》[2]。
现用大米来引导，
用稻谷（碎米）来请师，
不请别个，
专请您公陆道，
阿六甲，
父甲子，
母甲午，
父甲子您像公陆道一样，
母甲午您懂得水书技术。
您在燕子洞口，
金子洞沿，
现您顺着大米，
迎着稻谷（碎米），
飘飘然走来，
直奔供桌，

① 《歹利》为水书条目名称。
② 《喜雄》为水书条目名称。

来到供席上，

……

公陆道，

阿六甲，

父甲子，

母甲午，

父甲子您像公陆道一样，

母甲午您懂得水书技术。

现请您来不是让您赴空，

今天置办了上好的供品。

所需种类样样齐全，

供桌美观，

纸钱香烛，

一刀厚肥的猪肉，

一碗大米上放有红包，

买鞋穿。

米是九月出，

酒是重阳酒，

得的鱼是好种的鱼，

得好水果。

今天来请您公陆道，

今天特地来请您公陆道。

……

父甲子您就像公陆道一样，

母甲午您懂得水书技术。

现请您来保佑念咒的先生，

保佑当家的主人。

……

水书先生在荔波水桥祭祀祖师爷

您让读书者知识收获如海水，
源远流长像江河水，
这正是您公陆道。
阿六甲，
父甲子，
母甲午的保佑，
今天请您来保佑不是无偿的。
今天供钱给您买粮吃买鞋穿，
供好种鸡良种鱼给您，
我们在上界摆放，
您在下界点收，

蒙文兵的请师祝词是目前笔者所知最长的，《请师咒》有 660 多行。蒙文兵 1964 年出生，家住荔波县原永康水族乡太吉村三组。选录蒙文兵的两段祝词如下。

哈——哦——吉，
哈——哦——保（佑），
去年好，
今年更妙，
跨过旧的年，
迎来新的年，
再跨一年，
又到下一年，
新年总要代替旧岁。
现在是亥年过去，
已到了子年。
这子年初，

井水得饮，
房屋有住。
春天到来，
春雷响起，
乌云翻涌，
春雨降落，
山涧声声，
接连不断。
草木逢春，
百树开花，
遍野绿色。
龙振角，
鹰展翅，
鱼打挺，
虾出殿，
瓜伸爪。
从正月[①]起，
经二月，
过三月，
现已是六月。
现在到处是翻锹下地翻土，
犁耙下地耙田，
现有蒙氏（或某氏）的某某、某某（学徒姓名一一点出），
今天来请您公陆铎，
阿六甲，
公甲子，

---

① 这里的“正月”为水历的正月，对应农历九月。下同。

母甲乙。

您手拿着墨，

肩背着书，

经过许多地方，

走过无数村寨。

今天他们置办了上好的供品，

所需供品种类齐备。

现我用大米来引导，

……

今天他们依靠您公陆铎，

（阿）六甲，公甲子，

母甲乙来给他们灌墨入肠，

输炭入肚。

您教“甲”，

他们就学得“甲”；

您挟给“丙”，

他们就捡得“丙”；

您刚谈到“壬”，

他们就学懂“壬”；

您稍提到“癸”，

他们就学会用“癸”。

让他们墨入肠，炭入肚。

让他们能日食十场酒，

能日陪十堂客人。

让他们心境比天高，比地宽。

哈——哦——吉，

哈——哦——保（佑）。

总之，请师祝词是对水书祖师爷的崇敬、尊重。为了使其能够开心赐福，不仅要用优美动听的词汇高唱赞歌，还要积极筹备豆腐、刀头肉、鲜鱼、花母鸡等生熟祭品，上生献熟程序井然。

2016 年水书先生潘焕文在祭祀水书祖师爷六铎公

2005 年水书私塾班教学现场

二、水书启蒙拜师仪式

水书启蒙拜师仪式，水语念 qhaːu^{3} qoŋ^{5} ljok^{8} to^{2}，直译为“酒公六铎”，即“为祭祀陆铎公而举办的酒席”。

下面，笔者按照水书启蒙拜师祝词内容的变化情况，将仪式过程大致分为三个阶段。以下是王炳江先生采集自榕江县水尾村的拜师祝词。

第一阶段：迎陆铎公

通常来说，在这一阶段，水书先生会在祝词中吟诵陆铎公的名号，回顾他学习与传播水书的艰辛历程，并颂扬与崇奉他精湛而深广的学问与出神入化的教学效果。

贤明的六铎公，
你的书根子好，
你的书原本好，
活着的人常常拿着，
贤明的人收藏着。
请求您教书进入心里，
请您来传授墨迹进肚肠。
……
第一甲子，
您在那神秘的处所，
您在那造人的地方。
第一甲子，
您在天地相契合之处，
在岔河水口那里。
第一甲子，
您在七个门楼的寨子，

您在有七口井的城堡里。
第二甲子，
你才来广东教书，
第三甲子，
您才来广西做占卜。

这段祝词采集自商务印书馆2004年出版的曾晓渝教授的专著《汉语水语关系论——水语里汉语借词及同源词分层研究》。在吟诵陆铎公的名号之后，才进入正题的叙述："现在是很好的日子和时辰，今天这个人（拜师子弟）不知道请谁来教他为善从善，只有您陆铎公……您在广东教水书，在广西使用水书，您懂得水书且善于运用……现在我们不知道什么时辰好、哪个东西好，只能来问问您陆铎公……现在找到'天罡日、大旺日'，且从村寨四处收罗到各种美食、靓物，才请您来享用，并教这个人从善为善……"然后水书先生逐一交代桌上的各种祭品以及坐在桌边的每个人，请陆铎公慢慢享用并保佑人寿物丰。

第二阶段：祭祀陆铎公

祭享陆铎公阶段，主要将各种美酒、美食、美物一遍遍地细数出来，好让陆铎公享用这些东西。比如水书先生会念道："现在献给您（您指的是陆铎公，下同）的是老酒、窖酒，是肥美的肉……这只鸡已经养了三年五载，鸡冠像手掌，鸡胗如柿子……"总之，其祝词对于物的表达是十分夸张的。

然后将那只活母鸡杀掉，在祭祀的桌边滴一些鸡血，并拔一些鸡毛置于桌旁。这是古代"毛以示物，血以示鲜"的习俗。禽羽畜毛代表物种，鲜血代表鲜活生命，因为死的动物没有鲜血流淌。

鸡处理干净后，将其整只煮熟，用鸡血煮粥，然后再念祝词请陆铎公享用。交代道："我们供奉这些（美食美物）给您，是因为想得到您的护佑和帮助……我们十分尊敬您（陆铎公），把您奉为贵人，待您如官人……我们祖祖辈辈都请您来教人为善从善，现在您要教这个人为善从善……我（水书先生）白天教，您就晚上教，教他测准日子、把准时辰，对于日子、时辰的测算不能有误……要教他善于使用‘白书’和‘黑书’（水书的种类）……以后人家有求就得前往，有需要就必须去（为人趋福避祸）……”

由以上的祝词内容可知，水书启蒙的拜师仪式具有极强的功利性。祭品便是人神交往的基点，这一点笔者将在下面进行分析，在这里不再赘述。其实这一阶段也可以称为“娱陆铎公”，因为祝词中夸尽其物、美尽其词，以达到愉悦陆铎公并得到其护佑和指点的目的，体现了水族社会中人神互惠的交往逻辑与思维模式。

第三阶段：欢送陆铎公

在迎请陆铎公前来享用各种美食美物，请求他护佑和指点之后，水书先生要欢送陆铎公，让其皈依原位。水书先生这时会念道：“现在美食美物都已享尽，‘白书’、‘黑书’您也已经翻遍……以后他（拜师子弟）要走村串寨为人趋福避祸，您要时刻跟着保护、指点……您来的时候我有给您美食美物，现在送您走我也有美食美物相赠……给您好的牲畜去养，您要教他从善为善……（原来）请您从哪里来，就送您到哪里去……您要隔三岔五地回来，听见鸡叫、狗吠就回来看看，要时刻教他从善为善……”送走陆铎公之后，水书启蒙的拜师仪式就算基本完成。随后需要拜师弟子将放在供桌上的水书从头到尾翻阅一遍，才算是学习完这些水书，也可当作水书启蒙的拜师仪式的圆满结束。至于拜师弟子，还要用三五年的时间继续学习水书，并跟随水书先生学习如何运用水书，参与各种祭祀活动，方可出道。

从以上简要的描述中不难发现，水书启蒙拜师仪式这种“迎神—祭神—送神”的模式，似乎与我国其他民族的一些仪式在某种程度上是契合的。由于陆铎公在水书先生心中乃至水族社会里扮演着正神的重要角色，且功利主义色彩浓厚，即人向陆铎公供献物品，祈求佑助，水族人民也相信陆铎公会赐福、保佑和指点他们。

培养人、塑造人是拜师祝词的核心。通常而言，巫祀活动的目的不外乎两种：一种是禳病除灾求吉利；另一种是借祭品、祭祀词以及相关的歌舞之乐以娱神和娱人。然而，水书启蒙的拜师仪式及其祝词还有一个目的，那就是育人。通过整理分析，笔者认为水书拜师祝词中育人的文化内涵，主要体现在教世人为人处世的道理和遵守水书先生职业道德两个方面。

1. 水书拜师祝词里的育人观

（1）尊敬师长，尊崇智者。

尊敬师长、尊崇智者一直是中华民族的传统美德，亦是水族人民的优良品德。水书先生谈及初学水书时接受的告诫，就是这项内容。这种品德这在水书拜师祝词中也得以体现。

qo^{5} ȵa^{2} tja:ŋ^{3}, ɕa:ŋ^{3} ȵa^{2} ʔda:i^{1}.

（我们）尊重您、敬佩您。

ha:i^{1} ȵa^{2} jat^{7} to^{1} qhe^{1}, je^{1} to^{1} ɣhən^{2}.

给您最好的食物，最高的待遇。

qo^{5} ȵa^{2} qo^{3} ^{m}bjeŋ^{5} qo^{5} noŋ^{2}, tjoŋ^{1} ȵa^{2} qo^{3} ^{m}bjeŋ^{5} tjoŋ^{1} ʔbuŋ^{3}.

我们把您当贵人看，当官人侍奉。

sən^{1} sum^{3} ha:i^{1} qoŋ^{3} ɣho^{1}, n̥o^{1} sum^{3} ha:i^{1} qoŋ^{3} ɣhit^{7}.

夏不让您热，冬不让您冷。

祝词表明：对于长者、智者，对于“传道”“受业”“解惑”者，我们要“当贵人和官人般侍奉”，不能有所怠慢。水书先生对于自己的祖师爷陆铎公的崇敬之情溢于言表，从而将这种尊敬师长、尊崇智者的品德传递给拜师的弟子。

（2）谦逊的为人处世风格。

谦逊是我们在为人处世时不可或缺的一种美德。水书拜师祝词中也蕴含着表示谦逊的内容。

na:i^{6} ^{n}djeu^{1} pu^{3} me^{2} hjau^{3} ti^{6} nau^{2} jum^{1},

现在我们也不知道哪辈子顺，

pu^{3} me^{2} hjau^{3} tsjum^{2} nau^{2} thu^{3},

也不知道怎样才能享福，

me^{2} hjau^{3} tu^{3} nau^{2} ʔda:i^{1},

更不知道什么时候有好日子，

sum^{3} sa:i^{3} ʔai^{1} ha:ŋ^{6}.

才向智者、能者求教。

……

pu^{3} me^{2} hjau^{3} ʔa:u^{1} ʔai^{3} n̥au^{1} taŋ^{1} to^{5} xe^{4} xiai^{1},

不知道请谁来教人从善，

pu^{3} me^{2} xiau^{3} ju^{5} ʔai^{3} n̥au^{1} taŋ^{1} tai^{2} he^{4} ha:ŋ^{6},

也不知道让谁来教人为善，

ʔda:u^{3} ȵa^{2} ɕi^{3} qoŋ^{5} ljok^{8} to^{2}.

只有劳烦您陆铎公。

从上面两段祝词中可以看出水书先生是十分谦虚的，尽管这在一定程度上是由于对陆铎公的崇拜和敬仰。其实，在水书拜师仪式举行前，水书先生通常要通过反复择课来确定用什么时间、什么地点、什么方式来招收和教授徒弟，所教授的内容或书籍也由水书先生自己决定。因此，可以说这段祝词既反映了水书先生对水族传统文化的“归顺”和对陆铎公的敬仰，同时也是水书先生自身谦逊的外在体现。总之，水书先生这种内敛的行为、稳重的姿态、低调的言辞，会深深地感染拜师弟子。

（3）谦让和大方的品德。

我们通常将谦让理解为谦虚的礼让或退让，谦让的品德在祝词中也有所体现。

ȵa^{2} kon^{5} ʔdai^{3} qhan^{1}, ^{n}djeu^{1} lən^{2} ʔda:i^{3} ʔjik^{7}.

您先来应当有好吃的，我们后面的要吃淡的。

kon^{5} ʔdai^{3} tik^{7} lən^{2} ʔdai^{3} pa:n^{5}.

先来的有一碗，后来的只有半碗。

tik^{7} tu^{3} vaːn^{5} paːn^{5} tu^{3} haːi^{1}.

但大家都相互礼让，不管多少都分而食之。

你劝我，我劝你，相互谦让桌上的美食，最后不管多少都分而食之。这种谦让的美德不仅在这段水书拜师祝词中得以体现，而且在水族社会中也是随处可见的。

ʔdai^{3} naːn^{4} ^{n}daːu^{1} qo^{3} toŋ^{2} kən^{1}, ʔdai^{3} qa^{1} ɣhən^{2} qo^{3} toŋ^{2} ʔmap^{7}.

得来的肉一同食，得来的腿一起享。

ʔdai^{3} tap^{7} ^{n}daːu^{1} qo^{3} toŋ^{2} ʔmeu^{3}.

得来的肝脏我们一块吃。

上面这段祝词是水书先生对陆铎公说的，以后不管是哪位水书先生，在何时何地为何人举行何种祭祀活动，所得来的各种美食都要与陆铎公一起分享。

（4）礼尚往来的人际观。

礼尚往来的人际观，不管是在水族社会的人鬼际遇中，还是在水族社会的日常生活交往中都有所体现。

ʔjət^{7} ȵa^{2} taŋ^{1} ai^{2} pu^{3} ʔdai^{3} haːi^{1}, ȵi^{6} ȵa^{2} paːi^{1} ai^{2} pu^{3} ʔdai^{3} naːp^{8}.

您来时我也给了，您走时还要送。

van^{1} naːi^{6} ai^{2} naːp^{7} qai^{3} naːp^{8} mai^{6},

今天送给您的不是别的，

naːp^{8} ɕi^{3} qhaːu^{3} jaːk^{8} naːp^{8} ɕi^{3} ʔdaːk^{7} faːn^{1}.

而是老酒、窖酒。

这段祝词是说，请陆铎公来时，是好酒好肉的招待，现在送陆铎公走，也要赠予他各种美食美物，这符合水族社会实际生活中的交往准则，同时也给来拜师的弟子上了一课，让他们知道在交往中礼尚往来的重要性，从而理解这一为人处世的准则。

2. 职业道德教育的体现

我们可以认为水书先生是水族社会兼职的神职人员。水书先生的职业道德是围绕着开展水书文化活动的职业责任而构建的，是与水书先生职业的性质、特点紧密相关的行为规范。在水书拜师祝词中，其职业道德教育的内涵可概括为以下几方面：

（1）忠于职守，乐于奉献。

tjaŋ^{1} ȵa^{2} fan^{1} la^{5} ʔbja^{5} ȵa^{2} fan^{1} pa:i^{1},

（您）要经常指导他，

ha:m^{1} van^{1} pa:i^{1} ȵa^{2} qo^{3} ha:m^{1} van^{1} m̥a^{1}, ɣa^{1} van^{1} pa:i^{1} ȵa^{2} qo^{1} ɣa^{1} van^{1} fan^{6}.

三天来一回，两天返一次。

ŋ̥ai^{5} qa:i^{5} ʈan^{2} qo^{3} taŋ^{1} lən^{2} qau^{5}, m̥a^{1} khau^{5} qo^{3} taŋ^{1} lən^{2} tjom^{4}.

听见鸡叫、狗吠您就回来看看。

ʔa:u^{1} to^{5} man^{1} he^{4} hjai^{1} tai^{2} man^{1} he^{4} ha:ŋ^{6},

要教他从善为善，

van^{1} na:i^{6} ʔa:u^{1} to^{5} he^{4} ha:ŋ^{6} ha:i^{1} ɣhən^{2}, he^{4} ɕiu^{1} ɕen^{2} ha:i^{1} ʔba:n^{3}.

今天要教他为地方，为村寨谋福利。

从以上祝词中可以看出水书先生具有忠于职守、乐于奉献的精神，水书先生的宗教职业活动是水族人民赖以生存和发展的一种信仰依托。因此，无论于人于己考虑，热爱这份“兼职工作”，忠于职守和乐于奉献也是水书先生的基本道德要求。

（2）一视同仁，诚实守信。

ʔmu^{3} na^{3} qhe^{1} jam^{1} ^{n}da:u^{1} fan^{1} pa:n^{5},

以后别人请我们就办，

ʔmu^{3} na^{3} qhe^{1} vaːn^{5} ^{n}daːu^{1} fan^{1} kheu^{3}.

以后别人需要我们就去。

从这两句祝词中可以看出，一旦别人有需求，不管贫富、不分亲疏，水书先生都要风雨无阻地前往，为人排忧解难、消灾祈福。一旦嫌贫爱富，差别待人，就会受到来自水族社会和水书先生群体的非议或谴责。

ʔmu^{3} na^{3} man^{1} ʔaːu^{1} tsa^{4} ɣhən^{2} tsa^{4} kən^{5}.

以后他要云游四方，为人解难。

tsa^{4} ʔbən^{5} tsje^{1} nam^{3}.

为村寨地方谋福利。

man^{1} paːi^{1} ʔnuk^{7} ȵa^{2} qo^{3} paːi^{1} ʔnuk^{7} paːu^{3},

他出去您就跟着出去保佑，

man^{1} taŋ^{1} ʁaːu^{3} ȵa^{2} qo^{3} taŋ^{1} ʁaːu^{3} ɕu^{4}.

他回来就跟着回来庇护。

水书先生举行的祭祀通常被认为是解人之忧、救人之危的活动。因此，无论路途如何崎岖艰险，天气如何恶劣，家中有何等重要的事务缠身，水书先生都必须按时赴约。

（3）遵守旧约，吃苦耐劳。

ti^{6} qaːu^{5} qoŋ^{5} ʔaːu^{1} ȵa^{2} taŋ^{1} to^{5} he^{4} hjai^{1},

先人们需要您来教人从善为善，

van^{1} naːi^{6} ju^{5} ȵa^{2} taŋ^{1} to^{5} he^{4} hjai^{1},

今天您要教 xx 从善为善，

ti^{6} qoŋ^{5} pu^{4} ʔaːu^{1} ȵa^{2} taŋ^{1} tai^{2} he^{4} haːŋ^{6},

祖辈们要您来训练人们的技能，

van^{1} naːi^{6} ȵa^{2} ʔaːu^{1} tai^{2} he^{4} haːŋ^{6}.

今天您要训练 xx 的技能。

……

ʔmu^{3} na^{3} qhe^{1} ha^{3} m̥u^{5} ⁿdaːu^{1} qo^{3} ʔaːu^{1} qa^{1} ʔna^{3},

以后别人杀猪我们要前腿，

qhe^{1} ha^{3} ma^{4} ⁿdaːu^{1} qo^{3} ʔaːu^{1} qa^{1} lən^{2},

别人杀马就要后腿，

qhe^{1} ha^{3} kui^{2} ɣhən^{2} ⁿdaːu^{1} qo^{3} aːu^{1} qo^{4} ʔdən^{3}.

别人杀水牛就要肩头肉。

ʔdai^{3} naːn^{4} ⁿdaːu^{1} qo^{3} toŋ^{2} kən^{1},

得来的肉一同食，

ʔdai^{3} qa^{1} ɣhən^{2} qo^{3} toŋ^{2} ʔmap^{7},

得来的腿一起享，

ʔdai^{3} tap^{7} ⁿdaːu^{1} qo^{3} toŋ^{2} ʔmeu^{3}.

得来的肝脏一块吃。

从以上的这段祝词中，笔者发现水书先生是按照一定的旧约行事的，他们按照传统的习俗和方式来举行各种原始宗教活动。也可以说这是长期沿袭下来的一种“职业”惯例。遵守既定旧约是由水书先生宗教活动的特点决定的，也是水族社会对水书先生提出的道德要求，即有付出就有回报。

haːm^{1} van^{1} paːi^{1} ȵa^{2} qo^{3} haːm^{1} van^{1} m̥a^{1}，ɣa^{1} van^{1} paːi^{1} ȵa^{2} qo^{1} ɣa^{1} van^{1} fan^{6}.

三天来一回，两天返一次。

ŋai^{5} qaːi^{5} ʈan^{2} qo^{3} taŋ^{1} lən^{2} qau^{5}，m̥a^{1} khau^{5} qo^{3} taŋ^{1} lən^{2} tjom^{4}.

听见鸡叫、狗吠您就回来看看。

上面这段祝词，不仅说明水书先生忠于职守，同时也反映了水书先生的宗教活动是十分辛苦的。因此，做一个称职的水书先生必须具有坚韧不拔的毅力和吃苦耐劳的品德。

2010 年 2 月水书先生潘广礼（右一）为笔者讲解水书《九星卷》

（4）互敬互学，共同提高。

ai^{2} to^{5} ^{m}be^{1} van^{1} ȵa^{2} qo^{3} to^{5} ^{m}be^{1} sa:n^{2},

我白天教您就晚上教，

ai^{1} to^{5} qa:ŋ^{1} nja:n^{2} ȵa^{2} qo^{3} to^{5} ʔniŋ^{3} ^{n}dut^{7},

我们俩夜以继日地教（他），

ʔa:u^{1} tu^{3} to^{5} tai^{2} la:k^{7}, tu^{3} to^{5} ta:k^{8} ɕi^{2}.

要相互学习测日子、测时辰。

ʔa:u^{1} he^{4} la:k^{8} ʔda:u^{3} ni^{4}, hi^{3} ^{n}da:u^{3} ljem^{2}.

要手把手，心连心。

sot^{7} ʔdai^{3} ŋai^{5}, tjai^{6} ʔdai^{3} hau^{3}.

要言语相似，心灵相通。

从以上祝词中可以看出，水书先生在训练弟子方面是十分用心的，同时也要求水书先生群体互敬互学，相互探讨，共同提高。水书先生群体应当是一个十分团结的群体，他们之间提倡互相学习，取长补短。以上这段祝词正是这一现象的反映。互敬互学、共同提高既是水书先生群体的职业要求，同时也是水书先生的行为规范。这种相互尊重和学习的氛围，增强了水书先生内部的联系和团结。

（5）尊重主人，不贪钱财。

tsjaːŋ^{2} hja^{6} ȵa^{2} fan^{1} ʔnjaːp^{7}, ka^{3} naːp^{8} ȵa^{2} fan^{1} ʔaːu^{1}.

等做好了您再吃，等叮嘱了您再拿。

qaːu^{1} ȵa^{2} sum^{3} me^{2} tseŋ^{1},

这是专门做给您的，

ȵa^{2} qop^{7} mja^{1} ka^{3}, ʔja^{3} mja^{1} ʔnaːp^{7}, pjaːp^{7} mja^{1} xaːi^{1}.

您伸手出来接，我递给您。

上面的这段祝词反映出陆铎公作为水书的创始人、水书先生的始祖，同样也要遵照主人的吩咐和叮嘱，不能抢夺美食美物，更不能贪图主人的钱财，同时还要尊重祭祀活动的主人。可能随着水族社会的发展，水书先生这一“兼职”逐步形成和固定化，水书先生这一群体依靠其举行祭祀活动所得的收入作为自己的生活来源，因而也就有了在祭祀活动中要收取一定报酬的现象。

既然要拜师，肯定要尊敬陆铎公，爱戴陆铎公，当然会有赞美之词，甚至溢美之词。崇敬能者、智者陆铎公的品德，在水书拜师祝词中有体现。

naːi^{6} ʔdai^{3} ȶi^{3} pən^{3} ʔap^{7} tsap^{8} tsaːn^{1} ɣe^{3},

现在备好各种贡品，

sum^{3} ʔjik^{7} ȵa^{2} m̥a^{1} lui^{5},

才请您前来,

……

qo^{5} ȵa^{2} tja:ŋ^{3}， ɕa:ŋ^{3} ȵa^{2} ʔda:i^{1}.

（我们）尊重您、敬佩您。

ha:i^{1} ȵa^{2} jat^{7},

给您最好的食物和最高的待遇,

qo^{5} ȵa^{2} qo^{3} ^{m}bjeŋ^{5} qo^{5} noŋ^{2},

我们把您当贵人看,

tjoŋ^{1} ȵa^{2} qo^{3} ^{m}bjeŋ^{5} tjoŋ^{1} ʔbuŋ^{3}.

当官人侍奉。

sən^{1} sum^{3} ha:i^{1} qoŋ^{3} ɣho^{1},

夏不让您热,

n̥o^{1} sum^{3} ha:i^{1} qoŋ^{3} ɣhit^{7}.

冬不让您冷。

从上面这段祝词中，我们可以看出水书先生对陆铎公的敬仰和尊重，实际上是水族社会尊敬长者、智者的体现。因为陆铎公是水族社会的正神，是长者、能者和智者的化身。祝词表明：对于长者、智者，对于“传道”“受业”“解惑”者，我们要“当贵人、官人来侍奉”，不能有所怠慢。再比如：

ʔdai^{3} na:n^{4} ^{n}da:u^{1} qo^{3} toŋ^{2} kən^{1},

得来的肉我们一同食,

ʔdai^{3} qa^{1} ɣhən^{2} qo^{3} toŋ^{2} ʔmap^{7},

得来的腿一起享,

ʔdai^{3} tap^{7} ^{n}da:u^{1} qo^{3} toŋ^{2} ʔmeu^{3}.

得来的肝脏我们一块吃。

……

tjem^{3} qai^{3} tjem^{3} mai^{6},

供您的不是别的，

tjem^{3} ljok^{8} hum^{3} ljok^{8} faːn^{1},

而是各种美食美物，

ljok^{8} hum^{3} he^{4} ʔdaːn^{1}，ljok^{8} faːn^{1} he^{4} ʔdim^{3}.

各种美食，一应俱全。

在上述这段祝词中，水书先生通过口头语言的祝颂，以尽可能夸张的语言来表达他们对陆铎公的尊重和敬畏，以打破平日里人神之间严格的分界。

尊敬神灵（陆铎公）不仅是因为神灵的神秘与神通广大，其主要目的是让神灵愉悦，从而得到神灵的指点和庇护，避祸纳吉。

鬼神崇拜在西南少数民族地区普遍存在，而其中要数水族的鬼神种类最多、最丰富。鬼神崇拜的表现之一便是在各种祭祀活动中要尊崇和遵从神的旨意，以神的意志指导人的意志。

以下水书拜师祝词中表达了水族人民对陆铎公的尊崇：

naːi^{6} ^{n}djeu^{1} pu^{3} me^{2} hjau^{3} ti^{6} nau^{2} jum^{1},

现在我们也不知道哪辈子顺，

pu^{3} me^{2} hjau^{3} tsjum^{2} nau^{2} thu^{3},

也不知道怎样才能享福。

me^{2} hjau^{3} tu^{3} nau^{2} ʔdaːi^{1},

更不知道什么时候有好日子，

sum^{3} saːi^{3} ʔai^{1} haːŋ^{6}.

才向智者、能者求教。

……

pu^{3} me^{2} hjau^{3} ʔaːu^{1} ʔai^{3} n̥au^{1} taŋ^{1} to^{5} he^{4} hjai^{1},

不知道请谁来教人从善。

pu^{3} me^{2} hjau^{3} ju^{5} ʔai^{3} n̥au^{1} taŋ^{1} tai^{2} he^{4} haːŋ^{6},
也不知道让谁来教人为善。
ʔdaːu^{3} ȵa^{2} ɕi^{3} qoŋ^{5} ljok^{8} to^{2}.
只有劳烦您陆铎公。
……
ti^{6} qaːu^{5} qoŋ^{5} ʔaːu^{1} ȵa^{2} taŋ^{1} to^{5} he^{4} hjai^{1},
先人们需要您来教人从善,
ti^{6} qoŋ^{5} pu^{4} ʔaːu^{1} ȵa^{2} taŋ^{1} tai^{2} he^{4} haːŋ^{6}.
祖辈们需要您来训练技能。
ti^{6} qaːu^{5} qoŋ^{5} ʔaːu^{1} ȵa^{2} taŋ^{1} to^{5} he^{4} hjai^{1},
先祖需要您来教人从善,
van^{1} naːi^{6} ju^{5} ȵa^{2} taŋ^{1} to^{5} he^{4} hjai^{1},
今天您要教 xx 从善,
ti^{6} qoŋ^{5} pu^{4} ʔaːu^{1} ȵa^{2} taŋ^{1} tai^{2} he^{4} haːŋ^{6}.
祖辈要您来教人为善。
van^{1} naːi^{6} ȵa^{2} ʔaːu^{1} tai^{2} he^{4} haːŋ^{6}.
今天您要教 xx 为善。
to^{5} man^{1} he^{4} hjai^{1}.
教他从善。
tai^{2} man^{1} he^{4} haːŋ^{6}.
教他为善。①

这几段祝词反映了水书先生对陆铎公是十分崇拜和敬仰的。水书先生通常都会说:“我很愚钝,教不了这个人(指拜师子弟),也不知道什么时间、地点教他好,只能向陆铎公您求教,同时希望你能教他为善从善。”

① 见王炳江《水书启蒙拜师祝词研究》,载于《水书文化研究》,中国言实出版社,2012 年版。

长久以来，水族人民始终深信陆铎公的鬼魂依然存在，并一如既往地关照着水族人民的生活。在水族人民看来，陆铎公在世时是本民族强有力的领导人物和智慧的化身，他去世后其鬼魂依然是强有力的，是完全可以信赖的精神支柱及本民族的希望和幸福的寄托者。因此，可以说这几段祝词既反映了水书先生对水族传统文化的“归顺”，同时也表达了水书先生对陆铎公的敬仰和尊崇。

2009 年 7 月 29 日丹寨县高寨村水书先生潘广礼（左）和族人学水书

第三节　水族祭祖祝词：祈求祖先消灾与赐福保佑

水书有《祭祀卷》，有的家族称为《祭祖经》。前面已经列举了水书中关于祭祖的一些内容，这里主要介绍水书拜师祝词《祭祖经》。

祭祖是水族家庭内部非常重要的活动，研究祭祖礼有助于我们了解水族家族形态。通过对祭祀对象与祭者范围的讨论，能进一步了解家庭的规模、组成结构；通过对祭祖仪式中家庭成员地位的分析，能进一步了解其内部的人物关系及等级秩序。水族的祭祖分家庭祭祖、家支祭祖和家族祭祖，而本节讨论的主要是家庭祭祖中的《祭祖经》。

家族祭祖主要是祭祀全体水族的保护神、水书的创制者陆铎公，水语称 qoŋ^{5} ljok^{8} to^{2}，直译为公陆铎，祭祀陆铎公的时候，要念诵许多祝词。

水族的祖先崇拜祭祀氛围非常浓厚，往往与鬼神崇拜交叉重叠在一起，共同构成了水族神秘莫测、扑朔迷离的灵魂崇拜世界。水族的祖先崇拜最突出的表现是祭祖活动十分频繁，逢年过节要祭祖，婚嫁造房要祭祖，甚至遇上不吉利的事情也要祭祖，请求祖先护佑禳解。

韦朝贤先生向撰写祭祖论文的韦述启讲述，他说，安排祭祖时辰要弄清所祭祀的逝者的具体年龄，一般按水书推算：

大火年（^{m}be^{1} taːi^{6} fa^{3}）和小火年（^{m}be^{1} ɕeu^{3} fa^{3}）用卯日和子日；

大金年（^{m}be^{1} taːi^{6} ȶum^{1}）和小金年（^{m}be^{1} ɕeu^{3} ȶum^{1}）用酉日和戌日；

大水年（^{m}be^{1} taːi^{6} sui^{3}）和小水年（^{m}be^{1} ɕeu^{3} sui^{3}）用未日和申日。

水书六宫掌的口诀有：破巨卯子吉，丑寅凶。武禄酉戌吉，亥子凶。贪廉未申吉，酉戌凶。上述三条口诀，就是根据水书《八宫取用卷》中的“泐炯山（le^{1} ȶoŋ^{1} saːn^{1}）”中的“炯（ȶoŋ^{1}）”，即六宫掌，或称“炯劳（ȶoŋ^{1} laːu^{4}）”，“大炯”来推算的。水书掌宫推算从丧葬领域走向了隆重的家庭祭祀活动。

祭祖时，主人需准备豆腐、煮好的猪肉、1 头乳猪、盐辣 1 碗、香 10 炷（杀猪前点 5 炷，杀猪后上熟时点 5 炷）、纸钱若干、杯子 5 个、筷子 5 双、占卜用的 2 片竹片（水语称 biŋ^{5}），1 个火盆（盆里放烧好的火炭供祖宗烤火）、1 根大烟斗、1 张长桌、2 张长凳、人民币 3 元 6 角、1 碗大米、2 碗煮好的糯米饭以及生产生活所需的农具。祭席大多设在主人家堂屋的祖宗之位的正前方。

水族《祭祖经》的程式相当复杂，一次祭祀活动，除去中间杀猪煮稀饭的时间，祭师念诵《祭祖经》几乎需要 1 天的时间。主祭师主持的仪式有 16 场次，念诵的《祭祖经》因大多数内容是重复的，所以只选取重要的内容做介绍，但民俗的程式不能省略。韦述启把《祭祖经》的内容都翻译好并放在论文的附录部分。下面对《祭祖经》重要部分做些简要介绍。

第一，迎请祖灵。在迎请部分，请米魂按祭师指定的路线到祖宗所居住的墓地去把祖宗请回家里，把祖宗请到家以后，主人家倒酒让祖宗享用。然后再请三家六房的祖宗一起过来，待所有祖宗到齐了，主祭师就跟他们交代，说主人家给他们献上了各种美味的佳肴，诸如甜甜的糯米酒、上等的糯米饭、1 串厚厚的猪肉、一些豆腐、1 头大肥猪等。主祭师告诉祖宗们，献上这些美味的佳肴，是有目的的，要请他们帮忙挡住那些凶恶的鬼神；冬天请祖宗保佑人丁兴旺，春天请祖宗保佑粮仓下的猪、圈里的牛；保佑谷种去野外，保佑秧苗去田里，不让蝗虫吃庄稼的秆，老鼠不偷吃谷种；保佑粮食丰产，大雨来了祖宗能挡，不让谷子被淋湿；保佑五六月主人家往外放的债在正月二月能往里收利润；保佑主人家做生意能发大财，一个月赚一千，一年赚一万。主祭师念的都会应验，保佑主人家千年发财、万代发富，让他家世代永存，永不断香火。这些都是祭祖请神、迎神的目的。

第二，看管灵魂。祖宗在享用主人家提供的各种美味佳肴之后，主祭师就请他们帮忙看魂，请他们把各种灵魂带到祭祖的主人家里来。如果灵魂在黑暗的地方，就请祖宗把灵魂带到光明的地方。如果灵魂在恶鬼所居之处，就要把灵魂带到人间来，要把各种灵魂看好。如果左面的灵魂不会回家，就把灵魂从左面带回家。如果右边的灵魂不会返回，就要带右边的灵魂返回。遇到危险的桥，祖宗要手牵手；遇到湍急的河流，祖宗要拉好手臂。让主人家守住父亲的屋基，看好祖上的家业。看完家人的魂，还得看好牲口和家禽的灵魂，诸如猪、狗、鹅、羊、鸡等的灵魂。看管好这些并没有结束，谷种、钱财、米酒等的灵魂也要给主人家看好。虽然享受子孙的祭品，但领受的任务也十分繁重。

第三，祭祖馔供。祖宗跟人一样，人干活累了，得补充能量。同样，祖宗看魂累了，也需要吃东西。这时候，主祭师就给祖宗把主人家献祭的物品一一点好：包括甜甜的米酒、黏糊糊的糯米饭、油盐辣椒、厚厚的猪肉、嫩嫩的豆腐、1 头肥大的猪。祖宗用毕，主祭师告诉他们：活着的时候知道什么，成了仙还要知道什么。不要乱花别人的钱，不要带妹妹的魂去卖，不要拿嫂子的魂去嫁，不要在家里作祟，不要祸害家人，有多少子孙就建多少房子，有多少子孙就建多少栋楼。哪家的房门都要转转，哪家的楼梯都要去走一走。春节来瞧瞧，端节来看看。白天盼望送孙子，夜里盼望送曾孙。碰到汉家的孩子接来玩春节，遇上水家的孩子接来玩端节。保佑主人家的孩子，生命像河水生生不息，坚强如磐石，绵韧如布匹。

2005 年 8 月 24 日三都县水各大寨一农户家举行盛大祭祀活动

第四，荡除恶鬼。水族的信仰世界里有许多禁忌，水家人往往把这些归结为恶鬼作祟，对于那些水家人认为不吉利的事象，在祭祖仪式上，主祭师要请祖宗把它们一一荡除。主人家有蓬头垢面的鬼，就要荡除蓬头垢面的鬼。荡除智障者、头痛者、高烧者、呻吟者、被鬼压身者，荡除家里的脏鬼，荡除野外的恶鬼。荡除公鸡晚上叫，荡除棉线绕纺车，荡除母猪只产 2 头猪仔，荡除母狗只产1条狗仔等怪象。水牛丑时生产有禁忌，黄牛午时下崽有凶兆。荡除导致水牛在丑时生产、黄牛在午时下崽的鬼。荡除田埂崩塌，荡除诱发深潭冒大水的鬼。荡除新鬼旧鬼、近处鬼和远处鬼。荡除寅申巳亥方向的鬼，荡除丑未方向的鬼。荡除导致主妇伤亡的“引提”鬼。荡除子方、午方的鬼，子方的鬼太凶，午方的鬼太恶。荡除山雀拉屎淋人，马在白天睡觉，酒变酸，染料变坏，甑子蒸饭时乱叫等情况。不让男人脾气差，不让女人话太多。将那些恶鬼荡到青天上，荡到白云里去。让上下台阶干干净净，把这些邪魔恶鬼荡除得干干净净。

第五，上熟酬神。上熟是指在祭祖仪式中杀猪结束的，用煮熟的猪肉、鸡肉和稀饭献祭的程式。在这部分，小猪或鸡等煮熟后端到桌子上，小猪头或鸡头朝祖宗神案之位，添加些许糯米饭、酒、油、盐、辣椒，再加上若干炷香。在水族祭祖仪式中，一般以“上熟”这个程式为分水岭，后面继续重复“看魂”“馔供”“荡除”等程式，主祭师继续念诵《祭祖经》。前面给祖宗献祭刀头肉，现在献祭煮熟的小猪和稀饭。“上熟”上的是开了背的乳猪、福烟、帝王的纸币和官家的银锭。依然请祖宗保佑本家五谷丰登、人丁兴旺、六畜兴旺。主祭师在人间上熟，祖宗在阴间获得所需要的祭品。上熟酬神是祭神、享神的重要环节。

第六，皈依恭送。恭送祖神皈依栖息居所是《祭祖经》中的最后一道程式。在给祖宗献祭完毕，请祖宗看魂，荡除不利事象结束后，还得送祖宗回去。主祭师这样吩咐：“前面请您来没有人接，现在回去没有人陪。你们就哥哥叫弟弟，父亲叫儿子，各走各的家，各回各的门，去枫树林里的空地，去有红泥的地方，去你们的寨子，去你们住的老地方。今天主人家把能给的都给你们了，说什么你们都要听，数到什么都会应验，顺便恭送。”

《祭祖经》是水族民间文学作品。文学分析的内容很多，现在只选一些典型的押韵句式进行简要介绍，让读者感受“巫祝之词，文辞特工”的雅韵。《祭祖经》押韵句式主要有句首韵、句中韵、首尾韵、腰韵和脚韵（尾韵）5种，这5类韵式很多时候同时出现和使用，其中腰韵出现的频率最高。因为押韵句式太多，每种句式选录几句如下。

1. 句首韵例句

① naːn^{4} laːk^{7} hət^{7} naːn^{4} ʔna^{1}.

肉　骨　排　肉　厚

排骨那个地方的肉厚。

② naːn^{4} pa^{1} naːn^{4} ʔnjən^{3}.

肉　腿　肉　好

猪腿那个地方的肉好。

③ naːn^{4} dən^{3} naːn^{4} laːu^{4}.

肉　颈部　肉　大

颈部的肉块头大。

④ paːu^{3} po^{4} te^{3} ɣuŋ^{6}.

保佑黄牛下 圈

保佑圈里的黄牛。

⑤ paːu^{3} au^{4} paːi^{1} ta^{3}.

保佑庄稼去 野外

保佑庄稼去野外。

⑥ paːu^{3} ʔdja^{3} paːi^{1} ti^{6}.

保佑稻种去 秧田

保佑稻种去秧田。

⑦ ᵐbe^{1} m̥ai^{5} ʔdai^{3} n̥aːu^{6}.

年　新　得　在

新年过来。

⑧ ^{m}be^{1} qa:u^{5} dai^{3} pa:i^{1}.

年　旧　得　去

旧岁流走。

⑨ ^{m}be^{1} ʔda:i^{1} ʔdai^{3} taŋ^{1}.

年　好　得　来

好年过来。

2. 句中韵例句

① pi^{2} put^{8} ʔbut^{7} ʔban^{1}.

肥嘟嘟眯着 眼睛

肥得眼睛睁不开。

② ^{n}du^{1n}da:i^{3} ʔɣa:i^{3}ɣaŋ^{2}.

壮壮实实 长长的

又肥又壮。

③ ha:i^{1} ȵa^{2} qun^{1} fa^{4} ȶa^{1} sən^{2}.

给　你　五代　祖宗

给五代祖宗。

④ ha:i^{1} ȵa^{1} tsje^{1} me^{2} tsje^{1} mai^{6}.

给　您　吃　不　吃　空

给您吃不是白吃。

⑤ n̥o^{3} tsje^{1} n̥o^{3} diu^{3} je^{1}.

老鼠吃老鼠抽筋脖子

老鼠吃了会脖子抽筋。

⑥ tsje^{1} dja^{1} si^{3} he^{4} ^{n}daŋ^{5}.

吃 剩 才 做 秤

吃剩了拿去卖。

⑦ tai^{2} kwan^{1} qai^{3} tai^{2} kwan^{1} mai^{6}.

带 魂 不 带 魂 白白的

看魂不白看。

3. 首尾韵例句

① ɣoŋ^{6} kuŋ^{1} mət^{8}.

翻 窝 蚂蚁

翻蚂蚁窝。

tsət^{8} kuŋ^{1} lu^{1}.

挖 窝 蜜蜂

挖蚂蚁窝。

② qaːŋ^{6} faːŋ^{1} hi^{4}.

竿 方 巳

巳方的竹竿。

tsi^{3} faːŋ^{1} ŋo^{2}.

纸 方 午

午方的纸张。

水书的诵读卷分应用型的如《正七卷》《正五卷》《春寅卷》等，理论指导型的如《九星诵读》《讲书歌诀》等，诵读部分就靠优美的民歌句式与鲜明的艺术特点去打动人，念之朗朗上口，便于记忆和指导运用。“巫祝之词，文辞特工”是历史上文化大家对祝词的充分肯定。

老祖宗吃了这餐祭祀酒席，盛情难却，任务艰巨。祖先要保佑子孙后代的东西太多太多了，大到人丁昌盛、发财发福，小到不准蚂蚁啃噬庄稼幼芽，不让蝗虫吃庄稼叶片，并且要求一定做到。

2005 年水书先生潘焕文祭祀六铎公，水书抄本是重要的祭祀物品

祭祀祝词分 16 个段落分别念诵，加上献生、上熟的准备与衔接，念一场《祭祖经》就耗费大半天时间。祈求祖宗保佑是《祭祖经》的核心内容，约占祝词的 10%，并且要三次交代，三次念诵。兹选录如下：

tsuŋ^{6} tsje^{1} tsuŋ^{6} pu^{3} ta:p^{8} la^{2},

同 吃 同 也 剔除 疾病

同吃同剔除疾病，

tsuŋ^{6} tsje^{1} tsuŋ^{6} pu^{3} sa^{1} pjeŋ,

同 吃 同 也 赶 瘟疫

一起吃一起赶除瘟疫，

haːm^{1} pjeŋ^{6} saːu^{1} tso^{3},

三　瘟疫 你们 赶

你们赶掉三种瘟疫，

ŋo^{4} pjeŋ^{6} saːu^{1} tsu^{2}.

五 瘟疫 你们 除

五种瘟疫你们除掉。

u^{1} bən^{1} saːu^{1} tsu^{2} sup^{8} laːk^{8} paːt^{8} ɕeu^{3} hi^{5},

上 天 你们 除 十 个 搞怪

天上你们除掉十个搞怪的鬼，

ta^{5} ti^{6} tsu^{2} sup^{8} laːk^{8} dap^{7} k^{h}wən^{1} vjaːn^{1},

中间地除 十 个 作祟 路 分岔

地上你们除掉十个在岔路作祟的鬼，

seŋ^{5} sup^{8} haːm^{1} lam^{1} ^{n}da^{1} maːŋ^{1} haːn^{3}.

撑 十 三 个 眼睛 鬼 红

挡住十三个红眼鬼。

su^{4} ȶui^{3} ta^{5} taːŋ^{2},

挡 魔 中间 堂子

挡住堂屋中间的鬼，

su^{4} maːŋ^{1} ta^{5} ^{n}djəŋ^{5}.

挡 鬼 中间 黑夜

挡住黑夜的鬼。

n̥o^{1} ju^{5} ȵa^{2} paːu^{3} zən^{1},

冬天请您 保佑 人

冬天请您保佑人，

sən^{1} qo^{3} ju^{5} ȵa^{2} paːu^{3} m̥u^{5} te^{3} ho^{4},

春天就 请 您 保佑 猪 下 禾仓

春天请您保佑禾仓下的猪，

paːu^{3} po^{4} te^{3} ɣuŋ^{6}.
保佑黄牛下 圈
保佑圈里的黄牛。
paːu^{3}　au^{4}　paːi^{1} ta^{3},
保佑 谷种　去 野外
保佑谷种去野外。
paːu^{3}　dja^{3}　paːi^{1}　ti^{6},
保佑 秧种　去 秧田
保佑秧种去秧田，
va^{5} qam^{5} qut^{7},
叶子紫　　很
叶子青幽幽，
jut^{7}　ɕu^{1} ʔnai^{1},
末梢绿 油油
庄稼长得绿油油，
me^{2} haːi^{1} ^{n}djak^{7} k^{h}ən^{3} quŋ^{1},
不　给　蝗虫 啃　　秆
不给蝗虫吃庄稼棒，
me^{2} haːi^{1} ^{m}bjuŋ^{1} k^{h}ən^{3} va^{5},
不　给　蚂蚱　啃 叶子
不给蚂蚱啃叶子，
nok^{8} tsje^{1} nok^{8} tak^{7} ȶ^{h}iu^{3},
鸟　吃　鸟　断　牙齿
鸟吃了会断牙齿，
n̥o^{3} tsje^{1} n̥o^{3} diu^{3} je^{1},
老鼠吃老鼠抽筋脖子
老鼠吃了会脖子抽筋，

nok[8] tsje[1] lau[4] pa:i[1] pa[5],

鸟 吃 赶 去 野外

鸟偷吃谷种您就把它们赶到野外去，

ʔȵa:k[7] tsje[1] lau[4] pa:i[1] tsən[2],

打屁虫吃 赶 去 山坡

打屁虫吃了您就赶去山坡。①

人们祈求老祖宗保佑的事情，十分具体和琐碎，比如不让大雨淋着禾苗，不让蝗虫啃噬稻叶，不准鸟儿吃谷种，就连打屁虫都要驱赶去其他山坡。老祖宗的灵魂接受这份祭祀物品，保佑的任务十分艰巨。

祭祖活动的举行一般分为以下几种：一是常规的祭祖活动，如逢年过节的正常祭祀活动；二是遇到特大喜事，感恩祖上的赐福，如找回遗失的孩子、丢失的大牲口，成功规避火灾肆虐保全住房等；三是大难不死，重大升学升迁喜事，偶获横财等；四是添丁之喜；五因家庭累遭变故，诸事不顺利，力图振兴门楣，祈求祖宗赐福保佑。

这些祭祖活动，无不与水书有着千丝万缕的联系。世间万事万物都是相辅相成的，因此在祈求祖宗保佑赐福的同时，要涤荡扫除一切危害家庭的恶死恶殇、意外事故、邪恶瘟病、天灾人祸、劫难困苦、庄稼歉收等不吉利事象。

在三都县拉佑村水书先生韦见的祝词中，仅仅是“涤荡扫除”的内容就有250余行。这是目前看到“涤荡扫除”内容最全面的祝词，为此抄录如下。

伏以！

开始是年成双，

结果是成双拿魂，

现在才来除掉。

① 潘朝霖、唐建荣：《水书文化研究》，中国言实出版社，2012。

除掉几种不好的牲口，
除掉几种不好的牲畜。
不除掉内黄牛，
不除掉白水牛，
不除掉人崽，
不除掉健康的祖父祖母，
不除掉祖人家父母，
不除掉曾祖父母，
不除掉带金公带金奶，
五福、金堂公不除掉，
旧公家神、保佑家内的鬼不除掉。
各方各把握，
各方各送。
除掉不送惊讶不送颤动，
韦家哇姓（姓氏）某某主人家，
他落“衰年”(指不好的年份)，
你除去“衰年”。
落难你就除掉困难，
落不好的恶六宫掌你就除掉不好的恶六宫掌，
落凶年你就除掉凶年。
三贪母隔、六寡妇人，
除掉贪短，
除掉短桥，
除掉呀！
除掉口舌纷纷，
除掉口嘴连连，
除掉小事了了，
除掉大事重重，

除掉走深夜路的人，
除掉亨夜的人，
不让任何放鬼来到。
除掉各种瘟染，
天上放天瘟你就来遮住除掉天瘟，
消除三种黄牛瘟，
消除五种人瘟；
消除牛瘟不送成，
消除人瘟不送沾；
消除痘瘟不送回，
消除芝麻瘟不送到；
深夜消除黑瘟，
白天消除黄瘟。
消除十二样，
挡住十二路，
消除十二邪，
挡住十二恶鬼。
消除拦路鬼，
消除门外邪，
消除六角鬼，
排除六角邪。
每枝每削，
每苞每消除，
不送剩细碎，
不送沾糠。
消除暗心人，
消除黑胆人，
消除黑心人，

涤荡口舌邪魔用品

2004 年冬水书先生韦朝贤担任韦述启家祭祖活动司仪

消除野心人，

消除事不美，

消除口舌不好，

消除引事人，

消除引路人，

消除前脚后脚人，

消除内心外腹人，

心不要兄、肠不要弟的人也消除。

金竹克水竹，

伯父克叔父也消除；

天狗食月，

根子吃黄泥也消除；

拎虎头，

抽牛角也消除；

树不尖削成尖，
石不成坎也凿成坎也消除；
人家拿肉来粘，
拿皮来贴也消除；
拿小事来害，
大事来冤也消除。
人家放芦苇桌，
艾叶桌，
撬楼板也消除。
人家放三桌席，
两桌挡也消除。
放晚鸡，
放夜鱼也消除，
人家放独眼鱼，
狗不眨眼也消除，
人家放戴帽鸭，
倒毛鸡也消除，
人家放瞎眼鱼，
瘟牛肉也消除，
人家放脱皮蛇，
死蛇渣也消除，
人家放淹卷蕨菜，
左脚草鞋也消除，
人家放寡妇房上草，
捆棺材索也消除，
人家放捆死人索也消除。
刚显沿显，
刚显古城，

沿显古班，
刚显杀马，
沿显杀人（均为鬼名，为水语谐音），
也消除。
消除亡徒谋犯蓝交（鬼名，水语谐音），
三洞男鬼，
九千女鬼，
男鬼满山湾，
女鬼满地方也消除；
三十六样恶鬼你消除去完，
四十八种恶邪你铲除去干净；
每枝每削，
每芭每消除，
不送剩细碎，
不送沾糠。
消除金月天伤，
消除木月天伤，
消除水月天伤，
消除火月天伤，
消除土月天伤，
消除黑伤、红伤，
消除黑伤不送沾肉，
消除红伤不送沾身，
消除八平伤不送沾头。
地上消除三道人伤，
天上消除五方命伤，
地上消除人伤，
天上消除坎伤，

六铎公祭席用摘糯垫底

坎后消除仆伤，
水中消除恶伤，
洞口消除虎伤，
房间消除床边伤。
消除席角伤，
消除楼梯伤，
消除门脚伤，
消除叔伯伤，
消除流染伤，
消除公流染伤，
消除奶流染伤，
消除前家伯父伤，
消除后家伯母伤，
消除三家伤，
消除五房伤，
消除流伤，
消除愈伤，
消除坠伤，
消除落伤，
消除倒伤，
消除跌伤，
消除三分马伤，
消除四丫人伤，
消除五分辰伤，
消除七分命伤，
消除急死伤，
消除昏迷伤，
消除塞气伤，

涤荡邪魔的仪式（荔波水浦）

消除伤，

消除急呼吸伤，

消除山虎伤，

消除龙水伤，

消除枪伤、箭伤，

消除柴刀伤、刀伤，

消除多流血伤，

消除身跌流伤，

消除流蛇伤，

消除虎类伤，

消除落岩伤，

消除树断伤，

消除疯狗伤，

消除身烂伤，

消除背烂疮，

消除头烂疮，

消除男被凶死，

消除女死流瘀，

消除翻石倒盖，

消除塌方土压伤，

消除落坑伤，

消除滚坡伤，

消除落水伤，

消除翻船伤，

消除小女恨（鬼名，水话谐音），

大女正（鬼名，水话谐音），

女小（鬼名，水话谐音）跳岩，

女正跳坑，

女松（鬼名，水话谐音）跳潭，

消除小女涌（鬼名，水话谐音），

大女雄（鬼名，水话谐音），

女山（鬼名，水话谐音）被虎伤死，

女雄被龙伤死；

消除女成、女该（鬼名，水话谐音），

女成弱死，

女该站死；

消除女处、女操（鬼名，水话谐音），

女处怀胎，

女操怀孕，

生孩出、

胎盘下，

成不好、

成潮湿；

消除女处、女猜（鬼名，水话谐音），

女处爬树，

女猜上吊，

女处吊颈，

女着、女处吊脚，

消除穷难伤、恶丫伤，

伤妹障梳、姐障梳，

水牛障丫、黄牛障角；

消除小堂、大堂（均为鬼名，水话谐音），

小艮大艮（鬼名，水话谐音），

小艮阴暗、阴暗云下、暗野天下，

三十六样伤消除干净，

四十八种伤铲除去完结。

消除去酉方，

消除去卯方，

每枝每削、

每芭每消除，

不送剩细碎、

不送沾糠。

消除啊！

都消除去酉方，

九代不送沾；

消除去戌方，

七代不送回；

消除去六十代，

消除去百二十年，

百年不送漏钉，

千年不送漏尖；

让主人家哇姓（姓氏）父（名字）主人，

让他身上清醒，

让他头上干净，

让他干净像碎米，

寿比龙神，

旺如龙蛋，

寿比磐石，

大如太阳，

如大树紧根，

像大笋紧根，

富融融，

紧封闭，

平密闭、成功，

钱成人健康啊，
伏以！

由此可见，水族祭祖祈求保佑与涤荡、扫除邪恶是正反依存的两个方面，从中可窥探出水族先民的信仰与认知规律。

第四节　水族招魂仪式：魂兮归来三魂七魄路路通

“魂兮归来！去君之恒干……魂兮归来，哀江南！”《楚辞·招魂》是屈原缅怀楚怀王客死秦国的杰作。忠臣为君主招魂如此悲切上心，真可谓情切切，意绵绵。

水族民间的招魂巫术丰富多彩，是水家原始宗教的重要组成部分，招魂的活动都离不开水书习俗。水家招魂巫术，现存尚有40余种，仅为活人招魂巫术就有30来种。与其他兄弟民族的招魂巫术相比，显得奇特而繁杂。

水家原始宗教的核心是万物有灵。围绕寄寓于人物、动植物、什物体内而主宰其形体的超自然物——灵魂或魂魄，出现了繁冗的招魂巫术。

招魂巫术中有施术者与受术者，受术者就是招魂对象，在水家招魂巫术中，涉及接魂、引魂、迎魂、叫魂、问魂、安魂、祈魂、送魂等巫术，这些都与招魂对象有直接的关系。招魂对象主要有下列几类：

人类魂——胎魂、活人魂、死人魂等。

动物类魂——猪魂、牛魂、狗魂、马魂、鸡魂、鸭魂、鹅魂、鼠魂、鹰魂、水獭魂、虎魂、豹魂、龙魂等。

植物类魂——稻谷魂、黄豆魂、棉花魂、玉米魂、小米魂、红稗魂、麻魂、树魂、竹魂等。

鬼神魂类——霞神魂、土地神魂、墓地魂等。

用具魂类——染缸魂、炉灶（银铁铜锡匠的炼炉）魂、窑（砖瓦碗窑及石灰窑）魂等。

其他魂类——田地魂、财宝（金银及其制品、钢钱、纸币、贵重衣物）魂、水（泉、井、河、潭、滩、雨）魂、石头（当神灵祭供的哥散、尼庙、菩萨）魂等。

在招魂巫术中，招魂对象几乎都有招魂、接魂、迎魂、引魂、祭魂、问魂、安魂、祈魂等仪式，但只有死人魂及谷种播种的招魂巫术才有送魂仪式，对于活人魂、胎魂、财宝魂等是绝对不能有送魂仪式的。

招魂巫术总是与落魂、失魂有关。水家巫师认为灵魂容易走失是由其特性决定的，灵魂的特性主要有以下 5 个。

（1）无影、无形、无声，飘忽不定，来去迅速，踪迹悠悠。

（2）有知觉、懂感情，能施福也能兴祸。而且依据寄寓形体或环境和对其态度的好坏来决定施福兴祸，甚至离开原来依附的形体。

（3）胆怯、脆弱。一旦受到惊恐、唬吓或威压，往往要脱离所寄寓的形体，造成寄寓的形体落魂、失魂。

（4）长生不灭。灵魂是超脱于形体之外而独立存在的超自然物，即使所寄寓的形体死亡或消亡，灵魂依旧存在。

（5）灵魂能辨认自己原来所寄寓的形体和住处。

水家认为灵魂所具的特性，不过是把人的情感做了颠倒的表述，把人的情感搬进了鬼魂的世界。落魂、失魂，水语称为 tok^7 $kwan^1$ sam^5，音译为“朵棍伞”，$kwan^1$ sam^5（棍伞）即魂魄。水家认为活人有 12 个魂魄，有“三棍姑、九棍伞”（棍姑类有 3 个，棍伞类有 9 个）。“棍姑”多指主管头脑的魂魄，“棍伞”多指主管躯干的魂魄，只要有一个走失，人就会感到不适；当魂魄全部出窍时，人就会变成僵尸。

水家地区还常为下列失魂现象施行招魂巫术：

tok^7 $kwan^1$ sam^5 lum^1	落风魂
tok^7 $kwan^1$ sam^5 mum^4	落虎魂

tok^{7} kwan^{1} sam^{5} pjeu^{5} 落豹魂

tok^{7} kwan^{1} sam^{5} ja:u^{1} ʔmja:n^{3} 落水獭魂

tok^{7} kwan^{1} sam^{5} hui^{2} 落蛇魂

tok^{7} kwan^{1} sam^{5} hui^{2} ha:k^{7} 落蛇蜕壳魂

tok^{7} kwan^{1} sam^{5} lju^{6} 落鳝魂

tok^{7} kwan^{1} sam^{5} n̥o^{3} 落鼠魂

tok^{7} kwan^{1} sam^{5} ȵa:u^{2}（jeu^{6}） 落鹰魂

tok^{7} kwan^{1} sam^{5} ʦam^{1} ta^{3} 落“丈打”野鬼魂

tok^{7} kwan^{1} sam^{5} mu^{6} m̥ai^{5} 落新墓地魂

tok^{7} kwan^{1} sam^{5} mu^{6} qa:u^{5} 落旧墓地魂

tok^{7} kwan^{1} sam^{5} tjeu^{2} 落惊跳魂

tok^{7} kwan^{1} sam^{5} ju^{5} 落呼喊魂

tok^{7} kwan^{1} sam^{5} na:n^{4} ŋa:n^{5} 落冷肉（死人）魂

tok^{7} kwan^{1} sam^{5} te^{3} tau^{1} 落阴影倒影魂

tok^{7} kwan^{1} sam^{5} ha:i^{3} 落海魂

tok^{7} kwan^{1} sam^{5} ŋo^{4} ha:i^{3} 落五海魂

tok^{7} kwan^{1} sam^{5} ljok^{8} son^{2} 落六船魂

tok^{7} kwan^{1} sam^{5} la:u^{4} 落大魂

tok^{7} kwan^{1} sam^{5} ti^{3} 落小魂

其中，有的一项还可分为三四种，如落五海魂就可分为四种，魂魄名及住处都不相同。

一、保魂与安魂巫术行为

招人类魂是水家招魂巫术的核心。招死人魂与祖灵崇拜有密切关系，招胎魂的目的是解决生育问题，招生人魂则祈求免除病灾，益寿延年。

招胎魂巫术在水家地区经常看到。人们认为仙婆牙花散、牙花隆、牙花离、牙花术主管生育大事，其手下有26个鬼把持不同的生育关口，倘若有一二道关隘受阻，胎魂就不能顺利投入娘怀，为此常求师择日修桥、修坐凳，以求子嗣。设祭毕，即从桥、凳处牵两根棉线至女方卧室，象征为投胎的迷魂引路，期冀增殖。人们确信这样做之后，那些懵懂无知、因受引诱而迷路的胎魂才找得到归宿。巫师认为游荡的胎魂在野外无处避风雨，得不到亲娘怀抱，挨冻受饥，加上幼小力弱，因此，没有桥就为它修桥，怕它累就给它修坐凳，怕它迷路就给它牵线。牵线时，常请家道昌盛、已生儿育女的妇人来帮忙，边牵线边喃喃呼唤："奴啊（弟妹啊），快随着棉线回家啦！"进屋之后把棉线递给站在卧室内的妇女说："给你领得弟妹来啦！"卧房内除了两根棉线，还贴上一串彩色的纸人，在门后扎起彩纸须缠竹条做的"彩桥"。这一巫术仪式自觉或不自觉地运用了巫术交感律。但是，巫师和人们似乎只根据生活实践进行虚拟联想，相信类似的行为能产生类似的结果，并且彼此间能互相感应而出现理想的结果。

修求子桥、修坐凳，给行人带来便利，积阴德是次要的，让幼弱的胎魂休息则是其真实意图。寻找福人牵引魂线，用果木架桥护桥，就是让多子多果的现象转移到求子妇女身上。用彩纸须扎的"彩桥"，剪的彩纸人和引魂线，则是由实到虚的转换，沟通天上与人间，让成群胎魂投奔到祈子人家。在施行巫术时，巫师的祝咒和福人的呼唤，人们认为是有巫力的，加上从祈子妇人衣服上剪下一点衣襟放在祭席的白米碗上也具有感染效果，同时根据儿童的喜好准备了彩蛋、花糯米饭、糖果，加上玩具"枚化"的诱惑力，胎魂就能顺利来到。人们还认为这一巫术行为能免除"桥孔""桥傍"等恶鬼带来的诸多危害，使妇人受孕成功。但是，值得注意的是，不管人们怎样运用事物间的相似性来取兆，期冀祈子妇人发生交感的巫术作用，人们都没有舍弃夫妻交媾这一根本。有经验的老年妇女会给祈子妇女谈自己生育的经验，消除其自卑心理，积极配合巫术行为过好夫妻生活。由于消除了精神上的重负，加上夫妻生活更和谐，祈子妇女往往如意受孕，并且把功劳记在招胎魂的巫术上。生育之后，每年水历五月（对应农历正月）上中旬要为求子桥举行"暖桥"活动，实际上就是带祭品在桥上供祭，感激其恩德并祈求继续保佑生人康福。

为儿童抬魂在水家地区极为普遍，而且很多抬魂行为和巫师毫无关系，这是群众性的巫术活动。人们或许没有意识到这些行为受巫术原理的支配，只把它当作世代传承的民俗事象。背新生婴儿初回外婆家，不仅要选择“代旺”“杜空”等吉日，忌“生母割背带”“天割”“半用”等凶日，而且其过程中还有不少巫术行为。凡过墓地、沟壑、森林、山洞等较危险恐怖之处或外出归家，都要不断地呼喊：“阿奴，跟妈妈回家啦，跟妈妈走啦！”要是过桥，还要捡一块石头抛到桥下赶走野鬼。过别人修建的求子桥时，生怕婴孩的魂魄被勾走，除拍拍背带呼叫婴孩之外，还要拔去桥边插着的一二根用彩纸须缠绕的竹条“枚化”。忌讳他人非议及避免野鬼对新生儿造成危害，要挽个芭茅草结别在背带上。在外出归家时，在门外用芭茅草拂扫母子身上几下，目的是用芭茅除去邪祟。据说，野鬼邪怪喜欢勾走俊俏儿童的魂魄。为此，人们常在儿童额上涂点墨或锅灰，说些称赞别人小孩长得美之类的话语，或是挖苦自己孩子的话：“咦，长得真丑！臭屎臭尿丑得很！”这些巫术行为，水家地区的大多数人都会，并会遵从。如果说巫术是采用积极的方法，依靠超自然力来影响和控制事物及环境的话，那么禁忌则是采取消极的规避预防措施，以免发生不吉利的现象。配合招儿童魂魄的巫术，水家还有一套繁杂的禁忌。如：生育之后三天内禁止孕妇来家，恐新生婴儿不乖。切忌夸婴孩长得俊美可爱，而要以“丑”“脏”等语来“称赞”，以防游荡的野鬼慕名而来坑害婴孩。这些群众性的巫术与禁忌，目的是保卫、安顿、抚慰婴孩的魂魄，是防止失魂落魄的一种措施。其中，忌用俊美夸奖婴孩与汉族用“乖乖”称儿童同出一辙。“乖”的本义是背戾乖僻、乖谬，由此才引申出乖巧、乖觉来。这种反其意而用之的习惯，与取个贱名让孩子易长成人的用意是一样的。

上述几种为婴孩招魂的巫术，并不是严格意义上的招魂，而是在魂魄尚未走失之前的一种预防措施，属于保魂、安魂的巫术行为。招魂是在落魂之后施行的巫术。例如，小孩多病，面黄肌瘦，精神不振，水家人多怀疑是失魂所致，简单的办法是母亲手心托个熟鸡蛋到屋外、村口或去可能失魂之处喃喃呼唤其回归原体，一般在傍晚时分去做这件事。若是严重的失魂，将请巫师来施行招魂巫术，其方式与招大人魂相似。

水家人认为稚童处于未成熟期，不仅抗病能力弱，而且儿童幼稚，没主见，易受诱惑，易受骗上当，加上过去医疗保健条件极差，死亡率高等原因，水族人民就把导致的儿童精神不振众多病因甚至死亡归咎于灵魂出窍。因此，出现了为小孩叫魂、引魂、保魂、安魂等冗杂的巫术，有的还成为节庆活动的重要内容，有的嬗变为固定的年节，如三都县和勇村吴姓的水历四月丑日节——苏宁喜，出现了叫魂、引魂、保魂、安魂等民俗活动。

起源于生育祭祀活动的苏宁喜节（水历四月丑日节），可以说是水家的妇幼节。这个节日与招魂、接魂、安魂、保魂有关，让孩童的灵魂与形体紧密相依，永不分离。端节期间，三都县一带的水家人为孩童招魂，实际上也属于保魂、安魂的巫术行为。

“落小魂”与“落大魂”，不是魂魄分大小，而要以失魂的时间长短而论。

水家认为人的魂魄有 12 个，失魂常由少到多，失魂时间有短有长。刚刚失魂，其走不远容易召回，于身心健康影响不大，通常称为“落小魂（朵棍伞低）”；失魂时间越久，魂魄脱离形体越远，对人的身心健康影响极为严重，通常称为“落大魂（朵棍伞劳）”。而“朵棍伞海”“朵棍伞五海”“朵棍伞六船”都属于落大魂类。这是失魂不及时召回而酿成的落大魂。失魂由少到多，由小到大，由近及远，由浅入深。魂魄离了所寄寓的形体，逐步游荡到极难召唤回的彼岸。这是水族先民根据自己的生活环境与经验，认识到事物的量变会引起质变的朴素辩证观点。

“朵棍伞五海”的招魂巫术就显得相当特殊。对于这种已远去，失脱时间久长的失魂，要用“船”将其运载归来。将一个水瓢当作船，在水瓢上点放灯烛，用麻线牵住，由巫师将水瓢放到深潭的水面上，手抓住麻线，一边念咒，一边拉回麻线，意为把已经漂往海洋彼岸的灵魂召回来。施术时，取失魂人的一点衣服布筋放在用来引魂的装满大米的碗上，呼其姓名，让失魂如咒语所言地冒出来。巫师认为施行此巫术后，能获得想象中类似的效果：泊在深邃遥远而辽阔的海洋的失魂，能辨别和嗅出失魂者衣服布筋上的气味，循着指路的灯烛，在昏暗的暮色中搭乘葫芦瓢做的船儿回归失魂者的身上。倘若葫芦瓤上有昆虫，则认为是灵魂依附归来。在水家人的观念中，人的名字、形体与灵魂是紧密相连的。在巫术中常运用这种交感的原理，认为呼其名则叫其人，人魂一体，叫其名亦唤其魂。因此，在为亡人入殓时，假若逢“呼姓名引魂魄”的“音友”鬼时，切忌在棺边呼喊生人姓名，尤其是死者的同龄人更应进行防备。名字，在水家人看来与形体、魂魄、生命紧密相连。因此，在白巫术中，常呼受术者名字，让失魂回归，能让福泽临身，或让病魔消除；但在黑巫术中，念出受术者的名字与生辰，想象中的恶鬼就能被制服。这种观念与汉族的一些典籍的记载极为相似。《风俗通》记载一种名为游光的厉鬼，知其名者能免除疾病。神通广大的厉鬼尚且怕人知道其名，那么水家在黑、白巫术中把人名当作魂魄、生命、形体看待并加以使用，就是一件很自然的事了。

在水家招魂巫术中，招死人魂似乎没有招活人魂那样复杂。除了客死他乡运回故里安葬的死人，需要招其魂与尸骸附和之外，正常死亡者没有因失魂而招魂的巫术。因此，在节庆或婚嫁以及祭祖时，设祭敬祖只不过是迎请祖灵来享受供奉，不存在招魂问题。亡灵一般有尸骸可依附，有墓地可栖息，不存在失魂的问题。因此对待这些亡灵多表现为迎魂、引魂、问魂、祈魂、祭魂及送魂。如家中祸事迭起，诸多不顺，往往要请巫婆迎请亡灵来询问其原因。当巫婆吸黄蜡烟昏迷之后，抓几粒求卜者带来的大米抛撒出去为亡魂引路，迎请其到卜场解答家中出事的原因。当迎请的亡灵来到，会寄附于巫婆之身，借其口回话。有些巫婆能准确地模仿亡灵生前的语言特征进行解答，使求卜者闻其声如睹其人，多数的亡灵回话不外乎是其屋（坟）垮塌，或植物根茎穿身，或遭人用蘸桐油的铁钉整治，或生前某桩心愿未了，或后人阳宅受人整治，等等。求卜者再根据亡灵的回复情况去做相关的补救工作。亡灵毕竟是阴间之物，不能久留阳间，不过十来分钟就宣称“要回去看家及守牛”，便悄然离去，无须举行专门的送魂仪式。

迁坟或立碑要动土，为防止亡灵受惊或加害，常事先设祭席于坟墓一侧或家中，请巫师引出亡灵暂时安顿，并禀报其事，事毕再送亡灵回归墓宅。

三都县水书先生韦见在野外为村民举办驱邪仪式

水家对待死人魂的态度源于祖灵崇拜，既祈其保佑施福，又提防它作祟兴祸，出现了恨爱交织的二律背反的现象。但是，对死人魂不论采用招魂、引魂或安魂、送魂等手段，其中的巫术成分显然少得多，而祭祀祈求平安顺遂的意图则表现得更为明显。

招财米魂巫术是水家招魂巫术中的一项重要内容，水语有“钱粮为大”之说，因为钱粮是生产生活资料，是关系到家庭氏族生计及人丁繁衍的大事，所以为财粮招魂、安魂、保魂的巫术在水族地区相当普遍。

2006 年以来，在都匀归兰水族乡举行的端节活动中，盛大的招谷粮魂仪式，实际就是个体家庭接谷魂仪式的整合与放大，变成特色浓厚的民俗活动展演。

财粮有魂，魂有知，当其离开，时粮的耗费大，不够吃用，如不及时召回，人们便担心家业由此衰败，导致穷困潦倒。水家诸多原始宗教活动都离不开白米，如求卦问卜、招魂引路等都少不了白米。白米能显现、反映并留存该户人家祸福与家道兴衰的信息，有明显的交感效应。求卜时，有些女巫摸着大米就能感应出吉凶；有的以见方白布盖在米碗上按摩着念，揭开白布，观看粘于白布之上的米粒的多少及位置而言祸福；有的用白布包住大米再击打簸箕上的大米数次，黏附的米粒多且居中为吉，反之则凶。因此，保粮水魂、保财魂是水家常见的巫术活动。

“接米魂”或称接谷魂、叫谷魂等。人们认为粮食类都有灵魂，通人性，需要善待。每年在五谷归仓之后，要把流落在外的粮食之魂接回家，使其不受委屈，这是人们祈祷来年收成丰稔，使粮食耐吃的一种方式。

保粮水魂是水家稻作文化的标记。保粮水魂或招粮水魂都在粮仓举行，以折糯米草或簸箕为席，以鱼、黄母鸡及酒饭为祭，巫师施术时，取主人的一点衣襟放于盛有白米的碗中，用三五穗糯谷挽在一起来回挥动念祝咒，虔诚地召回粮水魂，恳求它们永远住下。杀鸡时取几羽绒毛蘸血粘于谷穗上，最后由巫师交给主人说：“给你接粮水魂来啦！”还故意问：“粮米魂到不到？粮米魂在不在？”主人家急忙答应：“粮米魂到了，粮米魂在了。”于是双手持谷穗挂于粮仓深处的墙壁上。这样，来自“椿菜树田，祭祀树塘”的粮水魂就能留下来，作物就能增产增收。招财魂巫术与招粮水魂巫术相似，只不过将银器首饰、铜钱纸币及贵重衣物装在米箩里摆在席边供祭，事毕将此什物箩递给主人放在粮仓或木箱中保存。不论是招保财魂，还是招保粮水魂，三天之内都不能开仓，要等魂气安定附着之后，方能启用粮仓。

过去，水家祭田神也很隆重。人们把田神与米魂同等看待，有时还把二者混为一谈，撒秧、开秧门或秧苗发芽返青之后，常用竹笋、鸡蛋、米饭到田边祭祀，祈求秧苗发芽齐整，生长良好。播种时送谷魂下田地，秋收后接米魂归仓。三都县九阡地区有些村寨以敬禾魂和敬田神的“回魉”为年节，有的村寨虽以端节为年节，但“回魉”显得格外隆重。“回魉”时，全村人合资买大肥猪及酒肉，绑着猪的后腿，让其头拖刮地面，到“尼魉”处宰杀。祭师念祝咒总祭之后，再散发祭品到各户的提兜中，分别到自家田边祭祀，并在田地中插草标或插上绑夹着白纸吊、白纸旗的竹竿，防止不吉利的闲言碎语及病虫鸟雀对田地里的庄稼的危害。人们相信施行此巫术之后丰收在望，饱满的谷穗沉甸下坠。这些原始宗教活动，确实耗费了人们的钱财，但却增强了村社的群体意识，使水家为赢得丰收而积累了信心。人们不是坐等苍天和鬼神赐福，而是在适时劳作、勤苦耕种的基础之上，企图借助巫术的力量对外界环境施加影响而获得丰收。这种唯心观念虽不可取，其使用的方法也显得幼稚，但是这种不满足于现状的进取精神，推动了水家社会的文明发展历程。

二、招魂巫术的祝咒与鬼神

“咒是巫术的神秘部分”“咒语永远是巫术行为的核心”在原始宗教活动中，水家始终相信语言及祝咒有神奇的魔力。它是人鬼之间、阴阳界之间沟通信息的载体，一旦施术者举行相关的仪式而念唱或说出之后，语言的魔力就能影响和控制受术对象或环境。因此，施术的巫师不仅要熟悉巫术的操作方法及程序，而且一定要背熟相关的祝咒和各位鬼师的名号及住址，否则就不能取得想象中的施术效果。同时，从祝咒中可以窥探到水家社会生活方面的诸多迹象。在招保粮魂巫术时，要从“椿菜树田，祭祀树塘”地方请来“隆梭公、隆散奶、隆散公来守住麻魂，隆散奶来保住粮魂”。有的地方要迎请“州郎的官、阳保的奶”。这些鬼名与神话无关，是水族地区的地名，所谓的鬼名是依其地名而命名，并传承下来的。这为研究水家社会历史的发展提供了一些有价值的调查考证资料。

在招保财魂时，迎请的鬼神更多，有“公举富和牙举银”“公端富和牙涌银”“公涌富和牙举金”“公端富和牙举银”“公涌和牙约”“公谷和牙白”“公谷和务昂”“牙白和务干”，等等。这些都是端出富贵、涌来金银的公公奶奶，名异实同，是想象中主宰富贵的一对对夫妇，是私有经济和对偶家庭产生之后才出现的神祇。此外，有的要从“燕子洞口、蝙蝠洞坎”迎请曾经“在广东教书，在广西保富”的民族保护神陆铎公来招保财魂。在招保财魂、粮魂时，倘若迎请的神祇不对路，不仅达不到效果，而且容易反受其害。

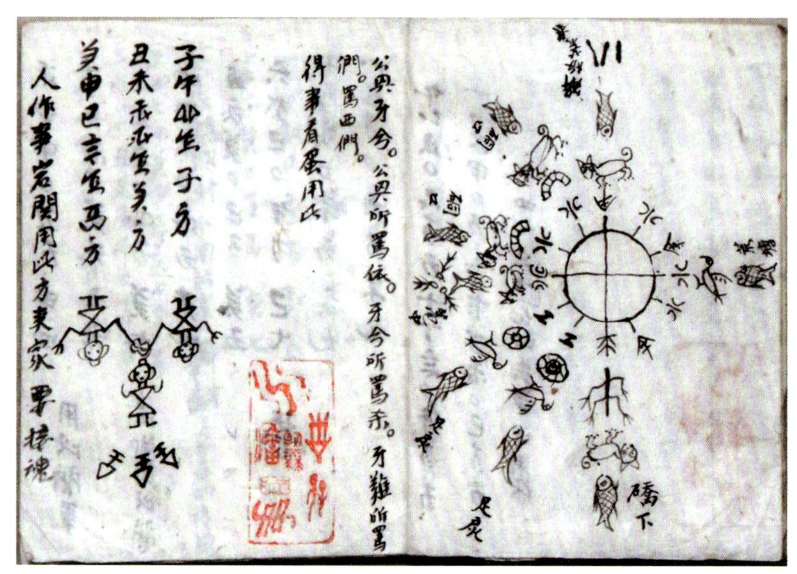

水书抄本接魂选页（潘玉衡藏）

生人失魂而施行的招魂巫术，其祝咒中提到的一些神祇令人感到奇怪。如落水失魂，招魂时，要用彩布条绑在竹枝上，并以酒、肉、豆腐设祭，迎请“公优雅和公优因”来帮忙招魂，“公优雅打钦，公优因打亚”。这好像是对在江河中、沙滩上出现斑斓身躯的龙的描绘。要是失大魂酿成“棍伞六船”，招魂时往往要增加一只鸭子，靠鸭子去运回失魂，并且要从水语称为“麻赏辰、寅赏洗、三撇纳、鸭撇颠”的地方迎请“赏辰公和赏朝奶”，赏辰公管大魂魄，赏朝奶管呼唤魂魄。看来，祝咒中各类的失魂都由不同的鬼神主宰统辖，他们各司其职。

在招生人魂的巫术中，迎请来帮助招魂的鬼神，有的从语义上十分令人费解，很像对现实生活情状的描述。“朵棍伞友”是指恍惚中听到呼叫自己名字，未加分辨就应诺而引起的失魂。迎来招魂的鬼名竟是“quŋ^{5} va^{5} ja^{4} ʔu^{4}，quŋ^{5} ju^{5} ja^{4} ʔo^{2}”，其意为：哇（呼叫的）公、呜（答应的）奶，公叫奶应。有的又称为“quŋ^{5} fit^{7} po^{1} fi^{3}，quŋ^{5} fit^{7} qum^{4} te^{3}，pjo^{2} fi^{3} qum^{4} ʔu^{1}”，其意为：共遇（打哨）博西（狂呼），共遇在下边山头打哨，博西在上边坡缩狂呼。这些称谓，很像儿童做游戏时，模仿音响作人物称谓一样，显得幼稚而又原始。受拦劫、唬吓而惊慌失魂的“朵棍伞罕”，迎来帮助招魂的鬼名也很滑稽：“一一相践踏的公，拍手抢人的奶；梭标拦住前方，弓箭拦逼后头。”这里描述的形象分明就是拦路抢劫的莽夫恶妇形象。

跌倒失魂的“棍伞倒”，其鬼名也很滑稽：“梭脚的公，滑脚的奶”。失足滑脚的情况竟然也衍生出一对主管跌倒失魂的鬼夫妇。至于落蛇魂、虎魂、惊跳魂等，其所主宰的鬼大多也是凭借形态、环境、音响、色彩等特征来命名，再在其后冠以公、奶以表示尊称。这些忌讳在水家的原始宗教和生活中是十分常见的。

霞节，或称为吃霞、敬霞，是水家地区向人形石头“霞”神祈求风调雨顺，庄稼丰收的原始宗教活动。其中包含着不少的巫术行为，如以高竿顶住公鸡，使其啼鸣引雨，让青年到禾苗田中板腰，请乞丐穿白衣与母猪作交媾状表演，沉溺狗、猫、蛇及咒骂当地头人等。其中，为防真霞神被人偷走和霞神游荡他乡，就秘密祭真霞神，公开祭假霞神，并以酒浇倒立着的霞石为佳。巫师的祝咒显示出了霞石的神秘性：“得吃你就在，得酒你就倒，坐得稳实，竖起尊严；别人引魂，你别去，别人相请，你别动心。”有了霞石，当地风调雨顺，才能留住粮水魂。因此，霞神的寄寓体内还有霞魂。石头在魂不在也不行，便以酒浇醉霞神，再加上祝咒的劝告，霞神便形在魂安。祝咒还将霞神早期居住地做了一番描述：“风吹你也别走，河水流你也别动。那地方洪水淹没早已不成田，那地方怎么做也难聚成钱。”水族先民曾居住于西江下游滨海地区，在霞神的劝说之下才迁徙到现今住地。这是人们在用历史的灾难奉劝霞神，让其安心在当地居住。过去，人们为了确保当地庄稼丰收，常出现偷霞神的事件。因此，为保住霞神、安定霞魂，人们想尽了一切办法，而祝咒便是其保住霞神的重要手段。在水家诸多原始宗教活动中，祝咒比设祭仪式和祭祀道具等表象的东西显得更为神秘。知道祝咒，基本上就知道了巫术及原始宗教的其他关键内容。因此，巫师对各类鬼名和祝咒内容是不轻易外传的。

招魂巫术，除了巫师的祝咒具有巫力之外，群众性巫术人们也认为具有巫力，如喃喃呼儿魂的呼喊，牵引魂线的话语等。这些在巫术活动中都是不可忽略的，是极为重要的内容。

三、水家招魂巫术的特点

2016 年三都县羊翁村水书先生潘学儒在端节期间为儿童举行招魂、安魂仪式

（1）水家招魂巫术基本上遵循同类相生、果必同因的相似律；凡接触过的物体，中断接触后，依旧继续互相作用的接触律；以及二者混合使用的交感律。

（2）水家招魂巫术的内容极为丰富、奇特，保留了较多的原始巫术内容与方式。

（3）水家招魂巫术的巫力运行阵式呈单向性，施术者发出信号之后，受术者只能接收，而不像黑巫术中可能出现的反攻、还击的现象。

（4）水家招魂巫术属于白巫术、吉巫术，目的在于拯救人、帮助人，尽管受术对象有时不是人，但巫术的最终目的是帮助人。

（5）水家招魂巫术没有选用驱鬼、拒鬼的像子，也不采用巫术斧、酸鱼、独眼鱼、蛇蜕壳、倒毛鸡等黑巫术所用的什物、动植物等。

（6）水家招魂巫术包括招魂、接魂、引魂、迎魂、叫魂、问魂、保魂、安魂、送魂等内容。招魂多指魂魄已遗失而施行的巫术；接魂、引魂、迎魂、叫魂是指魂魄已在原归宿地，请其到人们指定的地点受祭或办事；保魂、安魂几乎对所有的魂魄都需要，尤其是生人魂、财粮魂和霞神魂；送魂只对死人或在谷种下地时用。招魂时间多为傍晚至入夜时分。

（7）水家招魂巫术是一魂一招，不许混杂施行。这种专一的巫术行为不仅是对鬼神、魂、魄的尊重，也反映了巫术的简单与原始。

（8）水家招魂巫术与以万物有灵为核心的水家原始宗教信仰是有机的统一体，难解难分。万物有灵的原始宗教是水家巫术产生与发展的沃壤、温床，而巫术又丰富和补充了万物有灵的观念，二者相辅相成。

对于水家招魂巫术，要探讨的问题还有很多，在此不一一叙述。

第五节　婚嫁巫术采撷：充满哲理的诸多祈福方式

水族原始宗教信仰的鬼神有七八百个之多，表现出各自为政、茫无端绪的状况。世界上一切宗教都围绕着人的生死问题而铺陈展开，水族的原始宗教亦不例外，对生存的追求与对死亡的忧虑，构成了水族原始宗教信仰的内在驱动力，由此而衍生出纷繁冗杂的信仰仪式、巫术活动。在水族婚姻的问亲、娶亲、过门、婚姻纠葛等环节中，只要仔细观察就会发现诸多的巫术行为，只不过大家习以为常，将其当成了传统。这一切都反映了水书作为信仰文化典籍在其中所起的重要作用，当然也离不开水书先生的主导作用。

一、问亲巫术

水族的婚俗是在漫长的历史长河中传承、演变、发展而形成的。它以独具水族特色的规约来约束人们的婚姻意识与行为。这种制约主要靠习惯法、民族心理与传统文化来维系，而且更多地表现在原始宗教信仰方面。

问亲、访亲、物色婚配对象是婚姻的第一步。从发生学角度来审视，人类婚姻习俗的产生、发展与演变，实质上是一种性本能向性文化发展变化的过程。问亲寻求配偶，实际上是一种占有欲的变相反映。在包办婚姻盛行之时，情投意合的双方也有密约演出假抢婚的闹剧。择吉问亲须请水书先生根据水家巫书《泐睢》进行选择。问亲日子要避开半世夭折的“半用”鬼，招祸生非的“沙朋”，死胎死婴的“不干”，恶死恶伤的“殆殇”等所把持的日子；而选用抽苔发兜的“杜空”，大吉大利的“大吉”，富贵满堂的“金堂”“木堂”，关系融洽、往来亲密的“三络”“满丙”等把持的日辰。但是，据传说个别男性会制造迷幻式的“想药”(据传是由一棵树上生长的多种寄生草与施术者的垢腻配制而成)，再将此黏附于求爱对象的身上。人们认为此举一旦成功，女方便神志迷离，倾心于施术者。民间虽有此传说，但笔者从未见过。不论“想药”的真假如何，都反映了施术者的巫术观念。寄生草极易生长，用其入药即运用了巫术的相似律，再以垢腻入药则运用了巫术的感染律，当女方接触此药之后，就会产生交互感应的效果，鬼使神差促成二者结合。这种靠巫术去征服对方的手段，在水族婚俗中还有不少。在强烈占有欲的驱使下，个别求婚者因被拒绝而妒火中烧，会延师择日作法，再请人去求亲。人们认为一旦用巫术中的“夫狼”，施术后去求亲，若女方不允则会夭亡或使其失明。当女方识破此阴谋之后，会故意哄抬聘礼数额，让对方难以筹措而告吹。有些巫术择日问亲，会造成“收礼品则死女方，不收礼品则死新郎”的进退维谷局面。从问亲到成婚，除了经济负担之外，还给人们在精神上造成不必要的负担。

占卜，不少宗教学研究者也将其列入巫术范畴。不管分类如何，巫术、占卜与原始宗教互为表里，难以截然分开。在巫师看来，这一切都是围绕鬼神进行的。水族的占卜种类不少，但求婚多用鸡眼卜。在祭祖、求婚求财、送鬼时，杀鸡供奉后观其双目以断吉凶。半睁半闭为大吉，全睁为中吉，全闭为小吉；以爆裂、凹陷为至凶。在杀鸡、煮鸡时，主人家对鸡说明了用意，认为是在有神灵附身的鸡身上可以得到神灵发出的信号与密码，这是语言巫术的运用。而煮熟后的鸡眼状况就是神灵与祖宗反馈的信息，是婚事吉凶的兆象，人们以此作为行动的指南。这种仰仗于神灵的观念虽是迷信，但却反映了水族择婚的慎重和祈吉的愿望。

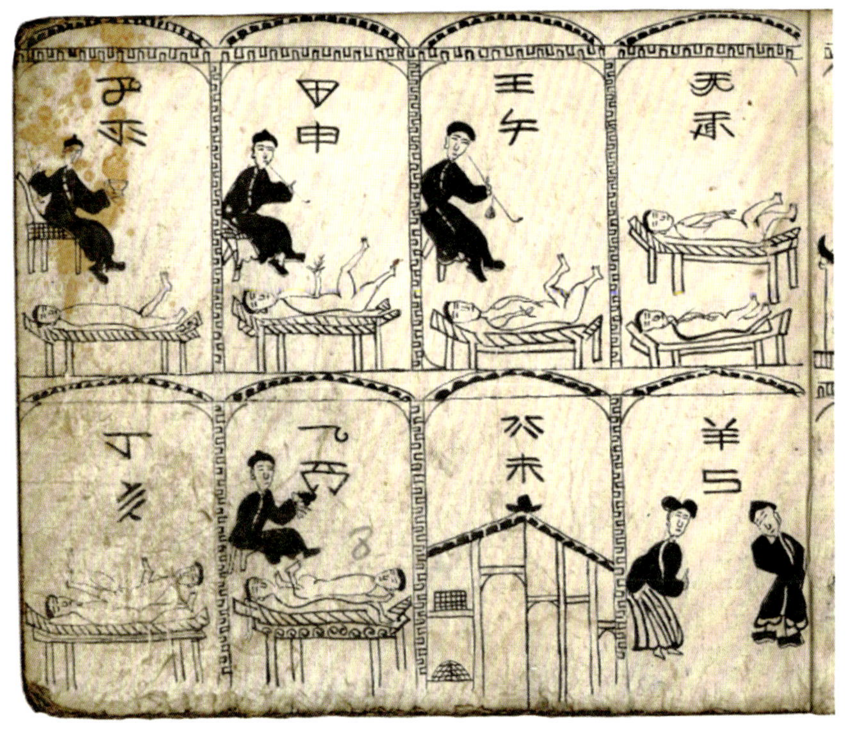

水书《婚嫁卷》选页（宋水仙藏）

二、娶亲巫术

水族娶亲巫术多集中表现在新娘出阁到新郎家这一阶段。婚礼是人生的重要礼仪，新娘出阁是其人生的重大转折关头，因而人们高度重视。

红纸伞是新娘出阁必备的圣物。撑红纸伞罩头出阁，是以积极姿态预防雷神和邪鬼作祟的行为，属于防御性巫术。打伞的人有的是新娘的弟兄，有的是新娘自己，还有的让媒婆代新娘打伞。值得注意的是，一把全新的伞也得撕开一小道口子。水族认为雷神的威力最大，称其为“尼扛娜”，直译为母头雷（ni^{4} qam^{4} ʔn̥a^{3}），是至高无上的女性头领，故水族民间有“天上雷神大，人间舅爷大”的俗语。关于畏雷的习俗，民间有个传说：

1996 年，三都板闷寨少女潘懈嫁到甲化村，由其兄打伞护送出阁

远古时，人、龙、雷、虎是亲兄弟，后来议定以斗法胜者占有房屋与田畴，人用火击败了所有对手。飞腾上天逃命的雷神见人类繁衍极快，便打开天河水，打算灭绝人类，结果躲于葫芦中的兄妹俩逃过此劫，成为再造人烟的始祖。仙人央求他们成婚，但碍于伦理，用隔河烧火看烟、滚石磨、丢奇撬等方式进行占卜，都出现吉兆。雷神在天上见了轰隆隆发笑，妹妹急用芭蕉叶罩头跑进作为两人新房的南山石洞，哥哥吓慌了跑到后山躲避。

据说，由此演化为当今以伞罩头和空室迎亲的婚俗。神话传说并非史实，但畏惧雷神却是水族根深蒂固的原始信仰，并把雷神尊为威力无边的自然神和主持正义公道的社会神。

为了避免或解除雷神的威胁，水族通常采用三种措施：一是新娘倒回娘家另择婚日；二是新娘到新郎家后，不吃不喝不坐又即刻返回娘家；三是在新郎家住 12 天，第 13 天返回娘家。如果是下旬，只要跨入下个月初一即可归家，不必住满 12 天。现在一般多采用第二种方式。但不论采用何种方式，都得杀鸭子在屋外敬神，同时新娘从祭席边取下红伞罩头，并将此伞撑开悬于婚床上方，直至归家时才取下关掉。

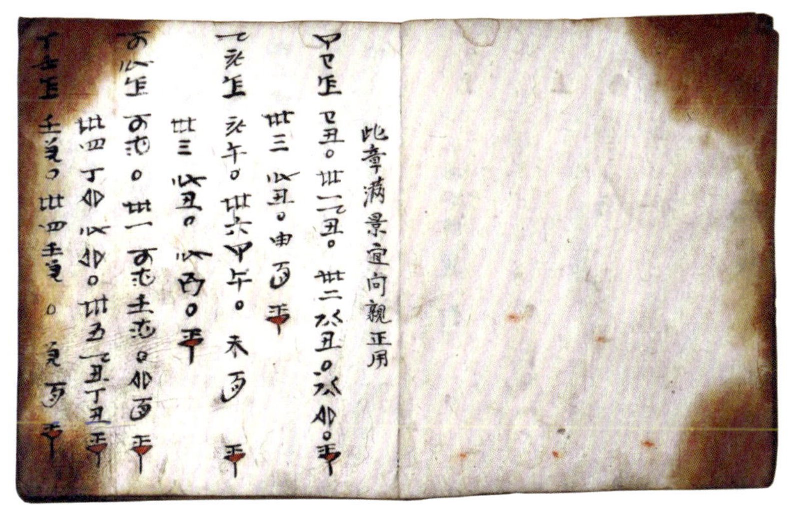

水书《满景》条目

用皮纸染红色浸桐油做成的红纸伞，在新娘手中成为隔绝雷神的圣物，成为防止邪魔作祟的神器。究其实质，红纸伞除了有避风遮雨、防晒及避羞等功能外，还与人们的原始信仰有关。他们认为桐油有驱鬼祛邪的效用，故民间有防止棺木沾桐油，以免驱走地脉龙神的习俗。红色是血崇拜的演化，以红色的血液驱邪或阻隔鬼怪作祟，是古代较为普遍的现象。现在傩戏法师驱鬼的朱裳、朱帻、朱符、朱裙等，也是由血崇拜演化而来的，是取巫术相似律而拓展的结果。水族在为病人举办驱赶恶死恶伤鬼的“敢殇（ɣat[8] sja:ŋ[1]）”时，病者打红伞罩头，巫师用芭茅草当剑，念咒喷水配合驱赶，其中也借助了红纸伞的威力。

既然红纸伞有驱鬼防邪的功用，按理来说，谁打伞都一样。但接亲时若逢水书《泐睢》中的“鲁封”“天割”“灭门”“煞殇”等凶鬼，绝对不让新娘或伴娘打伞，而应由媒婆打伞，厄运才能转嫁出去。

都匀翁降村接新娘场景（陈朝魁供图）

在水族婚俗中有忌路的禁忌，忌路也叫忌脚印，新娘出阁不能踩当天结婚的另一新娘的脚印，更不能踩抬过死人的路段，唯恐乱了方步导致终身受害。故常由其弟兄背过这段路或绕道避开这段路，以求吉利。现在有些水族地区，同天结婚的二位新娘在路上相遇，则互赠手帕及互说祝吉语可以免灾。这是人们认为接触过的两者间或两物间，脱离接触之后依旧存在某种神秘的联系，当第三者接触之后会出现交互感染。如果说新娘绕道走属于消极的规避行动，那么由弟兄背着走过去，则属于以积极姿态去迎击可能出现的邪怪，从而征服并驾驭它。因此，为保住新娘福运，都匀市套头地区的水族至今还一直保留着轮换背新娘到夫家的古俗，且不论路途如何遥远艰难，也不论天气如何恶劣，都不能让新娘的脚沾泥土。近年来，在三都县中和镇，若出嫁的两个新娘狭路相逢，则互赠手中挥动的毛巾，并赠以吉利祝词以消灾，尽管依旧属驱邪巫术举动，但也是社会进步的表现。这些巫术活动，算得上是一种精神胜利法，是平抑与消除传统留下忧患的行为。其实，背新娘应当看作母系社会的遗俗。父系家庭的确立，恩格斯称之为母系社会的彻底失败。以父系血缘为纽带聚族定居之后，会涉及财产的分配与占有问题。在这个过渡时期，母系血缘势力并非自然消失，其间也有各种反抗。水族地区过去常为出嫁女子留一分种麻地或蓝靛地以及姑娘田，使用权归女子，所有权归舅方，其实这是缓和财产分配矛盾的做法。背姑娘出阁，或许在当时是一种强制女子离开家门的举动，至于有消除邪祟的巫术作用，可能处于次要地位。

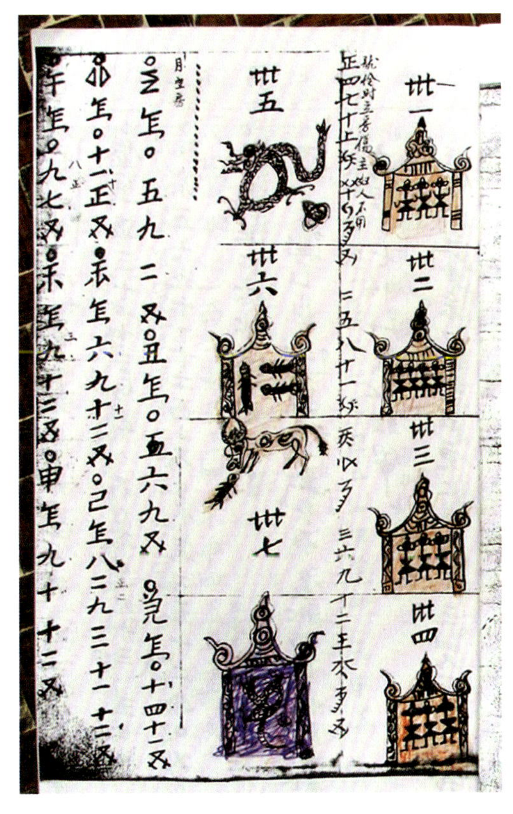

水书中关于婚嫁、起造的记载

水族婚俗忌路、忌脚印的巫术原理，与水族制服偷盗者的“砍盗足”黑巫术如出一辙。这种交感巫术在水书中不乏记载，《史记·补三皇本记》有华胥履大人迹于雷泽而生下伏羲的记载，周后稷之母姜嫄要是踩上坏人或死人的脚印也会出现恶果。古人的这种意识都与交感巫术有密切联系。

三、过门巫术

过门是指新娘跨进新郎家大门，择吉利时辰迎新人进门，过门时尚有繁多的仪式，其中不乏巫术手段。过门的空室迎候礼仪极为特殊。新娘出阁进夫家时，要在空室迎候，以表示对新娘的尊重。在笔者看来，水族的原始意识与价值取向并不仅限于此。婚姻意味生育，是家庭与氏族兴旺的寄托，新婚所选的吉利时辰带来的福运，非新娘莫属。因此，其他人都得回避，到室外恭候，待新娘过门后再回家。其实，空室回避还有避煞避邪的意蕴。《夷坚志》载浙江有“尽室出避于外，名曰避煞”的习俗。因为是专为新娘择的时辰方位，故有纳福祛邪的特殊功能。在新娘过门时，还有喷水驱邪及用芭茅草和常青树青枝驱邪等巫术程序。

喷水驱邪，是新娘出阁即将跨入新郎家时，新郎母辈一人口含着从井里打来的清水，喷一口于新娘的红伞上或背上，借以驱除途中沾上的邪魔及绿眼鬼等，使新娘安心度过终生。而用芭茅草或常青树枝驱邪，是新郎母辈一人执一束芭茅草或常青树枝，轻轻拂拭新娘后背，有时则捋下常青树叶撒向新娘，口中还喃喃念祝吉之词，除了有祛邪功用之外，还有祝福新婚夫妇友谊长青，白头偕老之意。喷水驱邪是人们把口水和井水神化的结果。古人认为唾沫与血液都是人体内的精华，都可驱邪治鬼。《论衡·言毒》篇中述及唾液与巫术诅咒有内在联系。《搜神记》载，一个名叫定伯的新鬼向老鬼们发问，问老鬼们最畏忌什么。老鬼们回答说：只怕人唾。唾液可作为施行巫术的重要手段，喷水时也有唾汁外溅，故能驱鬼除邪。现在，水家人见到蛇拦路、蛇交尾，遇上失常的禽兽，看到虹霓等，都要啐一口唾液，并配上“呸！”的一声以表示消灾。这些都与唾液的巫术效用有关。人们认为新娘从另一个家族而来，途中易附着邪魔，一旦中了绿眼鬼“大秀”或“姑秀”的邪，新娘容易变心，导致逃婚或出轨。为此。在巫师眼中，锋利的芭茅草及生命力旺盛的常青树树枝，都是驱鬼除邪的法宝。至于常青树树枝的绿叶有祝福的意蕴，或许是后来才附加上去的。安定新娘的心思，人们极少从夫妻感情、家庭环境、生产生活条件去考虑，侧重于用巫术手段，靠超自然力去稳定新人的思想，不能不说是迷信。

有些人家的婆婆害怕新人变心，还找来几只田螺悄悄地放在新娘床下或坐凳之下，期冀这一对新人如田螺那样蜷缩在一起，不轻薄飘浮。有些家长还请教水书先生，选用田螺宿（对应汉族“奎木狼”宿）日，加上选择好的良辰吉时利方，将一只田螺放到媳妇床下，水族人相信会得到满意的结果。利用这些巫术手段，企图获得相类似结果的行为，就是模拟巫术的运用。

人类的原始意识往往是相通的。清人赵翼在《陔馀丛考》引《知新录》云：“以麻豆谷子初禳之，则三煞可避。”宋代高承《事物纪原·撒豆谷》载：“三煞者，谓青羊、乌鸡、青牛之神也，凡是三者在门，新人不得入，犯之损尊长及无子，奉以谓不然，妇将至门，但以谷豆与草禳之，则三煞自避，新人可入也。”这类婚姻习俗都与驱鬼有关，是巫术相似律的表现。水族新娘过门时所畏忌的鬼并不是高承所言的三煞，是水族的婚姻煞星，但都采用相似的巫术手段。

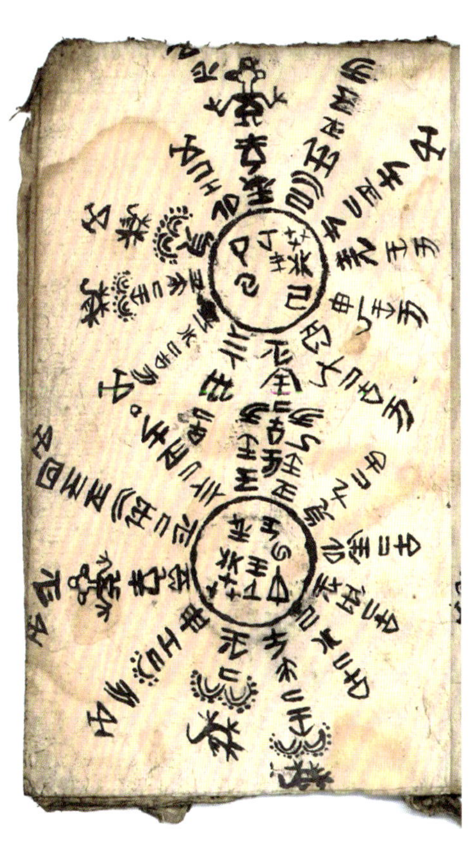

阳干、阴干十二日辰宜忌圆图

鱼是水族最崇奉的动物，是水族图腾信仰的典型物类，与水族的生育崇拜有密切的关联。在新娘过门时，新郎母辈中的一人在施行喷水及青枝拂身除邪巫术后，随后提着事先准备好的盛有两条小鱼的水罐尾随新娘进屋，把水罐置于新房内或新房门外，过一会儿再将鱼倒进田里喂养。这种祈求生育旺盛的巫术举动，后人附加上祝福小两口如鱼得水、恩爱幸福的新意。迎亲时，男方以罩鱼笼和金刚藤叶代鱼作为信物送到女方家，也是巫术的表现形式，期冀婚后生育儿子传承香火，这与水族以鱼指代男婴的称呼有关。

新娘过门，生育固然是大事，但劳动则是维持生计的基础。为使新娘形成吃苦耐劳的品质，通常在大门外侧放一只装有锯镰的篮子，或立一根柴，当新人过门时即顺手提着它进屋。这种示意性的举动，运用了巫术相似律，旨在通过虚拟的行动去达到目的。

驱鬼除邪，纳福祈吉的观念贯穿于水族婚姻活动的始终。姑娘出阁的月份有吉有凶，水书中记述：子午年四、十月大吉，五、十一月小吉，六、十二月克翁姑，正、七月克新娘父母，二、八月克夫君，三、九月克新娘。当人们选不到吉利月份的日子，除克新人月份断然不用外，克双方父母之月可用，但必须施行破除邪祟的巫术以保平安。在克新娘父母的月份结婚，出阁时其父母不能相送相见，而要躲进谷仓中关上仓门，再用糯谷把扎成罩披于头上，直待女儿走出寨门方可开仓出来。要是在克男方父母月份结婚，新娘过门前，新郎也不能相见，翁姑必须背向家园跨过有水的溪沟，待新娘进入新房之后再转身回家。禁忌与巫术是事物的两极，像硬币的两个面，如电的正负极，二者是相辅相成的。禁忌是避免做违心违德之事，以免招惹祸灾。巫术则是主动出击，认为必须那样做才能免除祸殃。水族在克父母之月成婚时所采取的措施，都是积极除邪的巫术。这些不过是水族从吉利的角度来淡化和消弭禁忌可能带来的祸殃，以求得精神上的解脱。其实从科学的角度来分析，只能算是一副自欺欺人的壮胆药罢了。

四、婚姻纠葛的巫术

在水族地区，恋爱较为自由，但婚姻多属包办。过去男女未曾相识而成婚者甚多，新中国成立后渐有改变，但进展缓慢。因此，对于男女青年来说，父母之命，媒妁之言，编织了他们婚姻的纽带。结婚组建家庭，传宗接代，劳动糊口，勾画出这类婚姻的全部轮廓。爱情是什么则说不清，摸不透，似乎生理上的简单满足是最高层次的享受，爱情不过是未婚男女之间的一种朦胧意念。由于婚姻基础脆弱，女方一旦得知男方的身世性格及家庭生产生活的真实状况，与媒人吹嘘的相去甚远时，则会采取不同的抵制方式。因此，也就产生了相关的原始宗教活动，如允亲又悔亲的挽救巫术，成亲后防止女方变心的挽救巫术，以及逃婚的挽救巫术及惩治的黑巫术等。

允亲又悔亲的现象在水族地区时有发生，这给长辈的社会交往及人际关系带来不利，加上要赔退相应的订婚经费，为此，家长多采取念鬼驱邪施行巫术来稳定女子的情绪。人们认为悔亲多由“沙朋”鬼作祟所致，解此鬼之后，还要给女子做思想安抚与开导工作。1989 年笔者采访了三都县塘州乡著名女巫师蒙金娥，她郑重其事地讲了几例解“沙朋”鬼获吉的家庭。雄寨村潘昌明之女允亲给高本村潘宗权之子，后来女方反悔，特地请其到雄寨村去念鬼，挽救这门亲事，现在小两口已生育了子女。采访当天，蒙金娥应邀为 4 户人家念鬼除邪。笔者参加了 2 场活动，其中一家是比寨潘老大为其妹念“沙朋”，在水沟边，以稻草为席，摆上 3 个杯子，用粽子叶编成的斗笠罩其上。行祭时，拿开斗笠，摆上酒、饭和肉给“鬼”享用，并杀鸭子代祭，还以几羽蘸血绒毛沾于斗笠上。在白米碗中，放着其妹贴身衣服的丁点纱布，念咒时抓 1 把白米向前方抛撒，意在让该女子随白米指引方向去她应当去的地方。“朋”在水语中做形容词时有浮动、蓬松、泡酥之意；“朋”做名词时，指用竹篾夹粽子叶编成的雨具。现在这种雨具多已消失，故以粽叶笠代之。由于“沙朋”鬼引起人心浮动，祭毕之后便将沾上鸭毛的斗笠抛于沟中，让鸭子顺水把鬼驮到遥远的天际。这依旧是运用巫术的相似律，企图靠类似的虚拟行动达到理想的效果，达到其目的。事后，这女子的婚事如何，尚未得到反馈信息。不过，水族婚姻巫术中只重鬼事，而轻人事，难免是一大失策。近年来不少女子不服包办，寻求自主婚姻，不少家长宴师施行巫术挽救都无济于事，也只好听之任之。

当媳妇过门之后，心神不定，有悔婚迹象，人们往往忽视抚慰措施而偏重祈求鬼神来稳定新媳妇的情绪。人们多以为是“姑秀”或“代傍”作祟。在解“代傍”时，要依照水书施行巫术，把新媳妇送回娘家后，再选吉日来夫家，路途中不准其回顾张望，同时由女方弟兄中的一人带上半碗大米，骑着马随行相送。到夫家之后，把这半碗大米摆在祭席上，取小两口贴身衣服上的一小块纱布放于白米之上。巫师念咒时抓白米抛撒，最后叫小两口将作祭席用的小方桌抬进屋。这样，人们认为鬼师通过二者的贴身布纱，为双方沟通了情感，能让夫妻二人心心相印。另外，巫师特别重视女方娘家送来的半碗大米，认为米魂功力极大，怀疑当初是娘家的米魂留住新娘所致。这反映了生产生活资料在水族原始宗教中的特殊地位。

在过去，当夫妇之间的冷漠、隔阂无法消除时，一些有勇气的妇女毅然逃婚，摆脱难以忍受的桎梏。为了找回妻子，男方除通过人事的努力之外，往往也施行巫术。这种巫术要请水书先生来主祭施行，多选择水书上的“地转”“告采”等鬼帮忙。巫师坚信这两个鬼能使逃婚者回心转意并返归故地。施术时除了祭品之外，还要女方穿过的衣服的一角，及田螺等施术物品。巫师认为施术后，逃婚者的心神会被大米召唤归来，其灵魂嗅到原来衣服的气味就会悠悠回归。最后，将田螺放于媳妇的房间内，就能得到招之能来、来之能留的效果。另外，过去有些男子对难以召回的逃婚妻子也施行黑巫术，以求泄恨。施行这种黑巫术多选用“代傍”“沙上”“姑又”等凶鬼操持的日辰方位，掌握受术方的名字、生辰及住址，尽可能找到受术者穿过的衣物，取下丁点布纱放在白米碗上。念咒毕，巫师让选定的伥子将酸鱼、刺把及代表灾难的自枯大蒜、蛇蜕、寡妇屋上长的草等埋入土坑内。施术者坚信通过开展这种巫术，借助受术者曾经接触过的物品，超自然的巫术就能制裁受术者，到达泄恨的目的。在水族的黑巫术中也有不少正义的黑巫术，例如被人抢去妻室或霸占女儿，碍于对方的实力，不得不祈求于鬼神而施行黑巫术。

此外，水族的寡妇再婚，在兑换寡嫁金的时候，过去都流行一些巫术手段，新中国成立后这些巫术手段逐渐消失，因篇幅所限不再赘述。

五、水族婚姻巫术的过去和未来

水族的婚姻巫术不过是水族原始信仰的一个方面，二者互为表里。其之所以表现得如此纷繁庞杂，主要原因是与水族社会历史进程的缓慢和居住于交通闭塞的山区环境有关，同时也与水族流传、保存的古朴巫书《泐睢》有密切关联。对水族社会历史文化的调查研究，不仅为数不多，而且起步较晚。过去，由于对民族原始宗教的研究尚缺乏应有的科学态度，因此使水族古文化的研究又远远地落后于其他兄弟民族。对于缺乏通行文字记载自己历史文化的水族来说，原始宗教包容了众多学科研究的内容。一个民族的文化传统，离不开本民族的神话传说。而且，也只有在这个迷宫中探迹索隐、洞幽独微，才能理出民族文化发展的线索，抓住民族心理形成的规律，真正道其底蕴、测其玄虚。因此，从水族婚姻巫术的种种表现，可以窥视出下列特点。

（1）所有的巫术行为都围绕着祈吉化凶、纳福除邪的目的来开展，既反映了生产生活中遇到的困难，又反映了重形象思维而轻逻辑思维的思维方式。

（2）水族婚姻巫术多来自对实际生活的体验，是水族为提高自己战胜困难与忧患的自信心的表现，斗争方式方法虽不可取，但斗争精神值得肯定。如20世纪90年代，水族地区偶有拐卖妇女事件发生。荔波县水家学会会长潘宠宪介绍说，甲占村一农户的妻子被拐到北方，男方则请水书先生施行救助巫术，其中用到女方一些原来的用品，还用倒毛鸡、反向转动纺纱车等，以此来找寻失踪的女人。

水族婚嫁现场

（3）水族婚姻巫术的原始特征鲜明，呈现群体性，并且几乎人人可为，而又人人遵守和传承。婚姻巫术多为自行操作，重实用性，无欺骗性或少欺骗性。

（4）白巫术多于黑巫术。大多数巫术研究学者认为拯救和帮助人的是白巫术，而意在害人的是黑巫术。水族婚姻巫术中白巫术占极大的比重，而黑巫术已逐渐消失。其实在黑巫术中，也有不少正义的巫术。

（5）水族婚姻巫术中，具有行为、仪式、咒语的完全巫术或规范巫术较少。如背新娘要折糯谷把罩头，当属于信仰转化为民俗及具有地方民族地域特征的巫术行为。

（6）水族婚姻巫术逐步嬗变，向文明方向发展。如由出阁通程背新娘到只背忌讳禁忌的路段；如若出现了狭路相逢的两个新娘，她们互赠毛巾和说祝福的吉利语以免灾的习俗，使对立的人际禁忌关系变为相互祝贺的友好交往关系。这些都表明了水族婚姻巫术由原始信仰领域逐步向纯伦理道德方面转化。

（7）水族婚姻巫术与水族的审美价值、实用功利、伦理道德、民俗活动等方面自然而紧密地结合。如背新娘举动及由弟兄辈打伞相送，除了宗教意义之外，还隐含了依附娘家、舅家实力的寓意等。

（8）水族婚姻巫术因地域差异及姓氏不同，出现了大同小异的婚姻巫术。

水族婚姻巫术世代流传，经久不衰，人们总是不知不觉地遵循前辈的信仰与行为，同时又表现为群体对个体行为的约束。因此，应当这样认识水族婚姻巫术：水族原始宗教信仰从其产生之时，就是群体的行为。水族婚姻的原始文化现象要深究的问题还很多，企盼得到多方人士的关注与指正。

第六章　神采水书

第一节　卯节：分四批节期 40 天，预祝谷物人口增殖

水族人口只有近 50 万人，而年节有端节、额节、卯节、苏宁喜、春节、七月半等 6 个之多，各地不尽统一。其中预祝谷物丰产的卯节分 4 批过，历时 40 来天；庆祝谷物丰收的端节分 7 批过，历时 50 来天。卯节以辛卯日为上吉，丁卯为至凶，年年择卯日过节，水书是择吉日的根本依据。卯节，是祈求粮食生产与人口生产双丰收的古老节日。

2007 年三都县水族过卯节的公祭场景

卯节、端节都是稻作文化的产物。卯节是预祝谷物丰收，端节是庆贺谷物丰收。卯节是过端节之外的一部分水族的年节，在水历九月至十月（对应农历五月和六月）期间分 4 批欢度。这个时节，水族人认为是绿色生命最为旺盛的季节，卯节因择卯日过节而得名，以辛卯为上吉，过节地域主要在三都和荔波交界的水族村落。水族古歌云：

第一卯，水利的卯；
第二卯，洞坨的卯；
第三卯，水扒水浦的卯；
第四卯，九阡的卯；
九阡大，吃卯殿后。

4 批卯节中，前三批在荔波境内，最隆重的末批在三都县九阡镇。

水族过卯节的公祭场景

水族的卯节、端节与水书和水族历法有紧密联系。水历是以稻作物候周期为主要依据制定的历法。东汉许慎在《说文解字》中释义“年”为“谷熟也”，谷熟举行的庆典为过年。在现代汉语中，“年”的本义早已消失。但是，水族端节、卯节具有互补性，且都是庆祝稻作丰收的节日。端节在稻谷成熟的水历年头、岁尾两端欢度，而卯节是在夏收夏种结束时段过节，二者正好印证古籍记载。追求人口增长与粮食生产丰收，是水族先民的头等大事。卯节开放数日“令会男女”，并企盼将青牛男女热恋的激情和旺盛的生育能力转嫁到禾苗上，实现人口与物质的双丰收。“食色天性”是卯节的深层意蕴，永恒的主题。

九阡镇地处三都、荔波、独山、榕江等县交界处，每逢过卯节，数万人在此聚会，卯节成为四县各族人民和谐相处、情感交流的纽带。水各有两座隔河相对的卯坡分男女，甘甜的清泉分龙凤，千年红豆杉分雌雄，石菩萨分公母，一切都是那么别具一格。水各卯坡原生形态的景观保护得那么好，无不与悠久的卯节有密切的联系，无不与水族先民阴阳相配、天地相依、万物有灵等信仰观念有关。

爱情是人类永恒的主题，卯坡——水族爱情的驿站。人类在情爱中延续，卯坡见证水族的发展，可谓是“卯坡源万古，情爱传千秋”。

一、绿色生命的旺盛季节——水历十月的欢笑

卯节是仅次于端节的另一个重大节日，卯节水语称为“借卯”。水族过卯节的时间在水历的九、十月间（相当于农历五、六月）逢卯日举行（丁卯除外，实在无法回避也在这天过节）。跟端节一样，卯节也分期分批过。从地域范围来看，过卯节的水族主要分布在龙江上游，即今天荔波县玉屏街道和茂兰镇和三都县的九阡、周覃等镇的水族村寨。

关于卯节的来历，水族有这样一个古老的传说：九阡地区水族的远祖拱恒公带领子孙们在这片土地上过着日出而作、日落而息的田园生活。但有一年，宁静美满的田园生活被打破，祸从天降，大批蝗虫把他们的庄稼吃光了。人们一筹莫展之际，拱恒公在夜间遇见六鸭道人，六鸭道人传授他灭虫灾之法。第二天，他连忙吩咐子孙们打扫屋宇，并将收集的灰尘撒到稻田里，结果蝗虫成片死掉，庄稼又长出了新芽。为表示对六鸭道人的敬仰和感激之情，人们决定在每年农历辛卯这天都要备办酒肉祭祀他，之后便演变成卯节了。

2014 年荔波县水族民众在新修的卯坡上举行公祭活动

过卯节的时间正值初夏时节。此时正是栽秧上坎之际，即《水书》解释的“绿色生命最旺盛的时节”，也正是农业自然灾害多发期。为避免自然灾害的降临，保证绿色生命旺盛生长，过节的时间必须回避“丁卯”日。因为水书记载“丁卯”属火，视为“凶日”，丁属火，乃旱象，不利于庄稼的生长。相反，过卯节如逢“辛卯”日则被认为是“最顺利的日子”，人们在这一天祭神、娱神，祈求神灵保佑风调雨顺、五谷丰登，是最吉利、最灵验的。因此，过卯节的具体时间要根据水书严格推算。

水族的卯节一般分四批过。过卯节的先后和地方的选择，水族民歌是这样唱的：“第一卯，水利的卯；第二卯，洞坨的卯；第三卯，水扒、水浦的卯；第四卯，九阡的卯。九阡大，吃卯殿后。”随着社会的发展，水族与汉族接触往来日益频繁，前三批的卯节（都集中在荔波县境内）的节日氛围日益淡化，有的地方甚至已放弃过卯节而改过汉族的春节。但九阡的卯节却保存得相当完整。时至今日，每年九阡地区水族过卯节仍然是热闹非凡，卯坡上更是人山人海，歌声此起彼伏。

在水族地区，过端节的水族不过卯节，过卯节的水族则不过端节。这是一个比较有趣的民俗现象。有人以此研究认为水族主要来源于过端节和过卯节的这两个群体。过卯节的人们，是水家的一个古老部族，其规模仅次于过端节的这一古老部族。今天的水族，过端节的群体和过卯节的群体在语言、服饰、习俗等方面，仍然存在比较大的差异。如前所述，祭祖是端节活动的一项重要内容。卯节也讲究祭祖，但除祭祖外，卯节期间还要祭祀六鸭道人，到稻田边祭祀禾神，到水井边祭祀水神，到卯坡祭山神，等等。不仅如此，供品也与端节不同，卯节不以素食供食而是以荤食为供食，是以猪肉为主要供品。卯坡对歌也取代了端节的跑马。

2014 年荔波县水尧卯坡公祭场景

二、卯节释“卯”——命门，生发开启与青春的呼唤

“卯”，水书写作◁▷。《〈说文解字〉注》引《律书》云：“‘卯’之为言‘茂’也，言万物茂也。”《晋书·乐志》亦云：“卯，茂也，谓阳气生而孳茂也。”这与水书解释的卯节期间是“绿色生命最旺盛的季节”的内涵一致。

水语中的“卯”字还有开发、启动之意。水书习惯倒写和反写，若将水书的“卯”字转 90º 就变成“△▽”，即为黑暗消失，天地分开，万物复苏、生发之意。水家嫁女发亲和起房造屋甚至发丧出柩多择卯时，缘由于此。加上节日的时间选择在水历的九、十月间，万物则更加生发茂盛。这对于人丁的繁衍、禾稻分蘖都是十分重要的。

2005 年卯节祭祀田神和稻神场景

水族由中原睢水流域南迁融入百越族群，是骆越的后裔。自古以来，稻作农业一直是水族最重要的支柱产业。面对农业生产中经常出现的干旱、洪涝以及病虫害等自然灾害，人们往往束手无策、无能为力。因为在生产力水平很低的情况下，人们征服自然、战胜自然的能力十分有限。即便是水族远祖拱恒公也只能是“仰天遥望，长叹不已”。这时人们所能做的是求助于神灵的保佑。为了得到神灵的保佑和帮助，让其降福于人间，为人类消灾除难，除用供品祭拜神灵外，还要想方设法取悦于神，尽量让神高兴。于是为了娱神乐神，人们放开歌喉，互相对歌，尽情歌唱。所以卯节活动中的卯坡对歌也就成为卯节活动最重要的环节之一。

卯坡对歌，年轻人是当然的主角。人们以歌娱神、娱人，目的在于求神保佑粮食丰收、人口增长。通过卯坡的对歌活动场面，人们还可以预示秋天的收成情况。现在，民间还流传有这样的说法：“卯坡上的草，被人践踏得越厉害，当年定有好收成。卯坡上，哪边山坡会聚的人多，与之相对的村寨就会人丁兴旺，五谷丰登。”每年来到卯坡上观看或参加对歌活动的人数上万，卯坡上人山人海，歌声此起彼伏，热闹非凡。因此，卯节又被誉为水族的“歌节”。

卯坡对歌结束之后，人们还意犹未尽，夜晚还要在村寨的歌堂继续对歌，这种对歌活动常常通宵达旦，持续两三天。在卯节对歌，谁的歌声最优美动听，谁就能得到众人的大加赞赏。如果歌手是未婚男女，往往还会赢得异性歌手的爱慕，若双方情投意合，经过一段时间的恋爱之后，双方就会结为秦晋之好。因而又有人说“卯节是年轻人的节日，卯坡是年轻人的媒娘，歌声是年轻人交往的桥梁”，确实是非常贴切的。

由此不难看出，有旺盛生命的青年无疑是卯节的主体，热恋情爱与旺盛生育力又是年轻人最突出的特点，人口增殖就是过卯节的一个重要目的。借年轻人旺盛生命力转嫁到即将抽穗打包的禾稻上，运用此巫术原理，期冀稻谷丰收，又是卯节的另一个重要方面。

三、祭祖树、祭稻田、祭卯坡——古代社祭的遗风

卯节来临，家家户户都要清扫屋子，备办节日所需的物品，等待节日的到来。卯节的前一天中午，人们便杀猪宰鸡，准备好祭祖所需的供品。晚饭前，祭祖仪式正式开始。供桌设于神龛前，桌上摆满各种丰盛的供品，鸡、鸭、鱼、猪肉以及米酒、豆腐、糯米饭，一应俱全。

祭祖仪式一般由男性家长主祭。仪式结束，家人才可入席吃“年夜饭”。卯节当天早上，这种祭祖仪式还要举行一次。与端节最大的不同在于卯节除祭祖外，还要祭祖树、祭稻田、祭卯坡等。这些祭祀活动与古代的社祭有相似之处，被认为是古代社祭的遗风。

民以食为天，古人对养育人类的五谷，总是崇拜有加，视若神灵。由此逐渐形成了中国古代以祭祀五谷为主体的社祭仪礼，社祭又称为“祭社稷”。“社”即土地，“稷”即五谷，祭社稷也就是祭祀土地和五谷。因为五谷生于土地，没有土地也就没有五谷可言，没有五谷人类也就无法生存，没有人类也就没有国家可言。所以古人对社稷的崇拜程度，于天、于祖先有过之而无不及。后来“社稷”也就成为国家的代名词。《白虎通·社稷》云：“人非土不立，非谷不食。土地广博，不可遍敬也；五谷众多，不可一一而祭也。故封土立社，示

有土也；稷，五谷之长，故立稷而祭之也。”水族卯节祭祀祖树、稻田和卯坡，与古代的祭祀社稷极为相似。随着时代的变迁，社会的发展，这些祭祀活动已不太盛行，有的村寨只祭稻田，有的村寨只祭祖树，但九阡水各的卯坡每年都在祭祀祖树、稻田和卯坡。

祭祖树、稻田和卯坡的时间一般在卯节的当天进行。祭品有猪肉、糯米饭、米酒、豆腐等，此外，一把谷穗是必不可少的。祖树大多位于村寨附近，多为参天的古树。水族信仰多神，形状怪异的石头、高大挺拔的树木往往被认为是神灵的化身而加以崇拜。

卯节祭祀祖树一般以家族或一个村寨为单位集体祭祀。其目的主要是祈求树神保佑全家族或全村寨风调雨顺，农业生产五谷丰登。因为这一段时间农作物灾害频繁，人们相信进行树神祭祀可以有效遏制自然灾害的发生，效果灵验。过去，水族许多村寨都有一片公共的稻田叫“韵娘田”，祭祀费用均由此出。现在“韵娘田”不复存在，所需费用由全寨各户均摊。祭祀时，由水书先生主持，每户派一人做代表参加，供品主要有肥猪一头、酒、糯米饭以及香、烛、纸钱若干。祭祀当天进入村寨的各个路口都插上草标，严禁外人擅自闯入。祭祀活动在被奉为神的大树下进行，众人先生火烧水杀猪，煮猪肉稀饭，然后将煮熟的猪头、糯米饭、猪肉稀饭等摆放在簸箕内供祭于树根下，仪式正式开始。水书先生是祭祀仪式的主角，他要念咒语祈祷一番，燃香化纸后，还要将酒杯中的酒泼洒在树根下，祭祀仪式告一段落。随后众人在树下聚餐会饮，庆祝祭祀活动圆满结束。村寨祭祀树神的活动通常要持续一天。2004 年，笔者和石国义先生曾参加三都县九迁地区系大石姓的祭卯活动。

祭稻田现在都以家庭为单位进行。祭品除上述外，有的还有煮熟的螺蛳。祭稻田的地点都在自家的田边。届时，主人在田边摆设祭品，插上一枝树枝，将谷穗挂在树枝上，然后再烧香化纸，祭拜禾神，请求赐予好的收成。

卯坡是卯节对歌的场所。据传，以前各个批次的卯节都有固定的卯坡。后来由于改过汉族的春节，有的卯坡渐渐为人们所遗忘。现在九阡地区还有几个卯坡保留下来，其中以水各的卯坡最为著名。每年卯节的这一天，水各的卯坡都是人山人海，热闹非凡，人数多达万余人。与端节到端坡赛马一样，上卯坡对歌之前，也要由寨老主持隆重的祭祀土地神仪式后，众人方可上山唱歌。祭祀卯坡的内容主要有两项，一是祈求土地神保佑，庄稼茁壮成长，水稻谷穗饱满、秸秆粗壮。正如卯歌所唱的那样：“别人的稻子，用摘刀收割，我们的稻子，要用斧头来砍。”二是请求土地神保佑卯坡对歌活动顺利进行，平安无事。因为卯坡对歌，是青年男女谈情说爱的大好时机，任何人都可以在卯坡上通过歌声，向异性倾诉衷肠，因而出现争风吃醋的事也在所难免。所以寨老都要这样唱道：“午日没有忌，未日没有凶，卯日是大吉，古老创造这个节日，让大家来相聚。未婚姑娘小伙只管尽情对歌，今天是你们的美好时光，已婚的男女自己管好自己，以免惹祸遭殃。只要青年人纵情地欢乐，年末就会有好的收成。”祭罢卯坡，众人欢呼雀跃，奔上卯坡，对歌活动正式开始。1979 年，笔者随三都县九迁镇石板寨人士潘老发去卯坡，他讲述了这段唱词。

2013 年三都县水各卯坡自由对歌的未婚男女

四、奔者不禁——封建禁锢下的自主婚姻追求

水族男女婚配，由于长期受到封建主义包办婚姻的影响，也很讲究所谓的“父母之命，媒妁之言”。青年男女从恋爱到成家，家族父母多有干涉。如

果得不到家中父母的认可，有情人是难以终成眷属的。但这种情况在卯坡上却是个例外。许多家庭不但不反对年轻人在卯坡上以歌传情，而且对在卯坡上相中的意中人采取宽容的态度，不予干预。因此有人说：“卯节是年轻人的节日，卯坡是年轻人的媒娘，歌声是年轻人的桥梁”，这样形容确实是非常贴切的。卯坡对歌为青年男女自由恋爱大开绿灯，不少人就是在卯坡上通过对歌后定下了终身。

水族婚姻形成，以平常的包办婚姻和卯坡上的自主婚姻并存，水族婚姻状况似乎十分矛盾，其实非也。卯节对歌的目的在于以歌娱神，让神高兴，神就会保佑风调雨顺，人寿年丰。相反，则可能导致农业歉收，诸事不顺。而娱神的任务要由年轻人来完成，所以没有年轻人的纵情欢乐，就不可能有神的快乐。为了让神感到愉快，家族父母只能做出妥协让步，不敢对卯坡上年轻人的行为横加干涉。因为，得罪了神后果是非常严重的，谁也承担不了这份责任。看来在神的巨大威力面前，封建包办婚姻的观念也只能做出让步，年轻人因此成了卯节最大的受益者。但是“奔者不禁”仅限于卯节对歌的两三天，两情相悦者可成婚。过了这几天，依旧要回归媒妁之言的婚姻轨道。

第二节　端节：分七批节期 52 天，庆贺谷熟辞旧迎新

桂花飘香在水族历法的十二月至新年正月的谷熟时节，水族就在水历年终岁首时段欢度盛大年节端节——辞旧迎新，庆贺丰收，祭祀祖先，聚会亲友。

2018 年，国务院将每年农历秋分设立为“中国农民丰收节”。水历上下半年的分界点是春分和秋分，水族端节是悠久的农民丰收节。

2009 年 9 月都匀市翁降村水书先生韦国权端节祭祖场景

水族端节所蕴含的文化内涵极其丰富：一是端节习俗记载，反映水族历法与中原文化深邃而悠久的底蕴。国务院批准“水书习俗”入选首批非遗名录，意义十分重大；二是端节习俗活态传承着水族早期诸多的文化嬗变信息；三是端节习俗是世界上批次最多、历时最长的年节；四是端节习俗反映了庆贺丰收、辞旧迎新、祭祀祖先、聚会亲友的丰富内涵。

水族端节是唯一获得国家级首批非物质文化遗产名录的水族节日，并与国家级非遗项目“水书习俗”紧密相连，成为诠释中原谷熟庆典遗风、水族天文历法、水族氏族社会等最生动的节庆民俗活态资料。

端节，或称为瓜节，过去三都、荔波等县迁到黔东南一带定居的水族同胞将端节称为瓜节。端节是水族古代血缘氏族部落谷熟庆典的遗风，在水历年底岁首两端的谷熟时节，按血缘、氏族、村寨及地域分 7 批过节，历时 50 余天。过节地域为贵州省都匀、独山、三都、荔波、榕江、丹寨、雷山、从江等县市，以及广西北部地区的水族村寨。水族的年节不尽统一，因地域不同而有 6 个之多。因过端节的人数最多、地域最广、历时最长，故有盛大节日之称，端节也是世界上批次最多、历时最长的年节。2017 年 3 月 20 日，水族端节被世界纪录认证英国总部认证为“世界最长的传统节日”。

1986年，笔者为《黔南民族节日通鉴》撰写水族节日志，包括端节、卯节、霞节、苏宁喜节。后来受三都县人民政府全权委托负责“水族端节”申报首批非遗名录工作，又承担“水族端节”的研究工作。这对加深端节文化的理解起到了积极的促进作用。

AMAZING RECORD HOLDER

WORLD RECORD CERTIFICATION

Certificate title: Worlds Longest New Year Festival

世界最长的传统节日

The Shui nationality Duan Festival (the lunar new year) lasts from August until October, or the equivalent of the twelfth month of the Shui calendar until the second month of the Shui calendar. Hai day is the major day of the Duan festival. Days named Wu, Wei, Shen, You, Xu mark the festival period as well.

According to ancient practice, people celebrate the festival in turns, changing the place of celebration seven times every seven days for a grand total of forty-nine days.

水族端节，水历十二月（农历八月）至水历新年二月（农历十月）期间，以亥日为主要端节，亦有午、未、申、酉、戌日为端节的节期，按古老惯例分地区、分七期分批轮流过节，每期七天，前后共49天

Licensing organization: World Record Certification Limited

颁证机构：世界纪录认证英国总部

Date of issue: 20th March 2017

颁证时间：2017年03月20日

JUSTICE AUTHORITY

www.look01.com

水族端节被世界纪录认证英国总部认证为“世界上最长的传统节日”

一、端节习俗蕴含着中原悠久的古文化信息

1. 水族端节与汉字“年”的联系

水族端节与中原古文化的内在联系十分紧密。东汉许慎在《说文解字》中解释“年”的本义是“谷熟也”。古代“禾谷成熟之期曰年”，“谷熟庆典曰过年”。汉字“年”及“过年”习俗，是古代华夏以农业为立国之本、以稻作物候为历法基准的重要文化特征。

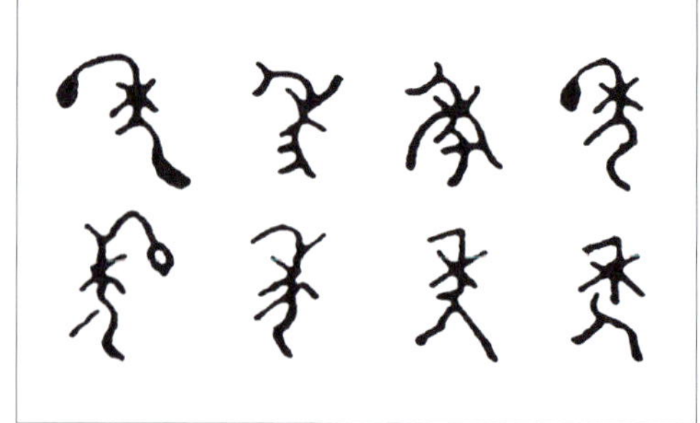

甲骨文和钟鼎文的“年”字形

“年”，甲骨文、金文作谷穗成熟下垂之象形。“年”的

象形字，以一个人背负成熟谷穗为主要表意。这是文字发生学给汉字“年”所下的准确定义。现代汉语词汇中，“年成”还保有“年”的意蕴。但是，在现代汉语中，“年，谷熟也”的本义早已湮没、消失。汉族过年在腊月末（即年尾）正月初（即年头）。此时，不是谷熟季节，时令与“年”的本义不吻合，庆贺的内涵也不是稻谷丰收。在《南开语言学刊》2005 年第 2 期刊载笔者《水族历法与端节准确诠释汉字“年”的本义》一文中，对“年”的本义进行了详细的诠释，在此不另赘述。

古代，中原称新年正月为端月，端月首日为端日。这些或许在现代汉语和汉族习俗中早已消失，但在水族社会中传承数千年而不衰。水族地区至今依旧如此称呼，依旧活态传承着“谷熟庆典曰过年”的习俗。

2. 水族历法与中原古历法、八卦、二十八宿的关系

下面的对照表就能简明地反映出历法中蕴含的深邃文化内容。

端节依据水书上的水历推算日期，与中原古文化的内在联系十分紧密。水历每年分为 12 个月，正月建戌，正好与秦历（颛顼历）、周历（黄帝历）、殷历、夏历的正月形成依次递进关系。水族历法的正月对应农历九月，年终十二月对应农历八月，正是桂花飘香，稻谷成熟时节。端节就在水历的年终岁首阶段，按地域分批分期来过。

水历季节的卦象变化与年终岁首端节月份的内在联系可参见下表。

水历季节的卦象变化与年终岁首端节月份资料表　　潘朝霖 制表

水历物候	古水历上半年 冬季： 粮食作物收藏期						古水历下半年 夏季： 粮食作物播种 生长 收割期					
季节变化 卦象演变	冬季卦象：从余热走向严冬 阴气渐衰 暖气渐升						夏季卦象：从微寒转入盛夏 阳气渐弱 阴气渐长					
水历	1月	2月	3月	4月	5月	6月	7月	8月	9月	10月	11月	12月
阴历	九月	十月	冬月	腊月	正月	二月	三月	四月	五月	六月	七月	八月
月建	戌	亥	子	丑	寅	卯	辰	巳	午	未	申	酉
五行	土	水	水	土	木	木	土	火	火	土	金	金
卦象	䷖	䷁	䷗	䷒	䷊	䷡	䷪	䷀	䷫	䷠	䷋	䷓
卦名	剥	坤为地	复	临	泰	大壮	夬	乾为天	姤	遁	否	观
节令	寒露	立冬	大雪	小寒	立春	惊蛰	清明	立夏	芒种	小暑	立秋	白露
中气	霜降	小雪	冬至	大寒	雨水	春分	谷雨	小满	夏至	大暑	处暑	秋分

端节与水族悠久的历史文化有紧密联系，与唐代贞观三年（629）建制的婆览县有关。婆览县政权虽然旁落，依旧在民间节日排序中有实际的影响力，水历新年的第一个亥日端节，但依旧由端十六的水婆端主导。在唐朝，水族形成单一民族之后，水族先民原来使用的文字才贴上“水书”的标签。

二十八宿，水、汉有差异的是12个。水家以雷代蛟、竹留代貉、太阳代狐、妇代蝠、鱼代貐、螺代狼、水獭代猿、鹅代犴、鬼代羊、蜂代獐、鹰代乌、蜘蛛代鹿。究其原因，水族在自我确定二十八宿物象或移植引进汉族二十八宿物象时，把万物有灵的原始宗教信仰、天体及天象崇拜、生育崇拜、图腾崇拜、鬼神崇拜等杂糅交混在一起。

《史记·天官书》云：“毕动兵起，月宿多雨。”相信毕星有支配下雨的神性。《史记·仲尼弟子传》有“月离于毕，俾滂沱矣”。水族民间求雨重毕宿，求雨时一定要摇动鹰的羽扇，因为水书的毕月乌的宿象是老鹰。摇鹰羽扇就是扇阳风，是引雷雨的绝招。这种现象与汉族古籍中的记载有惊人的相似之处。

3. 水族端节择日的主要特点

（1）端节“辞旧迎新”，不是在水历年终十二月最后一天过“除夕”，也不是以新年正月“初一”过新年。

（2）“逐亥日过端（tsan⁶ van¹ ʁa:i³ tsje¹ twa³）”是以地支亥日为主干来推算节期。

（3）水历新年正月的第一个亥日，要确保“端十六”的水婆端过节。这是唐朝贞观三年（629）在恒丰设置羁縻婆览县，政权民俗化之故。

（4）端节择日最简便的方法是：以“端十六”的水婆端为原点，往前延伸两个亥日是都匀套头端节，三都县水东、拉佑端节；往后延伸两个亥日，分别是三都县三洞、中和端节和水昂端节。塘州端节紧挨着“端十六”之后的地支“午日”过节，故民谚有“亥端婆，午端潘（亥日是水婆端节，午日是塘州端节）”。三洞端节之后的未日是牛场的端节。原点测日法，避免水历十二月出现3个亥日带来麻烦。

（5）端节日期常规的推算方法十分复杂：水历十二月出现2个亥日，正常过节，第一亥日都匀套头地区过节，第二个亥日为水东、拉佑过节。若水历十二月出现 3 个亥日，第一个亥日不过节，第二个亥日都匀套头地区过节，第三个亥日为水东、拉佑过节。

过去民间水历十二月如果出现 3 个亥日，套头在第一个亥日过节，那么就将原来共过一批端节的水东、拉佑分成 2 批，内部调节先后过节顺序，通知亲友，这样就不会使端节出现长龙断腰现象。这种调节方式执行起来难度很大。过去因当年水历十二月有 3 个亥日，曾出现套头端节分两批过节的失误。为此，在 2018 年，都匀市水家学会召开专题会议，并邀请水书先生参加，进一步明确水历十二月若有 3 个亥日，则第一个亥日套头不过节的决议，沿袭了古俗。

（6）每批端节，都有自己的“除夕和初一”，但这不是水族历法的年终岁首。对外介绍端节，为使其他人容易理解，将端节“戌日和亥日”“巳日和午日”“午日和未日”比喻为农历的除夕和初一而已。

为了把水族端节复杂的择日程序明了直观地反映出来，笔者花了较长的时间绘制成“水族端节（7 批）日期批次推算表”，帮助理解端节日期的构成与顺序。

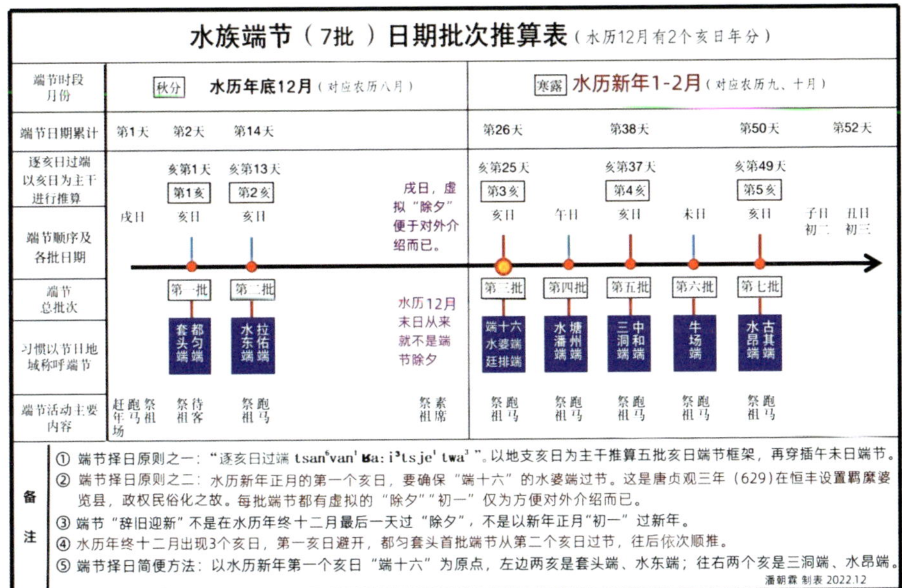

端节批次有 7 批，总天数为 52 天：亥日时段 49 天加上首批戌日再加上末批初二、初三。跑马日期，套头为戌日，其他地区分别为亥日、午日、未日。

由此观之，水族端节是世界上批次最多，历时最长的年节。

4. 水族端节“逐亥日而过”的古文化底蕴

水族端节当为古代祭祀先农习俗的遗存。《唐书·礼乐志》中“吉亥祀先农”说的就是古人习惯选择秋收季节中一个吉利的亥日来祭奠先农们。祭祀先农，古代称为籍田礼，北京先农坛就是典型的纪念物。《礼记·月令》载：“天子三推，三公五推，卿、诸侯九推。”至清末始废。

2004 年 11 月 3 日三都县举办端节的活动场景

端节，在水族历法年终岁首的谷熟阶段欢度，辞旧迎新总是在年头岁尾阶段，这与稻作物候的水历有关，并源于古代血缘氏族部落谷熟庆典的遗风。《贵州通志》载：水家苗都匀有之，有韦蒙二姓在内外套与花苗杂居，每岁中秋月首戌日赶场，亥日过端节，以晴雨主是年之丰歉。这正记述了当今归兰水族乡的水族过端节的情况。

古代有“三正九端”之说，这是指汉族、布依族分三批春节，水族分 9 批次过端节。星移斗转，现存的端节尚有 7 批，主要以亥日来推算确定各批次的日子。其间，还有在午、未、申、酉、戌日过节的，都穿插在第三个亥日之后的时段中。从首批到第七批，正常年景节期相隔 49 天，加上首尾的“除夕”和“初二、初三”实际过节时长达 52 天。若逢水历年底十二月是闰月，或逢年底十二月有 3 个亥日，首尾批次相间达 60 余天。水族民谚“同劳动，套头先吃；共辛苦，兰岭关尾”，就体现了水族端节首尾两批过节的地方性特色。

二、端节，水族悠久历史文化的缩影

端节是水族稻作物候历的起点与终点的交汇时节。端节与悠久的水历、水书、社会历史具有紧密联系。

端节与水族悠久的历史文化有紧密联系，端节的日期批次的确定与唐代贞观三年（629）建制的婆览县有关。端节是水族社会古代政权的民俗化的缩影。水族姓氏中的大姓，首推韦姓。在水族历法年终十二月出现的第一批、第二批端节，在水历新年正月出现的第三批端节，基本上都是以韦姓、蒙姓及王姓氏族的村寨为过节的主体。端节是世界上批次最多、历时最长的年节。

关于端节来源，与迁徙有关的传说叙述了水族先民在神鸟的引导下，溯流而上来到都柳江、龙江上游一带，因各个血缘氏族的村寨走访不便，就以鱼卜决定过节批次。端节祭祖，有的是为悼念开辟领地牺牲的先祖，怀念家族中过世的前辈而举行祭典活动；有的则是源于水族传说，水族祖公上屋顶摘大南瓜来酬劳聚会的子孙坠落身亡。这些都是后世的传说，其史实当与最初血缘氏族部落谷熟庆典有直接的关联。

端节是按地域分批分期来过，所以水族人民有“三九端”的俗语。这就是说，汉族、布依族分 3 批过春节，水族分 9 批过端节。过端节的具体时间及地点如下：

1. 第一批端节

时间以水历十二月的第一个地支亥日为端节“初一”。过节地区主要为都匀市归兰水族乡的基场、阳和、奉合等地，丹寨县小羊昌等地，以蒙、韦二姓氏族为主。在水族传说中，套头地区是大哥的住地，是迁徙先遣主力到达的最北端之地，每年的端节从这里开始，再依次往其他地区推移。如果水历十二月出现三个亥日，则在第二个亥日过节，防止端节龙断腰。

2. 第二批端节

时间以水历十二月的第二个亥日为端节“初一”。过节地区主要是三都县拉佑、苗草、水东地区，以韦姓氏族村寨为主。如果该月有3个亥日，为防止脱节现象出现，即民间所谓“不让过节龙断腰”，这些村寨要分成两批过节，内部协商过节先后，但实际运作很难。

3. 第三批端节

时间以首批端节下推的第三个亥日为端节“初一”，并且一定是水历正月的第一个亥日。这批端节，俗称“端十六”，此批端节的影响范围最广、过节人数最多。过节地区主要是三都县板料、良村、水韦、水龙、安塘、坝街地区，以韦、王、张、莫等姓为主。此外，还有独山县天星，荔波县佳荣、甲站，榕江县平永、新华，雷山县达地等，以韦、石、陆、杨等姓为主。而三都县都江镇羊福乡排外、党虾、羊甲等地区的韦姓以酉日为端节“初一”；排引、孔荣、从木、里搞、西引等地的韦、杨、潘、李姓，以戌日为端节初一。因为酉、戌日紧连亥日，由第三批端节演变而来。

4. 第四批端节

时间以第三批端节亥日之后7天的地支午日为端节“初一”。有“亥端婆，午端潘”之说，指的是亥日为水婆端，午日为水潘端。过节的群体主要是三都县中和镇及九阡镇一带的潘、石等姓。另外，三都县普安镇羊基、弯寨，以及都匀市归兰水族乡光荣村的潘姓，也过此批端节。为计算方便，都固定在水历正月的第一个午日。这是第四批端节氏族散居之后，内部存在的联系。

5. 第五批端节

时间以首批端节下推的第四个亥日为端节“初一”，其一定是水历正月的第二个亥日。过节地区主要是三都县中和镇、九阡镇石板，以潘、石、杨、陆、王、韦、蒙等姓为主。此次还有丹寨县龙泉镇高排，榕江县三江水族乡故衣村，以及塔石、八开、新华地区的潘、王、杨等姓。

6. 第六批端节

时间以第四个亥日之后八天的未日为端节“初一”，过节地区主要是三都县牛场、沙纳、行尝等地，以陆、刘、潘、胡、王等姓为主。

7. 第七批端节

时间以第一亥日下推的第五个亥日为新年初一，是最后的端节，大约在水历正月下旬或二月上旬。过节的主要是三都县三洞乡兰岭、古成、姑奇、水碾及九阡镇水昂，榕江县水尾乡上下午村等地的石姓。因此，水歌有“同干活，套头先吃，都辛苦，兰岭关尾”之句。1981 年，三都县三洞乡兰岭、古成、姑奇、水碾等村寨改端节节期为第四个亥日，与达便、水根同批过节，以缓解客流量高度集中的压力。

为便于观览端节各批次日期情况，笔者把多年来搜集的资料排列成《水族端节一览表》。因篇幅所限，在此省略。

三、端节的主要活动

辞旧迎新、庆贺丰收、祭祀祖先、款待亲友是端节活动的主要内容。其间有敲击铜鼓、革鼓、赛马、吹笙跳舞、唱歌等娱乐活动。为了备足年料和邀约亲友，端节前的一两天要赶年集“端节场”。此外，还要开鱼塘捞鱼、杀猪宰牛、打豆腐等。

祭祀祖先活动多在端节当天的两餐之间举行。以亥日端为例，从戌日晚到亥日上午（相当于汉族春节的除夕到初一上午）是祭祖吃素时间。传统祭祖是以家庭为单位，过去多在“除夕”后半夜于堂屋中举行。初一午后才开荤待客。水族祭祖吃素，只忌陆地上动物油肉，不忌水产类，还以鱼作为主祭品。水族人民崇尚鱼有一定的来历。据说远祖南迁融入百越族群之地，一日三餐有鱼虾，鱼和饭难以分开。北迁之后，难得吃上鱼，人们更加怀念先祖和故土，所以每逢祭典，鱼是必不可少的珍品。三都县、独山县习惯将鱼制作成鱼包韭菜和炕鱼。鱼包韭菜是传统的祭祖珍肴，祭祖时，在正堂供桌上摆上鱼包韭菜、炕鱼、豆腐、糯米饭、米酒、南瓜、茄子、花生、葵花和糖果等馔品。

有的还用竹篼盛着各色衣着首饰及糯米粑摆在一端，表示丰衣足食。另外，将犁、锄、镰等生产工具摆在另一端，提醒人们继往开来，靠劳动去创造财富与幸福。有的习惯用簸箕设地席供祭。有的还在门外设便席，铲上一铲炭火，放上烟杆与拐杖，以迎接外出渔猎的先祖的魂灵。有的人说，远祖已不再登门享用，已让位给新鬼。

鱼包韭菜是水族珍贵的祭祖供馔，也是盛大年节端节的主要祭品。

鱼包韭菜的制作，要选用半斤至两斤左右的鲜活的鲤鱼或草鱼，沿背部剖开，保持腹部相连，除去内杂后清洗干净，再在鱼腹内洒上料酒，加入食盐、糟辣椒、生姜、花椒、大蒜等佐料去腥提味，接着将广菜及韭菜填充鱼腹，然后将鱼身合拢包住蔬菜，再用摘糯的草心扎牢，放入大锅内清炖或在大甑子中清蒸四五个钟头即成。

祭祖珍肴鱼包韭菜，源于深层的交感巫术文化信仰。主要由鱼、韭菜、广菜的特性叠加引申出来的。鱼是水族的图腾崇拜物，形体可爱、机敏灵活且营养丰富，繁殖能力强；韭菜割了又长，长了又割，生命力最顽强，且有鲜

水族端节三都、独山等地盛行祭祖供馔鱼包韭菜

香味，既可除去鱼的腥味，还可强肾健身；广菜是蔬菜类中长得最高大的一种，为叶用芋，属多年生宿根草本植物，长长的叶柄可食用。祭祖的目的主要是祈求人口增殖，民族强盛。这三种食材叠加在一起做成祭品，经过祭祖得到祖宗神灵的认可，人们认为食用鱼包韭菜之后将促进人口增殖的神效。

其实，古代用鱼祭祖很神圣，称为“鱼牲”或“牲鱼”。《周礼·夏官·司马四》载：“大祭祀飨食，羞牲鱼，授其祭。”汉代郑玄注曰：“牲鱼，鱼牲也。”由于年节祭祀更是不能缺鱼，所以衍生出“岁岁有余（鱼）”一词。韭菜是祭典名菜，《诗经》中多有用韭菜祭祖记载。河南睢县的名菜糟鱼，制作方式与鱼包韭菜相似，只是以大葱填充鱼腹，通常要文火慢炖五六个钟头才出锅。水族先民从睢水流域南迁融入百越族群，鱼包韭菜或许蕴含着远古的族群迁徙信息。

祭祖这天晚上，有铜鼓的人家将鼓摆出供祭，洒上米酒之后才悬挂敲击。蒋廷瑜《铜鼓史话》载：水族在九月节举行招魂仪式后，就把藏在家中的铜鼓拿出来，悬挂在门前，先以三杯酒供神，再将酒洒在鼓上，方可敲击。记载的正是这一习俗，只不过多悬鼓于堂屋之中。端节到，铜鼓响，村村寨寨喜洋洋。鼓声往往昼夜不停，经旬不绝，使水族山寨沉浸在欢乐的节日气氛之中。水族是由中国古代南方百越的一个支系发展而成的，是铜鼓文化的创造者之一，是酷爱铜鼓的民族。击铜鼓往往以大革鼓做伴奏。击鼓者俯身，头朝鼓面，将吊绳别于左腋后，右手执锤按谱点敲击太阳纹，左手持富有弹性的竹鞭打击鼓腰配音。此外，一人俯身持无耳木桶，随着鼓点的起落来回向鼓腰抽动，控制气流以调节共鸣声的大小，取得抑扬顿挫的音响效果。都匀市王司镇敲铜鼓不用共鸣木桶，节奏明快，热烈奔放，富有舞蹈伴奏的乐感。水族地区在节日期间还跳铜鼓舞。舞蹈有栽插、收割及聚会欢庆等动作，随着鼓点节奏，舞蹈者踏着矫健步伐，旋转跳跃，或急或慢，最后在急密如暴雨的鼓点声中戛然停止，给观众以兴奋愉快之感。节日期间，人们常在酒兴之余击鼓娱乐。

每批端节都有类似于农历的除夕与初一的日子，但不是水族历法的年终岁首邻近的两天。第一批、第二批、第三批、第五批、第七批端节类似于农历除夕和初一的日子是水历的戌日和亥日。第四批塘州端节类似于农历除夕和初一的日子是“巳日和午日”。第六批牛场端节类似于农历除夕和初一的日子是午日和未日。

端节祭祖在“除夕和初一”。“除夕”祭祖过去在深夜举行，不喧哗，静悄悄地举行。这是由于老人告诫，水家来到新的地方能有一口吃的，已经很不简单了，要收敛一点。丹寨县小羊昌还保留着古朴的习俗，祭祖分两席，妇女围坐在神龛下的供席，男人们只能围坐在中柱下用簸箕设置的地席。

2008 年端节三都县水根村潘永行家亥日上午的家庭祭祖场景

“初一”上午的“友端”或“恳端”(意为喊端，即挨家逐户吃祝贺新年饭）最有特色。祭祖期间，多为家庭与家族的团聚。人们常常在半夜就开始张罗供馔之事，有的围着簸箕设地席，先合家吃团圆饭。开祭时，往往要念祭祖咒语，追溯民族来源，召唤先祖来享用，祈其护佑。汇聚而来的大人团坐在供桌边，相互举杯祝福。尾随而来的孩童们除了吃糯米饭、豆腐之外，还要给他们散发炕鱼、花生、葵花、糖果等供馔品。逗趣的儿童认为谁得的馔品越多谁就越能干，新的一年也将健康幸福。他们团团围住散发馔品的大人，跛足伸手，高声喊着“亥育啊（给我啊）——亥育啊（给我啊）”。尽管喊声嘈杂，但大人们总不介意。如果谁家冷落了孩童们，那么来年孩童不愿意把“友端”这特殊的欢乐气氛带去他家。

开荤宴客，往往在“初一”的午后，历时3天左右。待客除了猪肉、牛肉和豆腐外，鱼包韭菜也作为珍肴入席。席间，宾主常联臂举杯喝团团转的交杯酒，这是团结与结成深厚友谊的象征。

端节的娱乐活动，除了敲击铜鼓、革鼓之外，还有赛马、吹笙、跳舞、唱歌、打毽等。端节一定要举行跑马活动，跑马端坡是部族联盟的形象与尊严。

《中国少数民族》载：端节赛马是由水族先民在发祥地的征战遗风逐步演化成的重大群众性娱乐活动，也是南方民族中水族独有的习俗。赛马在约定的端坡上举行。穿着节日盛装的男女老幼从四面八方聚集这里。当跑道主祭人拔掉草标，高呼开端、开年、开道之后，众骑手扬鞭奋蹄，竞相奔驰，一片欢腾。端节跑马崇尚裸骑，这和当年水族先民离开中原时未发明马鞍与马镫有关。

端节给小朋友散发糖果

赛马活动在“初一”

午后举行。都匀市王司镇则在戌日赶端场日就举行赛马、击鼓、跳舞、唱歌等活动，有的赛马在干河道举行（现在多在公路上举行），其他地区赛马场地都固定在端坡上。端坡是居住相邻的村寨或不同宗族的水族所共有的赛马场地。端坡的选定十分复杂，要经过占卜，以能使各村寨都兴旺，赛马不出事故的坡头为佳。所以古代确定的端坡，后世不轻易废置。

水家欢度“端节”，新年“初一”要举行隆重的跑马比赛。跑马的山丘称为端坡，是血缘氏族联盟辞旧迎新、庆贺丰收的社交娱乐场所。都匀归兰水族乡因山坡陡峻，跑马改在田坝中举行，当代利用公路跑马。这天，着盛装的男女老少和各地骑手云集赛马坡，再加上小商贩，真是人山人海。开赛之前，要在道口设便席供祭，插竹标于道中。起跑时，由德高望重的长者施祭，待他拔掉立于道口的祭标后便高呼：“开端！开年！开道！”骑手们便应声扬鞭纵辔，奋蹄驰骋。传统赛马系自由循环赛，是比耐力、比骑术的活动。尤其是挤马环

水族年节端节赛马（韦毓祥供图）

节，更是具有水族传统特色的活动环节。所谓挤马，就是骑手们在狭窄的跑道上，驱赶坐骑去排挤、冲撵、挤倒其他马匹，为自己冲开一条通道。骑技高、跑得快的骑手，颇受人们欢迎。观众也常常为劣马和蹩脚骑术者发出阵阵讥笑声。另外，还有一条约定俗成的规矩，那就是赛马时若有人被马践踏，不追究任何责任。在西南少数民族中，如此喜爱马并以赛马为年节的重要活动的只有水族，赛马是水族先民在中原发祥地生活习性的遗存。

端坡不仅是赛马的场所，也是男女青年交际的地方。因此，端节歌有"男骑马去相姑娘，女梳妆去看新郎"的歌词。1978 年，笔者第一次听到这歌词，是由蒙世花吟唱的。端坡上男女青年三五成群聚会歌唱，讴歌幸福生活，倾诉恋慕情怀。唱歌、吹笙、跳舞等活动主要盛行于地祥、牛场、九阡、王司、都江、达地等地。来客中若有歌手，寨上就开展对歌活动。九阡地区和佳荣地区对歌，女歌手与同伴坐在房间里，男歌手和听众坐在堂屋中，双方各有两名同伴做歌尾的拌合帮腔。王司地区对歌多在村头寨尾，歌手可直接见面，双方对阵的人数不限，并与"多谷"手毽娱乐结合。

端节有个姊妹节——额节，水语称为"借额"或"借艾（tsje^{3} ŋe^{1}）"，意为吃额或吃艾，其内涵与程序与端节相似，都属于辞旧迎新、祭祀祖先、庆贺丰收的节日。水族古歌有"康交借额"，指的就是荔波县境内一些水族村寨过额节。额节分两批过，其中一批以每年水历正月第一个酉日为"除夕"，戌日为新年"初一"。新旧年相连的两餐要祭祖席，要忌荤，以鱼为主祭品。"初一"祭祖之后即开荤宴宾，但现在已经不再举行赛马活动。据说，当初额节很隆重，但因卯节的范围更广，其热闹程度反而超过了额节。一般说来，过端节即不过卯节，过额节就不过卯节。但是，这一带水族村寨既过额节，又过卯节，额节逐步由年节的地位变为从属于卯节的节日，而卯节逐步演化为主要年节。额节与端节属于同一母体文化，额节是因名称发生嬗变而产生的节日。

第三节　霞节：打泥水仗戏母猪，村寨联盟求雨祈谷实

水族有三个节日入选国家节日志，这在全国是极为罕见的现象。笔者有幸参加这几个节日志的准备工作。水族端节，入选首批国家非遗名录，入选国家节日志、影像志。水族霞节和卯节，入选国家节日志、影像志。

“敬霞”是水族祈求稻作丰产的原始信仰遗风，意为敬奉雨水神“霞”。“霞”既是雨水神石的名称，也是雨水急速降落的拟声词。

一、霞节与水书有紧密联系

水书中的“霞”是霞神的名称，源于古汉语“猪”的含义，又吻合水语中急速降雨的拟声。水文字体上下结构字形与此有关，上为雨点，下为急速的瓢泼降雨，水流如注，交叉落下。

水字霞

水族岁时节日有20来个，水书中唯独出现霞节记载，这显得十分奇特。王品魁先生译注出版潘焕文先生《水书·正七卷·壬辰卷》，其中就有《开霞》记载。这是水书唯一记录的节日择吉信息。

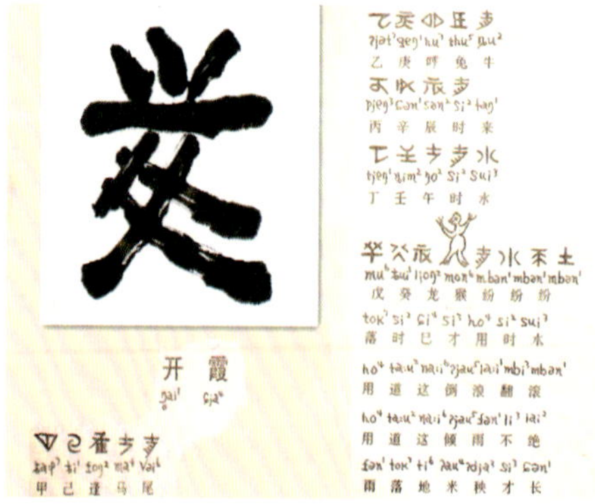

王品魁译注水书《正七卷》中的《开霞》篇

传说水族先祖下河捞鱼虾，总是捞到同一块怪异的石头，屡弃屡得。原来是神石指点，让他率众溯江迁徙到现今龙江、都柳江上游地带并以种稻为生。祭祀活动因氏族和村寨之间存在差异，分为12年一祭和6年一祭。祭祀时段，选择在水稻栽插结束之后的水历九、十月间，该季节是绿色生命最旺盛的时节，相当农历的五、六月。

“敬霞”多以血缘氏族村社为主，内部划分为8至12股，每股为1个祭祀单位。“霞”神怪石，还分隐藏的“真霞”和公开的“假霞”两种。对于“真霞”，要秘密祭祀，严防被盗，以免“粮水受亏”，密祭多在子夜举行，各股头人在主祭者的引导下，把收藏于石洞或埋于地下的“霞”神石找出，对它进行祭祀念祝咒，并用米酒烧倒在立于松软泥土上的“霞”神，祭毕又秘密收藏。这是水族石崇拜的典型事例。

水族地区在辛亥革命之前，敬霞活动十分普遍，规模盛大。现在只有九阡地区活态传承下来。

三都县九阡大寨霞节祭祀场景

三都县杨拱霞是 6 年一祭，在地支丑未年水历十月左右举行。

三都县大寨霞是 12 年一祭，在地支子年水历十月左右举行。

霞，水族雨水神，国际音标注音 sja^{4}，谐霞。霞节活动的几种称谓：

敬霞——ȶin:ŋ sja^{4}，敬奉水神霞。

拜霞——pa:i^{5} sja^{4}，祭拜水神霞。

吃霞——tsje^{1} sja^{4}，过霞节，吃祭祀霞神的祭品。

回霞——fe^{4} sja^{4}，做敬奉霞神的活动。

永霞——vjən^{5} sja^{4}，祭祀霞神活动，荔波地区及三都九阡多使用此读音。

因此，霞节也翻译为敬霞、拜霞、祭霞、吃霞等。

霞神的化身是一个神奇的石头，水语称为“尼霞（ni^{4} sja^{4}）”。人们认为霞石具有神性，通人性，具有保护雨水、实现风调雨顺的神奇功能，对其顶礼膜拜。

立石作为祭坛，四周种植柏树。这在敬霞祭坛中最为常见，源于“殷人尚柏”的遗风。

敬霞活动宗旨：敬供水神霞，祈祷风调雨顺，年岁丰稔，五谷丰登，家族兴旺，民族昌盛，社会安稳。这是水族人的美好愿望。

敬霞活动，是水族原始信仰元素保留得最完整的祭典活动，也是最为奇特的祭典活动。

三都县咕噜村的霞神祭台

2009 年三都县阳拱村的祭霞现场

二、霞节与水历有紧密的联系

敬霞的年份、月份、日辰、时辰、方位等要靠水书师依据水书、水历来确定。霞节与水历有紧密的联系。

水历起源于稻作物候历，主要是以水稻种植周期来决定一年的始末及年节的安排。谷物成熟一次就是一个周期，以“谷熟也”为特征的“年”，实际上就是地球绕太阳公转形成的时间单位。古水历分为冬夏两季，上下半年以春分、秋分划分，此时是南北半球春、冬季节的分界点，太阳直射赤道，各地昼夜等长，故《春秋繁露》云：春分秋分者，昼夜均而寒暑平。水历年终十二月对应农历八月，新年正月对应农历九月。据《尚书•尧典》载，尧舜时就有“历象日月星辰，敬授民时”，“顺乎天道”以务农桑，发展生产。故“夏正以正月，殷正以十二月，周正以十一月，秦正以十月”，水历正月则以九月，形成梯级递进关系，说明内在关系联系密切。

敬霞并非一年一度，各地选择的年份及间隔时段都不一样。因此，敬霞时间各地不尽一致。因地域及血缘氏族的差异，有 2 年一祭，6 年一祭，或 12 年一祭不等。但敬霞时间大都选择在插秧结束后的水历九、十月（对应农历五、六月）的吉利日辰。2 年一祭的多在丑、卯、巳、未、酉、亥年举行，如荔波县的水岩霞，现已废。6 年一祭的多在丑、未年举行，如三都县的杨拱霞。12 年一祭的多在子年举行，如三都县九阡大寨霞。

三、霞节与社会组织有紧密联系

“霞”，不仅是神名，也是参加这一活动的组织机构名称。敬霞都是以集体形式活动，既有同一父系血缘的霞，也有非同一父系血缘的霞。

敬霞组织，人们习惯以地域名称而称，如“霞枚”“霞涝”，即指三都县九阡镇水枚地区的霞和荔波县水涝地区的霞。

由于敬霞活动影响深远，人们常以该霞组织专用行祭的水井作为代称，如“霞雷”“霞低哥”“霞水干”等。还有的因敬霞年份差异，人们还习惯以年份代称，如“拜霞亥”“拜霞子”等，以作为地域组织的代名词。另外，敬霞都用母猪作为开展其巫术的祭祀物，也有人称其为“霞尼某”，即母猪霞。

一个霞组织，通常由 4 至 12 个氏族宗支或村寨构成。由多个宗支组成的霞组织，每个宗支称为“低丁”。“丁”者，指用竹条或木条将 120 斤肉块串成一串用于祭祀，引申为参与祭祀的一个宗支单位。每一个宗支用 120 斤肉串祭祀霞神、祭祀先祖，就是一股份额，因此又称为股。

敬霞活动，是霞组织促进水族内部团结、增强凝聚力，共同抵御天灾人祸，成为家族荣耀的重大表征。

四、霞节与民族迁徙有紧密联系

2009 年，国家民委《民族问题五种丛书》编辑委员会等修订的《中国少数民族》是这样概括水族历史文化的：“水族自称‘睢（sui^3）’，因发祥于睢水流域而得名，故民间有‘饮睢水，成睢人’之说。对于水族的来源，民间和学术界有殷人后裔说、百越（两广）源流说、江西迁来说、江南迁来说等说法，实际都是针对水族发展史上某一时段或某一分支而论，都有一定的历史性与合理性……大约在殷商之后，水族先民从中原往南迁徙，逐步融入百越族群之中，逐步形成了以中原文化、百越文化为主流，南北民族融合的二元结构形式……水族先民南迁之后可能融入骆越支系中，然后逐步发展成为单一民族。因此，水族社会保留着殷商文化圈和百越族群的浓郁文化遗存。水书是夏商文化的孑遗，属水族的精神支柱。”

秦统一中国后发兵征剿岭南，水族先民从百越族群中分离出来，溯流进入龙江、都柳江上游地带生息，大致形成后世的分布格局。

贞观三年（629），在水族地区置应州，下领都尚、婆览、应江、陀隆、罗恭等五县。开元中，置莪、劳、抚水等羁縻州。抚水州是中央王朝安抚水族先民“睢”族群的建制，标志水族以单一民族身份跻身于中华民族之林，从此族名以“水”代“睢”。

而灵性霞石告诉人们，要发大洪水了，快逆流而上避难，可找到坝子种庄稼。人们依照奇石的指点，搬到现在这一带居住，生活比在原来的地方好多了。这是水族迁徙的传说，亦是水族迁徙的例证。

五、神秘霞节的来历

关于霞神的来历，民间传说颇多：远古时有位老人下河捞鱼虾，捞了半天什么也没捞着。他对苍天祈祷说：“仙婆啊！请求你保佑我和我的子孙啊！”然后又继续捞鱼虾，却捞到一块人形石头。他气愤地把石头抛掉，又接着捞鱼虾，但每次都捞到那块石头。老人往上游走去，想摆脱那块石头的纠缠，不料捞上来的依旧是那块石头。老人觉得奇怪，便说：“你有什么话尽管说吧，神奇的石头。”石头果然发出声音：“老人家，这一带鱼虾少啦，并且很快就要出现水灾，你领着子孙们逆流往上游走，会有开垦田地种庄稼安身的好地方。”老人相信这是神奇石头的指点，便领着子孙来到当今住地，果然改善了生活。为了感谢这块神石，人们供祭它，并把它隐藏于洞中，祈求它保佑风调雨顺。

民族都有局部迁徙。扬拱霞族群的先民由阳安迁来，并繁衍壮大，融入当地敬霞文化习俗。奇特的霞节往往伴生神奇的传说。在扬拱村流传着这样的传说：古代，天空中有两块鹅形奇石打斗，大吼之后奇石落地，随即降下大雨。扬拱隐秘的霞神，其形态与大鹅很相似。

虽说这两个传说的情节十分离奇，但却隐含着水族社会历史上曾经发生的重大事件，其重要内涵是：一、说明水族先民由北南迁融于百越族群，曾生活于江河下游，从事过农渔业生产；二、说明父系社会形成之后，出现了溯江而上的民族大迁徙，并转入成熟的稻作种植业生产；三、敬霞是祈求雨水、保丰收的功利性原始信仰活动。

六、霞节与水族的鸡崇拜有紧密联系

在霞坛一侧，竖立一根高杆，上面绑着竹子编的网兜，里面放着一只公鸡。在敬霞祈雨仪式中，这只公鸡充当引领雨水神降临的使者。过去，专门有训练公鸡的人，专学公鸡鸣叫声，驯养的公鸡具有条件反射，当听到驯鸡人模仿鸡鸣声，便昂首啼鸣。

2009 年三都县霞节的“鸡鸣降雨”仪式现场

传说祭祀当天，只要祭祀活动得体到位，当水书先生开始念祝词，挥动手中的执法彩杖，饲鸡者就模仿鸡叫，提示祭竿上的竹兜里的公鸡啼鸣。这只公鸡就能发挥其神性，引领雨水神降雨。主祭者即向在场的人高呼："请大家关伞，摘斗笠，等待霞神降雨沐浴。"这时鼓乐齐鸣，人们纷纷关了伞，摘下斗笠，要是谁违抗不照办，就会被处罚，并把其雨具捣烂。据传，只要精诚所至，老天或多或少会降下几滴雨，人们便鼓乐齐鸣，振臂欢呼敬霞活动顺利进行。

七、霞节与水族的猪崇拜有紧密联系

汉字"家"，表明人类驯化、豢养猪是个伟大创举，猪的肉味鲜美，营养丰富，是财源之道，猪的文化属性决定霞节崇拜猪。水家"拜霞"的主祭品和巫术活动都离不开猪，尤其离不开母猪。敬霞通常用母猪祭祀，也有人称为"霞尼某"，即为母猪霞。荔波县国家级水书师欧海金先生说："我家这里敬霞就叫母猪霞。"猪是"水畜"，能施雨、保雨水。

《毛传》云："豕之性能水。"《礼记》："彘，水畜也。"《说文解字》释："彘，猪也。"颜师古云："凡言彘者，豕之别名。"猪的别名有豭、彘、豕、豚等七八种之多，不少人认为其与水有关。特别提示：猪，中原古代称其为豭，泛指猪类。别名称"豭"，与水语霞神同音。

河南睢县流传的古代猪头人身神灵与伏羲女娲的神奇图案
（徐永峰供图）

相传远古时代，猪神凿破鸿蒙，开天辟地，创造生命。猪神是北斗的喻象，良渚玉渚神徽就是由斗魁阴乳獠牙和神人组成的巫王沟通天地神灵的意象，红山玉猪龙、河姆渡猪神等在中国有着极为古老的传统。故古人十分崇拜灵猪。"亥"为猪，延续至今的汉字“孩”，即指猪神的后裔。至今河南睢县还流传猪神灵崇拜图案。

猪化龙，龙降水，猪是“最古老的龙”。猪是阴性之物，利于祈求雨水。猪的阴性，主要表现在色彩、方位、顺序、牝性等方面。水家地区的猪在20世纪60年代之前普遍是黑毛猪，故有“乌鸦不要笑猪黑”之俗语。黑色属冷色，冷即阴，故道家称之为阴性。猪属相对应地支亥。亥排列在地支第十二位，按道家观念，奇数为阳，偶数为阴，处于地支末位的亥是至阴之象。《新刻江湖切要•鸟兽虫鱼类》载：“猪，亥官、黑官、线留官。”这个概括十分恰当。亥位居北方，止于玄武，主黑色，属水，属阴。《汉书•董仲舒传》中有“故求雨，闭诸阳，纵诸阴”之说。水家“拜霞”选择黑色母猪，牝性属阴，加上选用了属水的吉日，让参祭的主要成员着青布衣衫、摇黑色的鹰翅羽扇，又让“猪婿”和众人打泥水仗或到稻田中摔跤逗趣，这些都是泄放诸阴的手段。有的地方还使用浮沉黑猫、黑狗和蛇的祭法或露阴咒骂甚至直接羞辱。毫无疑问，这些都是极度“纵诸阴”的举动。

此外，猪与主管雨水的雷神关系密切。水家创世古歌把人、龙、雷、虎称为亲兄弟。水家称雷为“尼扛娜”，直译为母头雷，是至高无上的母性神，源于母系社会时代，并且是自然神和社会神的结合体。将雷神划为母性，甲骨文有“雷妇”，侗族及壮族早期称为“雷婆”等。

《楚辞补注•离骚经》称“轩辕，主雷雨之神，一日雷师，丰隆也”，又有称“屏翳”。《山海经》有“黄帝娶雷祖，生昌意”，还有黄帝之子韩流“人面，豕喙、麟身、渠（曲）股，豚趾”等说法。种种说法，正反映了雷在古代水族先民的心目中是一个模糊的概念，形体不一，属性有变化，称谓也有差异。但是，很多民族认为雷是司掌雨水闪电的大神，这样，作为“水畜”的猪和雷神就有了内在的联系，水家“拜霞”崇尚母猪便是很容易理解的事。

过去，祭师让雇请来的乞丐穿上白衣服，充当“猪婿”，两人抬着母猪在祭坛前的稻田间走过，并责令后面那位乞丐以松针戳击母猪阴部，让其发出嚎叫声，而荔波县水岩霞则将母猪赶进稻田里，叫乞丐从猪的尾部爬到猪背上，要是做性媾动作则予以重偿，乞丐的粗野动作引起人们哄笑。

霞节在水田里戏耍母猪及抬母猪游行

围观的人们一边高呼“今年敬霞明年丰产”“咱今拜霞，年年丰产”“吉年敬霞，财好粮水”等祝愿词，一边用竹片向“猪婿”厍撒泥水。面对观众泥水阵的袭击，“猪婿”毫不理会。当抬母猪窜游结束，把猪抛在“霞井”边上之后，“猪婿”就任性行使祭仪赋予他们的特权：一是故意朝观众密集处乱窜，用泥水涂染他人；二是可在临时的小卖摊点上抓一把糖果花生之类的东西走。不论是涂染他人还是抓走食品，人们都不责备和谩骂。为此，观众见“猪婿”奔来就惊呼四散，而来者又穷追不舍以逗趣，把“拜霞”活动推向高潮。人们总以为被涂染的人数越多，“霞神”就越高兴，就能保佑粮食获得丰产。

1997 年九阡大寨首次恢复祭霞，因没乞丐，经多方求情才征得李家寨青年陈某一人充当“猪婿”。临出场时，他又嫌原定报酬低了，为此笔者自掏腰包加了 50 元，才玉成此事。当地没钱买大母猪，只好花 80 元买了小牝猪充当。陈某一手提牝猪，一手持松枝刺戳牝猪阴部，笑嘻嘻地在田垄间游窜，人们向他抛洒泥水。最后，他索性丢下小猪和观众打起了泥水仗，引起阵阵喧闹。

另外，“猪婿”戏弄母猪及与众人打泥水仗逗趣，是顺势巫术与交感巫术的混合运用，为获得“粮水好，人丁旺”“年年丰产”而煞费苦心。这类巫术现象，英国著名学者弗雷泽在《金枝》的《两性关系对于植物的影响》一章中有淋漓尽致的描述。为祈求庄稼和果园丰产，世界各地利用两性交合的互渗感应的巫术手段的文化现象是相当普遍的。水家“拜霞”中与母猪有关的巫术行为，是人们认识到雌雄交媾繁育后代原理之后，借此举把母猪旺盛生育能力，转移到禾苗生长上，从而获得丰收。

八、水家“霞节”与中原“猳”有关

水家“拜霞”的“霞”的读音，是汉字谐音用字，与“霞”的本义无关。但是水家“霞神”与“猪”有何关联呢？余云华在《猪文化与人生》一书中称：“古代猪在各地名称有所不同，据《方言》：‘北燕朝鲜之间谓之猳……吴越之间谓之猪子。’”《说文解字》释“猳”义为：“猳，牡豕也，从豕，叚声，古牙切。”“猳”即猪，与水家所拜祭的“霞”读音相同，指物也相同，只是猪的性别有所差异而已。《左传·定公四年》中有“泪目而猳喙”。《左传·定公十四年》有“既定尔娄猪，盍归吾艾猳”，这里的猳似乎指的是公猪。南方称公猪、种猪为“芽猪”。芽概即猳声之转，初文即甲文的“猳”，在卜辞中，亦多用为祭牲。余云华先生的分析不无道理，水家“拜霞”，实质就是猪祭，是猪崇拜的产物。

九、母猪旺盛的生育力可促使庄稼丰产

猪是人类最早驯化畜养的畜类之一，极具经济价值，“家”字的构成就充分显示了我国豢养猪的悠久历史。人们发现猪的产仔率极高，有的每胎产仔十五六个，这是生命旺盛的象征。把母猪旺盛的生命力转移到稻作上，是水族先民所梦寐企盼的。民谚有“富不离书，穷不离猪”，“猪多、肥多、粮多”之说，足以看出猪的丰产与粮食丰产的关系，猪与人类生存有紧密联系。“拜霞”的目的是企盼“年年丰产”“粮水好，人丁旺”。“拜霞”活动正是运用巫术相似律的原理，使用高产的母猪做相关巫术活动，认为会提高禾稻的产量。在水家原始宗教活动中，普遍运用同类事物或相类似的事物，从而达到人们使用巫术行为的目的，而“拜霞”则是典型的例子。当人们把某种动物当作神来崇拜时，总是把该动物的某种特征加以神化，并和超自然的力量联系在一起。水家

"拜霞"崇尚母猪的原因也是如此。

十、霞节：社肉如林社酒浓，与享神、祈神有紧密联系

社肉如林社酒浓，乡邻罗拜祝年丰。
太平气象吾能说，尽在冬冬社鼓中。

这是陆游作的《社祭》，过去笔者以为是陆游用夸张的手笔写诗。1996年7月，三都县九阡大寨在敬霞活动中断了50来年之后，首次恢复敬霞祭祀，笔者有幸亲眼看见其盛大场景，始信这是写实手笔，并深有感悟。贵州省民委组织拍摄《贵州水族》《悠悠水家情》，由笔者撰写脚本，霞节是笔者极力主张拍摄的项目之一。在敬霞祭祀现场的祭祀坛上，为避免不必要的纠纷，组织者特地制作三尺多长的竹木桩，每股发两根，专用于穿插大块猪肉。狭窄的祭坛，俨然成了肉山肉林。祭坛边耍龙，敲击的铜鼓声、铜锣声，现场的歌唱声、喧闹声使祭祀环境既神秘又喧闹。事后，人们还用米酒浇淋霞神，直至它自然倒下才罢休。水家俗语"醉酒如尼霞，醉酒如霞神"源于此。

人们以丰厚的祭品博取霞神的欢心，让它尽情享受之后，安心守护这片土地，甘心为人们奉献。水家敬霞与中原曾流行的雩祭与社祭有很多相似之处。

十一、霞节与水族的石崇拜有紧密联系

霞神是块奇石，有的说是鹅的形状，有的说是猪的形状，但都具有水之灵性。水家的自然崇拜物中，石头占有重要位置。人们把奇特的石头封为哥散、尼庙、尼魍菩萨，向它祈求子嗣、钱财并免除灾祸，还有人把多病的子女拜寄给石头，取名为"石生""石佑""石保"等。水家有种恶鬼叫"脚钉"，是满身长着魔爪的怪石，虽然也出来作祟，但还能为人判定是非曲直，成为自然神与社会神的混合体。任何一个民族的神，都不过是人们按照自己的需要和愿望去塑造出来的罢了。

十二、霞节与水族原始平均观念有紧密联系

有的股（氏族分支）为了显示自己人多势众，或展示其富有，带来的猪肉有几百斤，米酒也很多。为使各股均等获取霞神的赐福，避免内部矛盾的发生，就做了硬性规定：

三都县九阡大寨霞节祭祀场景

凡是摆上祭坛的主祭品猪肉，要严格控制为120斤，不论村寨大小、人数多寡，一定要过秤，做到等重。凡是上祭坛用来串大块猪肉献祭的木桩或竹竿，要砍得等高，既为美观，更为霞神均等赐福做限定。凡是上祭坛的酒水，都要等量，每股1坛。

人们担心霞神会因为祭品的多少，偏心施惠，赐福不均，认为多献供者得到的雨水更多，收成会更好，人丁繁衍会更快。

各股多带的祭品，就存放在该股的集中地，等祭典结束时大家聚餐使用。每个敬霞联盟，按宗支和村寨可分为4股、8股及12股不等。敬霞主持人由各股推选或轮流执事。同时要选择1名熟悉水书会念古老巫咒的水书先生来执坛。每股都要为敬霞活动承担相应的义务。

十三、霞节，水族在祈求、指挥霞神为自己服务

敬霞时，主祭师将悬吊着的谷穗，挂着白纸条的竹枝在祭坛上轻轻挥动，念着祝咒，向霞神交代其目的。

公背霞石，奶背水草。公背霞石等鸡叫，奶背水草待天亮。队伍长，少得歇，跨过河，溯江来……

得吃你就在，得酒你便倒，风吹你也别跑，河水冲你也别动。那地方，洪水淹没早已不成田；那地方，辛劳也难积成钱……

得吃你就在，得酒你便倒。坐得稳实，竖起尊严，别人引魂你也不走，别人相请你别动心……

得吃你保佑，得酒你下雨。下雨对雅闹雅香，各南丫口你也到，雨到枚化丫口你即返。下雨对各大坝子中心，落雨到低交你拐回来（田土名、地界名）……

现送母猪享你，现送热血酬你。咱今拜霞，年年丰产……

别人稻，用摘刀摘。咱禾稻，用斧头砍；斧头砍根桩，摘刀采尖梢……

接着，祭师高呼："给霞神献血啦！"几位壮汉把猪拖到祭坛脚下的"霞井"边宰杀，让猪血沥洒于井坎，再粘上少许猪毛后汩汩淌进井里。井水被染得绯红。屠手还将沾满猪血的屠刀在方墩的钱纸上擦拭，然后将血纸分给各股焚化。紧接着，让各股提着酒壶、酒坛到"霞神"处，依次向其浇酒，使酒水横流。人们认为向"霞神"浇祭得越多，让其身心陶醉，就能倾心保佑当地粮水，让人们获得丰产。沾了猪血和猪毛的纸钱，正是古代典籍所云"毛以示物，血以示鲜"习俗的写征。

值得一提的是，祭师的祝词具有很高的学术价值：一是反映了水家由南向北溯江迁徙的历史；二是对霞神下指令，让其在享受供祭之后，死心塌地固守领地，保障风调雨顺；三是指令霞神只在该霞组织的地界内降雨；四是反映了水家古代以种植糯稻为主。显然，祝词反映了水家社会重要的历史文化特征，是民族活化石，是水族人的历史诗篇，也是敬霞活动的带有功利的诉求。

十四、霞节与中原雩祭有紧密联系

古代中原盛行祈雨丰谷的雩祭，既分大雩（正雩）、春雩、夏雩，还分天子雩祭、诸侯雩祭。孔子风舞雩，就是例证。直至清代还推行“定雩祭典礼”。由此衍生出关于雩祭活动的诸多词汇：雩坛、雩台、雩宗、雩社、雩祈、雩祷、雩门、雩泉、雩祀、雩禳、雩祝等。

水族霞节活动词汇极为丰富，除了与上述雩祭有对应关系的词汇之外，还有霞石、霞神、公霞、母霞、真霞、假霞、霞觉（变异的恶霞）、埋霞、挖霞、藏霞、浇霞、淋霞、霞占、霞竿、霞鸡、霞歌、霞塘、霞潭、霞房、霞石、霞猪、霞书、霞年、霞月、霞日、霞时、霞方、霞席、霞歌、霞山、霞水、霞树、霞桌、霞旗、霞凳、霞井、霞堂、霞塘、霞田等30多个。

由此看出，霞节是古代中原雩祭的遗风，融汇了水族南迁百越的稻作文化习俗，保留着血缘氏族村寨联合祈求风调雨顺，稻作丰收的诸多原始、古朴文化信息。

2009年三都县杨拱霞节祭祀现场

霞节，水族这一敬奉雨水神的盛大节日，与历史悠久的水书有密切关联，既是水族迁徙史的遗迹，也是水族稻作文化的见证。

水族敬霞，祈求雨水神施恩的特大型的原始宗教活动，参加人数之多、规模之盛大、地域之广泛、祭仪之隆重、巫术之神秘、影响之深远，都堪称一绝。

古代的雩祭，与水族的

“敬霞”相类似，但雩祭早已成为历史陈迹。水族敬拜雨水神“霞”，在贵州的崇山峻岭间封存下来。敬霞活动是水族信仰中最为特殊和神秘的事象，影响极为深远。霞节，不仅仅是水族人民珍贵的非物质文化遗产，也传递着全人类珍贵的、古朴的文化信息。

第四节　苏宁喜：水族妇幼节，祈求生母娘娘保佑的年节

苏宁喜节，水语念 su^{3} $njen^{2}$ $\c{c}i^{5}$，意为“水族历法四月丑日”，时间对应农历腊月丑日。苏宁喜是依据水书上的水历月份及地支命名的年节。苏宁喜是水族生母娘娘节，算是一个妇幼节，以此为年节的村寨有：六洛、板孔、板考、打兰、芒马、打瞒、吉勇、和气、板先、板尖、大小拉岭等村寨，以吴姓居民为主，与之相邻的独山县火寨等村寨的吴姓人家，在苏宁喜节的这一天，妇女和儿童是节日的主角，妇女得到平日少有的尊重，儿童则唱着歌、提着竹篮挨家挨户讨年饭，度过一个幸福的节日。

水族岁时节日有 20 多个。其中，水族年节有端节、额节、卯节、苏宁喜、春节、七月半等 6 个之多。水族年节多，又不尽统一，为全国罕见。水族岁时节日之繁多，特色之浓厚，个性之鲜明，实属罕见。水族纷繁多彩的岁时节日，与水族悠久的历史、历法、农耕文化、原始信仰、居住分布等紧密关联。

水族的节日是依据水族历法来安排的，水历是水书精髓。“水书习俗”被列入首批国家级非物质文化遗产目录，之所以命名为“水书习俗”，就是因为水书不是成熟文字，其传承不仅依赖口口相传，而且与水族节日民俗等紧密相连。水族岁时节日的择日十分复杂烦琐，为我国民族节日之最。苏宁喜节成为水族重要年节之一，也是中国唯一一个以妇幼为主体对象的年节。因此，显得十分特殊。

一、苏宁喜节源于生育崇拜

苏宁喜节起源于水族供奉生母娘娘的原始信仰活动，现在以此为年节的主要是三都县和勇村的吴姓人家，水族其他地区只当作一般节日来过。

苏宁喜节起源于人们对掌管生育大权的生母娘娘“尼杭”（与汉族的送子观音相似）的崇拜。“尼杭”是牙花散、牙花离、牙花术、牙花隆四位仙女的总称。但是，“尼杭”系列的鬼神有20多个。因此，这个节日又被称为“娘娘节”。相传很早很早以前，天气炎热，瘟疫流行，许多小孩早殇，导致人丁不旺，水族人口繁衍面临巨大的威胁。正在人们一筹莫展之际，生母娘娘在水历四月丑日这天来到凡间，用红纸剪成许多小孩模样，趁夜深人静的时候，悄悄塞进女人的怀里，使她们受孕得子。为了感谢“牙尼杭”赐予儿女，使水族能够繁衍生息下去，人们便在水历四月丑日这一天摆设供品酬谢她，之后就发展成了一个节日。这个节日以三都县周覃镇和勇村的吴姓水族过得最为隆重，并

苏宁喜节家庭祭祀桌上设的供品

衍化成为这部分水族的年节。

苏宁喜节这天，妇女儿童会得到特别的优待。祭祀“尼杭”由家中年长的妇女主持，祭毕，所有祭品由家中妇女儿童享用，男人只能靠边站。不仅如此，平常再凶恶的男人也不能在这一天打骂老婆孩子，否则就会得罪“尼杭”，招来祸患，甚至可能会带来断子绝孙的严重后果。少年儿童成群结队的提着小竹篮，唱着歌，挨家挨户讨吉利的年饭是这个节日的一道独特风景。

苏宁喜节是以妇女儿童为主的年节（潘瑶供稿）

水历四月丑日这天，是“尼杭”下凡送儿送女到人间的日子，少年儿童到家来，是大吉大利的事，寓意着这家将来儿孙满堂、人丁兴旺。所以他们的到来，都会大受欢迎，得到盛情接待。主人要拿出早已准备好的红糯米饭、猪肉、糖果、红鸡蛋等分发给他们。直至今天，三都县周覃镇和勇村的吴姓水族仍然把苏宁喜节当成他们的年节来过。

人口的增长意味着劳动力的增加，这是农业社会发展最基本的表现之一。尤其是在生产力十分低下的原始农业社会时期，缺医少药，疾病丛生，都会严重地威胁着人类的生存和繁衍。在这种情况下，人们对人丁兴旺的渴望更是不言而喻的。三都县周覃镇和勇村的吴姓水族在水族人口中所占的比例不大，有人认为他们是水族众多支系中比较弱小的一支，因而对人口增殖欲望要比其他地方的水族更为迫切。为了达到人口增殖的目的，在水历四月丑日这天，祭祀生母娘娘"尼杭"，祈求她送来儿女，正反映了他们增加人口的迫切心态。

二、全民敬奉生母娘娘，祈求家庭氏族繁衍壮大

苏宁喜节以敬奉生母娘娘"尼杭"为祭祀主题。祭祀生母娘娘"尼杭"的时候，要设主祭席来祭祀她，同时还要设一副祭席来款待"牙却"。"牙却"是水族多神崇拜中，一个有名的小气鬼，传说它心胸狭隘，最爱闹别扭。如果对它稍有怠慢，它就会施展法术让人罹患各种怪病杂症。所以为了不让"牙却"为非作歹，降祸于人间，人们想出了摆设副祭席的办法来安抚"牙却"。这也是苏宁喜节要设两桌祭席的原因。

苏宁喜节家庭主妇布置祭祀的场面

女性是母系氏族社会的主宰。在水族现实生活中，还残存有大量的女性崇拜色彩，这说明了水族也曾经历过漫长的母系社会发展阶段。水语中，凡是鬼神之类的名词，有许多都冠以"牙"或"尼"的称谓，如牙却、牙命、尼杭、尼仙等。"牙"在水语中是"祖母"或"外婆"的意思，有时也泛指年长的妇女。"尼"在水语中是"母亲"的意思。这些称谓都是女性崇拜的反映。父系氏族社会的到来，特别是进入封建社会之后，女性崇

高的地位被严重削弱，女性崇拜逐渐淡化。今天的水族地区，女神的崇拜除生母娘娘外，其他的女神崇拜很少看到，而男性早已成为水族祖先崇拜的主要对象。在水族众多的节日中，除苏宁喜节外，其他的祭祀活动，其祭祀的对象无一例外都是男性的祖先。在众多的男性崇拜中，人们对生母娘娘的崇拜已经成为一种点缀。水族女性崇拜的淡化和男性崇拜的加强，意味着水族母系社会的没落，父系社会的兴起。

牙巫是水族的创世女神，传说她有开天辟地、创造万物的神力。水族古歌《开天辟地造人烟》和神话故事《牙巫造天地》都是对牙巫创世壮举的赞美。牙巫是水族母系氏族社会女性崇拜的产物。牙巫之后，水族最为崇拜的女神就是生母娘娘“尼杭”了。因为造天地之后，牙巫的历史使命就算完成了，而生儿育女，发展人口，延续人类的任务也同样重要，没有人类的繁衍生息，创造出来的天地就毫无意义。所以，人们从崇拜牙巫转向崇拜生母娘娘是必然的。在生母娘娘之后，水族再也没有出现其他更受人尊崇的女神了。因为母权制被推翻，乃是女性具有世界历史意义的没落。与此相反，拱恩、公六铎等男神的相继出现，说明人们对这些男神的崇拜程度已远远超过对女神的崇拜程度，可谓后来者居上，也正是历史发展不可逆转的潮流。

家庭除了祭祀生母娘娘，还祭祀小桥、坐凳、指路碑、水井、大树、巨石等。在水族地区，“牙希登”及“敬牙希登”，是指每个小家庭在里屋的桌上设祭席，是为祭祀生母娘娘而设的。

年料果品备办好了，小孩子的年装也准备好了，在苏宁喜节的前几天，把寨子卫生搞好，杯盘碗筷清洗干净，桌凳擦抹干净，房子打扫干净。一定要做到清洁卫生，送子娘娘“牙花善”才高兴，列祖列宗、各方神圣才会安享香火饭食，以保佑和勇村吴姓人家人丁兴旺、五谷丰登。特别是妇女，对娘娘节的热情更是高涨，她们都想在送子娘娘“牙花善”面前争风头、多表现，殷勤备至，以期早日怀胎，生下贵子。

娘娘节的前一天，各家各户宰牛杀猪、捕鱼捉鸡、熏腌肉、泡糯米包粽子，忙忙碌碌，热闹非凡。各家外嫁的姑娘陆续归家，来娘家帮忙打理年料，晚上吃团圆饭。天才蒙蒙亮，人们就开始忙碌起来，悄然张罗“牙花善”供桌：先用1张红纸剪成连片的小孩影像，贴在“牙花善”供桌上面的板壁上，在小人像上张挂一些白棉纸条，在供桌上面的木板壁上插上9根用彩纸缠成的红、黄、蓝三色彩条（水语称“你画”），贴壁插上27根红、黄、蓝3色彩画竹棍（水语称“蜡画”）。桌子的中央设1座香炉，香炉边放1沓纸钱，1只大碗反扣在纸上，沿着桌边摆放7只空碗，碗前各放1个酒杯和1双筷子。之后，摆放供品，将1只煮熟了的大母鸡放在香炉左边的盘子里，旁边的盘子里放1块有肥有瘦的熟猪肉；香炉右边放置1盘装满红、黄、蓝、白、紫多色糯米饭，以及染成红色和蓝色的鸡蛋和鸭蛋和1碗油煎豆腐。接着，将鸡、鸭及猪肉汤煮成的菜稀饭——菜粥，依次盛进碗里，在供桌后面的板壁上或桌子前面两角挂几大串尖角粽子、五谷杂粮、猪肥油等。在张罗“牙花善”女神供桌的同时，也要在“牙花善”的供桌边设1张较矮的桌子供祀“牙的”“牙花善”（水语称“牙劳”），本家女祖先叫“牙的”，桌上供鸭子，其他供品的摆设和“牙花善”的供桌一样。“牙发善”或记为“牙花山”“牙花散”等，这或许是广西壮族自治区的宁明县花山岩画的历史印迹的遗存。

“牙”本义为奶奶、婆婆，在此作生母娘娘。“敬牙希登”是苏宁喜节的核心活动，家庭主要祭祀生母娘娘，水语称为“敬牙希登”，多以鱼肉、彩色糯米饭、粽子、彩色鸡蛋上供，或杀母鸡、鸭子献祭，并在壁头贴上联袂的彩色纸人。

祭祀小桥、坐凳、指路碑等在水族社会中被认为是暖桥、暖坐凳、暖碑的行为，这往往是缺少子嗣的人家，经过水书先生指点修了桥、修了休息坐凳、立指路碑等善事之后有了生育。或者子女羸弱多病，拜寄于水井、大树、巨石，并命名为水生、木佑、石保等，偶尔奏效。之后，逢年过节都到上述地点进行祭祀表示感恩，并祈求神灵继续保佑。

过节时往往要设两席。主席敬供生母“尼杭”，也称“敬牙希登”；副席敬供野鬼“牙却”。供品摆在里屋的“希登”供桌上，供品主要是鸡、鸭、猪肉、花糯米饭、红鸡蛋、豆腐及米酒等。还用红绿纸剪成一排排纸人贴在墙头上，有的还用竹条缠上彩色纸须做成“枚化”，用小竹竿缠上纸须做成叫“科泛”的小拱门，并插在供桌墙头上。此外，还用竹箩装上妇女儿童的衣服首饰摆在一边。副席专敬“牙却”，“牙却”在水族传说的诸神中是心胸狭小、最易闹别扭和作祟的野神，如果稍不留意，她就给人们带来奇祸怪病，尤其小孩受害更为严重。为了使“牙却”不闹事，就用簸箕设一地席，摆上鸡鸭酒肉等供奉她。两个供席都分别摆上 1 碗大米，米上放着一头平一头尖的竹筒卜具，同时还从各个小孩衣服上剪下 1 块布襟放在上面，表示其灵魂在接受福祐。

过去，会念巫咒的人多，因此家家都要请人来念祝福的巫词，期冀得到幸福，祛除灾病。这巫咒词还反映了水族先民迁徙定居的经历和养育后代的艰辛，既祈祷主宰降生的仙婆的赐福，又祈求野神“牙却”开恩。供祭时，往往是家庭中年纪最大的女性当行祭酹酒，之后，又把其他女性及孩童聚拢到席上进餐。这一天，可算是水族的妇幼节，再凶恶的男人也得收敛几分，不敢责怨和打骂妻子儿女，唯恐仙婆及“牙却”发怒而招致祸患。

苏宁喜节的特色保留得最完整的要数三都县和勇村的吴姓人家。他们不过端节和卯节，而把苏宁喜节作为一年一度最隆重的年节来过。节日期间也摆上主席和副席，有的还在正堂供祭。节日要杀猪，开田鱼来款待来宾。最为有趣的是村寨的孩童结着队，提着特制的小竹篼，唱着歌挨家逐户去讨吉利和年饭。每到一家，大人们都会热情地接待他们，散发花糯米饭、肉块、豆腐干或红鸡蛋给他们，还分发“枚化”给他们当玩具。小竹篼盛满了，他们就带回家去存放，之后又继续去其他人家讨，直至走遍全寨子。此外，村寨里还要敲击铜鼓、革鼓娱乐助兴。小孩子们常常聚拢在一起唱着欢快的歌：

苏宁喜、好时光，
仙婆节、无忧伤。
感谢牙花散，
多谢牙花离。
我们多幸福，
我们来歌唱。

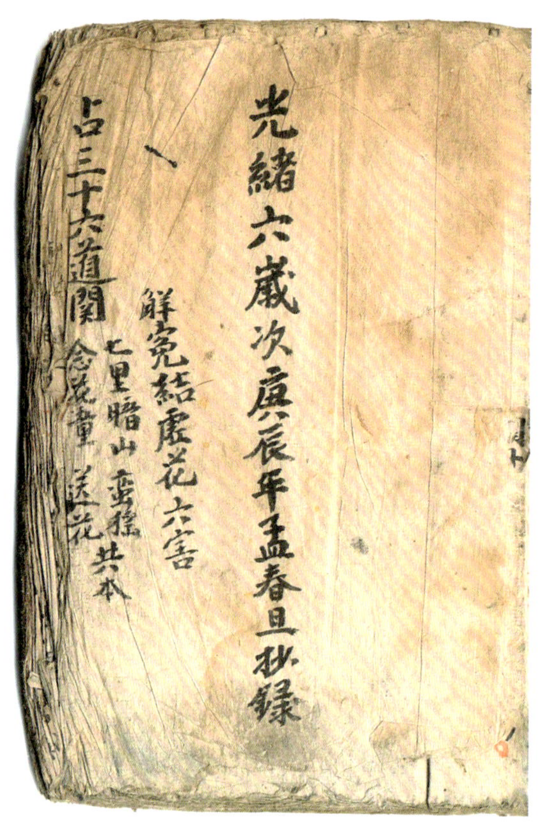

水书的命理抄本

苏宁喜节在水族地区影响颇大，是有一定原因的。据传在很早的时候，水族住地很炎热，人们吃的东西很少，灾病又常常发生，尤其是小孩受威胁最严重。幼儿幼女夭殇多了，人们的哭声惊动了天上主管降生的仙婆，她们下到凡间，经过剪纸人行法之后，很多失去子女的妇女在四月丑日这天生了小孩。为感激仙婆降福而沿袭成这个节日。这个传说折射出在生产力水平十分低下的远古时期，水族先民的艰辛与困苦。缺食少医，饥饿与疾病使人烟萧索，而水族人改变生活条件的能力与手段又远远不能满足其生存发展的需要，只有仰仗神仙赐福，加上偶然的同期生育现象，使水族人笃信这种观念。过去，水族聚居区的家庭每逢苏宁喜节都要热热闹闹地供祭，除了买肉、宰杀鸡鸭及打豆腐之外，有的还杀小猪，供席十分丰盛。近30年来供祭已简化了，大多买肉或杀鸡鸭供祭。只有三都县板孔村的六洛、板孔、板考、打兰、芒马、打瞒，吉勇村的吉勇、和气、板先、板尖、大小拉岭，与独山县相邻的火寨等寨的吴姓人家，还以苏宁喜为隆重的年节。

苏宁喜多选择在水历四月第二个丑日过，有的依据水书在第二或第三个丑日中选较吉利的一天过。不以此节为年节的一些水族村寨，近年来将其并在阴历年除夕那天来过。随着科学知识的普及和医疗卫生水平的不断提高，苏宁喜已变成水族人民娱乐的节日了。

水书中涉及幼儿命理的书籍不少。婴儿进入人间要经过一道艰辛的桥路，有十多个凶兆的鬼如局空、局棒、局灭等在作祟。因此针对命理缺陷的婴儿，要做修桥等仪式以确保其长命百岁。因此，在苏宁喜节期间架桥、暖桥的活动也顺势开展，成为水族地区较为特殊的民俗现象。

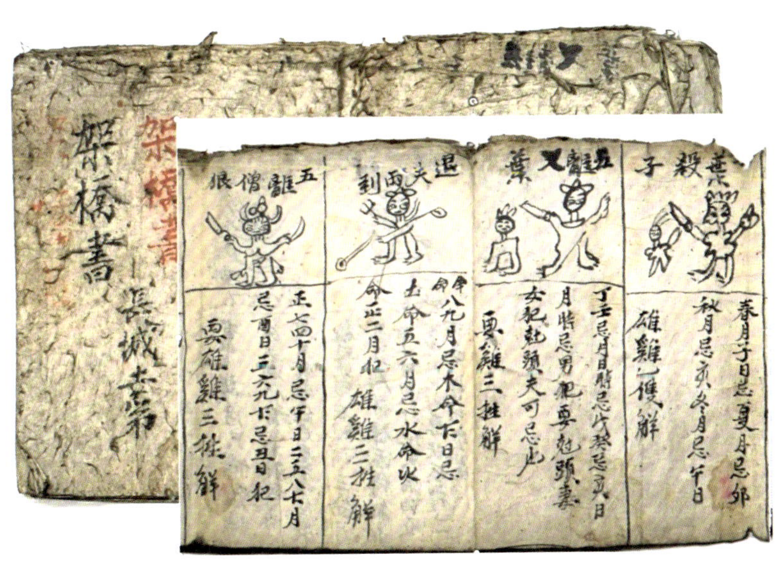

水书架桥抄本选页

第七章　神往水书

第一节　水书装饰：荣获全国外墙装饰评比大奖

水书的字符兼容着图画和象形文字的特征，引起装饰领域从业者的高度关注。在贵阳市北京路的贵州省图书馆，外墙装饰就以贵州代表性民族的文字水书、彝文字符作为重要元素。1999 年由贵州省建筑设计院建筑师赵海鸣担任建筑设计师、由世界工艺大师刘雍先生担任建筑装饰师的贵州省图书馆设计方案，在第二十届世界建筑师大会中获中国当代建筑艺术成就奖，并被评为新中国成立 50 周年 55 件优秀作品之一。此外，该方案还参加了第九届全国美术展览，得到了高度评价。

贵州省图书馆水书的高浮雕石板，每块重约 100 斤，是该图书馆外墙的重要部件。从设计到文字选录，再到笔画的艺术处理，从绘图样稿到高浮雕雕刻，从准确定位的拼装组合到安装的稳固性、安全性等一系列问题，十分复杂。以民族文字为外墙设计主调，符合图书馆内涵。该建筑设计获得大奖实属不易。

贵州省图书馆用水书浮雕石板部件装饰的外墙

继贵州省图书馆外墙设计为世人认可且获得高度赞誉之后，贵州民族大学逸夫图书馆外墙浮雕《贵州民族文化集萃》参加了第十二届全国美术展览，并获得好评。其中，水族古文字与族徽排列于浮雕右侧。

贵州民族大学十里河滩校区的图书馆外墙的水书装饰

在贵州民族大学十里河滩校区的15栋教学楼下，有4根5层楼高的柱子，以民族古文字作为装饰，在校园中别有风味，被学生戏称为“四大名柱”。以民族古文字作为柱子装饰的建议是由时任副校长的唐建荣教授提出的，校长办公室会议通过后实施。笔者有幸为“四大名柱”提供资料。

贵州民族大学教学楼的水书柱

荔波县樟江部落的文化园有个水书简牍的景点，简牍设计思路源于西南大儒莫友芝先生对水书研究的成果。莫友芝先生认为水书是秦朝李斯大篆之前最简的古文字。研究西周虞国钱币文字也要进行“水书竹历参摩研”。

在水族民俗中，现存的文化信息也印证了这一事实。水书中意为育婴背带，并活态传承的“卌”，就是汉字“册”。马尾绣中的书简图形“卌”就是活态传承水书文化的表现。马尾绣中常见一类形似书简的图案，这一类图案就是水族文字中的“书”字。水书滥觞于夏商文化圈，水书的书简图案“卌”与汉字“册”的渊源关系，是甲骨文和金文中的“册”“典”两字的原型，与水书的书简“卌”对比就能看到其共性，可以看出这几个字都是用简牍书写，用绳子绑扎。这些书简，选录自潘朝霖征集的首批国家珍贵古籍名录《水书・九星诵读》一书。

荔波县城的樟江部落的铜简水书（廖凯设计　潘朝霖提供文字）

“[illegible]”是水族的远古文字和文化记忆，育婴马尾绣背带刺绣的水文字“书”的竹简就是最好的印证。笔者首先发现此字，并建议对此进行阐述，韦宗林教授在其水书文字研究专著《释读旁落的文明》中升华了其文化内涵。

水族育婴的刺绣背带上保留着水书竹简图案“书”字

水书被誉为水族的“易经”和“百科全书”，是水族的精神支柱，渗透到水族生产生活的方方面面。

1943年9月，岑家梧教授到三都恒丰调查水书文化。前后承韦超旅，韦元臣君等，各以其家藏水书见赠，共得45种。复请韦元臣详细讲解一遍，兹据韦君口述，并参照各项资料，撰成本文，即《水书与水家来源》。

岑家梧教授在《水书与水家来源》开篇第一段就说：

> 水书为水家（水族旧称）鬼师所用之占卜文字，称为“Lasui”。译为水书，意为水家文字。汉人以其字形间或反写，又名之为“反书”。此种文字，除鬼师外，普通水家人多未认识。然其应用极广，水家一举一动，均受水书限制，其于水家生活，影响颇巨。

在三都县的街头巷尾，水书壁画可谓是一道亮丽的风景线。

丰富多彩的水族生产生活画面，经过艺术家丰富多彩的笔触，展示在三都县的大街小巷。当地人看到后感到无比亲切，外地人看到后感到无比新奇。笔者老家在三都县中和镇，每次回到三都县城，都留心街头的壁画，感到无比欣慰，几乎会把这些壁画以及有水族文化图案的护栏石刻拍摄下来。

三都县的水书壁画（潘天明等绘）

甲骨文是光绪二十五年（1899）由王懿荣先生发现的，迄今为止有120多年的历史。水书研究成果问世，是莫友芝先生在咸丰十年（1860）于北京发表的，39年之后甲骨文才问世。三都县拉下水书墓碑记载墓主死于明孝宗弘治十三年（1500），距今521年。水书抄本的最早版本当是明代成果，更早的抄本实物难以寻觅。可辽金时期的水书地支大钱迄今有千余年，比殷商时期典型的鱼鸟纹饰大钱浇铸制作的时间还要更早。

20世纪70年代，三都县文管所的梁卫民在水族民间征集到殷商时期典型的鱼鸟纹饰的水族古钱币是中国民俗钱币的孤品。水族地区有以水族先民铸造的青铜古币为原型打造照壁景点，每个古币直径为3米。这是中国唯一一个用民族钱币为素材建造的景观。

在全国56个民族中，有18个民族有自己的传统文字。其中，用自己文字铸造钱币的民族不超过五六个，水族是其中之一。水族青铜文化，尤其是水族用青铜铸造的水书钱币文化，是水族悠久历史的见证，可谓水书钱币浇铸了水族的辉煌历史，是水族文字史、文化史、经济史、科技史、文明史的见证，意义尤其重大。

21世纪初，林明璋先生到三都，为博大精深的水书文化所吸引，后深入水族地区进行3年的水书及水族文化调查。熟悉殷商图案的林明璋先生独具慧眼，为这枚具有殷商远古图案的鱼鸟纹饰古钱币所折服，其竟然与水族图腾信仰吻合。林明璋先生结合水文字形、水书内容、水语语言、水族特有的习俗等，精确地将这枚鱼鸟纹饰古钱币定性为“水族的身份证”。

以民族钱币为素材建造的景观，一个是水族青铜文化的代表打造的照壁景点，另一个则是用水文字书写的《天地人和碑》。另外，还用水书为咕噜景区书写对联，聘请林明璋先生为景区进行设计。应林明璋先生的邀请，笔者参与了三都县咕噜景区水书文化应用实践的一些过程，并拍摄了一些珍贵的照片。

因为水书钱币影响深远，2004年12月9日，新华社贵阳分社在新华网发布：《考古发现：“水书”专家发现首枚水文字钱币》一文。这是记者周芙蓉采访笔者的报道。新华社首次报道民族文字钱币。

三都县咕噜景区的廊桥以及村寨住户大门用水书撰写的对联

贵州民族文化宫图书馆的玻璃门以古朴的水书作为装饰，显示了民族文化在现代设计中具有举足轻重的地位。

贵州省民族文化宫用水书装饰玻璃门

下图是三都县水族博物馆在天花板上制作的水族天文历法图。

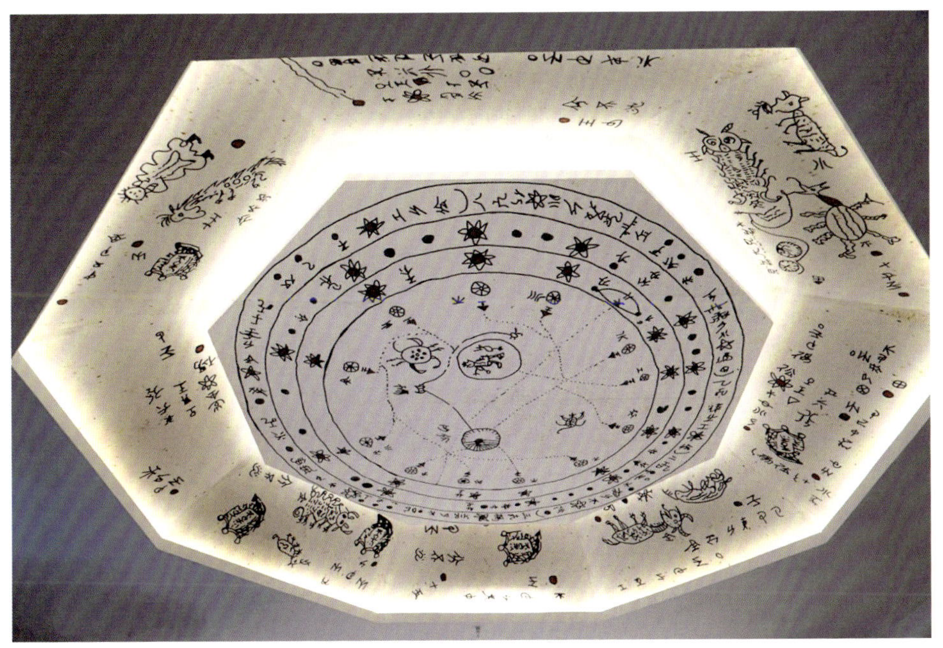

水族博物馆的天穹位置嵌入水书《吉星》中的天体运行图

荔波县樟江部落经字街的地面石板镌刻着水书，这段用水书装饰的路段称为经字街。

水书的装饰范围很广，从空中的天花板、高楼的外墙到地面的地砖，从大街小巷的五彩壁画到大门对联，从家居门板、镜面到碑林石刻处处都有水书的身影，处处在闪烁着其古朴的魅力。

荔波县樟江部落的“经字街”地面镌刻的水书

水书碑林镌刻（潘朝霖收集整理及撰写碑文）

第二节　水书长卷：少数民族文字书法，独领风骚

“水书长卷”展线全长350余米，高2.5米，使用篆书、隶书、楷书、行书等书写体，以条幅、中堂、扇面等书法作品形式展现。

“水书长卷”这样规模的书法展览，是少数民族文字书法的首次尝试，2015年开始展出。笔者主要从“水书长卷”及相关展出的水书书法作品中选录部分成果，作为水书书法尝试的汇报。

水书滥觞于夏商文化圈的雎水流域，辗转于百越族群之地，遗存在黔桂交界的都柳江、龙江上游地带的水家山乡。其穿越了数千年漫长的历史时空，依旧鲜活地存活在水族社会中，显得特别珍贵。水书兼容图画、象形、抽象的文字特点，是一种类似甲骨文、金文的古老文字符号系统，并与之有很深的渊源。

水书是水族文化极为重要的组成部分，所载内容涵盖天文历法、信仰崇拜、民间知识等诸多方面，其中尤其在天文历法、原始信仰、哲学思想、文字书法、诗歌音韵、民俗活动等方面，成效尤为显著。

水书是图画、象形文字、抽象符号拼盘组合而成的民间文化结晶，是水族精神家园中最闪亮的星。水书是未成熟的文字，还处在文字的幼儿期，不敷应用。可以说，水书典籍是文字加绘画的综合体。因此，水书中以画代字，以画表意，以图记事，看图想事，看图说话，靠图提示的现象很多，是尚不足以对应记录水族语言的文字。为适应水族社会信仰文化实践应用的需求，只能以绘画补充文字记录之不足，还要依赖水书师口口相传来配合传承。国务院批准水书文化以“水书习俗”的名称进入首批非遗名录，就体现了水文字不只是简单地记录水族语言，也记录了水族文化的特殊性质。可以说，水书支撑着水族的文字史和文明史，也支撑着水族的绘画史和书写史。

水字是自源型与他源型相结合的混合型词符文字。水书经过历代不断地充实创新才形成今天的格局。水书既是水族内部广泛认同的重要表征，也是水族群体进族群识别的重要文化物证及重要表征。文字的这种归属认同功能，在世界上是相通的。

一、水书书法艺术的表征

“水书长卷”可谓是水书书法的结晶。水书书法起步晚，基础差，底子薄，严格地说，水书书法就是水书绘画书写艺术。尽管水书书法此前有一些零星的作品问世，但品类单一，加上缺乏规模性以及理论研究成果的支撑，影响力较小。

水书书法真正启动，开创历史的新篇章，应当是在韦宗林先生开展国家社科的水族古文字研究课题，并出版《释读旁落的文明》专著之后的事。韦宗林教授在项目研究中，对水族文字进行系统梳理，探索其历史文化根源，从理论上进行深度剖析，加上自幼喜好书法并入选国家书协会员，对民族文化又情有独钟，投入大量的时间与精力去创作水书长卷展。2015 年，韦教授创作的以《水书・九星经卷》为主要蓝本的书法作品问世，规模宏大，影响深远，在书法界、教育界引起极大轰动。

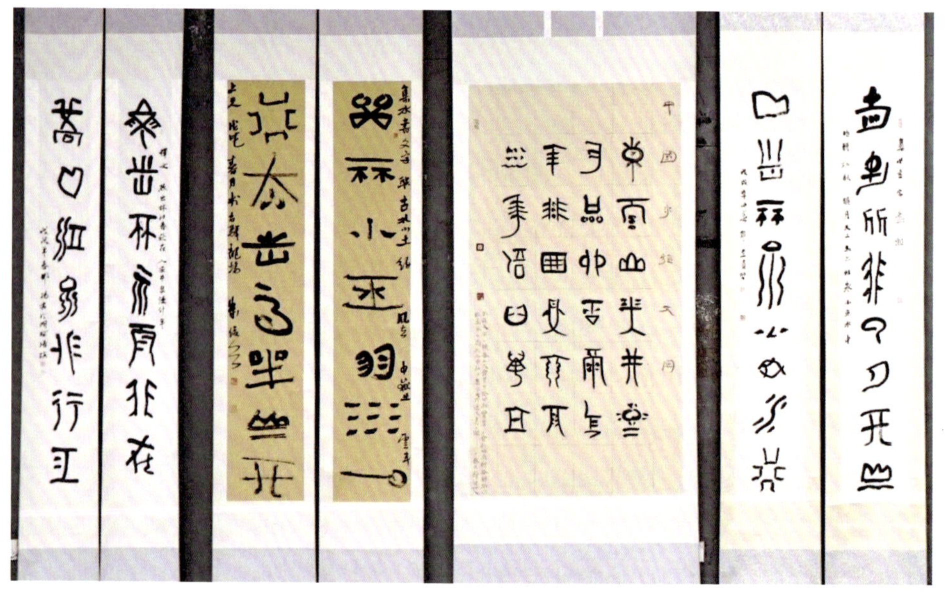

甲骨文、大篆、小篆、简牍等书写体创作的水书条幅作品

水书绘画书写艺术是指在“水书习俗”世世代代传播实践中，以水族历史文化与社会活动为背景，用水族图画、象形文字和抽象符号书写、描绘的，用水语释读的文字及绘画所体现的艺术。这些水书绘画书写艺术的成果大多分散

在历代水书先生的水书抄本中，其中不乏精品，但都是各自为政。家族分裂，缺乏社会交流与社会评议，因而很少为人所知，没有延续发展与研究提升。汉字书法为何如此惊艳，就是因为汉字得到历代朝廷政府、诸多文人墨客的实践投入与研究，成果卓著而辉煌。

水书绘画书写艺术的载体，以水书抄本为主。另外，在与“水书习俗”相关的水族墓葬石雕、绣品、铜钱、牛角雕、木雕等器物之上也有出现。水书最重要的作用是记录和反映“水书习俗”，帮助解释、传授水书的内容，并在水书先生实际使用的过程中起到重要的辅助作用。

1. 书画同源

书画同源是中国传统书画理论中的一个重要观点，包括两方面的含义：

一是指中国文字与传统绘画在起源上有相通之处。

二是指书法与传统绘画在表现形式方面，尤其是在笔墨运用上具有共同的规律性。写中国字和画中国画在用笔的方法上，简直如出一辙。

水书与甲骨文是夏商地域中同源异流的文化，有很多共通之处。水书在书写与绘画等方面，共性更多。

水语“写”“画”的动词读音一样，读为“va^{5}”。

水语“绣花”读音为“va^{5} ʔba^{3}”。

水语“绘画”“画画”“描图”读音为“va^{5} qen^{5}”。

水语“写字”“写碑”读音为“va^{5} le^{1}”“va^{5} le^{1} tin^{2}”，其动词是“va^{5}”。

甲骨文、金文、彩陶文与下图的水书二十八宿何其相似。

从语言发生学的角度来看，水语“写”“画”动词相同，说明写字、绘画、刺绣在起源阶段是分不开的。

中国现今仍视书画为一体，出色的书法家也擅长作画，优秀的画家也重视书法之道，视书画为同源。早期，人们对书画同源的理解多在“起源”之上，着重关注书法与绘画在起源上的相同之处。

文字起源的研究始于周代。商周时期的甲骨文和金文中保存有大量图画文字，这些字不仅具有象形、指事的功能，还具有一定的绘画因素和广泛表现范围。包括对人身的表现，如对人的外形、人的年纪及性别、人的活动、人与环境的关系等的表现；对山川、草木、鸟兽、天文气象、居住环境等方面的表现，进而发展为表现较为抽象的数字、方位等。文字的形成与发展反映出人对自身的观察能力、思维能力和表现能力的发展，同时也反映了人绘画意识的发展。随着图画文字由图案化的形象符号逐渐演变为由线条构成的文字，人们也提高了对线条自身表现力的认识，并逐渐发展用毛笔书写的技巧，形成了独立的书法艺术。而运用毛笔的线条来描绘图像，正是中国传统绘画的重要特点之一。在这一意义上，书法与绘画正是在同一出发点上发展起来的。

韦宗林依据甲骨文笔意创作的水书二十八宿条幅

水族先民在殷商亡国之后，南迁融入百越族群，文化的融合便自然而然发生了。商务印书馆出版的《汉语水语关系论——水语里汉词借词及同源词分层研究》一书中的《敬请六铎公》：“第二元甲子，才去广东教书。第三元甲子，才去广西做占卜。”广西平果县出土的甘桑石刻文字，在周边的其他民族中，已经没有这种文字流传，即使有，也只是残本残片，无人能识读，更没有活态传承的社会资源。水书以传世抄本的现存量来体现其活态传承的特点，传世抄本现存量已达 3 万余册。《水书 • 九星经卷》的文字与甘桑石刻的相似度很高。甘桑石刻中有些拓片可释读的文字达 90%，有些拓片可释读的文字达 30%。这是文化的奇迹。

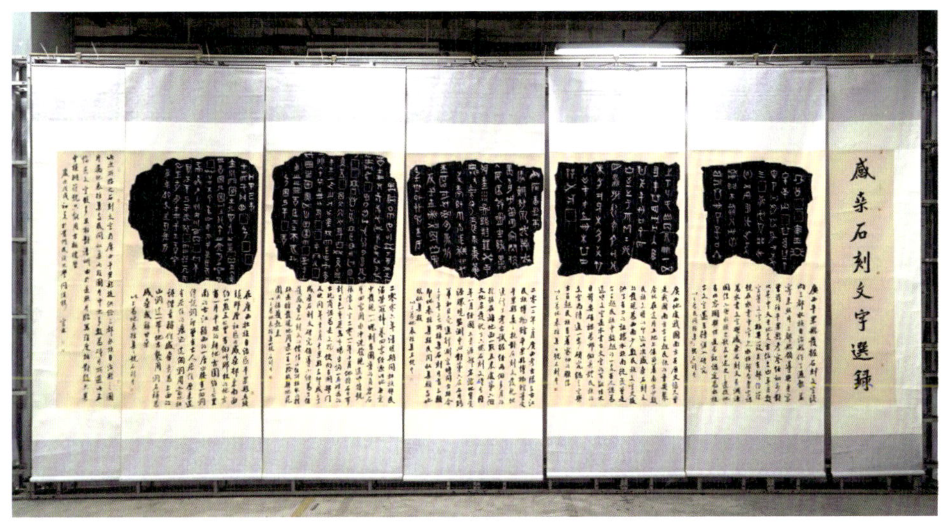

韦宗林以 5 方甘桑石刻文字拓片为蓝本创作的书法作品

下图是韦宗林《水书 • 九星经卷》书法作品局部图，该作品是唯一入选贵州省双百工程的民族文字作品，获得奖励 10 万元。

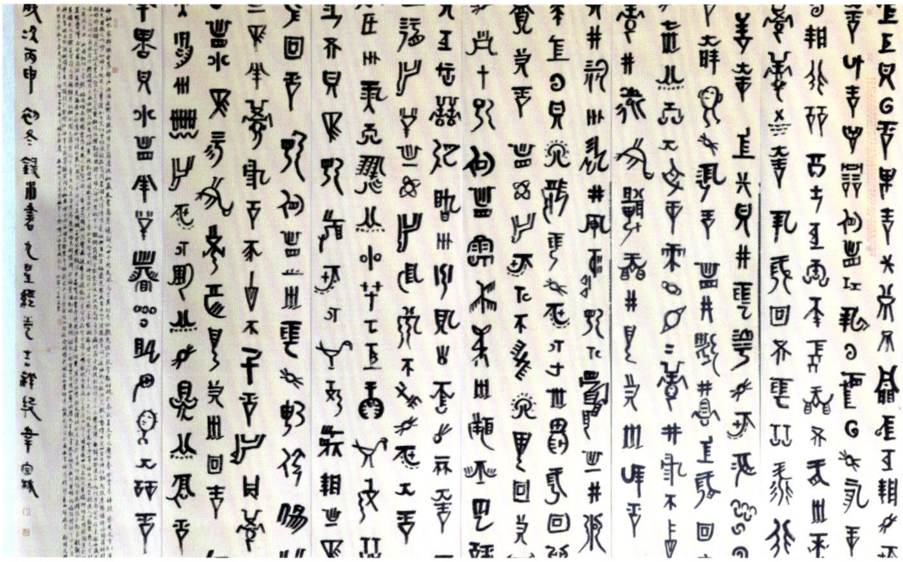

韦宗林以甲骨文笔意创作的水书书法作品

2. 水书保留着图画、象形文字、抽象符号混合书写的传统

在水书抄本中，图画、象形文字、抽象符号混合使用的情况十分普遍。早期水书抄本用炭条、竹签笔书写，人们看到水书，自然联想到甲骨文、金文。第一本入选国家珍贵古籍名录的水书抄本《九星诵读》，体现了这种混合书写的特征，既反映了书画同源的观点，也反映水书在记录语言时要靠绘画补充的文化记忆特征。

3. 水书书写体势与“楷变”

“楷变”是水书的古文字与今文字的分水岭。这是韦宗林教授经过长期研究得出的结论。从现在搜集的所有水书抄本来看，其书写体势或者是甲骨文、金文的体势，或者是楷书的体势，都没有隶书体势的影子。因此，我们将水族文字中以甲骨文、金文体势为主的文字称为水族古文字，将水族文字中以楷书体势为主的文字称为水族今文字。[①]

---

① 参阅韦宗林编《释读旁落的文明——水族文字研究》，民族出版社，2012。

在书写体势上，水书的笔画，共有 9 个，即点、横、竖、撇、捺、钩、挑、折和弧笔，这与甲骨文一致。其中，水书的日、月、卯、草、手以及大部分数字与甲骨文基本一致。

4. 水书书写体例

“从书写的体例看，水族古文字单字书写，是从上到下，从左到右。章法上大多是从上到下，行文从右到左竖写。在内容上，大多数现象是先注年、月、日、时，然后注吉凶兆象，这与甲骨文先注占卜时间，接着注吉凶兆象，极为相似。我们可以这样说，水书及水文字有着甲骨文时期的文化记忆。”[①]

这些现象说明，水族先民与甲骨文时代的古华夏民族有密切的联系。在秦汉之前，由于社会战乱和自然生存环境等的影响，水族与古华夏民族开始分离，不再与秦汉有联系。水书书写体势中出现楷书是晋唐以后的事。一个民族古文字的形成与发展，并长期被广泛地使用，从而认同为自己民族的文字，没有深厚的历史文化渊源是不可能实现的。[②]

韦宗林教授的水书楷书作品

水族先民生活在中原的这段时期，正是古代华夏民族大规模使用甲骨文的时期。水书贴上民族标签，是在唐代贞观年间水族形成单一民族之后的事，此前这种文字就是中原古文化的某个分支遗存，故有“水书是夏商文化的孑遗”之说。

---

① 韦宗林：《水族古文字与甲骨文的联系》，《贵州民族学院学报》（哲学社会科学版）2006 年第 1 期。

② 参阅韦宗林编《释读旁落的文明——水族文字研究》，民族出版社，2012。

水族文字，不论在“楷变”之前还是“楷变”之后，弧笔与圆形笔画依旧存在。弧笔与圆形笔画的出现，一是源于对自然现象的模仿写征，二是从便捷的行草笔画中讹变，三是对事象认识的观念体现。水书至今仍保留这一笔画特点，应是与文字本身的稳定性以及水书文化的神秘性有关。

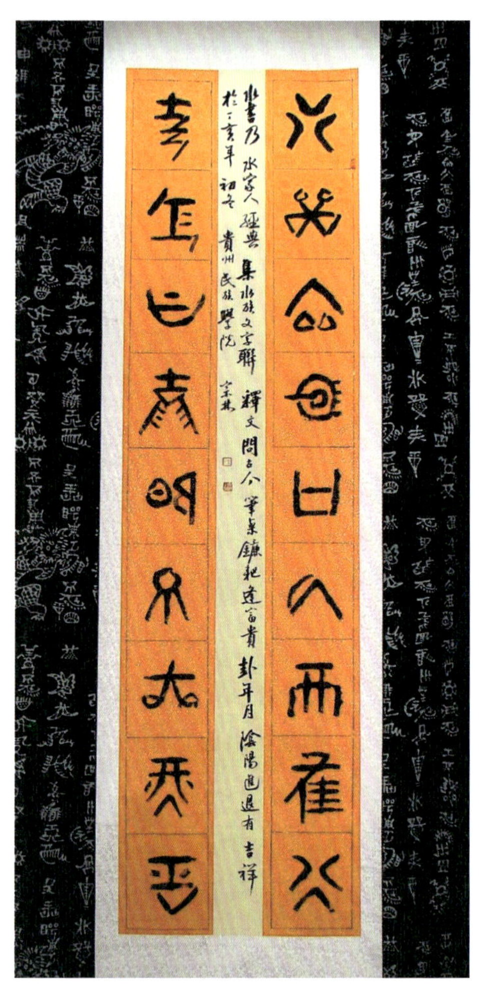

韦宗林创作的水书集字对联

人生活在自然界，会面对方圆曲直、形态各异的物种。人类文明初期，对这种直接的感观当是最简单、最基本的概括。正如许慎所云：“象形者，画成其物，随体诘屈，日月是也。”在这部分文字中，尤其表示动物或二十八宿的水族图画文字符号，显得更加突出。水族文字是这样，古汉字也是这样。从图到文，从繁到简，最终还是保留了它的弧笔和圆形笔画特点。这种标志性笔画成为水书字体的显著特征。

二、书写体势

而从书写历史文化的角度来审视，隶书产生于秦代，隶书是当时篆书在民间的便捷写法，非官方文告的字体，由于在民间流行，相传由程邈所创；也有传闻是由奴隶所创，所以被称为“隶书”。汉朝推翻秦朝统治以后，文化的发

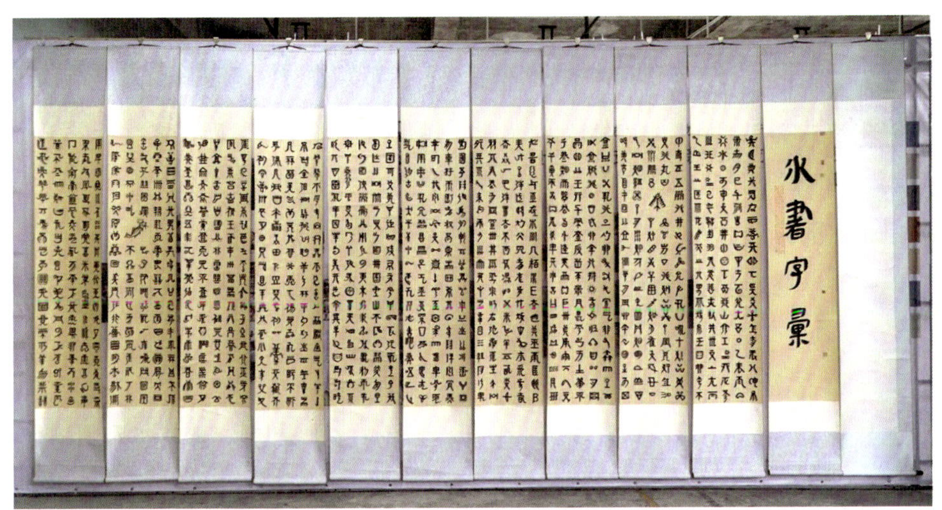

韦宗林教授创作的水书字汇作品

展和社会的进步使人们觉得篆书的书写繁复，此时隶书的书写已比较成熟，加之汉朝对秦朝政治文化思想的否定，于是就把隶书推到前台，成为官方使用的字体。汉朝把隶书定为官方字体，这便是书法史上有名的“隶定”。

水族古文字既有图画和象形文字，又有抽象符号穿插其中，与甲骨文如出一辙。人的思维规律都是从形象到抽象，形象思维是人类的基础思维，抽象思维是人类文明的高层次思维，是形象思维充分发展的结果。这说明水族是一个有着悠久文明的民族。

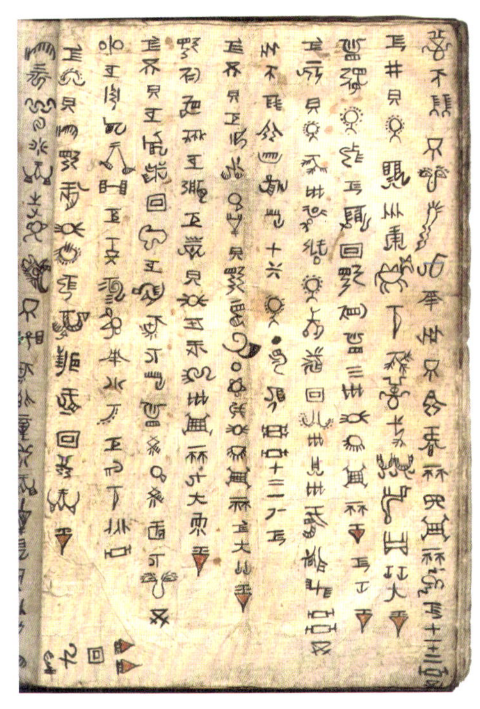

水书《九星经卷》古抄本（潘朝霖藏）

三、书写文化

文字的初创期和使用初期，是人类认识自然和征服自然而走向文明的一个重要时期。这时人们认为自然万物都是有灵的，文字的出现对人们征服自然起到了重要的作用。人们认为文字具有一种可以界破时空的魔力，视文字为神圣的产物。这就是文字初创时期“惊天地，泣鬼神”的主要原因，也是古籍充分记载的辉煌。文字之所以神圣，因其是神本文化的结果。

水族古文字是水书的载体。水书被人们称为水族古老的宗教文化典籍，是水族先民卜筮的成文经典著作，是水族原始宗教的集成，是古老神本文化的活化石。

从水书书写的内容看，阴阳五行，九星八卦，天干地支，二十八宿，婚丧礼嫁，营造出行，趋吉避凶，等等，都是水书的重要内容。水族学者王品魁先生研究认为，水书的源头当是从《洛书》和《周易》派生出来的。《洛书》是距今3000多年以前，相传夏禹在治理洪水时从洛河中获得一只神龟，然后以龟背上的纹路为基础，将1到9的奇偶数分配于其上，5为中央，其他8个数则放置于四方四隅，无论以何种直线相加都等于15。他把水书中的“九星”与《洛书》做对照，二者结果极为相似。另外，王品魁先生还列出水书的九星与《洛书》对应表。从中不难看出，水书中的九星与《洛书》的定位完全一

杨胜超先生创作的水书书法作品

致，可以说是一脉相承。因此，他认为："水书源于《洛书》，根据《易》卦、星象、五行之理，以五行生克制化合于干支，进而推演吉凶，预测祸福，解决疑难。"

八卦产生于周以前，完善于周代。从殷商的甲骨卜辞至《周易》，可以说是中国古代神本文化的昌盛时期。直至春秋战国"百家争鸣"以后，这种"神本文化"一直延续至封建社会后期，甚至残留至今。在"百家争鸣"以前，神力与权力是统一的，权力是神的旨意，没有任何一个人对神本文化产生怀疑。这时的文字掌握在少数有权势的贵族手中，文字被视为人与神交际的中介，不是位高权重者不会有这种权力。平民没有权利举行祭天、祭地、祭祖宗等祭典。虽然平民没有掌握文字的权利，但广大平民对这种文字不仅认同，而且会顶礼膜拜。因此，文字是神灵的旨意，是权力的象征。在这个时期，"国之大事，唯祀与戎"，也就是除了祭祀和征战，其他事都不算大事。

殷商甲骨时期，"殷人尚鬼"是史家共知的。水族的鬼名繁多，在西南片区的少数民族中是较为罕见的。在文字书写的文化背后，其间是否存在某些联系，需进一步探究。

四、水书书法推广的历程

水书的创制发展与水族社会发展具有密切的联系。在文字创制初期，水族可能与中原某个诸侯小国的政治文化联系比较紧密。大约在殷商之后，水族先民从中原往南迁徙，逐步融入百越族群之中，形成了以中原文化、百越文化为主流的南北民族融合的二元结构形式。因此，"水族社会保留着殷商文化圈和百越族群的浓郁文化遗存。水书是夏商文化的孑遗，属水族的精神支柱"[①]。水族人在疲于奔命，为生存而处于劳碌之时，水书发展缓慢，没有国家政权支撑，全靠民间抄写传承。其间还不时地受到强权政治的挤压，作为民

① 国家民委《民族问题五种丛书》修订编委会、《中国少数民族》编写组：《中国少数民族》，民族出版社，2009，第 726 页。

族精神支柱的水书，也遭到毁灭性的打击。由于种种原因，水字的书法根本没有走出水书师的书斋，以一门独立的艺术而出现。

1994 年，在三都县的民族文化展厅，出现了第一副用水书撰写的对联，辑录水书对联的作者是李癸成。

笔者第一次见到水文字这样运用，感到十分新奇。此后，水书书法艺术逐步为人们所关注。接着，出现王品魁、韦宗林、林明璋、杨胜超、李慧君、蒙耀远、张京来、王基华、潘文浩、潘洪城、潘明巧、陈绍文、陈胜文、潘志通、潘政波、韦少协、王厚虎、潘奠琴、潘永灿、白方、谢朝宇、韦世方、韦毓祥等人的水书书法作品。三都县还组织全国性的水书书法比赛，此次比赛的成果《第一届全国水书书法大赛》于 2016 年由中国文艺出版社出版。

杨胜超先生为咕噜景区书写的水书寨门牌匾

随着水书文化抢救保护工作的深入开展，水族古文字书法逐步成为一门独立的书法艺术，而为社会所接受。水族地区举办了不同形式的水书书法展览，并作为赠送国内外友人的重要礼品，由此也提高了水书文化的影响力。

2015 年，水书长卷在贵州民族大学展出之后，引起的社会反响较大。为迎接 2016 年贵州民族大学、贵州省民宗委、三都县联合主办的“水书习俗与殷商文化国际研讨会”，三都县委托韦宗林教授组织新版的水书百米长卷，全卷长 350 余米。中外专家学者参观之后十分震撼，惊叹：“这是中国少数民族文字书法的首次创举。”

接着，贵州民族大学的水书文化研究院专门向学校申请经费创作《水书长卷》。项目由韦宗林教授领衔实施，2018 年 11 月下旬正式展出，贵州省教育厅、贵州省水家学会、三都县、荔波县有关领导及其他人员前来观展。水族发祥于睢水流域，也有来自河南省睢县的相关人员到此参观。

韦宗林教授是水族古文字书法艺术成就最高的书法家，是水文书法的领军人物，华夏出版社还出版了《韦宗林书法作品集》。贵州省人民政府、贵州民族大学等还以韦宗林教授的水书作品作为礼品外赠。值得着重提及的是韦宗林主编的《水书赋》，这本书于 2017 年 10 月由四川美术出版社出版，八开版彩印，共 230 页，定价为 126 元。这本书是水书书法最高成就的成果汇集。

《水书赋》的创作人员的整体水平比较高，其中有中国书法家协会副主席、贵州省书协主席包俊宜。参加的中国书法家协会会员有：陈加林、杨昌刚、郭堂贵、秦良静、朱俊首、邓扬、夏仕勇、黄仁龙、韩宗祥、邵天华、黄仁旭、伍长巍、张献成、管宇杰、陈庆忠、韦宗林、李茂江、谢安辉等，还有在读的书法博士、硕士、本科生等。另外，越南的阮维清用小篆体抄录的水书作品也收录其中。

水书长卷展出参展人员合影

《水书赋》所用的书体有甲骨文、竹简体、大篆、小篆、楷书、行书等，风采各异。另外，还用不同字体镌刻的水书点缀，熠熠生辉。

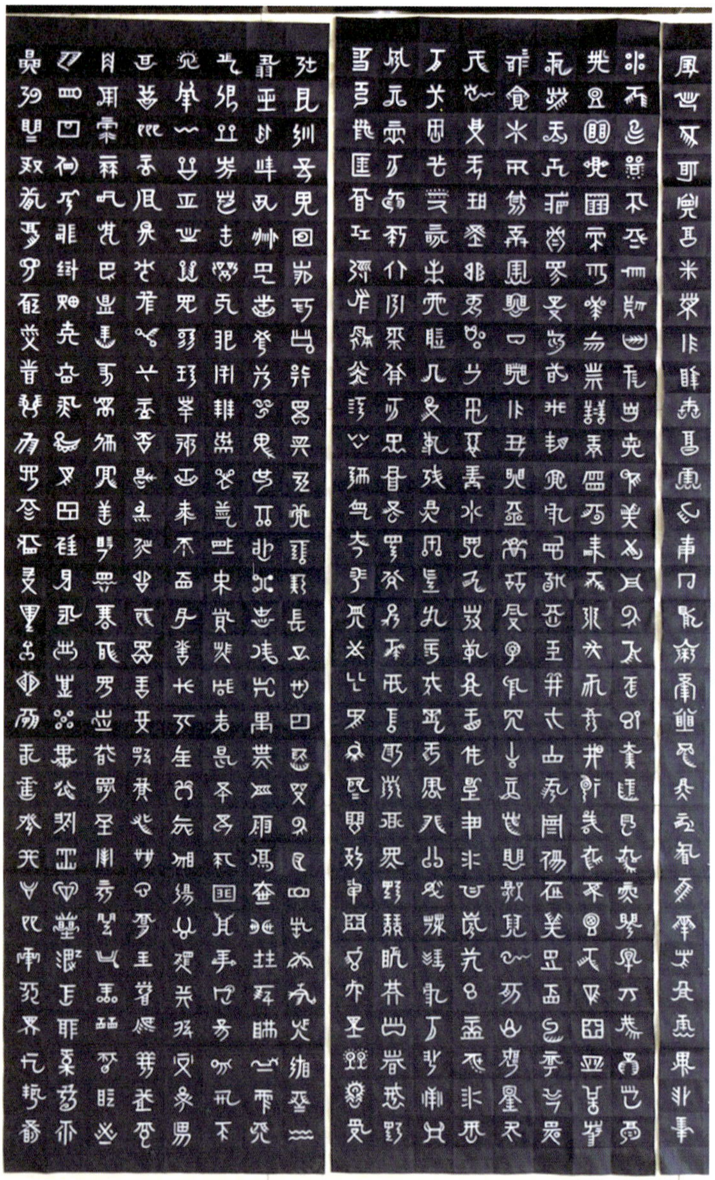

韦宗林教授创作的蓝底白墨水书字汇

《水书赋》是韦宗林教授将民族文字研究成果与书法艺术嫁接的新成果。《水书赋》不仅满足了民族文字书体转换科研的需要，而且也满足了书法教学向民族文化延伸的需要；不仅在创新成果利用方式、展示民族文化神奇魅力和引领传统书写技艺上让人耳目一新，而且从水族文化的维度，为推动中华文明创造性转化、创新性发展，进行了有益的探索，在增强文化自信、构筑贵州精神高地、助推民族文化旅游、建设民族地区文化等方面，做了积极有效的尝试。

韦宗林，男，水族，号水家苗，书斋名问溪楼，原贵州民族学院人文科技学院院长、教授、硕士研究生导师，中国书法家协会会员。1956 年 1 月出生于贵州省丹寨县，1982 年毕业于贵州民族大学中文系。自 1981 年以来，其书法作品多次在省内、国内展出。汉字小楷书法作品《岳阳楼记》被国家民族文化宫收藏，获贵州省高校师生首届书法竞赛二等奖、贵州省大学书法教育“优秀园丁奖”。在水文字书法创作方面，《摘水文古句》入选由国家民委、中国美协、中国书协共同举办的“中华民族书法大赛展”。韦宗林教授《释读旁落的文明——水族文字研究》于 2012 年由民族出版社出版，是研究水族文字最为全面、系统、深入的专著。另外，韦宗林教授主编了《水书赋》《中国水族文化研究》，还出版专著《守望与超越》；发表论文《水文字书法试探》《书法与作品性修养》等 60 余篇。

第三节　水书底蕴：马尾绣背带隐含着的远古密码

2006 年，“水族马尾绣”“水书习俗”“水族端节”入选首批国家级非物质文化遗产名录。马尾绣是水族刺绣艺术的代表作。

水族著名的马尾绣，水语称为“阶（jie^2）”，就是用白线缠绕三五根马尾作为刺绣预制材料的技艺。水族育婴的马尾绣背带称为“袋阶（dai^6 jie^2）”，马尾绣帽子称为“帽阶（$ma:u^6$ jie^2）”。马尾绣的名称有两个含义：一是马尾绣的制作技艺，二是马尾绣工艺品。

水族马尾绣育婴背带的刺绣部件

马尾绣也称卷轴盘绣、包芯绣。严格地说，马尾绣属于钉线绣的种类，因为涉及马尾绣技艺部分，不是直接使用丝线进行刺绣，而是用丝线缠绕马尾制作如粗琴弦般的预制绣线，以及用丝线编织扁形彩带填充轮廓而已。

笔者对马尾绣的认识，始于无知、肤浅与片面，终于欣赏、崇拜与敬仰。我告诫自己的学生，谁低估了马尾绣深厚的文化底蕴，那就要对照水族历史，从语言文化学、民族历史学方面补课，之后对其肯定有新的认知。

过去，笔者认为马尾绣不过是妇女们的活计儿，没有多少文化内涵与底蕴，因而不怎么上心，由于知识的空白，出现了认知的偏差，低估了马尾绣悠久深厚的历史文化底蕴。随着对水族文化进行深入调查研究之后，才恍然大悟：水族妇女世代传承的马尾绣技艺，其代表作马尾绣背带可不是简单的艺术品，说它是水族悠久历史文化的博物馆也不为过。

下图是马尾绣育婴背带（背扇）的分解图：上半部以红色板块为主；正中的正方形是背带的主题图案，底蕴深厚，内涵丰富，刺绣绣得密不透风；下半部为尾部，为附属图案部分，有月亮、太阳、雷电纹饰，又有蝙蝠、石榴、花鸟、藤蔓等图案，绣得比较疏朗。

水族马尾绣育婴背带部件剖析图（韦桃花作品）

马尾绣所蕴含的水族悠久深厚的历史知识，弥补了水书有关方面记载的缺失，笔者可谓醍醐灌顶，现略举一二：

马尾绣蕴含着水族悠久厚重的历史文化信息。从《说文解字》中对“骱”的释义，笔者理顺了水语马尾绣的读音源于同地域的古代文字的语言关系，属于“母语遗存”的范例。水族先民发祥于中原睢水流域，其地望在殷商文化中心区域的河南商丘一带，睢县就在其中。马尾绣历史源远流长，与水书的古文字产生，河图洛书源头，水族崇尚养马、骑马、赛马的习俗，古代丝绸之路都有联系。

1. 马尾绣读音“骱（jie²）”源于古汉语

水族育婴的马尾绣背带称为“袋骱（dai⁶ jie²）”，马尾绣帽子称为“帽骱（ma:u⁶ jie²）”。直到 1990 年，笔者查阅《说文解字》时，才恍然大悟。

骱 jiè 系馬尾也。从馬介聲。古拜切。

《说文解字》中骱的释义

参观西安兵马俑之后，笔者看到兵马俑的马尾都是捆束的，这就是《说文解字》中所说的“系马尾”。古代战马要系马尾，是防止马儿扬尾遮挡视线及伤害驾驭者双眼，还担心马尾挂在树枝等障碍物上，出现灾祸。《左传》就有“不骱而亡”的多起战例，导致战将被俘。“骱”在现代汉语中早已消失，更没有活态传承的相关刺绣实物，但在几十万人使用的水语中有留存，其读音及语义与《说文解字》中的“骱”的本义吻合。水族离开中原之后，水族将战场上“系马尾”的技巧，转化成美化生活的马尾绣技艺，在水族生活中鲜活地传承至今。

马尾绣的读音“骱（jie²）”以及马尾绣技艺将会伴随水族走向永远。“骱”就像水族称呼筷子为“箸（tsu⁶）”一样，与古汉语音义完全吻合。汉语同水语内在关系的研究，就是十本书也写不完。

水族马尾绣育婴背带使用的生活画面

语言是一个民族文化的灵魂，是最基础又最深层次的文化。

水语和汉语的关系演变过程是“同源—分化—接触吸收”，正好符合水书与汉字的关系。壮侗语族如壮、布依、傣、侗等较大民族语言的声母有20—30个，但是人口不多的水族，水语声、韵母系统却十分复杂，声母有71个，韵母有77个之多。水语流传数千年，是语言研究的活化石。

西南大儒莫友芝用传统音韵学、训诂学研究水书的读音，认为水书“声读迥与今异而多合古音”。

水语和汉语的关系是“盖皆出同源，历时久而差异遂增”。这是世界著名语言学家、中国第一个留美语言博士李方桂先生运用现代语言学知识对水语进行研究得出的结论。李方桂博士研究世界近30个民族的语言，出版语言专著13部。李方桂对水语情有独钟，出版了水语专著2部：《水话研究》《水话词汇》。

水族马尾绣育婴背带局部图案

“汉语与水语的关系是历时的、动态的，是同源—分化—接触的发展过程。”[①] 南开大学曾晓渝教授重点研究水语，出版了《汉语水语关系论》《汉水词典》《汉语水语关系词研究》3 部水语专著。

2. 马尾绣蕴含的河图洛书信息

马尾绣与河图洛书有紧密联系。笔者家五姊妹都是在母亲背上的马尾绣背带里长大的。笔者于 1958 年小学快毕业时开始学水书；1962 年进水书私塾学习；1979 年之后开始水书调查与研究，拜访了百余位水书先生，浏览万余册水书抄本，拍摄水书照片 2 万余张；1986 年之后又在大学讲台上讲授水族文化，写一些与水书相关的文章。其间也接触了河图洛书，但从来不会想到其与水族妇女手中的马尾绣背带有关。

1998 年初，笔者任贵州省文史馆馆员，看到副馆长张彦夫教授刊载于 1997 年第 4 期《贵州文史丛刊》上的《红岩古迹研究综述》一文之后茅塞顿开。

① 曾晓渝：《汉语水语关系论——水语里汉语借词及同源词分层研究》，商务印书馆，2004，第 174 页。

对于殷契，“中国社会科学院张政烺先生率先提出这些契数是原始数字卦。他统计了这一时期的数字卦资料 32 条，共 168 个数字，其中出现次数最多的是‘六’和‘一’，共一百次。数字卦越来越集中在‘六、一’二字之下。而这正是河图‘一六共宗’的记述反映。古越人的后裔水族崇拜的正神‘六一公’（亦称六甲公），传说为水书的创造者。我们认为‘六一公’的实质正是河图洛书的化身，源于‘一六共宗’的河图洛书。故‘六一公’在古越人的眼里是天地主宰神。可以肯定，水书等少数民族文字也是由河图洛书为代表的原始数字卦演变而来的，……与河图洛书关系密切”①。

水书创始人六铎公（六一公）原来与河图洛书命运攸关。笔者静心端详马尾绣背带的图案，慢慢领会其中奥妙。为了便于教学，笔者特地走访多位马尾绣绣娘家，寻求绣工精美而未拼缝的马尾绣背带的成套部件。走访了五六家，侥幸在马尾绣国家级传承人韦桃花大师家拍到上面那张马尾绣背带部件组合分解的照片。

水族的育婴背带中心图案，不论是何种刺绣工艺，其构图的格局都遵循九宫格的模板，这就是河图洛书的遗韵。

马尾绣背带上部为主体，其中心位置是正方形图案，由 9 块刺绣部件组合而成，蕴含着极为丰富的文化信息：

第一，育婴背带的正方形图案，寓意为方方正正做人。

第二，九是阳数的最大数，寓意长久平安。

第三，指代上部的中心位置代表中原，9 块组合部件代表九州。

第四，背带的中心图案是河图洛书文化记忆的代表，也是后天八卦的排列方式。中心图案不论纵横，对角都是 3 块，宫位数据之和都是 15。

第五，殷商饕餮纹变形，民间称为蝴蝶纹。

---

① 张彦夫：《红岩古迹研究综述》，《贵州文史丛刊》1997 年第 4 期。

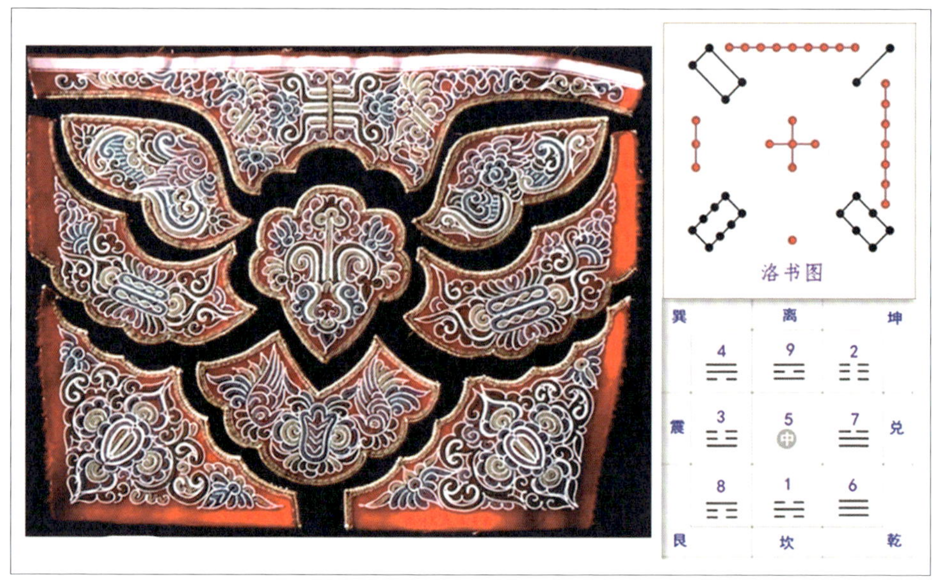

水族育婴背带上部的中央主体图案体现了河图洛书的布局

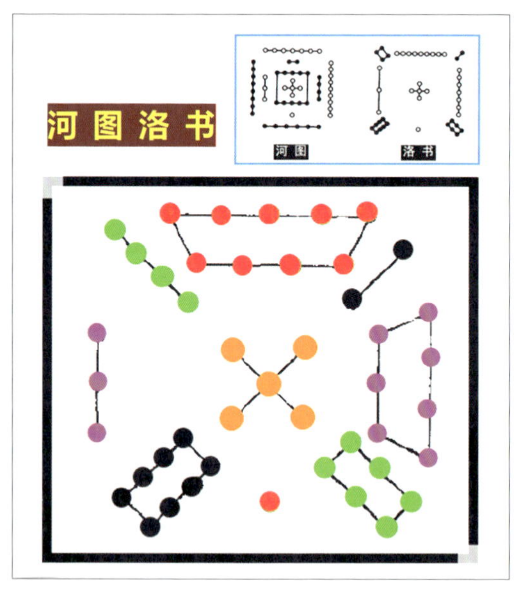

河图洛书

河图洛书历来被公认为中华民族文化之源，蕴含千古之谜。河图和洛书这两幅神秘图像，被认为是《易经》、阴阳五行乃至中华文明之源。太极、八卦、九星等数学基本概念皆可追源至此。河图洛书被誉为“宇宙魔方”。

马尾绣背带中心图案这个“宇宙魔方”，流动在水族妇女的手尖，只管照搬照用，格局恒久不变，世世代代因袭只知其然，不追溯其源探索其所以然。这是融汇在水族人身体里的文化基因，是用艺术形式反映水族悠久历史文化的结晶。黔西一带的苗族用两道刺绣的波浪纹记录民族迁徙跨过黄河、长江的经历。毫无疑问，水族马尾绣背带中心图案就是水族历史文化的密码箱。

3. **简牍文化的传承**

“册”图案在水族育婴背带图案中，是必不可少的，这是水书中的“书（le^{1}）”。水语称水书为“泐水”或“泐睢”，水语念 le^{1} sui^{3}，源于古汉语。泐为刻写之意，早期文字是在竹木片、甲骨、泥块、石块上刻写的。水语的书本量词是“块（kwa:i^{5}）”，语言发生学反映了其文化渊源。水书滥觞于夏商文化圈，“册”俨然是汉字“册”的活化石。这是水族的远古文字和水族文化的记忆，是崇奉与珍惜民族固有的水书文化，希望后代掌握并传承。可以说，这种集体无意识的艺术行为是民族的思维定式，是文化自觉的体现。

水书中“书”字符的简牍象形刺绣版

“册”图案有平行和错位两种排列方式，由卷轴加飘带将之美化。

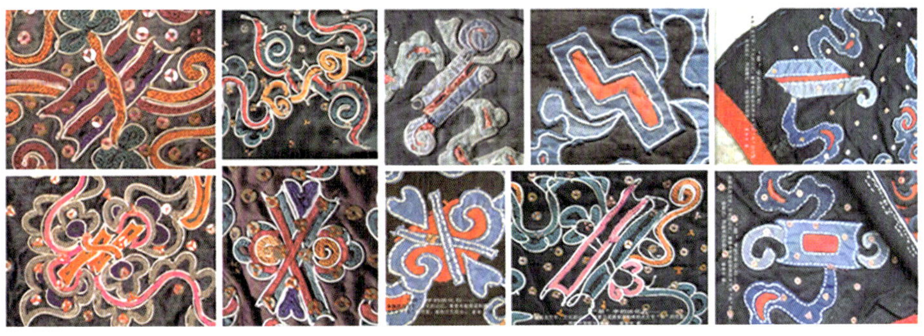

水书中“书”字符的简牍造型在背带刺绣艺术中的体现

4. 马尾绣与水族养马、崇尚马有关

水族过盛大的端节时必须登高跑马，这是南方水族独特的习俗。《中国少数民族》载：端节赛马是由水族先民在发祥地的征战遗风逐步演化成的重大群众性娱乐活动，也是南方民族中水族独有的习俗。[①] 为此，国家民委授予三都县“赛马之乡”的称号。水族男性丧事，最高礼遇是杀马祭奠，这也体现了水族人对族群历史的记忆与缅怀。

5. 精英文化与草根文化的有机融合

马尾绣中心图案是水族又一文化价值的体现。其精英视角是饕餮纹，而民间审美则是蝴蝶纹，并延伸出蝴蝶集群挡住阳光防止暴晒婴儿的美好故事。从艺术视角，还可以看出马尾绣背带的另一特点，其上部主体图案构图密不透风，下部图案疏可走马。马尾绣的前世今生，隐含着悠久而丰富的水族历史文化内涵，解读马尾绣的文化，有助于解读水族的历史。

二、水族马尾绣与古代睢县“襄邑织锦”

水族马尾绣与古代睢县“襄邑织锦”的时空地望怎么嫁接在一起了？曾有学生这样问笔者。笔者便让他们去阅读国家民委修订的两本书——《中国少数民族》与《三都水族自治县概况》，其中是这样记录水族迁徙过程的：

> 水族，发祥于中原濉水流域及豕韦一带。殷商灭亡后流徙南迁，经湖北、湖南到广西一带，融入南方古代“百越”族群中。
>
> 秦统一六国后，发兵攻打岭南。水族先民举族溯流向北进行了历史上第二次大规模的迁徙。到龙江、都柳江上游的黔桂交界地之后，终于有了相对稳定的休养生息环境。逐渐发展成为单一的民族。[②]

---

① 参阅《中国少数民族》修订编辑委员会：《中国少数民族》，民族出版社，2009。

② 参阅《三都水族自治县》编写组：《三都水族自治县概况》，民族出版社，2007。

睢水与濉水是同名异字。睢水流域在河南境内，秦代设置的睢县沿滨河而建。睢县，古代称为襄邑，是丝绸之路的重要起点。2015 年 11 月 22 日，《黔南日报》用一个整版刊载《大美黔南与厚重商丘历史渊源之——马尾绣、襄邑织锦与丝绸之路的起点》一文，可谓石破天惊，作者为睢县胡进才先生，是笔者多次应邀去睢县而结识的朋友。

睢县刺绣的辉煌《后汉书・与服志下》有详尽描述："天子、三公、九卿、特进候，衵天地明堂，皆冠旒冕，衣裳玄上纁下。乘舆备文，……衣裳玉佩备章采，乘舆刺绣，公卿九候以下皆织成，陈留襄邑献之云。"东汉许慎《说文解字》释"锦"字："锦，襄邑织文也。"西晋辞赋家左思，历经十载创作了《三都赋》，令时人争相抢购，使"洛阳纸贵"。其中，《魏都赋》盛赞："雍丘之粱，清流之稻。锦绣襄邑，罗绮朝歌。"

秦代建睢县，又称为襄邑，是丝绸之路的重要起点。但现在只有刺绣文化的遗迹，再也看不到五彩斑斓的刺绣场景。黄河泛滥将宋国都城的文明等掩埋在睢县地下 10 余米深处，令人扼腕叹息。

而今作为锦绣襄邑的睢县，仅剩下了濯锦池的历史遗存。濯锦池畔成群结队，用缫丝制衣的襄邑织女们早已踪迹难觅了。就好比远古时期商丘睢水流域的先商文化遗迹一样，被深深地掩埋在 10 余米深的黄河淤泥下，叠压在厚重的历史积淀中很难再现往日的辉煌了。要领略锦绣襄邑昔日的辉煌，只有通过水族同胞精美的马尾绣制品了。如果说泐睢（水书）是甲骨文的活化石的话，那么漂亮的水族绣娘们精心绣成的马尾绣就是锦绣襄邑织锦的现代版！

水族先民带着自己文字和刺绣技艺，融入百越族群，又因战乱辗转来到龙江、都柳江上游的山区生息。交通闭塞的山区环境像冰柜一样封存了昔日的文化，恰如日本保存了和服、相扑等源于中原的文化，而发源地的这些文化现象却已湮没无闻一样。人们说马尾绣是刺绣的活化石，名不虚传。

2005 年 8 月，三都县委托笔者全权负责马尾绣、端节、水书、卯节申报国家级首批非遗项目的文本制作及影视资料整理的工作。8 月下旬的第一站是到中和镇的姑引村，我们拜访 40 多岁的石美英，她只有初中文化，是全镇唯一的女支书，也是马尾绣的高手。她一年能插空做 3 条精致的马尾绣背带。她说："1987 年，三都县中和镇就被命名为'水族马尾绣文化之乡'。"这里离后来靠马尾绣出名的板告村也就 4 里路程。

美术家丁朝北，1986 年第一次到三都县就被精美的马尾绣背带所折服，后来他说道：

马尾绣背带，水语叫"歹结（带阶或袋阶）"。它与汉族、布依族、苗族的婴儿背带都不一样，不仅图案和形式不一样，制作手法更特别。类似琴弦的白色线中心有马尾丝，将它盘绕在图案纹样的外轮廓，中间用彩色丝线填绣，空隙处缀有亮片，在深红色绸布底的衬托下，产生波光粼粼的视觉效果，格外耀眼，且有浮雕感。背带四周边框用大红色绸缎作底，翠绿丝线平绣出有数序规律的几何图案，多为万字组合结构。红与绿的强烈对比，两色平均掩映在几何图案中互相补充，边框图案反而同为一片灰色绸子，与中心图案的斑斓柔美形成和谐对比。中心马尾绣纹样的流动曲线阴柔舒展，与边框几何图案的阳刚数序规律形成强烈对比，从而构成马尾绣背带完美的艺术形式。

马尾绣背带主体纹样由二十个绣片组成。正中由九个绣片拼成一个大正方形，其中六个绣片组成蝴蝶形象。正方形左右各有一个长方形和梯形绣片，上方一个长方形绣片，把主体蝴蝶图案围在正中。最顶上还有五个正方形绣片平均排列，两边加两条长绣片做背带手，背孩子时作拴缚于大人肩腰之用。这些绣片的组合结构，远远看去就像贵州高原上大大小小的梯田。

1980 年，笔者从原工作单位借调到黔南州文艺研究室，参加《水族文学史》编写的基础工作，和丁朝北老师住在同一栋楼，我们就马尾绣进行了多次交流。他认为马尾绣背带有宫廷艺术的繁复与典雅元素，但当时笔者认知浅薄，没能与他深究下去，成为终生遗憾。

马尾绣带有典雅华丽的宫廷艺术韵味，成为水族文化艺术走出国门的重要珍品。法国总统马克龙的太太布丽吉特设计的服饰，就专门定制水族马尾绣图案做装饰。2015 年 3 月，时任全国妇联党组书记、副主席的宋秀岩在出席联合国妇女地位委员会第 59 届会议时，向时任联合国秘书长潘基文赠送贵州水族马尾绣。

马尾绣在水族地区具有广泛的群众基础，水族人民以拥有马尾绣技艺及藏品为荣，马尾绣主要流传于贵州省三都县及独山、榕江、荔波、雷山等县。三都县境内的中和镇和周覃镇及独山县玉水镇等地，是马尾绣主产地。当地政府极力推动马尾绣的产业化发展，促进农户脱贫。

马尾绣的使用范围，主要是妇女和儿童的服饰用品，如女性服装、围腰、翘尖鞋、鞋垫，儿童服装及育婴的背扇等。另外，还有的用于男性服饰的点缀，如荷包、笔袋、钱袋等的装饰。其中，马尾绣工艺的育婴背扇“袋阶”最具有代表性，水族出嫁女子生育，娘家去祝贺，所送的珍贵礼品就是育婴的马尾绣背带。

从马尾绣的文化解读，可以看出马尾绣不仅是水族风格独特、工艺精湛的手工艺创作，而且积淀了水族深厚古老的历史文化信息。可以说，这种集体无意识的艺术行为是民族的思维定式，是悠久厚重文化的结晶，是文化自觉的体现。

水族马尾绣入选首批国家级非遗名录，三都县水族人民举行盛大的游行庆祝活动

马尾绣产业现在成为水族地区脱贫致富的产业，诞生了国家级传承人韦桃花、宋水仙，并出现了潘免、韦应丽、韦小芬、潘正永等一大批刺绣能手，带动着水族刺绣行业的发展。

第四节　水书灵魂：水族墓葬群，国家墓葬奇葩

水族水书蕴藏着多学科的知识，这一节主要介绍水族墓葬。水族丧葬应用的内容在水书中所占的比重最大，墓葬是丧葬中的重头戏。国务院于 2013 年 3 月 5 日公布第七批全国重点文物保护单位，“黔南水族墓群”入选。在国务院核定公布的 7 批全国重点文物保护单位名录中，唯一入选的少数民族墓葬就是“黔南水族墓群”。

“黔南水族墓群”能入选全国重点文物保护单位名录，可见水族墓葬特色浓重、个性鲜明，是民族墓葬文化中的“奇葩”，它填补了中国墓葬文化中少数民族墓葬的空白，意义十分重大。

“黔南水族墓群”呈线型分布，主要分布在三都县和荔波县境内，核心的分布点有引朗石板墓群、水达石板墓群、杨拱石板墓群、水浦石板墓群、水庆石板墓群等。干栏石板墓是水族地区传统的墓葬形式，但人为毁损极为严重。三都县廷牌小学后面的坟地是成片的石板墓群，但毁于 1958 年板其水库建设。三都九阡水梅的石板墓群，村民在修水井、修路、修屋基的过程中拆毁很多，随处可见墓碑被移作他用。

三都县水达石板墓群线性保护点的标识碑

水书《丧葬卷》是水书中极为重要的一部，集中反映了水族先民信仰世界的生死观、鬼神观，以及追求永生和发展的功利目的。从《丧葬卷》的条目忌戒内容来看，都是与死者后裔的吉凶祸福、兴衰枯荣紧密相连。这是水族后裔力求通过对死者肉身归宿、灵魂安顿之后，企盼子孙发达、家道福泽延绵的兴旺。水家有“最怕葬错一祖坟，最怕讨错一门亲”之说。可见，丧葬的趋吉避凶与祖灵崇拜在水族社会的影响极其深远。

死亡是人生的终结，是人生无可回避和超越的严酷现实。对于生命的诞生和死亡，水族先民认为是冥冥之中的神灵在支配与安排。水族先民对死亡感到无奈、恐惧与焦虑，认为人的灵魂是虚无缥缈的、游踪不定的、具有感情的，是既能赐福，也能作祟的神奇永生之物。

水族墓葬群引起国家的高度关注。贵州省文物考古研究所对水族墓葬进行了发掘调查，形成了500页的《水族墓群调查发掘报告》，由科学出版社于2012年8月出版。这是目前唯一的中国少数民族墓群调查发掘成果。

一、水族墓葬研究的主要对象

水族墓葬研究的对象主要是大型的石碑墓，国家首批非遗名录的“水书文献”就包含着水书抄书及十分丰富的口传资料。

水族丧葬，是水族文化的重要表征之一。丧葬的程序、形式、礼仪和禁忌十分繁杂，是水族诸多习俗中保留原始信仰较为全面的一种习俗，是水族习俗、宗教信仰、家族血缘、经济和文化诸多方面的综合反映。从这里可以去追溯水族远古社会的民族部落和家族血缘关系的演变，可以去洞察水族领主制的发展、地主阶级的形成和历史阶段经济发展的概貌，可以去探索石雕、石刻、纸扎、剪纸等工艺的发展，以及丧葬歌的形成和职业歌手产生等情况。此外，还可以从中了解水书的作用以及汉文化的传播对水族地区的影响。水族丧葬中的出殡、安葬、立碑等习俗是丧葬文化的重要部分。

1980 年拍摄的三都县引朗石板墓群

出殡。要按水书先生选定的日时及方位行动，棺木用毯子遮盖，上面还绑着一只红公鸡。出殡时，一人先行在出丧所经的路途撒纸钱引路直抵穴边，孝子一人披麻戴孝拿着灵牌走在前头，接着是妇女、儿童拉着白布纤绳走在后面。芦笙、唢呐、旗幡、伞盖、耍龙、舞狮的队伍随棺木前行，一路吹奏和表演。出殡之后，不准棺木走回头路，不准孝子回头张望。

安葬。按水书先生选定的日期、时辰、坐山朝向行事。当开挖墓穴前，要敬土地神；挖好之后，有的还在穴底撒上朱砂以驱邪，并以大米画上八卦或写上“富贵双全”等字，下棺入穴之后，校正了方位，常让孝子撒下一抔泥土，以示百无禁忌，然后一旁的人才动手垒坟。有的在下棺时，请风水先生念跳井踩棺的经咒。垒坟时，忌用锄头杵泥巴，坟上所用的锄、铲杵等工具事后要扛到孝家存放，待过三朝之后才能还给物主。

便葬。入殓之后，随即抬棺木上山安葬，不举行开控吊丧仪式。多为贫寒之家或在特殊的环境与年代下采用。

2021 年拍摄的三都县水达石板墓群的一座四方墓

急葬。因某种原因来不及筹备开控追悼，先入土安葬，过后再作计议。

浅葬。有的称为“假葬”，就是所选择的日子尚存在某种凶熬，而又可以采取一些临时应急措施，就把棺木抬至选定的墓穴去安葬。但是棺木不能完全落土，通常用两根木条垫住棺底，或者用木皮、木板等靠住棺头，盖棺时不让泥土贴住棺木。等到福禄双全的吉日，再将这些垫木或隔板抽开，让棺木全部落土，这才算深葬。在神龛下用泥土临时掩埋老人，也属于“浅葬”的形式之一。择到吉日才开挖，移往墓地深葬。

深葬。可分为一次性葬和两次性葬。一次性葬是将棺入穴之后，让泥土全部贴住棺木，以后不再做其他变动。两次性葬是因近期择不到完美的日子，先浅葬后再深葬。迁葬、火化之类的，也属于二次安葬。

迁葬属于二次葬，其原因有：一是客死他乡，因为路途遥远或经费短缺，当时难以将尸骸运回故乡而瘗之，过三五载或具备一定条件之后，再将骨骸运回故里安葬；二是安埋亡人之后，觉得家计不振兴、人丁不旺或祸端常常出现，以为祖坟犯了凶煞。待寻到灵山福地，选择吉日良辰再进行迁葬，希冀风水龙脉福荫，使主家化险为夷、富贵双全；三是建设所需工地或山地，以及穴位土地归属有争执，坟茔常受破坏者。总之，迁葬大多是不得已而为之。

立碑与上述的安葬特点有关联。立碑有两种形式：一是预先制作的生碑，有的已经立在墓地，有的待亡人入土安葬封土时立碑；二是安葬之后再制作墓碑，另择吉日立碑。

根据水书习俗，制作传统墓碑程序烦琐冗杂，其主要涉及几方面的内容：一是坟墓坐山地形是否适宜立碑，如虎尾蛇头地形就不利于立碑；二是立碑要根据墓地的具体情况来选择吉日，日期要与亡人命理、主人命理相生相合，不能冲克。三是从石料开采、搬运、下墨，请匠人、请水书先生、立碑，全部依据水书先生的安排行事。

二、水族墓葬的线性分布状况

水族典型的石雕艺术技艺主要分布在贵州省黔南州的三都县、荔波县、独山县、都匀市和黔东南州的榕江县、丹寨县、雷山县等地。我们经过大量田野调查，发现其主要分布地区为：

三都县原水龙乡引朗村的石板墓是国家级重点文物保护单位。拉佑村大寨超大型的五面楼阁碑，同时保存着地表4层的石板古墓，是水族地区最具代表的现代石雕墓葬，原三洞乡水根村、港以村、达便村的墓葬石雕材质较好，其中达便村墓葬石雕的石材最为厚实硕大。九阡镇的水懂村、石板寨、水达组，原杨拱乡的大寨、板合寨等地的石雕墓葬的古风古貌保留得完整而具规模化。

三都县大河镇的丙燕村、甲岛村石雕墓葬也很有特色。甲岛村的三所古墓原来还建房子庇护，笔者年少时多次从老家塘州步行去大河烂土的营亚舅公家，途经此地必定休憩片刻，观赏精湛的石雕墓葬。都江镇的甲早村、怎播下寨，坝街羊翁组、坝辉村等的石雕墓葬，原塘州乡阳干村正腊坡、塘州村的石雕墓葬，原廷牌乡板奇、新仰、梅坝等村，拉佑、水根、达便、九阡版南等村的大型石雕墓葬均保存较为完好。板其寨韦邦富祖父的大型石雕墓葬，其祖父毕业于民国南京大学，1958年修建板其水库被撬翻，一抔黄土难掩枯骨。

荔波县的玉屏镇水浦村，原永康乡的德门村和拉桥村，原水利乡的洞托村和大寨村，原佳荣乡的拉易村、水庆村“墓劳”等，石雕墓葬特色浓厚。

独山县的本寨乡天星村，以天星大寨后山的韦氏家族祖茔最具代表性，不仅韦光荣家祖父石雕墓葬较有代表性，还有镌刻太平天国年号的墓碑和造型较奇特的五面楼阁碑。此外，在原水岩乡楼梯寨以及原甲定水族乡、翁台水族乡等也有较多的墓葬群。原都匀市奉合乡榔木寨和阳和乡格薅寨等也有石雕碑群，但形制与规模略逊三都境内的石雕墓葬群。

黔东南榕江县水尾乡的水尾村，以道光年间潘氏韦母的石雕墓葬最具代表性。兴华乡的高排村、八蒙、姑飞寨等也较为有名，姑飞寨墓碑上的公猴硕大睾丸阳具石雕很有代表性。三江乡怎冷寨杨姓祖坟的马交坟、故衣村下寨潘姓祖坟的牛交坟为代表（实为石姓祖坟，当时新迁入为避税改姓）等。

丹寨县高寨的水族石雕墓是丹寨县最豪华的古墓。小羊昌是水族大寨子，寨子对面山麓墓地也有石雕墓葬，但已残损殆尽。

这些地区的墓葬主要为土堆立碑墓葬或石构墓葬，或分为墓碑式和无碑式，墓碑形式多种多样，既有雕琢详细碑文的墓碑，也有无字墓碑，还有象征性的墓碑样式。多数墓葬建筑造型吸收汉文化特征，石雕图形纹样、人物或动物造型具有明显的江南汉文化因素，在文化交融中又保留着水族本民族的一些文化习俗特点。

荔波县尧古石板墓群的一座开控追悼屠宰水牛的石雕拓片

三、水族石雕墓葬与深厚的水族民俗文化

水族石雕艺术是水族墓葬建筑的文化现象，汇集了水族宗教信仰、孝道文化、民间美术、民间习俗等多方面的内容。中国墓葬文化是伴随华夏文明发展而发展的，古代先民们在亲人死去之后，不忍亲人暴尸荒野，而将亲人尸骨埋葬，由“不树不封”发展为丰富的丧葬文化。

东汉许慎《说文解字》载：“葬，藏也。”《易·系辞下》云：“葬也者，藏也；藏也者，欲人之勿得见也。”这是伦理观念进步的表现，也是原始宗教和墓葬文化叠加的文化现象。水族墓葬仅指土葬。

坟墓是祖宗的居所，是祖宗灵魂归宿地，祖宗灵魂能否得到安息，与坟墓有直接关系。《周礼·大宗伯》云："人死魂气归于天为阳，形魄归于地为阴。"水族先民的观念与此十分相似。水族先民对死亡由简单害怕逐步转化为爱恨交织、敬畏混杂。人们既企盼鬼神保佑、降福、惠顾自己，但又生怕鬼神无端降下灾难与祸祟。为此，把想象中的祖宗和鬼神猜测为存在于天地之间的灵气，和现实世界的人一样有七情六欲，与子孙后裔情感相通。

从信仰功利上来说，水书的《丧葬卷》《祭祖卷》等就是围绕如何安抚祖先灵魂而展开的，就是敬鬼、媚鬼、酬鬼的卷宗，使其在物质上得到满足，在精神上得到愉悦，然后尽力地保佑后裔、赐福消灾。从伦理道德上来说，水书《丧葬卷》把对先辈的敬爱、缅怀、感激之情糅合其中。从社会组织结构来说，《丧葬卷》把同宗血缘氏族家庭团结，增强内部凝聚力等观念也杂糅于相关的篇目中。水族的丧葬，集中地体现和反映了水族原始宗教信仰和伦理道德等核心内容。

另外，丧葬与孝道文化紧密相连，又加深了丧葬文化的内涵。有的不重生养，而重死后追悼"开控""砍利"。这种现象与汉朝就出现的"言孝以求名"来抬高声望，或"崇饬丧祀以言孝，盛飨宾旅以求名"的行为很相似，从侧面推动了水族墓葬文化的发展，使其成为一门独特的艺术。

在水族人的观念里，鬼与神同在，鬼与神不分。水族的祖先崇拜是鬼魂崇拜的延伸和发展，鬼魂观念和血缘亲情观念使人们相信，祖先的灵魂会保佑子孙后代吉祥安康，所以祖先死后会被后人当作善鬼善神来敬奉，一般都要建造一定规模的坟墓，立造型各异的石碑，根据自身能力建造精美的墓葬石碑建筑，投入巨大的财力来营建规模宏大的坟墓。三都县拉佑大寨的大型五面碑，据墓主后裔介绍，当年祖上挑选 6 位工艺精湛的石匠耗时 3 年才告罄。后来这拨艺人又被独山县天星大寨韦光荣的父亲请去，为其祖父制作规模略小的五面碑，接近 3 年才完工。

水族墓葬石雕艺术的精品之作首先反映在墓碑建筑及建筑的装饰部分，其次就是墓葬石块的组合构造部分。水族墓碑石雕内容有土司制度权力及改土归流时期汉文化传播的明显痕迹，其内容和造型与改土归流之后的文化融合有着一定的联系。

水族地区古代墓葬文化的独特表现——石棺墓，它由4块几吨重的大石板打制而成，呈长方体状，一般有3层：第一层放置棺木；第二层放置死者生前用的工具，如锅、瓢、碗、筷、勺等；第三层放置死者生前喜欢的东西及其他陪葬物品。石棺上面盖上一层大石板，呈瓦檐形状。整个大石板墓的形状犹如死者生前居住的“干栏式”房屋建筑。

水族传统住房都是“干栏式”木质结构。如宋代周去非《岭外代答》描写的“民编竹苦茅为两重，上以自处，下居鸡豚，谓之麻栏”。又如《赤雅》载“人栖其上，牛羊犬豕畜其下”。“麻栏”指的就是“干栏式建筑”，是当时水族地区民居的生活写照。“干栏”在水语中的语义是“楼房的家”，直译为楼房。活人居住的居室优美，也必须让离世的祖先享受类似的居室。孝道理念与民俗思维的媾和，推动了水族特殊的石雕墓葬文化的诞生。水族干栏式住宅的构造方式，属于越人的“干栏式”建筑，避免了地面潮湿影响和野兽侵害，“干栏式”建筑是水族先民适应自然、彰显生态特色的建筑智慧。

荔波县水浦石板墓

干栏式房子，中国古籍亦称作为干栏、高栏、阁栏、葛栏，现代日本语则称为高床，或认为考古学和民族志中所见的水上居址或栅栏居，均属干栏式房子。干栏建筑是南方少数民族的建筑形式，古时流行于南方百越民族的居住区，这种建筑以竹木为主要建筑材料，主要是两层建筑，下层放养动物和堆放杂物，上层住人。这种建筑适合那些于雨水多、潮湿的地方的人居住。

大石板墓又有原始型、近代型、现代型之分。原始型居多，即墓室所用的大石板，宽大而粗糙，没有图案和文字，如干栏式建筑。近代型大石板墓，前后左右均刻有花纹图案和文字。现代型石板墓前立有各式各样的墓碑，如单面碑、三面碑、楼阁碑等，形状各异、造型多样，有人物、山水、飞禽走兽等纹样，真是无奇不有；上面刻有死者的姓名以及生辰，孝子、孝孙等的名字及立碑的时间等。其特点是画像为浅浮雕，汉字多为阴刻。

大石板墓群主要分布在都匀市、三都县及荔波县等地，如三都县的引朗石板墓，属张姓、韦姓的祖坟；拉佑村石板墓，属韦姓祖坟；九阡镇石板墓，张姓认祖；中和镇石板墓已被毁，此地属陆、石姓世居地；拉下村石板墓，属潘姓世居地，部分碑刻已收藏在县文物馆内；阳乐村石板墓，属世居杨姓先祖墓，已被毁，20 世纪 70 年代初，群众修建道路时，还挖到金银首饰等。都江镇石板墓，潘姓认祖；都匀市基长乡石板墓，属韦、蒙二姓石板墓；荔波县时来乡的石板墓，潘姓认祖；茂兰镇的石板墓，属蒙、常姓水族世居地，已被毁；水浦石棺墓，此地属邓、杨、韦等姓水族世居地。

大石板墓群建造的时间大多是在清朝，早期者多为明代，而中晚期者多为清代。尤其是清中叶之前的石板墓群，是水族墓葬形式的集中表现。它的周边都是水族的大姓居住地，古木参天，环境幽雅，是山环水绕的地区。经有关专家学者的多次考察论证，确认它是水族古老的墓葬形式。

如三都县重点文物保护单位的水龙乡引朗石板墓，除了刻有汉字及水文字外，还有人物、鸟、牛等；有的石板墓刻画了一帮人的欢乐出行图，有吹笛子的、弹着琵琶的、敲锣打鼓的；有的石板墓刻画了人身披战袍、骑马操捧、持枪的出征图。墓碑设计者匠心独运，借助构图表现出墓主的本质特征以及内在精神，有意识地把很多人物概括为一个人，以少胜多，以一待众，充分表现出雕刻者的思想、修养、气质、情操、意趣等。还有的石板墓雕刻了牛在吃草、鸟在天空中自由自在地飞翔，一派安静祥和之气氛；有的石板墓还刻有水族人民喜欢的铜鼓和鱼等。从某种意义上讲，这些浮雕是水族人民生活的真实写照。

三都县拉下村墓碑内容特别丰富，记载墓主死于明孝宗弘治十三年（1500），在墓门正中央刻有一头戴瓜皮帽、身穿长衫、外披马褂、手执马鞭和笔管、骑着骏马的男性形象，左右两侧各有一名随从，也是身着长衫，腰束捆带，看似保镖模样。从图案中，我们可以明显看出墓主可能是当地水族有文化与权势的首领。

拉下村水书墓碑的图案朴实地展现了古代水族社会丧葬的习俗。该墓制特殊，由长方形状石板垒砌，不用一点灰浆，而且垒得整齐划一，五六层不等，拉下村水族墓碑高约 100 厘米，宽约 140 厘米，长约 220 厘米。拉下村水书墓碑的墓碑、碑门、碑帽以及碑柱都雕刻有各种图案及水书有的墓碑上刻画了人右手拿起已打开的伞，左手拿着根绳子，似乎在前方引路；有的墓碑上刻画了人右手执羽扇、左手持铜斗烟杆，保护其后（羽扇是驱邪之物，铜又是镇妖降魔之物），可见创作者有丰富的生活积累，其雕刻功夫非一般人所能比拟，羽扇和铜在水族人的生活中是极为普通的用品，若运用得当，能起到“画龙点睛，锦上添花”的作用；还有的墓碑上刻画了人骑着马，一只手拿着马缰，另一只手拍马背，此时左边的一头水牛正向前迈步，紧接着（中间）平放一面铜鼓，鼓面上放着“三枝

三都县拉下村墓群的明代水书墓碑

花”(也可说是三炷香)，雕刻精细，可谓是典型之作。

铜鼓在水族社会中被视作权势和宝贵的象征，所以拉下村水文字墓碑上所刻画的图案，是当时水族社会丧葬习俗和丧葬文化的生动表现，反映了宋、元、明之际水族地区已出现了厚葬之风。在水族地区，凡长者死后，男性要杀马及水牛送葬，女性要杀水牛送葬，举行盛大的开控仪式，要做不少的旗幡、纸扎、伞盖等送葬。上述提到的“三枝花”，也可能是指这些旗幡、纸扎等。

此外，拉下村石板墓图案纹样，从雕刻艺术创作上来讲，还处于初级阶段；从线条上来讲，雕刻的人和物都还有些粗糙和呆板；但从广义上来说，它还是真实地反映了当时水族社会丧葬习俗及丧葬文化，是研究水族早期的雕刻艺术、社会生活、雕刻创作方法以及服饰文化不可多得的重要资料。

这里应当特别地指出，水族地区要是有人死了，不称为死，而是称作“回仙”(水语，意为做神仙、升仙)，因此要请巫师选黄道吉日，举办隆重的“开控”“砍利”等追悼活动。不论“控”大小，首先必须要做的就是灵堂祭祀神案“香亭”，因为人们认为亡人变成了神仙，就该住在神仙住的宫殿里。“香亭”的制作方法是用竹条搭架子，衔接处用绳子捆紧，然后用彩色的剪纸贴好，并在“香亭”的“屋柱”“门”等处写上“玉宇”“瑶池”“神仙府”“真净界”等字，还写有对联“九楼宽广佛仕居，丸阁辉煌仙人住”“魄赴青都入佛乡，魂游紫府归仙境”，等等。另外，在“香亭”的“墙壁”等处还有玉皇大帝、才子佳人、八仙过海、如来、天鹅、花鸟等图案，香亭“屋”顶上还画有瓦；“香亭”的制作特别复杂，里里外外分若干层，要是在“香亭”里点上一根蜡烛，在晚上，一眼望去，流光溢彩、耀眼夺目，犹如仙宫一般。这是道教、佛教文化在水族地区传播后的一种文化融合现象。难怪水族地区将人死了称作“回仙”，这有一定的现实意义，不无道理，它表达了人逝世后升上天堂做神仙之意。因此，一般的在开控（丧葬）结束后，“香亭”等还一直放在家中，等到 3 年或 5 年孝期满，才能把“香亭”及孝服、孝帕等一齐烧掉。水族的先民们把引朗等地区的石板墓做成与当地房子相似的形状，可见水族墓葬的含意有多深刻。

《宋史》卷四百九十六用一段话记载了水族先民加入西南诸蛮队伍，进京进贡方物——水曲芦笙舞的表演。这是清代之前，正史出现的唯一一段关于芦笙表演的记录：

> 至道元年，西南牂牁王龙汉佻遣使龙光进率西南诸蛮贡方物。上令作本国歌舞。一人捧瓢笙，如蚊蚋声。良久，数十辈联袂婉转，以足顿地为节。以虎尾加于首，为上饰。询其曲，则曰水曲。上封汉佻为归化王。意者，部落酋长，骤膺天子之封，荣宠无与伦比。以其曲名，曾为帝王下问，汉佻遂借曲以名其族欤。

三都县九阡镇水董村墓群的芦笙舞石刻墓碑拓片

“水曲”的芦笙舞表演博得宋太宗的欢心，领队龙汉佻得以加封晋爵。龙汉佻“借曲以名其族欤”，其言下之意就是：你们表演的舞曲叫“水曲”，就用水曲的“水”来作为你们民族的族称。过去很多人引用这段史料，但是都把涉及族名的部分省略了。

著名音乐研究专家蒋英教授介绍，这是中国目前唯一发现的古墓葬石雕芦笙舞画面，十分珍贵。在正史中，芦笙记载极少。

四、水族石雕墓葬的艺术特色

水族墓葬石雕表现的艺术手法有平雕、浅浮雕、高浮雕、全雕、透雕等。水族墓葬石雕在反映的题材，除部分记述墓主人的生活场景外，还有很多是描写人民群众所喜爱的历史人物故事、狩猎、农事耕作以及杂技百戏等。尽管雕刻品有时代的局限性，但也生动地反映了水族人民的勤劳、勇敢和热爱生活的乐观心态。水族墓群的石雕，是水族信仰史、建筑史、艺术史、丧葬史、家族史、文化交流史等的见证和形象记录，填补了在中国丧葬记录中少数民族丧葬方面的空白。

水族石雕文化的精华部分体现在墓葬石刻方面。水族石雕墓又分单面碑、三面碑、五面碑、六合碑、八字门碑及楼阁碑等。在这些石刻艺术中，民间艺人以浮雕、浅浮雕和雕塑为主，雕刻各种动植物图案，工艺精细、栩栩如生。

在水族地区的古墓群中，至今还保存有水族画像石墓和水文字石墓，墓式多样，墓制特殊，画像也很丰富，文字奇特，它是珍贵的民族文物，具有重要的史料价值。我们要认真地对这些古墓进行普查、清理、鉴别和研究，这对了解古代的水族服饰、水族文字和水族历史及古代的水族墓葬文化，丰富水族的古代史有积极的推动作用。

水族石雕艺术文化经过几千年的演变形成了今天独特的民族风格，体现着水族人民的美好愿望和气质。水族石雕文化之所以有如此强大的生命力，在于它有着广泛的群众基础和民族艺术的传统性，根植于本民族的文化土壤，因而发展至今仍具有强大的生命力。

我国自古以来就习惯用某种兽禽、花木的艺术形象来象征美好，寄寓吉祥的祝福。如以鹿、麒麟为瑞兽，以凤、鹤为瑞禽；以松树象征长寿和万古长青；以梅、菊象征抗严寒、傲霜雪，喻义清高；以竹子喻正直和宁折不弯；以葡萄、石榴喻义多子；以荷花、莲花象征吉祥如意、连生贵子。正所谓“图必有意，意必吉祥”，内容包括政治、经济、风俗、历史、宗教、文学和民间传说等。因此，民间艺术创作受其影响极大。除了这些象征性的纹样外，还出现了以音相谐。如刻画金鱼和鱼缸，便题为“金玉满堂”；再如刻画 5 只蝙蝠和蟠桃，题为“五福捧寿”。有的不用谐音，而是用具体的形象做象征喻义的符号，如以双飞燕表示夫妻和谐美好，以狮避邪驱鬼等。在古代封建社会里，图案是用来表现其所处阶级的，如皇帝所穿的服装上绣着龙的图案，皇后服装上绣着凤的图案，那是帝王之家的象征，而那些文臣武将服装上所绣着的禽兽图案，又是其职位的标志。

在水族石刻艺术品里，出现大量的狮、麒麟、鱼、龙和凤等动物图案，那是水族人民宗教信仰、图腾崇拜观念，以及吸收外来文化象征表意的反映，并以此寄托美好的祝福与祈求。如中和镇中化村的王贵楼阁碑墓，除了刻画有人物、云气、鱼、龙、花和鸟之外，还有 10 个大小不同的狮子，最为引人注目。这 10 个狮子有的似乎在跑，有的似乎在跳，有的俯，有的仰，有的挺胸凸肚，还有的张牙、吐舌、舞爪，有的你看着我、我看着你，有的目光对视，似乎在进行情感交流，似作含情相语之状。这充分表现了狮子的活泼可爱，但又不失凶猛、强悍、好斗的特性。王贵石墓的雕刻真是精细入微，由于富有无限的生活趣味，加上动物形体丰腴饱满，栩栩如生，这些充分体现了雕刻者高超的艺术技巧。“情深而不诡”，潜移默化地影响人们的思想和情操，只有具备真切的思想感情才能打动观众，正是因为水族石刻艺人具有这些优秀品质，所以石刻艺术才具有永久的艺术魅力。

在周覃镇新仰村韦依的生碑上，石刻艺人运用的是另外一种手法，仅在两块碑上，就精雕细刻出形象各异、栩栩如生的 7 对龙凤。它们有的张开翅膀，在翩翩起舞；有的飞动摇曳；有的龙和凤互相呼应，互相传情，静中有动，动中有静，形静意动，耐人寻味。这些雕刻实在是引人入胜，令人赞叹不已。石刻艺人还吸收了碑刻的艺术趣味，巧妙地把阳刻和阴刻结合在一起，在写实中带有一定的夸张，形成既丰富又独特的艺术风格。

由于民俗习尚的继承性和水族石刻艺术的实用性，水族墓葬石雕作品不论在题材还是在造型及喻义象征等方面，都有一定的规范。不少的水族民间石刻艺人都保存有父辈们流传下来的雕刻技法，而且能够从共性中张扬个性，以一般求特殊，在传统程式中发挥最大的创造性。如三都引虽村的莫其堕楼阁碑墓，在水族地区是比较独特的，墓碑及碑壁上雕刻着精美的图案，如八仙过海、天女散花图、二十四孝图以及耕作、出行、赶山打猎、交谈、阅读、垂钓图，及麒麟、狮、鱼、龙、花、鸟等，有的碑柱上还雕梁画栋，龙盘凤舞，雕刻对联，等等。这些栩栩如生的石刻图案均是出自水族地区后起之秀莫其全、莫其显之手，他们继承了传统技法，但一反前人版式，别出心裁，重写实、重意境、重技法，特别注重创新，这些虽从自然生活中来，却又超脱了自然生活现状的局限，变化极为丰富，令人有无限遐思之感。

人类在生活中的一切创造都包含着美的创造，即使在远古的石器时代，都闪烁着美的意念。这种美的产生体现在水族的石刻艺术中。它是广大的水族人民根据实用心理的需要，自觉或不自觉地表现出来。无论是从水族远古的马尾绣、陶瓷、家具到今天的石刻都可窥见一斑，有的古朴土拙，有的谨严凝重，有的挺秀玲珑。毕达哥拉斯派提出的“美在于和谐与比例”的观点，是非常有道理的。以上所述的例子可以充分地证明这一点。

由于水族地区地理环境的不同，其风土民情存在一定差异，民间石刻艺术也呈现多种风格。其中有原始型的神秘与古朴，也有近代型的雄浑与粗犷，更有现代型的纤秀与繁缛。周立波在《山乡巨变》中有这么一句话：“一些不起眼，不那么美的东西，有时也会焕发出美的光彩来，让你大吃一惊。……美的领域是宽广的，美的格调是多样的。”在水族石雕墓葬的艺术中，出现了很多让人叹为观止的生活画面。

水族人十分重视死后的各种“生活安排”和石雕墓葬的各种装饰，充分体现了这个民族的生活习俗、历史文化和历史变迁过程。如在迁徙路途、走亲访友、迎亲嫁娶、丧葬鼓乐、铜鼓崇拜、舞蹈踏歌、媳妇孝道、杂技动作、端节赛马、卯坡对歌等方面，充分体现了水族民间工匠艺人对生活的观察、关注，以及他们超常的观察力和艺术表现力。

榕江县三江水族乡马交及牛交石刻墓

三都县杨拱村墓群的四方石板墓

水族墓葬石雕艺术涉及内容十分丰富、广泛，多为昆虫鱼蟹、花卉藤蔓、飞禽走兽、家畜牛马、神话传说、人物活动、二十四孝故事，等等。水族墓葬石雕艺人的思维认知路径独到，表现手法十分奇特，在其他民族祖坟墓碑上决不会看到这样的画面：牛马交媾，男女裸雕，性器官显露，夸张硕大的公猴阳具、睾丸，男女拥抱、亲吻，列队吹笙跳舞，屠牛的成排阵列场景等。这些石雕画面让人震撼、令人惊叹、促人遐想。

五、水族石雕墓葬造就成批民间艺人

水族民间石刻艺人善于创造实用的艺术品，在艰苦而繁重的劳动之余，靠自己的聪明才智来美化环境与生活，他们的艺术是真挚的、纯朴的，没有丝毫浮华之气。1957—1958 年，曾挑选一批三都民间石雕艺人到北京参加国家工程建设，后来由于语言交流的障碍提前离京。

水族墓葬石雕图案
“猫头鹰捕鼠浮雕”

水族石雕艺人主要集中在三都县原阳安乡，以及邻近的独山县水族村寨，另外还有都匀原阳和乡等地，属原阳安乡石雕艺人的影响面最广。

三都县原阳安乡的莫绍于、莫怀夭雕刻的狮子、麒麟及小狗等，小巧玲珑，形象逼真，而且别致可爱。他们的作品在参加贵州省民间艺术品展览会时，得到一致好评。值得一提的是莫绍于，据当地人介绍，他很小的时候就开始跟长辈们学雕刻，勤劳又刻苦，很受人喜欢，那双手划破了多少次，连他本人都记不清了，有时手磨起了泡，甚至出血了，他还是咬紧牙关，坚持不懈地刻下去。转眼之间，数十年过去了，日积月累，“功夫不负有心人”，他逐渐成名，他雕刻的作品布局新颖、奔放，但又富于变化，刻法上挥洒自如。他常年奔波在三都、独山、荔波、都匀、榕江、丹寨、雷山、平塘、罗甸等地，还在广西南丹、环江等地的石桥、石桌、石凳等留下了他的雕刻作品，甚至连布依族村寨和苗乡侗寨都留有他的足迹。在水族地区，他是一个非常著名的石刻名匠。

原阳安乡真可谓水族石雕工艺人才辈出之地。年轻石刻艺人莫奇秀、莫奇全、莫奇显、莫五二、莫怀汤、莫其孔、莫怀一、莫提、莫怀及、莫端、莫怀托、莫怀宏等都是后起之秀，他们雕刻的作品也有独到之处。如莫五二，只读到小学二年级，由于父母亲早逝，便辍学回家，他就跟着叔伯兄弟们学习石雕，他凭着顽强的毅力、拼搏的精神和努力好学的态度，没多久就能雕刻出各种各样的东西。刚开始时只能在石桌、石凳、石碑上雕刻一些比较简单的山水、牛、马、狗、羊、鸡、鸭。后来，能雕刻鸟、人物、凤、狮、麒麟等较为复杂的东西。他精通浅浮雕、浮雕和雕塑，即使再难再复杂的作品，他都能随手就刻，随手就雕，而且雕刻出来的东西形象逼真，栩栩如生，美不胜收。

三都县安塘丁寨村墓群

杨承周、蒙意、杨耐、杨秀远、蒙玉招、蒙梯、蒙金奇等雕刻的狮子、虎、猫、牛、鸡、狗等也是形象各异，姿态万千。

据不完全统计，三都县原阳安乡的雕刻艺人中，比较有名的就有近千人之多，其中仅是引虽村出名的石刻艺人就有250人左右，他们不过是水族地区石刻艺人中的一小部分。水族石雕艺人长年累月奔波他乡，为美化生活环境而贡献他们的智慧与才艺。原阳安乡不愧为水族地区的石刻艺术之乡。

三都县拉佑村大寨墓群

六、水族石雕墓葬对水族地区经济的影响

水族石雕墓葬必须伴随着大型的追悼活动，大型的追悼活动必须伴随着大量的经费开支。贵州民族大学周兴智教授写了一本《死亡经济学》。笔者根据《死亡经济学》的思路，调查水族地区一些重大丧葬活动，其开销远远超过亡人生前开支的总和，这实际上就是畸形的死亡经济学的反映。

清代三都县九阡阳拱（当时隶属荔波县）丧葬宰杀 50 头水牛，并且要求牛角长短一致。板闷女富豪在其独子死于非命之后，倾尽家产为其子在村口修建宏大的石雕墓葬。

水族大型的丧葬追悼活动开销最大的是奉献的牺牲品——马、水牛、黄牛、猪、鸡、鸭等。笔者参加了都匀市翁降村韦氏家族的丧葬活动，2019 年参加韦荣周的丧葬活动 4 天，宰杀 5 头大水牛和 1 匹马，捆绑在主桩红伞下的那头水牛买价达 35000 元。这是新中国成立以来当地最隆重的水族丧葬追悼活动。1991 年，笔者参加其生父的追悼活动，他家吊丧杀了 2 头水牛和 1 匹马。

水族石雕墓葬记录了盛大的祭祀屠宰活动，和荔波县尧古的墓葬石雕画面令人震撼。其丧葬礼仪之繁多，禁忌之冗杂，为水族习俗之最。不少家庭为了支撑所谓门面，凑资勉强为之，总是期冀亡灵赐福，能够走好运。但其祖坟的风水偏偏没有给这些人家带来吉祥和福泽，却使他们债台高筑，穷尽潦倒而一蹶难振。过去，开控十分普遍，大控和特控也常有人举行，加上地主阶级的兴起，他们拥有较宽裕的经济条件，丧葬形式也逐步升级和扩大化。因此，对石雕墓刻、刺绣、剪纸、纸扎等工艺和耍龙、舞狮等活动的要求就大大提高了，这也对工艺美术和文化发展起到了推动作用，相应地出现了一些职业化艺术人才和歌手。

职业歌手的产生。开控，尤其是开大控与特控，常常要请二三堂歌。歌手为一男一女，还要加上四个伴音的小孩，往往要唱一天一夜，甚至七天七夜。歌手的报酬相当高，一天一夜要付五六十元，过去也要付六七十银毫。过去，“屯亥”要念一二十天的吊丧歌。这样，职业歌手就应运而生。歌手汇集了各地丧葬歌而进行融合加工，这使丧歌有了重大的发展。另外，“控腊”往往要有几十名披头散发的哭丧妇女，她们边哭边歌，使丧歌的范围又扩大了。现在，都匀市归兰水族乡一带的水族还有地棺前哭丧的习俗。由一名年长妇女领唱，数名或十数名女人跟着和唱，过去的领唱往往是职业歌手。这一地区的民歌几乎演变为七言四句的汉歌，唯独哭丧歌仍然保留用水语演唱的传统。过去大型的丧葬活动为丧歌和歌手的发展奠定了基础。丧歌是水族民间文学的重要组成部分。韦仕剑搜集译注《水族古歌•孝道篇》就是丧歌的重大成果。

纸扎工艺的发展。丧葬祭祀用的香亭、耍龙、舞狮、扎伞盖、吊笼等，使纸扎工艺应运而生。伴随而来的剪纸、画画、裱糊等技艺也得到发展和提高。

石雕墓刻的发展。水族的坟墓以毛石围砌改为料石修筑，墓形由方而圆，墓碑由无字发展到纯图案，最后发展到刻有各种动物和人物的浮雕及文字；墓碑由单面发展到三面碑、五面碑、八字门和楼阁形状。在这段漫长的演变过程中，造就了大批能工巧匠，并且出现了一批专职的艺人工匠。那些结构严谨、图案美丽、工序浩繁的大墓碑，记载和反映了水族石雕墓刻工艺的高超。

文艺队伍的发展。芦笙和唢呐在水族寨子里是必不可少的乐器，由于广泛使用，学习的人数大大增加。随着汉文化传播与影响的扩大，花灯为水族人民所喜爱。为了适应丧葬的需要，过去几乎每个大村寨都有一个文娱班子，不是吹芦笙，就是唱花灯或舞狮。他们除了为自己亲戚和邻里进行义务帮忙，还作为一种商业性的文艺出现。这样既丰富了当地的文艺生活，也促进了汉文化的传播。

孝帕。其是水族丧葬追悼活动中耗费颇多的开支，用满孝和半孝区别戴孝的范围。孝帕还按亲属关系决定其长短，吊唁宾客也按照亲疏关系进行分发。一场大型的追悼活动，有的要耗费300多匹窄幅面的土布。

此外，汉族丧葬中贴孝联、家祭、典主等仪式，也逐渐传入水族地区并为水族人民所接受。这不仅促进了民族之间关系的和谐发展，也促进了汉文化在水族地区的传播。

开控时，由于四方群众汇集，也形成了一个个集市贸易场所。当地和外地的小商贩蜂拥而至，因此对经济发展和物资交流起一定促进作用。一些勉强开控的家庭，后来家破人亡或倾家荡产。水族史学奠基人潘一志先生为了给祖父开大型追悼会，荔波、三都、独山、榕江等地的亲友与相识者来者如云。人死饭甑开，倒酒来不及，只能用竹子做枧槽架设到村外让酒流进酒缸中。就连乞丐都来了几十人，最后致其负债累累，家道中落。

《中国少数民族》水族篇载：水族丧葬习俗的主要特点是禁忌繁多、厚葬、隆祭、久祀。水族丧葬集中体现了祖灵崇拜、神灵崇拜、自然崇拜的信仰文化内涵。同时，丧葬又成为水族传承孝道和祭祖礼仪、调整人际关系、提升血缘氏族凝聚力、交流社会知识的重要活动。水族的厚葬，并不体现在随葬、陪葬物品的贵重与多寡，而是反映在石棺坟墓、大型墓碑的建造方面。这种现象远远超过相邻的周边民族。在过去的50多年间，水族地区的大多数石棺墓和大型墓碑被毁了，目前，仅剩下三都县引朗石棺墓、荔波县水浦石棺墓两个省级文物保护单位。水族石棺墓有两三层，外形与干栏住房结构相似，并雕刻有精美的花鸟鱼虫及人物故事等图案。水族丧葬的隆祭之风，还表现在为死者举行的各种盛大而复杂的吊丧“开控”活动，有的称为“砍利”。吊丧活动规模大小，往往根据孝家经济实力而选择“小控”“中控”“大控”或“特控”。“特控”又称“控腊”，规模最大，过去只有大户人家才能担负得起。

总之，过去水族的丧葬对水族地区经济和文化以及美术工艺的发展，都起到了相应的推动作用。随着社会的发展、地主阶级的消亡，丧葬也随着经济、政治的变化而发生变革。现在，水族地区的丧葬制度有所简化，礼仪也较为简化。

第五节 水书出版:《中国水书》160卷本成果丰硕

《中国水书》于2006年12月出版，为大8开、宣纸套筒印刷、绢面书衣、160卷本32函包装，定价18万的大型古籍出版物，由四川出版集团旗下的巴蜀书社和四川民族出版社联合出版发行。其意义重大：一是中国加入世界非遗公约后首个宏大的民族图书出版成果，二是国家重视民族古籍抢救保护名列前茅的古籍的出版结晶，三是水族传统文化经典抢救保护史无前例的丰碑。

《中国水书》是重大出版项目，得到多方关注和资助：其是国家“十一五”规划重点图书出版项目，国家古籍整理出版专项经费资助项目，四川省2006年度重点出版资助项目，四川出版集团专项经费资助项目。

2007年1月，全国书展在北京举行。1月12日，《中国水书》首发仪式在北京举行，全国人大常委会原副委员长布赫及其他嘉宾一同出席，特邀笔者和其他几位三都县代表参加首发仪式，为此，特请韦宗林教授创作两幅水书书法作品，会后，笔者将这两幅水书书法作品赠送给巴蜀书社。水书典籍与水书书法作品亮相会场，震撼了全场。大家纷纷为首次亮相的水书典籍、水书书法而欢呼。

2006 年 12 月出版的《中国水书》

布赫出席《中国水书》首发仪式，并做重要讲话。他特别指出："想不到在西南地区，还深藏着这么多珍贵的水书，应当好好传承、保护、研究。"

《中国水书》出版影响巨大，新华社发出专稿介绍。浙江在线新闻网站于 2007 年 1 月 9 日刊载新华社周芙蓉的专稿。

荟萃了 1353 种水书影印本的《中国水书》，2007 年 1 月将由巴蜀书社、四川民族出版社联合出版发行。

笔者担任了《中国水书》的学术顾问，认为水书是水书先生手抄秘传的信仰文化与民间知识杂糅的典籍，不轻易对外展示，这给水书的研究工作带来了极大的障碍。为了有效地抢救、保护水书，并为大专院校和科研机构提供研究资料，出版方与我国水族聚居地的三都水族自治县、荔波县合作，通过这种方式抢救、保护了水书。

《中国水书》内容简介如下：

水书是水族古文字、书籍的通称，是一种类似甲骨文和金文的古老文字符号，水书与东巴文是世界依旧存活的象形文字，与古巴比伦的楔形文字和古埃及的图画文字也有相似之处，被誉为象形文字的"活化石"。水书记载了水族古代天文、地理、宗教民俗、伦理、哲学、美学等文化信息。有关专家认为，水书相当于汉族的《易经》，内容博大精深，是水族的百科全书，也是中华民族乃至世界文化宝库的重要组成部分。为此，水书是进行文字学、历史学、民族学、民俗学、语言学、民间信仰等多学科研究的珍贵资料。

水族先民早在几千年前就创造了古老的水书文字。水族文字由三类符号组成：图画文字、象形文字及与甲骨文、金文相类似的古汉字。这些符号以简洁的笔画勾勒出水族先民对自然及生活的认识，其既表意，又具观赏价值，记载了水族丰富的文化信息。

水书与水族浓重的原始信仰有关，自然崇拜、神灵崇拜与祖灵崇拜是水族最原始的崇拜。水族认为万物有灵，信仰的鬼神有七八百个。水族原始信仰体系的诸多鬼神与水书有紧密关联，因此有人说，水书就是用来与鬼神对话的经典。

对于水族来说，水族文字是神圣的，写有水族古文字的水书，哪怕是一张小纸片，水族人都不会踩踏、跨坐。在大多数水族人的心目中，大自然是他们的立身之本，水书是他们的精神支柱。至今水族人盖房造屋、丧葬祭典、出行、农事、节日喜庆等生活中的大事，依然以水书作为依据，以祈求安康、顺利和幸福。

由于文字和传承方式的独特性，如今能看懂水书、使用水书的人越来越少。近些年来，水书以其独特的魅力和极高的研究价值，受到世界语言文字学界、史学界的关注。法国国家社会科学院东亚语言学研究中心聂蕊博士说："学习研究水书，对人类学、语言学、历史学有非常重要的意义。"

为收藏保护水书，2002 年中国国家档案局等将水书文献列入首批中国档案文献遗产名录。2004 年，水书又被列入"国家重点历史文献遗产工程"名录进行保护。2006 年 6 月，水书已被列为首批国家级非物质文化遗产保护名录。

四川出版集团下属的巴蜀书社、四川民族出版社将合作编辑影印出版《中国水书》，全书 160 册，大八开。因原本中多有明代及清代早期手写善本，且抄写中不少为多色套绘，故彩印若干册，全书以白绫夹宣纸刷印，手工线装，最大限度地保存原本面貌。

《中国水书》构成：三都卷 001—100 册，共 812 件；荔波卷 101—150 册，共466件；潘朝霖藏卷151—160册，共75件。

《中国水书》得以出版纯属偶然。2004年，巴蜀书社社长段志洪到贵阳的几家图书馆联系旧方志出版事宜。晚饭后散步于北京路，看到省图书馆外墙奇特的民族文字装饰图案，激动不已。不知道段社长从哪里得到笔者的电话，我们便聊起了关于水书的话题。

段志洪社长为160卷本《中国水书》撰写前言，名曰：《梦的足迹——〈中国水书〉缘起》。其撰写的前言用优美的笔触、动人的感情，把《中国水书》的历史文化价值、编辑出版的重大意义、激情的缘起与圆满的结局，说得有声有色。

笔者和段社长联络，请求将《梦的足迹——〈中国水书〉缘起》一文载入本书，这远比笔者蹩脚的论述要强得多，感谢她的欣然应允。

梦的足迹——《中国水书》缘起

段志洪（巴蜀书社社长　北京大学博士）

“原野青丘静，小溪蜿蜒行，树下水家乐，远山雾色轻。”从温暖湿润的成都平原来到干爽宜人的云贵高原，在黔南州去三都水族自治县的长途客车上。我们一行人迷醉于窗外那美丽而静谧的浅丘风情。然而在我心中，还有一道更为期待的风景线，那就是神秘的水书。

两月前，在贵州省图书馆我初识水书。这是一种什么样的混合体啊！神秘古拙的图画，笔画怪异的符号。有逼真的物体象形，也有抽象稚拙的表意，还有如史前陶器上的刻画，有的甚至就是甲骨金文，其中还可以看到其他民族文字的影子，比如彝文，也有规范如现代汉字者。

在这个有着庞杂形态的文字系统面前，我感到前所未有的冲动。在纳西东巴文成为国际热门学科若干年之后，中华文明宝库中又一颗明珠将要放射出异彩么？这太值得整理与宣传了。

我还没来得及深入水书的世界，去探究水书先生们代代传承的那些指导村村寨寨的水民们尘世与精神生活的预言与神示，那些充满奇异力量的科仪与法术。更未遑洞穿各种祝词、咒语和占辞，去体会先民采摘时代的无奈与自在、辗转迁徙的惊喜与艰辛。那些丰富的文字形态所散发出的信息已经牵出我无边的遐想。为什么这个民族会有如此复杂的文字系统？它暗含着开放多元的民族形成之路吗？这个系统中类似甲骨金文和史前陶文刻画的符号与中原主体古文化之间有什么样的关联？华夏主体文化中何时分支了这个有着活化石般神奇文字的民族？我仿佛看到，由这些古拙的图画与符号所构成的看似荒诞的神与鬼的记录，在冥冥中指引着人们去探究一个个令人着迷的问题。而在这些疑问的背后，依稀闪烁着人类记忆已不能企及的遥远古文明之光。我敢断言，当这个有着丰富形态的文字系统呈现于世人面前时，文字学、民族学、民俗学、人类学、宗教哲学、天文地理乃至美学等领域的学者会趋之若骛，在这里挖掘各自所需的宝藏。

当我们为发现又一个民族文化宝藏而惊喜的时候，水书正在引起当地政府的关注，经黔南州人民政府申报，2006 年 6 月，水书已被国务院列入首批国家级非物质文化遗产保护名录。贵州省政府给予财政支持对这一珍贵遗产进行收集和保护。民间也开始觉悟，这一经数代祖先之手传承下来，现世仍在使用的旧物，原来具有超乎想象的价值。外来客人更是以一睹水书真容为快，能够拥有其原件更是快中之快，这种现象无疑是封闭的水族文化走向全国乃至迈出国门的利好消息。但我们同时也为事情的另一方面感到忧虑。历史为证，当一种文物刚被发现其价值之时也是最易流失和遭受破坏之时。20 世纪初，甲骨文的发现即遭遇了如此命运。幸而有方家志士奋起呼吁并倾囊收集，后结集出版，今天的我们才得以看到如此数量的刚脱离药用龙骨时代的甲骨文，但流失的和被破坏的却成了永远的遗憾。据悉，水书的现状也不无忧虑之处。首先是地下交易，原本处于秘传状态的水书有的已成了市场上的交易物。近年来，近邻日本韩国以及欧美一些国家的学者来中国水族聚居区考察研究，帮助水书的影响正在走向世界，但也有负面的消息传来，据说现已流传到国外的水书有数百册，这数百册是否是流失出去的全部还未可知。另外，不可预测的天灾人祸时而也造成水书不可逆转的损失，后果一旦产生，无论怎样捶胸顿足，残灭者亦无法复原，更有不堪者，逐利的欲望使一些不法分子做起了造假的勾当，以鱼目混珠的手段来谋取利益。这种做法的后果相当严重，它将对水书的价值评估和后人的研究工作造成极大的混乱。以上现象对从事文化积累和文化传承的人来说，是不能不引起高度重视的。

随着对水书了解的深入，我心中的紧迫感越来越强烈，如不采取果断有效的措施，这笔罕见的人类文化遗产将在我们这辈留下不可弥补的遗憾。而整理出版是最好的保存措施之一。巴蜀书社是西南地区唯一的一家古籍出版社，作为社长，我感到一种责任。“尽快整理出版水书”这种想法迅速地形成了。我当即决定让同行的编辑何锐留下来，将水书的情况考察清楚，为结集出版水书做准备。何君乃贵州安顺人氏，对中国传统文化和古籍出版事业有着高度的责任感。接受任务之后，他马上进入紧张的工作状态。在基本摸清了水书的规模以及分布等情况后，《中国水书》编纂出版工作正式提上议事日程。

四川出版集团领导对整理出版《中国水书》的想法高度认同，对该项目的顺利启动起到积极的推动作用。四川民族出版社罗勇社长是一位极有魄力的出版家，闻知《中国水书》之事，提出与巴蜀书社共同担负这项传承民族文化的重任，得到上级的支持，有了同盟军，编纂出版《中国水书》一事更如箭在弦了。

经过2个月的酝酿以及与当地政府的反复磋商，编纂《中国水书》的条件基本成熟，于是我们有了贵州的水书之行。

同赴三都者除何锐，还有四川民族出版社副社长李世荣先生。穿行在黔东南青翠如画的浅山美景中，享受彝胞李社长风趣的谈吐，一路心情大好。

三都县政府招待所坐落在美丽的都柳江畔，有关水书的编纂出版会议就在这里召开。受县上的委托，县人大主席莫善余与我共同主持三都水书的编纂事宜。莫主席是一位性格开朗的水族兄弟，即使在讨论严肃的编纂方案时，都不乏他那爽朗的笑声。由于保护和传承水书是大家的共同心愿，当地政府和水书专家很快接受了我们的方案，确定以大容量影印出版的方式，对水书进行大规模整理包装，尽可能地保存水书精品之原貌，以利传承和研究。

在三都的每一天都充满了喜悦。手捧水书发黄的书叶，仿佛触摸到辽远洪荒那呼啸的风沙。在体验水族先民挥洒神意的智慧中，我们考察分析了大量的水书实物。水书大多是用构皮纸做基材，以竹笔或毛笔书写而成的。其中相当部分有涂朱，抑或涂有其他色彩的水书，形状以长方形为主，也有不少长条形和正方形。尺寸大小更是颇有差异，小的阔不足成人手掌，

大的超过现代图书的 8 开本。装订是以针线手工制作，封面多不讲求特别的材料。或有装帧奇特者。有一册用蓝色家机布做封皮的水书，在翻口的一侧装饰有如同水族衣服上的布纽扣，用以保护和封闭书叶，体现了水民朴素的美学匠心。

三都的工作完成后，我们立即赶往荔波，与先期到达的骆晓平、何丹诸君会合，跟荔波县政府商定了与三都县基本相同的水书编纂出版方案。至此，《中国水书》立项工作圆满完成。

合同签订之后，我们马不停蹄，立即派遣工作小组，带着先进的摄影器材和计算机，进入三都和荔波两县进行工作。在这一阶段，冯杰和周效林君加入项目组，为水书的拍摄和计算机录入立下了汗马功劳。为尽量缩短编纂出版周期，我们一边延请当地水书先生对水书逐一进行鉴定和释读，同时进行整理和拍摄工作。由于当地政

府和水书先生的倾力配合，工作组成员没日没夜地苦干，这一阶段的工作很快完成了。接下来要进行的是编纂框架的确立与具体内容的归类。

因为水书的情况复杂，构建《中国水书》的框架是一个比较棘手的问题。为此，我们特地将本书学术顾问、贵州民族学院的水书专家潘朝霖先生接到成都，请他对水书的内容进行全面分析。通过与潘先生的深入研究，参考传统的水书分类法，对各方面水书原件进行细致的分类比较，结合水书的使用历史和保存现状，我们首先以藏书地为单位确定本书的三大板块，即《三都卷》《荔波卷》和《潘藏卷》。

从考古的眼光来看，出土地点愈明确，其学术研究价值就愈高。而水书的传承方式为家族封闭式秘传，不同地区乃至各个家族的水书都有不同。要对水书进行准确的研究，其传承谱系是一个非常重要的问题，因此水书出处的记录就显得特别重要。基于这种认识，我们决定尽可能梳理水书的原藏地。三都水族自治县及潘朝霖先生提供的水书出处记载较为详备，故对《三都卷》及《潘藏卷》的编排，我们确定先按地域，然后按内容进行分类。《荔波卷》因来源较为复杂，出处多不明确，故选择以内容为主的分类方式。在全部三卷精选出版的1353册水书中，每一种我们都编录上原书尺寸、原书页码、钞本成书年代等信息，以利后人研究。

确定了编纂方案，下面是具体而繁杂的编辑工作。侯跃生编辑在这一阶段加盟其中，与参与该项目的其他同仁一道，为该书的出版贡献了智慧，付出了努力。

由于水书的整理和研究尚处初始阶段，加之某些原因，本书对水书的收集和编纂都有不尽完善和不成熟的地方。随着对水书研究的深入，水书的分类方案会不断完善。本书作为大规模整理水书的开山之作，能为中华文化的一支——水族文化的弘扬与传播及其学术研究发挥阶段性作用，我们就欣然满足了。

《中国水书》即将展现在世人面前，毫无疑问它将一传诸后世。现在，160 巨册、将近 6 万原页码，沉甸甸的清样就摆放在面前，在我心中，一种神圣的感觉沛然而生，我们做了一件事，在我们的职业生涯中最有纪念意义的一件事，我们这辈人应该做的件事。

2006 年 12 月 2 日起，笔者有幸从始至终参加《中国水书》的出版工作。笔者和出版社的同仁去三都、荔波实地调查，应邀到成都巴蜀书社商议编排方案，撰写近 4 万字的导读《神奇水字　神秘水书〈中国水书〉管窥》。笔者背着自己收藏的水书抄本去成都拍摄书影，应邀参加北京《中国水书》的首发仪式，因错过班机而转机从武汉到天津，乘专车到北京。终生遗憾与悔恨的是，当时未能将 700 余册藏书全部带去成都拍摄。事后，韦宗林教授说："当时如果你跟我说，我就开车帮你拉去啊。"这是笔者此生的最大遗憾。

改革开放之后，对水族文化的研究，尤其是水书的译注工作，继《中国水书》出版之后，有一大批相关图书相继出版。

第六节　水书珍本：国家珍贵古籍名录抄本争奇斗艳

2022 年 11 月 26 日，《中国贵州省水书文献》被批准入选世界记忆亚太地区名录，标志着水书文化又向世界迈进了一步。

联合国教科文组织世界记忆亚太地区委员会第九次会议在韩国安东市召开。水书入选国家珍贵古籍名录的抄本，在会场华丽现身，现场专家的赞赏声不断。

首批入选国家珍贵古籍名录的水书《九星诵读》选页（黔东南博物馆藏）

一、79 件水书入选国家珍贵古籍名录

2008 年至今，国务院公布的我国现存珍贵古籍目录共 6 批。共有 79 件水书抄本入选，位居全国少数民族古籍的前列。下面是入选国家珍贵古籍目录的水书抄本。

第一批　水书 8 册

13008 《九星诵读卷》 清嘉庆抄本　贵州民族学院潘朝霖

13009 《庚甲》 清道光二十九年（1849）抄本　贵州省荔波县档案馆韦朝忠

13010 《逢井》 清光绪十八年（1892）抄本　中国民族图书馆　韦锦秀

13011 《万年经镜》 清抄本　贵州省三都水族自治县档案馆

13012 《十六龙备要》 清抄本　贵州省三都水族自治县档案馆

13013 《吉星》 清抄本　贵州省三都水族自治县档案馆　韦景春

13014 《泐金·纪日》 清抄本 贵州省荔波县档案馆

13015 《金银卷》 清抄本 贵州省荔波县档案馆

第二批 水书 16 册

13016 《挡》 清嘉庆二十二年（1817）抄本 贵州省荔波县档案馆

13017 《大旺》 清道光十二年（1832）抄本 贵州省荔波县档案馆 潘仕八

13018 《贪巨》 清道光二十年（1840）抄本 贵州省荔波县档案馆 王朝凤

13019 《瓜》 清咸丰元年（1851）抄本 贵州省荔波县档案馆 潘士八

13020 《八贪》 清咸丰三年（1853）抄本 贵州省三都水族自治县档案馆

13021 《俄益》 清光绪十三年（1887）抄本 贵州省荔波县档案馆 韦阿巧

13022 《大吉把贪》 清光绪十六年（1890）抄本 贵州省荔波县档案馆 潘锡佑

13023 《历法》 清抄本 国家图书

13024 《农事占卜》 清抄本 国家图书馆

13025 《正七卷》 清抄本 中央民族图书馆

13026 《二十八宿》 清抄本 贵州省三都水族自治县

13027 《九星》 清抄本 贵州省三都水族自治县

13028 《六十甲子》 清抄本 贵州省三都水族自治县

13029 《秘籍》 清抄本 贵州省三都水族自治县

13030 《纳音五行》 清抄本 贵州省三都水族自治县

13031 《贪巨甲子》 清抄本 贵州省三都水族自治县

第三批 水书 33 册

13032 《万事指明》 清道光十三年（1833）抄本 贵州省荔波县档案馆

13033 《通书八贪》 清同治二年（1863）抄本 贵州民族学院潘朝霖

13034 《丑辰》 清光绪六年（1880）抄本 贵州省荔波县档案馆 潘智基

13035 《挡朵》 清光绪九年（1883）抄本 贵州省荔波县档案馆 韦自修

13036 《安葬吉日通用井》 清光绪二十四年（1898）抄本 黔南州图书馆

13037 《八宫取用》 清光绪二十七年（1901）抄本 黔南民族师范学院

13038 《壬辰卷》 清光绪二十七年（1901）抄本 黔南民族师范学院

13039 《逮昔》 清光绪二十八年（1902）抄本 贵州省三都水族自治县档案馆

13040 《通用大吉》 清光绪二十九年（1903）抄本 贵州省荔波县档案馆

13041 《看日阴阳》 清抄本 贵州省荔波县档案馆 潘玉龙

13042 《探祝龙》 清抄本 贵州省荔波县档案馆

13043 《纳牺》 清抄本 贵州省荔波县档案馆 潘芝贤

13044 《卜辞》 清抄本 国家图书馆

13045 《大吉》 清抄本 贵州省三都水族自治县档案馆

13046 《都讲》 清抄本 国家图书馆

13047 《吉书》 清抄本 贵州省三都水族自治县档案馆

13048 《开新吉凶》 清抄本 贵州省荔波县档案馆

13049 《龙戏》 清抄本 中国民族图书馆

13050 《辰戌》 清抄本 黔南布依族苗族自治州图书馆

13051 《辰戌》 清抄本 贵州省荔波县档案馆

13052 《壬戌》 清抄本 贵州省三都水族自治县档案馆

13053 《寅丑》 清抄本 贵州省三都水族自治县档案馆

13054 《申子》 清抄本 贵州省三都水族自治县档案馆

13055 《亥子》 清抄本 贵州省荔波县档案馆

13056 《子午卷》 清抄本 黔南民族师范学院

13057 《胜益》 清抄本 贵州省荔波县档案馆

13058 《所项》 清抄本 贵州省三都水族自治县档案馆

13059 《阴阳》 清抄本 贵州省三都水族自治县档案馆

13060 《正七卷》 清抄本 贵州省三都水族自治县档案馆

13061 《百事大吉出富贵》 清抄本 黔南民族师范学院

13062 《六十甲子流年》 清抄本 贵州民族学院潘朝霖

13063 《八十银》 清抄本 贵州民族学院潘朝霖

13064 《把井学文书》 清抄本 贵州民族学院潘朝霖

第四批 水书 12 册

13065 《题解书旨》 清咸丰元年（1851）抄本 贵州省三都水族自治县档案馆

13066 《子午卯酉探》 清同治元年（1862）抄本 中国民族图书馆

13067 《子午卯酉申》 清同治九年（1870）抄本 黔南布依族苗族自治州图书馆

13068 《大柱》 清光绪二年（1876）抄本 贵州省三都水族自治县档案馆 韦银受

13069 《子午卯酉》 清光绪八年（1882）抄本 贵州省三都县档案馆 陆光文

13070 《子午年正七》 清光绪八年（1882）抄本 贵州省三都县档案馆 陆光文

13071 《立碑择吉》 清光绪十年（1884）抄本 贵州省荔波县档案馆

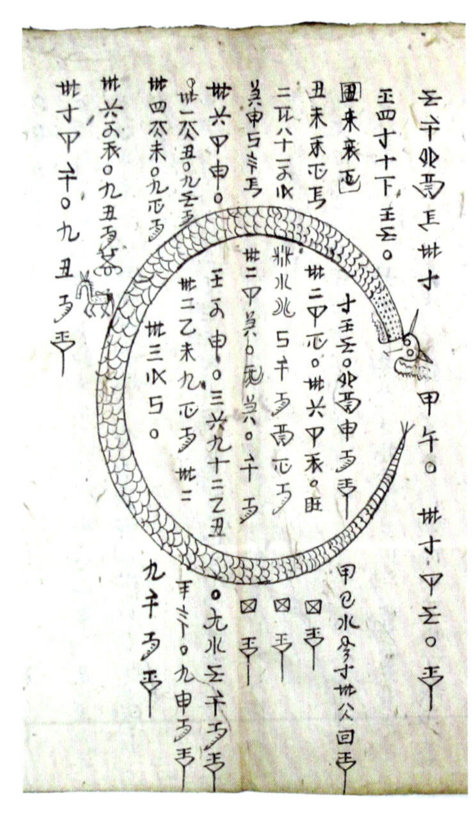

首批入选国家珍贵古籍名录的水书抄本选页（黔南民族师范学院藏）

13072 《正辰甲》 清光绪二十年（1894）抄本 贵州省三都水族自治县档案馆

13073 《六十年吉凶日》 清光绪二十六年（1900）抄本 黔南民族师范学院

13074 《子午卯酉辰》 清光绪三十年（1904）抄本 贵州民族文化宫图书馆

13075 《九星配日》 清光绪三十年（1904）抄本 贵州民族文化宫图书馆

13076 《挡华》 清光绪三十四年（1908）抄本 贵州省荔波县档案馆杨永青

第五批 水书 5 册

12249 《保福书》 清嘉庆二十年（1815）抄本 贵州省荔波县档案馆

12250 《陆夺总会》 清同治元年（1862）抄本 黔南民族师范学院

12251 《金堂》 清光绪抄本 贵州民族文化宫民族图书馆

12252 《小儿命理》 清抄本 贵州省三都水族自治县档案馆

12253 《论攻守》 清抄本 国家图书馆

第六批 水书 5 册

13003 《八贪》 清嘉庆十一年（1806）抄本 贵州省荔波县档案馆

13004 《开时书》 清道光二年（1822）抄本 贵州民族大学图书馆

13005 《耿给》 清光绪二十三年（1897）抄本 贵州省荔波县档案馆

13006 《星宿演算》 清抄本 贵州民族大学图书馆

13007 《七元贪》 清抄本 贵州民族大学图书馆

二、国家珍贵古籍水书的出版

《贵州文库》的编撰者尽最大努力组织全国入选国家珍贵古籍名录的水书

书影结集出版，这在水族文化史上是史无前例的。因多方原因，还差几本才足数，这是个小遗憾。

水书作为一种民族的文字、典籍，现在国家层面上有三种称谓：水书文献、水书习俗、水文，这在中国是绝无仅有的，由此可见水书的特殊性、神奇性、神秘性。“水书系一种被压迫民族所用之文字”，如今翻身变成国宝，是时代赋予水书新的生命。笔者有幸亲历三种水书文本的申报工作，感触颇深。

由于水书博大精深，本人虽已行将就木，但依旧难以进入其核心，还在外围徘徊。

笔者曾经回复中央台记者采访：“现在已经没有精通水书的人了。80 岁的水书先生，新中国成立时还是孩童，不可能掌握水书。由于社会文化生态发生巨变，水书传承出现断崖式的跌落，水族文字发育不全，水书抄本只有简略的时间与吉凶兆象提要性记录，绝大部分内容靠习俗及口耳相传来配合传承。这就是国家非遗定性为‘水书习俗’的原因。”

封面为彩绘麒麟图案的水书抄本（黔南图书馆藏）

面对这堆入选国家珍贵古籍名录的水书及全国馆藏 2 万余册水书，其灵魂何在？如何为其“招魂”？面对水书传承断崖式的跌落，面对作为活态图书馆的水书先生接踵谢世，笔者黯然神伤，不禁想到屈原的《招魂》。

《招魂》结尾名句：“目极千里兮，伤春心。魂兮归来，哀江南。”笔者于此化用屈原名句为水书招魂：“目极千册兮，伤春心。魂兮归来，哀水书。”

作为接触水书快 70 年的人，自己怀着敬畏历史、敬畏文化、敬畏生态、敬畏先祖之心，诚惶诚恐地参加水书文本申报工作。

水书的价值，从下列的信息也可看出一些。

中国的55个少数民族中，有18个民族有传统文字（含布依族、壮族类文字），其中五六个民族有古钱币。水族是既有传统文字，又有古钱币的民族之一。壮族、布依族、彝族（禄劝等）历史上曾经使用过类水书，现在只留下极少的孤本残本无法释读，水书却在水族社会中活态传承下来，存书有3万余册。这是很值得研究的文化现象。对于水书的研究，源于汉族的学者，他们从水族的语言文字及习俗的表象，深入探索其文化的本源。他们的研究成果引起极大的反响，并得到水族人民的认可。

水族文字以表意的方块字为主体，是集图画、象形、抽象符号、借音于一体的巫觋文字。其形式与甲骨文、金文极其相似。

水书是水族文字、书籍的汉译通称，水语称为“泐睢”“勒睢”，“泐”“勒”源于古汉语，本义为契刻，引申义为文字、书写、典籍，“睢”是水族自称。水文是以表意的方块字为主体，兼容图画、象形文字、抽象符号的择吉占卜文字。

水书是用水文书写，用水语释读，记录水族天文历法、信仰文化、民间知识的典籍。水书发展滞后于水语的发展，还停留在“文字幼儿”[1]阶段，保留着造字初始的巫卜择吉功能。水书被誉为水族的《易经》、百科全书，其功能特征与《易经》类似。

三、水书与汉语的关系

世界著名语言学家李方桂先生是中国第一个留美语言学博士，被誉为“世界非汉语言研究之父”，李方桂运用现代语言学知识对水语进行研究，认为水语和汉语的关系是：盖皆出同源，历时久而差异遂增。

---

① 史继忠：《触摸夜郎魂》，贵州人民出版社，2002，第86页。

李方桂先生出版的两部水话专著

水语属侗台语族的侗水语支。在整个侗台语族里，水语的声母系统最为复杂，在相当程度上保留着早期侗台语声母的形式，因此，水语在侗台语历史研究中具有特殊的地位。汉语与水语的关系是历时的、动态的，是“同源—分化—接触”的发展过程。①

水书的诵读本的读音就蕴藏着很多中原古音。例如，水书的十二地支读音特别丰富而奇特，有3—8种读音不等。例如地支子、寅、卯分别有8种读音，午、酉有6种读音，丑、辰、戌、亥有5种读音，未、申有4种读音，巳有3种读音。“少数民族语言里不同历史层次的汉语借词，是研究汉语史及少数民族自身音系历史演变的重要材料。”②

《贵州世居民族迁徙史》载：“在壮侗语族（或称侗台语族）诸语言中，水语不但是保留这一语族的最古老的语言面貌的语言，而且在发生学上水语

① 曾晓渝：《汉语水语关系论——水语里汉语借词及同源词分层研究》，商务印书馆，2004，第37页，第174页。

② 曾晓渝：《汉语水语关系论——水语里汉语借词及同源词分层研究》，商务印书馆，2004，第175页。

与汉语具有同源的关系。”①

四、水书的价值与意义

水书是水族文字史、文化史、文明史的重要表征，是水族先民认识自然、改造自然，认识社会、改造社会的社会实践的经验积累。水书内容博大精深，除了直接反映水族的天文历法、原始信仰之外，还兼容了水族的哲学思想、文学艺术、语言文字、布阵攻守、伦理道德、生产生活等诸多方面的内容，是研究水族历史文化的珍贵典籍，也是宗教学、历史学、民族学、民俗学、语言文字学等学科研究的珍贵资料。

“由于水书是水族民间传统文化的精华，是民族精神、民族凝聚力、民族亲和力和民族情感的重要载体，它成为全民族信仰的精神支柱，成为维系水族各支系的重要精神纽带。”②

国家非遗命名“水书习俗”，就是针对水书与水族生产生活及风俗习惯息息相关。真如岑家梧所言：“水家一举一动，均受水书限制，其于水家生活，影响颇巨。”③

“作为历史的活化石，水书提供了文字起源的生动材料，从中可以了解到古老的造字方法，以及汉族与水族文化的交融过程。水书的内容与原始宗教密切相关……它虽是水族的卜筮记载，但也有不少珍贵的水族天文、历法的历史资料。”④

“虽然‘水书’已为人们所知，然而，对水书的学术研究却是非常薄弱的。应该看到，水书里蕴藏着水族社会历史、语言文化方面丰富资料，对于研究水族乃至中国古代的天象历法、哲学思想、宗教信仰、语言文字等等，具有重要

① 李平凡、颜勇：《贵州世居民族迁徙史》，贵州人民出版社，2011，第 434 页。

② 《中国少数民族》修订编辑委员会编《中国少数民族》，民族出版社，2009，第 725 页。

③ 岑家梧《水书与水家来源》，原载于《西南民族文化论丛》，转载自潘朝霖、唐建荣主编《水书文化研究》，贵州民族出版社，2009，第 11 页。

④ 史继忠：《触摸夜郎魂》，贵州人民出版社，2002，第 86—87 页。

价值。”[①] 希望有更多的国内外学者关注研究水书。

总之，水书典籍记载着水族天文历法、信仰文化、民间知识、语言文字、哲学思想等诸多信息，不仅是我们解读水族历史文化的重要资料，是中原散落古文化“礼失求诸野”的重要资料，也是研究文化交流、交融，促进民族团结的珍贵史料。

五、《贵州文库》收录国家珍贵古籍水书卷本概览

2008—2020 年，国务院共批准七批国家珍贵古籍名录，入选水书卷本共计 79 件，位列少数民族古籍的前列。贵州文库编辑单位的工作人员四处奔波，得到三都县档案馆、荔波县档案馆、黔南州图书馆、黔南民族师范学院、黔东南民族博物馆、贵州民族大学图书馆等单位的大力支持，汇集了 68 件水书卷本，功莫大焉。

这 68 件水书卷本，主要包括以下六个类：阅览类 19 件，吉书类 19 件，贪巨卷类 15 件，秘籍卷类 6 件，诵读卷类 5 件，二十八宿卷类 4 件。水书是不同姓氏家族村寨的抄本，各单位征集水书的渠道与地域不同，其版本、尺寸、装帧各具特色，但从整体的编排来看，均为竖行从上至下书写装订的册页书，构成元素很简单，版框、界格、版口几乎没有进行装饰。水书源于神本文化，传承者虔诚誊录，精神可嘉，其中不乏精品，如《六十龙备要》《万年经镜》《九星诵读》《把井学文书》《泐金》《金银卷》等。

尤其值得一提的是《六十龙备要》，其是经过国家古籍出版社在全贵州开展汉文献古籍、少数民族古籍筛选工作之后，唯一入选《中华古籍再造善本》的贵州孤本。

《万年经镜》分上中下三卷，是目前容量最大的水书抄本，上卷的书写尤为工整，蝇头小楷，字字用心。但是抄录者汉文化水平较高，借鉴汉文版本款

---

① 曾晓渝：《汉语水语关系论——水语里汉语借词及同源词分层研究》，商务印书馆，2004，第 40 页。

式设置页面，将不少水书转化为汉字，并省略或删减了一些水书自源字符。

这批珍贵水书古籍还反映了水、汉文化“同源—分化—接触吸收”的文化演变轨迹。唐代，水族形成单一民族之后，原来在水族中流行的中原古文化贴上了民族标签。但是，旧的水书抄本多为竹签誊录，由类似甲骨文占卜的前辞、命辞、占辞、验辞等构成的简略水书条目，外人无法释读。明清之后，汉文化逐步输入水族地区，一些水书先生接受汉文化，偶尔用汉字批注水书的条目名称及含义，或用汉字加水书记录水书的读音，现代人才能粗略知晓丁点内容。国家非遗之所以命名为“水书习俗”，就是针对水书难以独立运用的特殊性来确定的。水书抄本的“硬件”只有要义的提示性记录，绝大部分内容靠习俗及口耳相传的“软件”来配合补充，二者有机结合才能实现水书的传承与实践运用。

水书有多种分类。按性质分类：“白书”和“黑书”（秘籍类），吉书和凶书；按阅读形式分类：阅览卷和诵读卷（又分水书诵读卷，汉字加水书记音诵读卷）；按使用功能分类：《婚嫁卷》、《起造卷》（有的将婚嫁起造合卷）、《祭祖卷》、《生产卷》、《丧葬卷》、《开控放腊卷》、《遁掌卷》、《秘籍卷》（挡卷或巫术攻守）、《时象卷》、《方位卷》、《卵卜卷》、《铜钱卜卷》、《命理卷》、《二十八宿》、《讲解歌书卷》、《条目讲解卷》、《鬼名卷》、《祝词卷》、《姑底历书卷》（七元历卷）、《六十年甲子年流年历书卷》、《单年历书卷》、《杂用便览卷》，等等。由于水书家族传承方式、水书先生素养与习惯差异，及水书先生以方便自己使用为原则，水书分类也不尽相同。笔者征集到韦荣斋一套水书共计 36 册，已捐献给贵州民族文化宫。这是目前全国藏书机构唯一一套完整的水书，其内容颇翔实。

为便于了解这些水书珍贵古籍名录，将水书古籍分为以下几类做简要介绍。

1. 阅览类

阅览类很宽泛，通常指诵读卷之外的卷本。本书指文库所列的《吉书》《贪巨》《秘籍》《二十八宿》等卷本之外的非诵读卷本。因为不能再细分类别，故将少数的他类卷本合并其中，如《八十银》《小儿命理》则属于命理类卷本；《六十甲子流年》《六十年吉凶日》则属于历书卷本；《阴阳》《看日阴阳》则属于阴阳相配，防止孤阴不育、孤阳不长的卷本。其余的大多为丧葬等大事所用的卷本。

在水书中，有明晰划分吉凶的卷本，水语称为“泐敢（le[1] qat[7]）”或“泐点（le[1] tjam[2]）”，直译为书割或书压，意译为《吉凶明晰分割卷》或《编制历书用的卷本》。由于应用诵读《正七卷》，只是列出条目的基本构架，没有细化到具体的年、月、日等，其扩大了内涵，缩小了外延，无法进行社会运用实践。《分割卷》则逐条逐篇对吉凶所属的年月日时及四季、所属第几历元等，做了明确的划分，缩小了内涵，扩大了外延，为社会实践运用提供了明确的依据。如《万年经镜》上、中、下三册，共计 832 页，其编辑方式就更上一个台阶。再如开篇的《九穷——日干贪巨》，旧抄本将十个天干年并作一条，在制作历书或择吉时，再分别按天干年来选择所需日辰。但《万年经镜》则将天干年分为甲己、乙庚、丙戊等主题年份，并将所有涉及该主题年份的条目如《九穷》(九火)、《则头》、《六骨》、《引腊》、《六林》、《阳列》……”逐一摘录排列于其后，阅览便利且实用。如称为“甲己年各条目宜忌”，其后视其内容，可分为“乙庚年各条目宜忌”“子午年各条目宜忌”“申子辰年各条目宜忌”“子午卯酉年各条目宜忌”等。

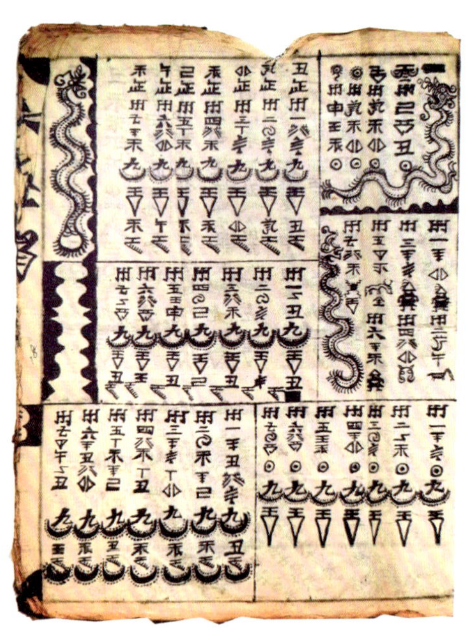

水书吉星阅览卷《金银卷》选页

2. 吉书类

在水书各种卷本中，忌戒的条目篇章比比皆是，似乎水族先民被凶恶鬼神重重包围。其实，这是水族先民在改造世界的严酷活动中，失败往往多于成功，在万物有灵观念的诱导下，记录下失败的教训，警醒后世。失败固然可怕，但成功的喜悦与经验也鼓舞人们奋发前行。吉书类就像一线曙光，给在漫漫长夜之中生存的水家人带来光明与希望。吉利类篇目集中在《壬辰卷》。因此，有的人将《壬辰卷》作为吉星的代名词或代表卷本，一般收录水书的吉利条目 50—70 条。

《壬辰卷》开篇就是《壬辰》篇，还分为普通“壬辰”“公壬辰”和“母壬辰”。还有《历元壬辰》《季节壬辰》《天干年壬辰》《地支年壬辰》等多个条目，是人财俱旺的福星，宜于安葬、营造、婚嫁。讲解歌云：“办事合壬辰，大富财产多。”

《六十龙备要》按照六十甲子年顺序，主要将水书中主要的吉星条目如《姑龙》(龙头)、《官印》、《壬辰枝》(分支)、《壬辰》、《九喷》(旺财)、《九高》(旺人)、《米天罡》(管粮食天罡神)、《丰盈》(丰产)、《姑由》(耙藤头，田地广耕畜多）”等，分类汇编为表格，横推直看，使用时无须翻阅原书卷本，直接选择所需的日期时辰，快捷准确，方便运用。《六十龙备要》抄本体例统一，行款规范；字迹工整美观，绘画涂彩传神，是文献价值、文化价值极高的选本。

吉书部分的《逮昔》，书名系水语音译，意为掌握时辰的时象书。《纳牲》实际就是《献牲祭祖卷》，与《保福书》属于同类。《八宫取用》主要是在水族丧葬活动中，测定亡人最基本的六宫掌“降劳”，八宫掌“降低”或“山”，以及紫白九星的推算内容等。其他卷本从书名可略窥探出抄本主旨要义。

3. 贪巨类

道教对北斗七星的称谓为：天枢、天璇、天玑、天权、玉衡、开阳、摇光。北斗九星，是在北斗七星基础之上增加两颗隐星洞明星、隐元星而成，二者就是辅星和弼星。这就是水族天文学、星相学与天人合一观念杂糅的九星贪巨卷类。

水书的核心价值是水族历法，水书中习惯称“贪巨禄文廉武破辅弼”为九星，这与天文历法有关。从水族发祥于中原睢水流域、水书滥觞于夏商文化圈的历史来看，“贪巨禄文廉武破辅弼”的创制肯定与同期的汉文典籍有关。因为族群迁徙，在迁徙过程中水书中的九星也吸纳了其他族群的一些内容，得到充实与丰富。从水书贪巨类卷本的《天罡》《官印》《龙廷》《引腊》《杀殇》《龙廷劳》《龙廷依》等数十条条目内容来看，就足以证明这一点。

1930年，胡羽高先生纂《三合县志略》，在“民族”条中云：“今日贵州全省除大定有夷文外，土著中则唯有水家有文字，其余苗、瑶、仡佬之属则无之。而水家文字中，除天干地支及象形文字外，居然有文、武、辅、弼、廉、贪等宫廷用字，其文类似古籀小篆。”其中提及的文、武、辅、弼、廉、贪等就是水书贪巨类的内容。

《九星诵读》《把井说文书》字体古朴，其单字量大大超出常用水书抄本的字量。这两本水书失传内容很多，《九星诵读》中还有珍贵的天文图。2006年，新华社及贵州都市报披露潘朝霖愿意出资10万悬赏释读者的信息。为此，中央电视台还拍了一个专题片播出，遗憾的是至今尚无人解读，可见这两本水书的重要性及其释读难度。荔波《贪巨九星歌书》有66条，同类的《把井说文书》则有80多条。

敬畏天地、敬畏自然、敬畏祖宗、敬畏典籍、追求天人合一的观念，在水族社会中影响深远。水书先生认为人事的祸福荣枯、社会的动荡安定等，很大程度上受到宇宙天体、日月星辰运行的制约。为了直观形象地推衍“贪巨禄文廉武破辅弼”九星在不同年份、月份、日期、时辰、方位等的布局，水书形成了一整套的运算推演方式与方法，并且显得十分烦琐冗杂。《九星》又写作《大吉把贪》《安葬吉日通用井》《贪巨甲子》《通书八贪》《八贪壬辰》《八贪官印》《八贪吉利》《八贪土》等。《八贪》是水语九星音译，《八井》是水书“井（贪）”并用。这些就是将所用日辰进行九星推算运用，相对比较容易学习操作。

4. 秘籍类

根据水书的性质，或者实践运用的环境公开与隐秘状况，有人将水书划分为“‘白书’和‘黑书’”。有的称“黑书”为凶书、放鬼书等，失之偏颇。

“白书”是指在公开场合中使用的一类水书，水语称为le^{1} ʔdwa^{3}，如《丧葬卷》《婚嫁卷》《起造卷》《祭祖卷》等。

“黑书”属于部分隐秘使用、部分公开使用的秘籍卷，水语称为le^{1} ʔȵam^{1}或le^{1} ȵa:i^{4}。“黑书”是进行重大巫术活动的依据。“黑书”，如果从阅读形式而论，则可属于“阅览卷”类型；如果从使用功能而论，应归属于“抵挡预防祸患、攻守防备卷，即挡卷，“挡”源于古汉语，为抵挡、拦隔之意，引申为抵挡预防祸患、攻守防备。水书先生在举行“挡”活动时，冗长的祝词中要荡除、涤荡、扫除的危害种类有三四十种，如黑瘟病、黄温病、天花殇、恶疾殇、天火殇、雷火殇、地火殇、水殇、虎殇、龙殇、刀殇、枪殇、弓箭殇、三家殇、五房殇、落树殇、落崖坎殇、难产殇、重丧殇，等等。如村寨发生火灾，要为参加灭火的外村寨人员举行“挡火殇”，防止劣性火殇种子尾随去坑害他们村寨。本村寨要举行高规格的“挡火殇”，要用黑狗施祭，沥血环绕村寨赶走“火殇”、隔开“火殇”，并将所有的人员围在祭祀现场，环绕他们喷圣水除邪，挥动芭茅草赶殇。为根除原来的邪恶火种，水书先生择吉利时辰点起新火堆，每家每户用水浇灭家中旧火之后，重新虔诚地引进吉利火种。俨然是一场寻求神灵护佑的消防教育。像这样的“挡”巫术活动，虽在“黑书”指导下开展，但难以将其完全归属于凶书类。

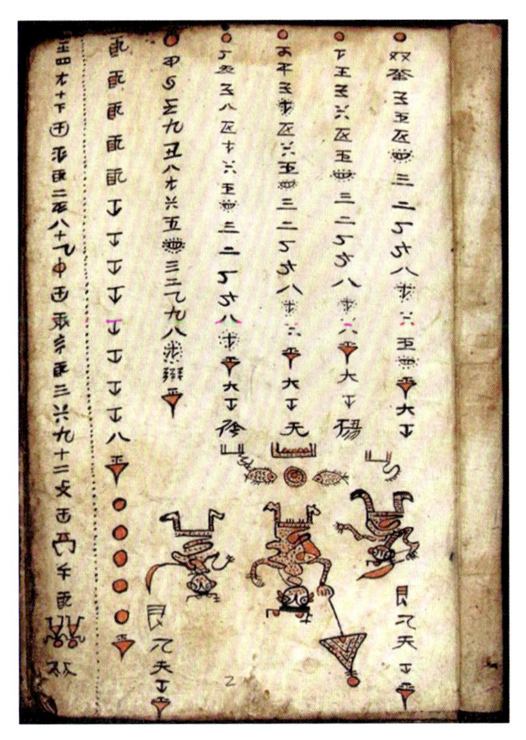

水书《秘籍卷》选页

这类“抵挡预防祸患、攻守防备”的《挡卷》，有的记为《挡》《挡鬼》《挡惰》《挡朵》《挡幸》《挡隔》《挡革拒鬼》《倒鬼》《放鬼》等。贵州文库收录了3件。

贵州文库纳入《秘籍卷》分册计6件：1件为三都县《秘籍卷》，3件为荔波县文本《挡》《挡朵》《挡华》，另外2件为《卵卜卷》。其中荔波的《挡华》

书名有误，应为《挡革》。《挡革》属汉字记录水语读音，如能用《挡隔》，则为最佳。《挡革》就是隔开祸患，涤荡扫除邪魔，保护家门寨门的巫术。其中难以理解的书名《挡华》，经笔者多次核实原件，发现是著录者将较“革”字误为“华”字的缘故。

《卵卜卷》属占卜类，因收录的卷本较少，而其与秘籍卷有内在的联系，相似性较大而归为一辑。

20世纪60年代，中国社科院对水族信仰文化进行调查，认为水族有鬼神六七百个之多。岑家梧调查云：“普通水书，约有五百六十种。”其实一种水书就是一种鬼的记录与反映。这与水族崇奉万物有灵观念有关，属“殷人尚鬼”遗风。

水族“黑书”指导下的巫术活动，或称为“黑巫术”，按其性质可分为正义黑巫术、非正义黑巫术两种。

另外，《耿给》《万事明指》属《卵卜卷》，或称《割蛋书》。卵卜是水族的占卜，有五六种之多，卵卜是最高级别的占卜方式。

5. 诵读类

水书按其阅读形式而论，可分为诵读卷、阅览卷两大类。

诵读卷包含《应用诵读卷》《理论讲解诵读卷》，《应用诵读卷》是水书启蒙最基本的读本。民间传说水书有“六家”“六箱”或“六柜”之说，其基础读本名称分别是：《正七卷》、《春寅卷》、《亥子丑卷》、《正马卷》、《寅亥戊卷》、《错胜》(《逢春龙卷》)，有的或为《申子辰卷》。

《理论讲解诵读卷》，水语称为《泐旭》《旭讲泐》，汉语记录为《歌书》《讲书歌诀》等，多为明清之后，有汉文化基础的水书先生将讲解的水书歌谣，用汉字加水文记录的水语歌谣体的读音抄本。《理论讲解诵读卷》本辑未收录。

《诵读卷》三都县3本：《正七卷》、《所项》、《壬辰甲》(应为《正庚甲》，原申报资料注录欠严谨，误将“正庚”当“壬辰”，笔者反复审校后已订正)。

水书应用基础读本的篇章条目多少、排列顺序等均有差异。因水书家族在传授水书时存在传统差异，也因地域和师承关系的不同，其编排的方式及顺序都存在差异，有的按月份、年份、季节之顺序排列，有的按地支三合年、地支四合年、天干相合年排列。“六家”水书之说的名称，就反映了这一问题。另外，各地汇编的条目多少不一，从五六十条至二百余条不等。

《应用诵读卷》中的《正七卷》等基础读本，阅读特点有“省读和溢读”。《应用诵读卷》的《正七卷》的主要以天干地支、年月日时方吉凶及数目字等进行排列。

另外，水书书名书写很随意，以《正七卷》为例，三都县有3本，就有3种写法：《正七》、《所项》、《壬辰甲》(应为《正庚甲》)，其他地区还有《正七连庚甲》《庚甲》《正七书》，等等。荔波的《胜益》是水语“春寅”之意，即“六家”之一的《春寅午戌》卷，或称《春寅午戌卷》。

由于水书习俗是靠少量的提纲性文字“硬件”、大量习俗活动与口耳相传内容的“软件”有机结合进行传承的，传统水书没有书名、条目名称记录，全靠水书先生烂熟于心，今后靠这些纲领性的条目主干去审定、辨别、区分读本。因此，诵读类水书是学习水书的最重要的基础读本。

6. 二十八宿类

古人经过长期观测，发现恒星之间的位置恒久不变，可以以它们为参照物来说明日、月、五星所运行到的规律。以二十八宿作为天文观测体系，是中国古代天文学史的一大进步。《中国天文学史》云：“华夏族先民早就运用二十八宿中的一些宿名记录天文现象，大约在公元前5世纪的春秋战国时期确立了二十八宿的天文观测体系。”

本书收录水书二十八宿类共5本：荔波县《泐金》、三都县2本《二十八宿》、贵州民族大学图书馆《星宿演算》和黔南州图书馆《子午卯酉》。前面4本属二十八宿六十甲子纪日卷，最后一本属于丧葬择吉应用的二十八宿阅览卷。

水书《二十八宿》纪日卷，通常记载7个甲子日辰的星宿当值信息，即从水历第一元甲子至第七元甲子的癸亥日止，计420天。

这五本水书二十八宿类的品相情况：荔波县《泐金》纪日卷已残缺第六、第七元甲子，计120年宿日。但该抄本竹签书写特色鲜明，星宿物象的简笔画生动传神，章法个性朴拙厚重。

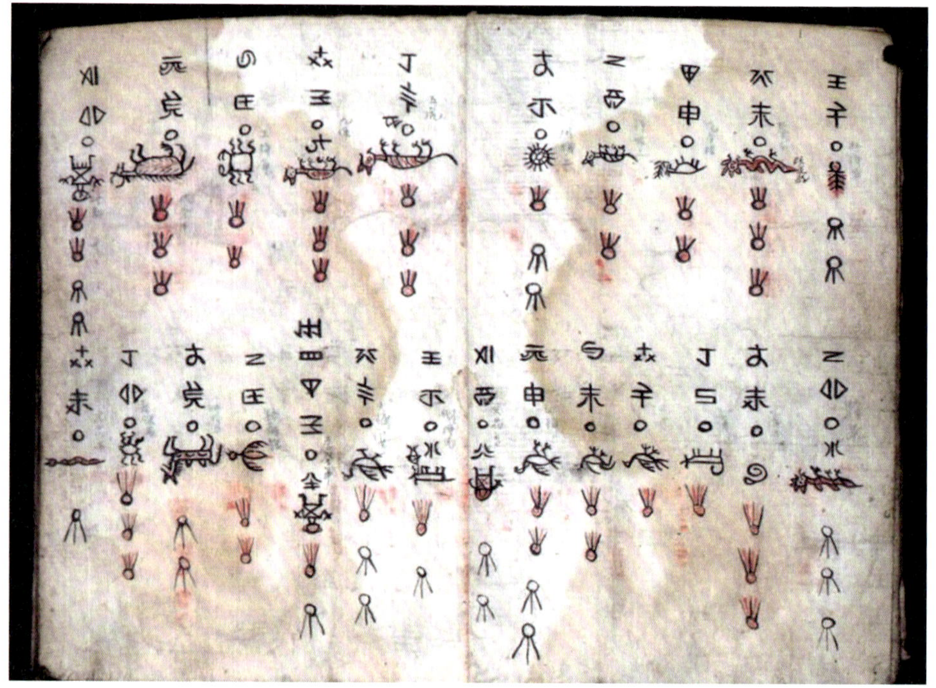

水书《二十八宿》竹签硬笔抄本

三都县2本《二十八宿》纪日卷，第一本内容完整，是征集于现都匀归兰水族乡后朝村。此前，笔者田野调查已看过此抄本。该抄本誊录挤密，章法欠妥。第二本系左翻，竹签抄写，字符细小，字迹清秀，物象简略，从第一元甲子日至壬午日，共计19个宿日已残缺。

贵州民族大学图书馆《星宿演算》也属于纪日卷。该本系竹签抄写，颇具水族特色，星宿物像的简笔画生动传神，章法讲究，从第一元甲子日至癸巳日，共计30个宿日已残缺。

黔南州图书馆《子午卯酉》正文9页，内容完整，品相完好。《二十八宿》纪日卷属于水族历法中的重要卷本，主要是推算二十八宿与六十甲子日辰的搭配结合，看何星宿当值，再根据宜忌吉凶兆象决定社会实践宜忌的项目。二十八宿运用于水族历法纪年，在最大纪年周期1260年中，按规律推算星宿所当值的年份，二十八宿出现45个轮回，或称为七元宿历。

水书《二十八宿》卷本保留着图画、象形文字、抽象符号兼容的特点。这些二十八宿图片，有精美的物象具象画，有向文字过渡的简笔画，有以局部代整体的朴拙提炼画，尤其用竹签书写、带有甲骨文神韵的卷本更显现出水族历史的厚重感。水书书写的文字部分最有特色，故有水书是象形文字的最后领地之说。

水书入选国家珍贵古籍名录的卷本，基本上是水书抄本的精华，《贵州文库》将其汇编，这是抢救水书、保护水书、研究水书、传承水书的重要成果。值得庆贺，值得鼓励！

第七节 水书走出国门：从国际编码到亚太记忆名录

一、水书世界记忆遗产

2022 年 11 月 26 日，联合国教科文组织在韩国安东市召开了世界记忆亚太地区委员会第九次会议。《中国 • 贵州省水书文献》被批准入选世界记忆亚太地区名录，既填补了贵州在这方面的空白，也标志水书文化又向世界迈进了一步。

2002 年，“水书文献”入选首批中国档案文献遗产名录。当年全国共 48 件入选，水书排在第 16 位，东巴文排在第 22 位，但东巴文在 2003 年就进入世界记忆遗产名录。2003 年 9 月 1 日，在波兰革但斯克举行的联合国教科文组织“世界记忆遗产评审大会”上，中国纳西族东巴古籍文献被列入世界记忆遗产名录。丽江古城、三江并流和东巴古籍文献均获得世界遗产殊荣。

20 年之后，水书文献才侥幸入选世界记忆亚太地区名录，离入选世界记忆名录还有艰辛的最后一步，让人感慨万千。

入选世界遗产名录文物的特点就是具有突出的普遍价值才能入选。实际上就是我们讲的“四个性”，即世界性、杰出性、代表性、独特性。所以，不管是文化遗产，还是自然遗产，对人类而言不只是个记忆，是条轨迹，也是民族文化交流和融合的见证，更重要的是关系到人类文明能不能延续、能不能继续繁荣，人与自然的共存能不能延续。

国际自然保护联盟（IUCN）专家、世界自然遗产世界文化遗产执行主席詹姆士·桑塞尔，2006年9月10日到荔波县视察申报“中国南方喀斯特”世界自然遗产活动时，参观了当地档案馆的水书展览，下面这句话是他参观档案馆水书展览之后的题词：

What an interesting culture you still retain! Hope you can continue to live in harmony with your natural environment.

Jim Thorsell
IUCN
10/09/06

国际自然保护联盟(IUCN)专家
詹姆士·桑塞尔参观了水书展览之后的题词

“你们保存了让人类受益的文化，希望你们继续生活在人与自然和谐的社会中！”

《中国·贵州省水书文献》被批准入选世界记忆亚太地区名录后，从水书传承集中地三都县、荔波县到黔南州人民政府，再到贵州省人民政府，都在为进入世界记忆名录而努力。为此，时任贵州省副省长的何力专程到三都县开展水书调查，并到国家档案馆做专题汇报，希望国家档案馆为水书进入世界记忆名录提供更多帮助。

黔南州组织相关工作人员到三都、荔波、都匀等地调查水书抢救保护传承情况，并请笔者做水书专题讲座，力从多方面推动水书申遗工作的开展。

2015年，中共三都水族自治县委办公室、三都水族自治县人民政府办公室以《三党办发〔2015〕152 号》文件行文："关于成立三都水族自治县水书抢救保护暨水书申报世界记忆遗产名录工作领导小组的通知"。

2016 年，黔南州人民代表大会常务委员会印发了《关于印发〈将水书申报世界记忆遗产名录的议案〉的决议的通知》(黔南人常〔2016〕16 号)：文件指出："根据州十三届人大六次会议主席团的决定，州十三届人大常委会第三十二次会议于 2016 年 6 月 23 日审议了州人大教科文卫委关于州十三届人大六次会议上部分代表联名提出的《将水书申报"世界记忆遗产名录"的议案》的审议结果报告，并做出了决议。现将会议决议印发给你们，请抓好落实。"以此敦促黔南州人民政府落实相关工作。

三都县是全国唯一的水族自治县，在水书申报世界记忆遗产名录工作中及时果断，先后行文三四道，调配 6 名人员组成水书文化研究机构，加紧水书重要卷本的译注、审稿与出版工作，落实水书国际编码工作人员及经费，推动工作顺利进行。荔波县在这方面也做了相应的工作，与三都县相互配合，为推动水书走向世界做努力。

2016 年，中共三都水族自治县委办公室、三都县人民政府办公室印发了《关于调整充实三都水族自治县水书抢救保护暨水书申报"世界记忆遗产名录"工作领导小组等议事机构领导成员的通知》。

水书在申报世界记忆遗产名录的过程中尽管充满艰辛，但只有一步之遥了，继续努力，指日可待。

二、水书国际编码路漫漫

2014 年国际编码标准化组织第 20 次 ISO/IEO JTC1/SC2 会议和第 63 次 SC2/WG2 会议在斯里兰卡举行，水书编码提案未被受理。参会的是赵丽明、姚覃军。根据斯里兰卡会议提出的问题，贵州省水家学会于 2014 年 6 月 6 日，组织 36 名有关人员在黔南民族师范学院召开会议，要求合力支持水书国际编码工作。会后，组织以三都县、荔波县为核心的提案组做好基础工作，迎接国际编码标准化组织的第 64 次 SC2/WG2 会议。三都县积极回应，县委办公室行文解决人员及经费问题。会后，在三都与荔波提寨组的通力合作下，水书国际编码提案的《中国水书基本字符集》出台。

2015 年 10 月，国际编码标准化组织第 21 次 ISO/IEO JTC1/SC2 会议和第 64 次 SC2/WG2 会议在日本松江举行。中国代表团由工业和信息化部的陈壮任团长，水书提案组由赖静如、赵丽明、潘中西、韦世方、姚炳烈、姚覃军等组成。经过专家评审，大会同意受理水书编码提案。这标志着水书引起国际编码标准化组织的重视，三都县欣悉水书编码提案获得受理之后，举行了座谈会与庆祝活动。

2016 年 9 月 26 日至 30 日，国际编码标准化组织第 22 次 ISO/IEO JTC1/SC2 会议和第 65 次 SC2/WG2 会议在美国圣何塞举行。中国代表团由工业和信息化部的陈壮任团长，由 5 个小组组成。工业和信息化部《信技字［2016］40 号》文件指出："会议预计涉及我国权益的议题有：IRG 特别会议提出的有关汉字编码的意见；古汉字编码方案；回鹘文编码方案；契丹文编码提案；纳西东巴文编码方案修订；水书编码提案。为了更好地维护我国权益，请贵单位选派有关人员参加中国代表团出席本次国际会议。"

在 2016 年美国圣何塞召开的国际编码标准化大会上，得益于提案文本有了进步，尤其得到中国台湾籍会水语的赖静如博士会前在网上与专家沟通了相关疑难问题，会场答辩顺利进行。最后，国际编码标准化专家组认为，水书研究团队在提案的修改完善过程中，做了大量严谨细致的工作。会议认为：《中国水书国际编码提案》在研制过程中方法得当，基础工作扎实，翻译准确，科学严谨，无可挑剔，对提案报告没有异议。本次会议上，UCS 编辑和有关专家提出："提案中须有引用权威性出版文献，如水书基本字符集、水书读本或水书经典字表、水书常用字词典等，这是进入正式编码提案论证必需的一步。专家认为，提案中水书字符的研究内容是最新成果，但是缺少将水书字符集标准化的工作出版成册。"

2017 年 9 月 19 日至 23 日，第 66 次 ISO/IEC/JTC1/SC2 国际信息技术会议在中国内蒙古呼和浩特市召开。会上，水书国际编码提案收获颇大，但遭到别有用心者的干预而搁浅。

2018 年 6 月 18 日至 22 日，第 67 次 ISO/IEC/JTC1/SC2 国际信息技术会议在英国伦敦召开。

2019 年 6 月 16 日至 23 日，第 68 次 ISO/IEC/JTC1/SC2 国际信息技术会议在美国西雅图召开。

之后，疫情肆虐，项目开展停滞。

三、水书文化的对外交流

1977 年，华人学者、美国夏威夷大学李方桂教授，在中国台湾出版了他 1943 年到水族地区调查的科研成果《水话研究》。

李方桂教授的《水话研究》是水语研究的开山巨著。他在序言中写道："民国三十一年，著者在贵州荔波县内收集了几种水家话。我在荔波的时候听说水家有文字，但是我没有找到。回到南京，我在凌纯声先生处借到几本水书抄本，照录一页附在该书之后。这些书多是占卜用的书，只有巫师才会读。原抄本没有音注及译文，所以无法读懂。其中有些可以认出，与汉字的关系显而易见。有些数目字也还可认，此外有些类似图画的字就不知何所指了。"他在导论中又云："我们所知道的水家文字似乎只为占卜所用的，除巫师外大多数人是不会读的。"后来，日本著名语言学家西田龙雄教授在《水文字历的释义》（1980 年）一文中对该份材料进行了语言文字学的释读。

日本、美国、法国、新加坡、比利时等国的一些专家学者，先后到水族地区进行实地调查，他们对水族文字和水书研究表现出了极大兴趣。日本东洋文库、美国夏威夷大学、美国哈佛大学、英国大英博物馆、瑞典苏黎世大学都收藏有水书。美国哈佛大学有珍藏的水书原件由燕京学院图书馆收藏。其水书抄本的来历是：中华人民共和国成立前，美国一位传教士到云南丽江，从一位东巴师手中征集到一本水书。后来这位东巴师十分后悔，几度索回。但是美国传教士再三央求说服，最终东巴师只好答应，因而传教士将这本水书带到美国，之后辗转收入哈佛大学燕京学院图书馆。

在美国发现这本水书也属偶然。云南民族大学朱宝田教授受聘到美国哈佛大学任教。朱宝田教授在哈佛大学燕京学院图书馆查阅资料，偶然见到这本珍藏多年的水书原件。因为该图书馆不准复印，于是朱宝田教授按照原本逐一描摹，然后邮寄给张纯德教授。

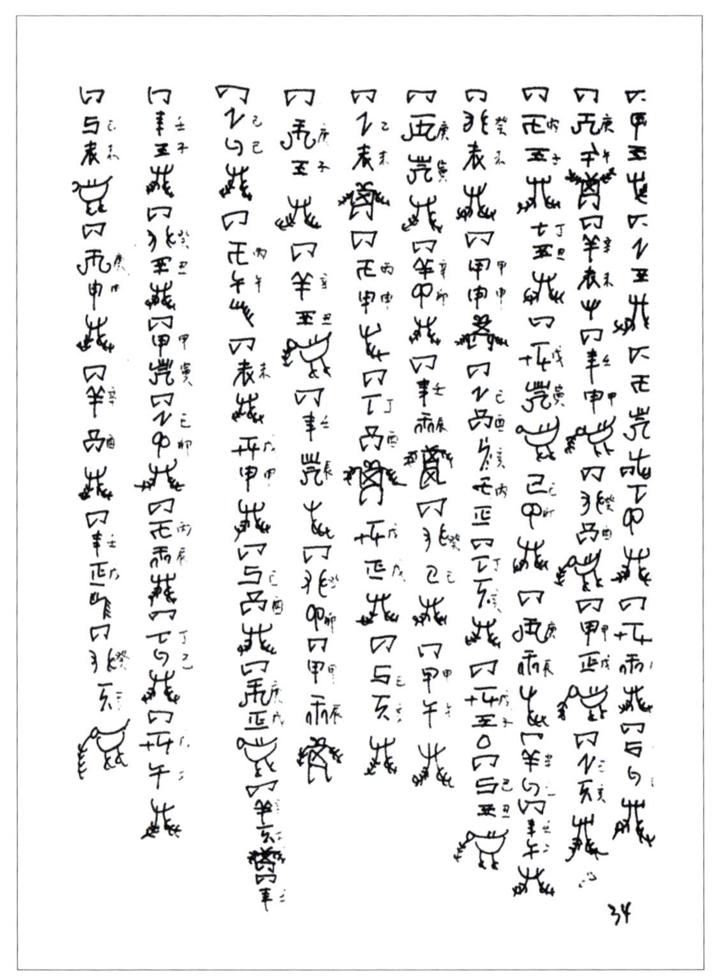

朱宝田教授描摹的水书抄本复印件

2009年11月18日，云南大学张纯德教授专程来到贵州民族学院与笔者交谈，提供了上述信息与资料。

这本水书怎么传到云南丽江东巴师的手中？水书主人是谁？水书在何地、何时传出？这些都是谜，无人能解。

波兰波兹南密茨凯维奇大学的薄一康在攻读博士期间，来贵州向韦述启老师学习水语。他耗费 1 年多时间将《水书常用字典》翻译成英语版《水书字典》。

波兰薄一康博士翻译出版的《水书字典》封面

q

qa¹

n **crow,** 乌鸦 (wūyā)

Fragment of the "Five Hai"[ŋo⁴ʁa:i³] passage: qeŋ¹ sən¹ ʈi¹ ɕi⁴ qa¹ tsje¹ hən¹ 庚申年己巳日是凶日，鸦要吃个地方的人 On the *ji-si* days during the *geng* and *shen* years, crows devour people in all places. (Wei 2007:94)

qam⁴ʔn̥a³

n **thunder,** 雷 (léi)

(Pan 2001:76), , (Wang 2004:57), (Zhang 2007:34)

qam⁵mok⁸qa:u¹; qʰak⁷mok⁸qa:u¹

n **Thunder (Pan 2001:75) or Flood Dragon presented as a crab (Wang 2004:57), one of the Twenty-eight Constellations,** 角木蛟 (jiǎomùjiāo)，二十八宿之一

The Sui version of Wooden Flood Dragon of Horn - one of the Twenty-eight Constellations in Chinese astrology; often combined with time periods, locations, the Five Elements, etc. in order to reveal generating or overcoming interactions. Fragment of the "Choosing Locations and Constellations"[tak⁷ fa:ŋ¹tum¹] passage: ~ fa:ŋ¹ qeŋ¹ ji² fa:ŋ¹ qam⁵mok⁸qa:u¹ 庚、寅方逢角木蛟宿 The *geng* and *yin* locations belong to the Thunder. (wang 2007:97)

qan⁵

n **Gen, one of the Eight Trigrams, symbolizes mountain,** 艮 (gěn)，八卦之一

In the books of Sui, often combined with the Heavenly Stems, the Earthly Branches and directions in order to indicate auspicious or inauspicious factors. Fragment of the "Volume of the Eight Trigrams and the Five Elements": ~ mu⁶ ʈi¹ sən² hət⁷ su³ mi⁶ fən¹ 戊、己、辰、戌、丑、未必是艮 The *wu, ji, chen, chou,* and *wei* all belong to the *gen*. (Wei 2007:97)

Indicates northeast location.

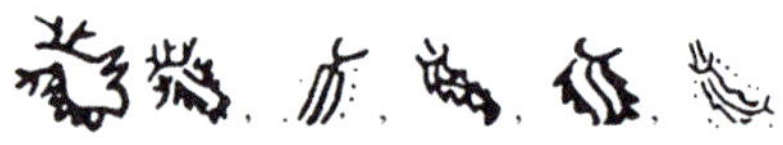

(Pan 2001:76), , , (Wang 2004:57), (Wang[&]Pan 2005:319), (Zhang 2007:34), (Wang 1994:197)

qan⁵ʈum¹ljoŋ²; qʰam⁵ʈim¹ljoŋ²

n **Dragon, one of the Twenty-eight Constellations,** 亢金龙 (kàngjīnlóng)，二十八宿之一

The Sui version of Golden Dragon of Neck - one of the Twenty-eight Constellations in Chinese astrology; often combined with time periods, locations, the Five Elements, etc. in order to reveal generating or overcoming interactions.

波兰薄一康博士翻译的英文版《水书字典》选页

水书文化的博大精深及其神奇性、神秘性，深深地吸引着薄一康博士。为此，他的博士论文就以水书水语为研究对象，他的论文名称为《*THE SCRIPT AND LANGUAGE OF THE SUI IN SOUTHERN CHINA*》，翻译过来《中国南部水书水语研究》。

2016 年 12 月 12 日，薄一康全英语写作的博士论文答辩通过。他向海外报喜的就是贵州民族大学的韦述启老师。为了感谢薄一康博士对水书文化的热爱与奉献，2012 年 7 月在他即将离开贵州回国之际，韦述启老师特地召集水族师生聚会为其饯行。

水族师生聚于韦述启老师家为波兰学者薄一康归国饯行留影

对水书极为关注的国家是日本。日本的电脑软件开发人员，已经开发出超汉字的文字输入法，其中包括水文字的输入法。但是，对于《水书·九星颂读卷》等卷本，当时日本学者肯定没看到抄本，其中新发现的文字最多，有许多尚未编制输入程序的文字。

1955 年，赖惟勤教授在《有关莫话记略》一文中首次介绍了水书，并附录了 56 个水族文字。1963 年出版的《日语的历史：谈文字》一书，刊登了一页以水文字和汉字相对照的图表。对水书研究已经比较深入的学者，要数日本语言学家、日本语言学会原会长西田龙雄教授。他研究的水文字资料，主要来源于李方桂《水话研究》和《都匀县志稿》等。1980 年，他在日本《言语》上发表《水文字历的释译》，后来经由王云祥翻成汉语在中国发表。该文对 22 个水族古文字进行了释译，其中正确释译的有 16 个字，误释译的有 6 个字。西田龙雄教授充分肯定水书的价值，指出：“水书的存在说明：某时期，在四川省、贵州省、云南省境内，曾有过一系列字形相似的象形字，也已超过记录语言的性质范围。由巫师们代代相传下来的水书，就成了我们今天推断文字历史的重要依据之一了。”

水语声、韵母的繁多与复杂、水字的神奇、水书的神秘，引起日本学术界的关注。日本著名语言学家、日本放送协会（简称 NHK）电视台的汉语主持、日本青山学院大学远藤光晓教授，率日本 8 所大学研究人员到水族地区进行了 15 天的调查，在参观水书展览之后写下了这样的题词：

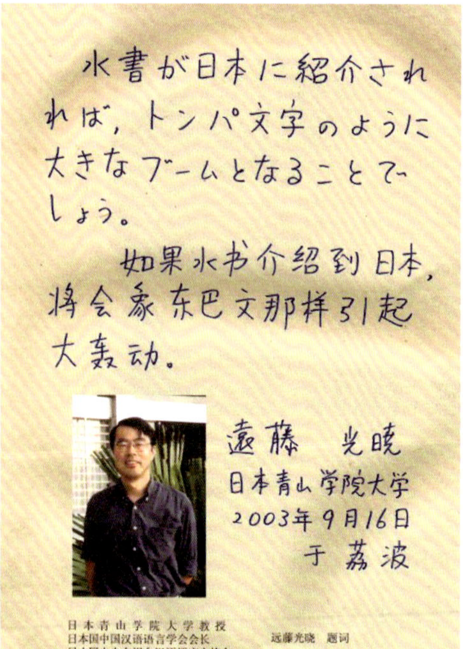

“如果水书介绍到日本，将会像东巴文那样引起大轰动。”

日本青山学院大学著名汉学家
远藤光晓教授的题词

应日本东京外国语大学邀请，2019 年 2 月中旬，贵州民族大学教师韦述启赴日进行水书水语的学术交流。日本对中国文化的关注远远超过其他国家。这次到日本东京外国语大学一看，中国出版的水书、水语的成果这里全有，在国内，估计没有哪所大学购置得如此完备。四川巴蜀书社出版的大 8 开 160 卷本《中国水书》，放在最显眼位置。潘朝霖、韦宗林主编的《中国水族文化研究》和王品魁译注的《水书・正七卷・壬辰卷》，做成 PPT（Power Point 的简称，幻灯片）展示。知道日本学者对水书感兴趣，韦述启请韦宗林教授、笔者写了几幅水书作品带去日本，受到了日本学者的热烈欢迎。

韦述启向铃木俊哉教授赠送韦宗林教授的书法作品

最后，借用曾晓谕教授在《汉语水语关系论——水语里汉语借词及同源词分层研究》中的话作为本书的结尾："虽然'水书'已为人们所知，然而，对《水书》的学术研究却是非常薄弱的。应该看到，《水书》里蕴藏着水族社会历史、语言文化方面丰富资料，对于研究水族乃至中国古代的天象历法、哲学思想、宗教信仰、语言文字等等，具有重要价值。"[①] 笔者也在此呼吁，希望有更多的国内外学者关注水书、研究水书。

① 曾晓谕：汉语水语关系论——水语里汉语借词及同源词分层研究，商务印书馆，2004，第 40 页。

主要参考文献

[1]《中国少数民族》修订编辑委员会．中国少数民族［M］．北京：民族出版社，2009.

[2]《三都水族自治县》编写组．贵州三都水族自治县概况［M］．北京：民族出版社，2007.

[3] 潘朝霖，等．中国水书160潘藏卷［M］．成都：巴蜀书社；四川民族出版社，2006.

[4] 贵州民族学院，贵州水书文化研究院．水族学者潘一志文集［M］．成都：巴蜀书社，2009.

[5] 潘朝霖，韦宗林．中国水族文化研究［M］．贵阳：贵州人民出版社，2004.

[6] 韦宗林．释读旁落的文明：水族文字研究［M］．北京：民族出版社，2012.

[7] 曾晓渝．汉语水语关系论：水语里汉语借词及同源词分层研究［M］．北京：商务印书馆，2004.

[8] 潘一志．民国荔波县志稿［M］．上海：上海古籍出版社，2017.

[9]《中国各民族宗教与神话大词典》编审委员会．中国各民族宗教与神话大词典［M］．北京：学苑出版社，1993.

[10] 徐华龙．中国鬼文化大辞典［M］．南宁：广西民族出版社，1994.

[11] 唐建荣．水书抢救保护与开发利用研究［M］．北京：光明日报出版社，2016.

[12] 贵州省文物考古研究所．水族墓群调查发掘报告［M］．北京：科学出版社，2012.

[13] 蒋南华，黎斌．中华人文稽考［M］．北京：人民出版社，2017.

[14] 范禹，等．水族文学史［M］．贵阳：贵州人民出版社，1987.

[15] 岱年，世杰．水族民间故事［M］．贵阳：贵州人民出版社，1984.

[16] 祖岱年，周隆渊．水族民间故事选［M］．上海：上海文艺出版社，1988.

[17] 蒙耀远．水族地区碑刻文献探微［M］．北京：民族出版社，2021.

[18] 李平凡，颜勇．贵州世居民族迁徙史 上［M］．贵阳：贵州人民出版社，2011.

[19] 贵州省档案馆，贵州省史学会．揭秘水书：水书先生访谈录 上［M］．贵阳：

贵州民族出版社，2010.

［20］潘朝霖，唐建荣．水书文化研究［M］．贵阳：贵州民族出版社，2009.

［21］贵州省民族事务委员会少数民族古籍整理办公室等．水书 正七卷 壬辰卷［M］．王品魁译注，贵阳：贵州民族出版社，1994.

［22］贵州省民族古籍整理办公室，贵州省黔南南布依族苗族自治州民族宗教事务局，贵州省三都水族自治县人民政府．水书 丧葬卷［M］．王品魁，潘朝霖译注，贵阳：贵州民族出版社，2005.

［23］潘中西．六十龙备要［M］．杨胜昭，韦锦诗等，译注．贵州民族出版社，2017.

［24］黄琴．贵州省古籍保护中心，三都水族自治县档案史志局编．水书 吉星卷［M］．韦仕钊，译注．贵阳：贵州民族出版社，2017.

［25］贵州省档案局（贵州省地方志办省档案馆），黔南州人民政府，荔波县人民政府．金银：择吉卷［M］．贵阳：贵州人民出版社，2017.

［26］张声震．布洛陀经诗译注［M］．南宁：广西人民出版社，1991.

［27］周国茂．摩教与摩文化［M］．贵阳：贵州人民出版社，1995.

［28］岑家梧．岑家梧研究文集［M］．北京：民族出版社，1992.

［29］广西壮族自治区少数民族古籍整理出版规划领导小组．古壮字字典［M］．南宁：广西民族出版社，1989.

［30］何光岳．百越源流史［M］．南昌：江西教育出版社，1989.

［31］徐吉军．中国丧葬史［M］．南昌：江西高校出版社，1998.

［32］史继忠．触摸夜郎魂［M］．贵阳：贵州人民出版社，2002.

［33］吴泽霖，陈国钧，等．贵州苗夷社会研究 [M]. 北京：民族出版社，2004.

［34］席克定．灵魂安息的地方 贵州民族墓葬文化 [M]. 贵阳：贵州人民出版社，1990.

［35］张彦夫．红岩古迹研究综述［J］．贵州文史丛刊，1997（4）.

［36］蒙育民，蒋南华．水历是中华远古历法的“活化石”［J］．贵州文史丛刊，2007（4）.

［37］蒋南华，林静，蒙育民．水文是一种比甲骨文更早的远古文字［J］．贵州师范学院学报，2011（4）.

［38］刘世彬．莫友芝对水族古文字的研究［J］．黔南民族师范学院学报，2006（1）.

［39］陈琳．仿木刻版本水书之我见［J］．贵州文史丛刊，2008（1）.

［41］韦宗林．水族古文字与甲骨文的联系［J］．贵州民族学院学报（哲学社会科学版），2006（1）.

后　记

《从水书习俗解读水族文化》虽是一本小书，但牵涉的面却很广，如果没有多方面的关注支持，估计难以顺利问世。

贵州大学出版社将《从水书习俗解读水族文化》列入“国际视野中的贵州人类学”出版选题，从督促撰稿进度到后期的编校工作，王印娟、王勤美、陈丽、游浪等诸位老师从始至终参与其中，给予了极大的支持，努力编织嫁衣。

《从水书习俗解读水族文化》撰写过程中，得到贵州民族大学水书文化研究院、贵州省水家学会、贵阳市水家学会的大力支持。在资料查阅、水语国际音标注音、图片处理等方面，得到了牟昆昊、韦正富、韦述启、王炳江、韦荣平、潘小慧、石莉芬、石丽菊、石秋月等同仁的帮助，以及韦星娥、韦昌优、韦兴柔、潘淘洁诸位的关心和支持。水族地区不少朋友也给予了支持，有的已在文中插图下署名。

对于各方的支持与帮助，在此一并致谢。

潘朝霖

2021 年 11 月